高等院校经济管理类专业应用型系列教材

Excel在财务中的应用（VBA版）

Excel for Financial Applications (VBA Ver.)

吴 强 主 编
李璞颖 唐 颖 副主编

中国财经出版传媒集团

经济科学出版社

·北京·

图书在版编目（CIP）数据

Excel 在财务中的应用：VBA 版 / 吴强主编；李璞颖，唐颖副主编. -- 北京：经济科学出版社，2025.1. （高等院校经济管理类专业应用型系列教材）. -- ISBN 978-7-5218-6707-7

Ⅰ. F275-39

中国国家版本馆 CIP 数据核字第 2025AN1744 号

责任编辑：杜　鹏　胡真子
责任校对：易　超
责任印制：邱　天

Excel 在财务中的应用（VBA 版）

Excel ZAI CAIWU ZHONG DE YINGYONG（VBA BAN）

吴　强　主　编

李璞颖　唐　颖　副主编

经济科学出版社出版、发行　新华书店经销

社址：北京市海淀区阜成路甲 28 号　邮编：100142

编辑部电话：010-88191441　发行部电话：010-88191522

网址：www.esp.com.cn

电子邮件：esp_bj@163.com

天猫网店：经济科学出版社旗舰店

网址：http://jjkxcbs.tmall.com

固安华明印业有限公司印装

787×1092　16 开　18.75 印张　420000 字

2025 年 1 月第 1 版　2025 年 1 月第 1 次印刷

ISBN 978-7-5218-6707-7　定价：49.00 元

（图书出现印装问题，本社负责调换。电话：010-88191545）

（版权所有　侵权必究　打击盗版　举报热线：010-88191661

QQ：2242791300　营销中心电话：010-88191537

电子邮箱：dbts@esp.com.cn）

前　言

本教材立足于成果导向教育（Outcome Based Education，OBE）理念，旨在通过系统的教学内容、实践操作和案例分析，为学生提供全面的 Excel 应用和 VBA（Visual Basic for Applications）编程教学，以增强会计相关专业学生在会计与财务领域的应用能力和解决问题能力。

当今 Excel 软件已成为会计专业必备工具之一。会计相关专业学生除了要熟练掌握 Excel 基础操作和数据分析技巧外，学生的 VBA 编程能力在财务领域也变得越发重要，本教材可以帮助学生实现报表生成、数据处理和财务模型构建。本教材还向学生提供全面的学习资源，使其能够更好地适应未来的职业需求。本教材按照会计及财务逻辑顺序展开，从 Excel 基础操作和数据分析开始，逐步引入 VBA 编程相关内容，让学生在用中学、学中用，逐步掌握 Excel 在财务中的实际应用。本教材突出 VBA 在财务数据处理与报表生成中的重要作用，在帮助学生掌握 Excel 基础操作的同时，深入探讨如何利用 VBA 编写自定义函数和宏编程应用，提高财务工作效率和精度。本教材主要内容如下：

第一部分介绍 Excel 软件的基本操作等内容，建立学生的操作基础。

第二部分引入 VBA 编程，学习 VBA 基础知识，介绍如何利用 VBA 进行数据处理、完善财务模型功能。

第三部分介绍基础设置，编制总账系统、薪资管理系统及固定资产系统。

第四部分介绍期末处理，并通过 VBA 的运用，编制报表系统。

第五部分介绍财务分析、成本分析等。

本教材由吴强主编并负责总体策划，李璞颖、唐颖为副主编并协助主编工作。具体分工如下：第一章由伍光明编写；第二章、第三章、第四章、第五章和第六章由吴强编写；第七章由唐颖编写；第八章、第九章由李璞颖编写；张庆华、彭晓英负责具体财务数据、经济业务审核。在此感谢各位团队成员的辛勤付出。

由于编者水平有限，加之时间仓促，教材中不足之处在所难免，恳请广大读者批评指正。

编者

2025 年 1 月

目 录

第一章 Excel 基本操作 ·· 1
 第一节 Excel 2016 的窗口元素 ······················· 1
 第二节 工作簿和工作表操作 ·························· 6
 第三节 单元格基本操作 ································ 15
 第四节 利用工具栏进行快捷操作 ··················· 18
 第五节 页面设置与打印 ································ 19

第二章 Excel 数据处理 ·· 29
 第一节 美化财会表格 ··································· 29
 第二节 财务数据管理和分析 ·························· 38
 第三节 财会公式和函数进阶技巧 ··················· 49
 第四节 快速生成财会图表 ····························· 60

第三章 VBA 基础 ··· 65
 第一节 VBA 概念和作用 ······························ 65
 第二节 VBA 开发环境的介绍和配置 ·············· 69
 第三节 VBA 基础及语法结构 ······················· 76

第四章 总账管理 ·· 90
 第一节 总账管理的初始设置 ·························· 91
 第二节 制作会计凭证 ··································· 105
 第三节 编制科目汇总表 ································ 126
 第四节 编制科目余额表 ································ 130
 第五节 编制分类账 ······································ 136

第五章 工资管理 ·· 144
 第一节 工资管理概述 ··································· 144
 第二节 创建员工工资管理系统 ······················ 147
 第三节 员工工资的管理 ································ 152
 第四节 工资分摊及凭证生成 ·························· 160
 第五节 工资账表制作 ··································· 165

第六章 固定资产管理 ·· 171
 第一节 固定资产管理概述 ····························· 171
 第二节 固定资产卡片的编制 ·························· 175

　　　　第三节　固定资产的增加与减少 …………………………………………… 181
　　　　第四节　固定资产折旧操作 ……………………………………………… 185
　　　　第五节　固定资产的查询 ………………………………………………… 196
第七章　期末处理及报表管理 …………………………………………………… 200
　　　　第一节　期末处理 ………………………………………………………… 201
　　　　第二节　资产负债表 ……………………………………………………… 211
　　　　第三节　利润表 …………………………………………………………… 222
　　　　第四节　现金流量表 ……………………………………………………… 227
第八章　财务分析基础 …………………………………………………………… 236
　　　　第一节　财务指标 ………………………………………………………… 236
　　　　第二节　财务比率分析方法 ……………………………………………… 263
　　　　第三节　三大财务主表比率分析及评价方法 …………………………… 267
　　　　第四节　财务分析报表案例 ……………………………………………… 271
第九章　成本分析 ………………………………………………………………… 279
　　　　第一节　成本分析的方法 ………………………………………………… 279
　　　　第二节　建立成本分析工作表 …………………………………………… 283
　　　　第三节　可比产品成本分析 ……………………………………………… 289
主要参考文献 ……………………………………………………………………… 293

第一章 Excel 基本操作

Microsoft Office Excel 是由 Microsoft 为使用 Windows 操作系统的计算机而编写和运行的一种电子表格程序，主要用途是数据处理，日常应用广泛，凡是需要计算、统计的都可以用 Excel 快速处理。直观的界面、出色的计算功能和图表工具，再加上成功的市场营销，使 Excel 成为世界上最流行的计算机数据处理软件，特别是 VBA（Visual Basic for Applications）特色，让用户能够更好地按照自身的个性化要求进行功能扩展。到目前为止，Excel 已经有了很多版本，其中 Excel 2016 最为流行。本教材以 Excel 2016 为蓝本介绍 Excel 的基本操作。

第一节 Excel 2016 的窗口元素

从 1985 年开始，微软的 Excel 版本经过用户的不断反馈及多年持续开发和逐渐完善，逐步成为用户最喜爱的办公软件之一。Excel 有很多版本，每个版本逐渐增加其特色功能。

Excel 1.0（1985 年）：第一个 Excel 版本发布，作为 Macintosh 的一部分。
Excel 2.0（1987 年）：首次发布 Windows 版本，增加了图表功能。
Excel 3.0（1990 年）：引入宏和视窗视图功能。
Excel 4.0（1992 年）：增加了工具栏和公式编辑器。
Excel 95（版本 7.0）：改进了图表和数据库功能，首次引入了 VBA。
Excel 97（版本 8.0）：引入了自动计算功能和更强大的数据分析工具。
Excel 2000（版本 9.0）：支持 Web 查询和 XML。
Excel 2002/XP（版本 10.0）：增加了更多的数据分析功能和更好的 Web 集成。
Excel 2003（版本 11.0）：增加了 XML 支持和更强大的筛选功能。
Excel 2007（版本 12.0）：引入了 Ribbon 界面和更强大的数据分析功能。
Excel 2010（版本 14.0）：加强了图表和数据可视化功能。
Excel 2013（版本 15.0）：引入了 Flash Fill 和 Power View 等新功能。
Excel 2016（版本 16.0）：引入了新的图表类型和增强了数据分析功能。
Excel 2019：是一个永久许可版本，不再有常规更新，但提供了一些新功能。
Microsoft 365 版 Excel：是基于订阅的版本，提供了持续更新和云端功能，是当前最新的版本。

这些版本代表着 Excel 在不同时期的发展，随着时间的推移，Excel 不断改进并增加了更多功能，为用户提供了更强大的数据分析、计算和可视化工具。

Excel 2016 是一个功能强大的工具，可用于创建电子表格并设置其格式，分析和共享财务信息，进而作出更为理性的管理决策。Excel 2016 简洁的用户界面、丰富的直观数据以及数据透视表视图，使用户能够更加轻松地创建和运用专业水准的图表。Excel 2016 对统计函数的改进允许用户更加有效地分析财务信息。以下是 Excel 2016 的强大功能。

1. 简单、方便的表格制作功能。Excel 2016 可以方便地创建和编辑表格，对数据进行输入、编辑、计算、复制、移动、设置格式、打印等都相当方便。

2. 强大的图形、图表功能。Excel 2016 可以根据工作表中的数据快速生成图表，可以直观、形象地表示和反映数据，使得数据易于阅读和评价，便于分析和比较。

3. 快捷的数据处理和数据分析功能。Excel 2016 可采用公式或函数自动处理数据，具有较强的数据统计分析能力，能对工作表中的数据进行排序、筛选、分类汇总、统计和查询等操作。

4. 批量处理的 VBA 编程。Excel 2016 支持 VBA 编程。VBA 的使用可以达到执行特定功能或是重复性高的操作。

5. 网络信息检索功能。如果可以连接 Internet，"信息检索"任务窗格可为用户提供一系列参考信息和扩充资源。用户可使用百科全书、Web 搜索或通过访问第三方内容搜索特定主题的内容。

一、Excel 2016 的启动

在安装了 Excel 2016 中文版的计算机上，启动 Excel 2016 的方法有很多种。

方法1：从桌面启动。双击桌面"Excel 2016"快捷图标，如图 1-1 所示。

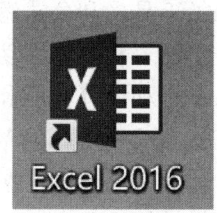

图 1-1　Excel 2016 快捷图标

方法2：从开始菜单启动。单击"开始"，选择"所有程序"，选择"Microsoft Office"，选择"Microsoft Office Excel 2016"，如图 1-2 所示。

方法3：从已有文件启动。双击已存在的 Excel 文件，启动 Excel 的同时打开了这个 Excel 文件。

方法4：通过运行，启动 Excel 2016 软件。

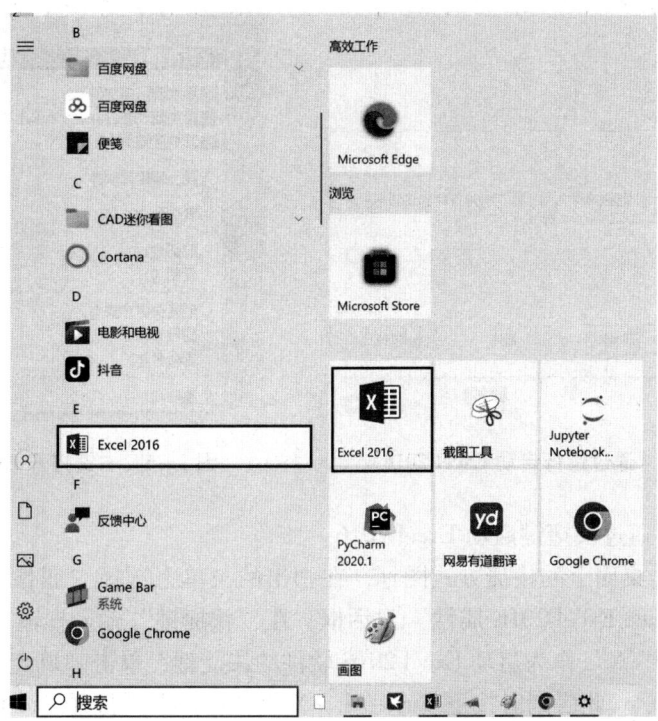

图 1-2　从开始菜单启动 Excel 2016

如图 1-3 所示，右键单击"Win"→"运行"，打开"运行"对话框。

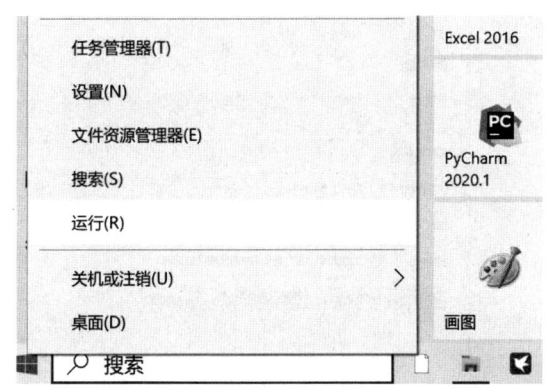

图 1-3　打开"运行"对话框

如图 1-4 所示，在"运行"对话框的"打开"输入框中输入"Excel"，即可打开 Excel 2016。

方法 5：右键启动 Excel 2016 软件。

右键单击桌面上的快捷方式图标，在弹出的菜单上选择"打开"，即可打开 Excel 2016 软件，如图 1-5 所示。

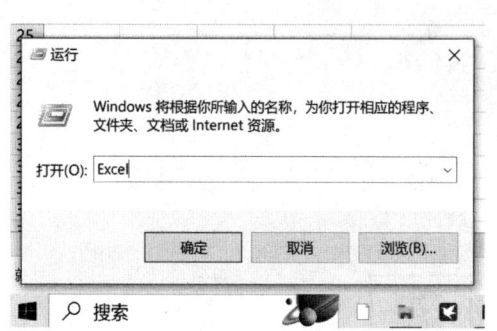
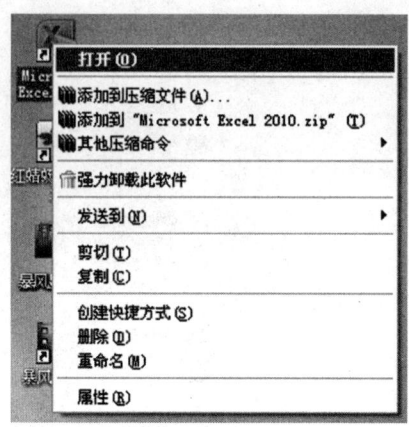

图1-4　通过运行启动 Excel 2016　　　　图1-5　右键打开 Excel 2016

方法6：通过快捷键启动 Excel 2016。

右键单击桌面上的快捷方式图标，在弹出的菜单上选择"属性"，即可打开"Microsoft Office Excel 2016 属性"对话框，在"快捷键"输入框输入 X，即可设置"Ctrl + Alt + X"作为启动 Excel 2016 软件的快捷键，单击"确定"按钮保存，如图1-6所示。此后同时按下 Ctrl + Alt + X 组合键，即可打开 Excel 2016。

图1-6　通过快捷键启动 Excel 2016

二、Excel 2016 的窗口界面

和以前的版本相比，Excel 2016 的工作界面颜色更加柔和，更贴近于 Windows 10 操作系统，如图1-7所示，Excel 2016 的界面主要由标题栏，菜单栏，工具栏，

编辑栏、工作表区、工作表标签、行、列标识、状态栏、任务窗格组成。

Excel 2016 启动后的界面主要是以下几个部分。

1. 标题栏。标题栏显示当前使用的应用程序——Excel 2016 的名称和工作簿名称。标题栏位于应用程序窗口的最上面，用于显示当前正在运行的程序名及文件名等信息，如果是刚打开的新工作簿文件，用户所看到的是工作簿 1.xlsx，它是 Excel 2016 默认建立的文件名。单击标题栏右端的按钮，可以最小化、最大化或关闭程序窗口。标题栏最左边是软件的快捷小图标，单击下拉按钮会弹出一个 Excel 窗口控制下拉菜单，利用该菜单中的命令可以进行自定义各种快捷功能操作。

图 1-7　Excel 2016 的工作界面

2. 菜单栏。菜单栏显示选择执行 Excel 2016 相应功能的图标，是 Excel 2016 的功能图标集合，Excel 2016 的绝大多数功能都可以通过菜单中的图标命令来实现。Excel 2016 的菜单栏有多个菜单项，分别是"文件""开始""模版""插入""页面布局""公式""数据""审阅""视图"等下拉菜单，也可以自定义各种功能下拉菜单，如开发工具等。

3. 工具栏。在每个页面菜单下面都有相应的工具图标，只要点击相应的菜单选项，就会跳出对应菜单会计图标。例如，"开始"下面的"剪贴板""对齐方式"等都是 Excel 2016 中最常用的编排工具集，集中了 Excel 2016 最常用的命令的快捷按钮。在 Excel 2016 中有很多包含按钮的工具栏，利用这些工具可以更快速、更容易地工作。使用工具栏的方法很简单，只需单击要使用的工具按钮就可以了。当指向某个按钮停留一两秒，其下方会出现该按钮相应的功能说明。

4. 编辑栏。编辑栏用来定位和选择单元格数据，以及显示活动单元格中的数据或公式。在编辑栏的左边是单元格名称框，显示当前单元格或单元格区域的名称。名称框主要用于命名和快速定位单元格及单元格区域。编辑栏显示的是当前单元格的内容。可以在编辑栏中输入或编辑所选单元格的数据和公式。

5. 工作表区。工作表区是用于记录数据、绘制表格的区域。

6. 工作表名。工作表名用于显示工作表的名称，单击工作表标签激活相应的工作表，工作表区将显示此工作表的内容。

7. 行、列标识。行、列标识用于定位单元格。单元格的名称由其所在列和行的编号组成。列共 16,384 列，行共 1,048,576 行。

8. 状态栏。状态栏位于窗口的底部，可提供有关选定命令或操作过程的信息。常用的有两个文本框。第一个文本框在状态栏的左端。左边是消息区，提醒用户 Excel 正在做什么。如果 Excel 准备妥当，消息区则显示"就绪"字样，如果是正在编辑单元格或输入数据，就会相应地显示"就绪"或"输入"字样。状态栏的右边是页面布局显示框，可以方便地显示各种版面的效果和缩放百分比。

9. 水平、垂直滚动条。水平、垂直滚动条用于改变工作表的可见区域。可用鼠标拖动滑块或单击滚动条的空白区来查看工作表的全貌。若要一次滚动一行，单击垂直滚动条上下的箭头一次。若要一次滚动一列，单击水平滚动条左右的箭头一次。若要一次向上或者向下滚动一个屏幕，单击垂直滚动条上滚动块的上方或者下方。若要向左或者向右滚动一个屏幕，单击水平滚动条上滚动块的左边或者右边。若要快速地在一个大工作表中移动，可以拖动滚动块，此时滚动块旁会显示当前的页码，到达指定的位置时释放滚动块即可。

三、Excel 2016 的退出

退出 Excel 2016 的方法有很多种。

方法 1：单击 Excel 2016 窗口中标题栏最右端的"关闭"按钮。

方法 2：双击 Excel 2016 窗口中标题栏最左端的控制菜单图标。

方法 3：单击"文件"菜单中的"关闭"命令。

方法 4：鼠标右击标题栏，跳出控制菜单图标，再单击其中的"关闭"命令。

方法 5：使用快捷键 Alt + F4。

如果 Excel 文件中的内容自上次存盘之后又进行了修改，则在退出 Excel 2016 之前将弹出对话框，提示是否保存修改的内容。单击"是"按钮将保存修改；单击"否"按钮将取消修改；单击"取消"按钮，则退出 Excel 2016 的操作被中止。

第二节　工作簿和工作表操作

工作簿是指 Excel 环境中用来储存并处理工作数据的文件。也就是说，Excel 文档就是工作簿。它是 Excel 工作区中一个或多个工作表的集合，其扩展名为

xlsx。在 Excel 中，用来储存并处理工作数据的文件叫作工作簿。Excel 默认一个工作簿有一个工作表，以 Sheet1 来命名。实际上可以根据需要添加工作表，还可以通过"重命名"更改默认的工作表名称，如将 Sheet1 改为"商品销售"等。

工作表是显示在工作簿窗口中的表格。一个工作表可以由 1,048,576 行和 16,384 列构成。移动到工作表行首的快捷键是：Home。移动到工作表的开头的快捷键是：Ctrl + Home。移动到工作表的最后一个单元格的快捷键是：Ctrl + End。

行的编号从 1 到 1,048,576，列的编号依次用字母 A、B、…、XFD 表示。行号显示在工作簿窗口的左边，列号显示在工作簿窗口的上边。

工作簿类似活页夹，工作簿的各个工作表就好像是活页夹中一张张活页纸。用户可以根据需要来组织工作簿中的工作表，对其进行添加、移动、复制和删除的操作。

一、创建和切换工作簿

1. 创建工作簿。用户在"开始"→"程序"菜单中启动 Excel 2016 后，屏幕上显示其操作窗口，即已经新建一个名为"工作簿 1"的工作簿。我们也可以采用下面的方法建立工作簿。

在 Excel 2016 应用程序的"文件"菜单中单击新建命令。此时，在 Excel 2016 右边会打开"可用模板"窗格，在"空白工作簿"任务窗格下单击"空白工作簿"，如图 1 - 8 所示，便可打开一个新的工作簿。

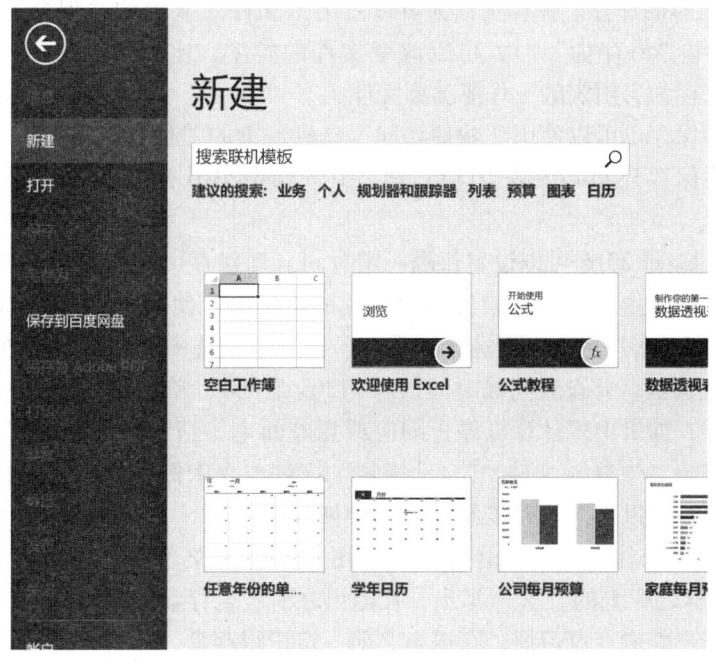

图 1 - 8 "新建工作簿"对话框

如果用户选择有特殊需求的 Excel 工作簿，可以在搜索框里录入特定的需要模板，进行搜索后，会展现出各种相关的"模板"选项卡，用户可以选择合适模板点击确定，便可打开该工作簿，这种工作簿已为用户设置好了某些格式，用户只需在其中输入数据即可。

2. 多个工作簿之间切换。如果 Excel 窗口中同时打开了不止一个工作簿，为便于编辑，需要在各工作簿之间进行切换。下面介绍三种切换方法。

方法1：假设屏幕上可以同时见到两个工作簿，"工作簿1"在前，"工作簿2"在后。单击可以看到"工作簿2"的地方，则"工作簿2"会显示在屏幕前面成为当前活动窗口，即可进行操作。与此同时，"工作簿1"调退到后面。同样的方法也可以使"工作簿1"窗口显示在前面，"工作簿2"窗口退居后面。

方法2：在 Windows 的任务栏里点击 Excel 图标，则会缩影显示所有已经打开的 Excel 工作表，点选需要打开的工作簿，就可以切换。原来的当前工作簿就会隐退到后面。如果再单击这个隐退的工作簿，它又会出现在前面，再次成为当前工作簿。

方法3：按住 Alt 键，再按住 Tab 键，屏幕上就会出现一个多窗口的窗口出现，选择需要显示的工作簿即可。再按住 Alt 键，并再按 Tab 键可以任意切换活动应用程序，连续操作直到需要操作的工作簿在选中框出现为止。

二、保存和退出工作簿

1. 工作簿的保存。保存工作簿可以使用"文件"菜单的"保存"或"另存为"，在使用"另存为"时，可以改变文件的类型，比如可以选择"xlsm"类型，可以保存为启用宏的工作簿类型文件。

工作簿保存也可以使用"快捷访问工具栏"上的"保存"按钮。

工作簿保存还可以在关闭窗口时，在 Excel 2016 出现的保存提示上单击"是"按钮。

另外，Excel 2016 可以设置每隔一定时间自动保存文档的功能，以防突然断电或死机时大量信息丢失。设置自动保存的步骤是：使用"文件"菜单→"选项"，在弹出的图片选项卡中选择"保存"选项卡。选中"保存自动恢复信息时间间隔"复选框，并设置间隔时间（1～120s之间），单击"确定"，如图1-9所示。这样，如果出现计算机停止响应或意外断电等情况，用户下次启动 Excel 时会打开"自动恢复"文件。"自动恢复"文件包含未保存的信息，如果原文档被破坏，用户可以从"自动恢复"文件中恢复信息。

2. 退出工作簿。退出工作簿时，使用"文件"菜单的"关闭"，也可单击 Excel 2016 标题栏上的"×"退出，在退出之前若未存盘，系统会提示让用户存盘。建议用户养成存盘习惯，在退出之前一定记得存盘。

3. 工作簿密码设置。在单位经常是多个人共用一台电脑，自己制作的 Excel 表格不希望别人查看，可以为其设置密码。

启动 Excel，打开相应的工作簿文档，执行"审阅"选项卡。点击"保护工作簿"，在弹出的对话框的下方方框中输入密码，按下"确定"按钮，再输入一次密码，确定返回。保存一下文档。

经过这样设置后，如果需要打开该工作簿时，必须输入正确的密码，否则无法打开。

图 1-9 "保存"选项卡

三、工作表的激活、增加、删除、复制和移动

工作表是 Excel 存储和处理数据最重要的部分，其中包含排列成行和列的单元格。每个工作表都有一个名字，工作表名显示在工作表标签上。工作表标签显示了系统默认的一个工作表名：Sheet1。白色工作表标签表示活动工作表。

1. 使用同一工作簿的不同工作表。当用户要使用同一工作簿的不同工作表时，先要激活相应的工作表。激活是用鼠标单击工作表底部的工作表标签，也可以按 Ctrl + PageUp 键激活当前工作表的下一个工作表。当在工作簿中显示不完过多的工作表标签时，可以使用标签滚动按钮对工作表标签进行翻页。如果想要操作的工作表没有显示出来，就可以使用工作表标签左边的标签滚动按钮显示出来，再点选需要的工作表为当前工作表。通过单击工作表标签的方法，我们可以快速地在各个工作表之间进行切换。

2. 添加新工作表。在工作簿中添加新工作表的操作最为简单，只要单击工作表名右边的"+"，就可以在后面顺序加入工作表。另外一种方法是在状态栏单击选定的工作表标签，单击右键弹出菜单，选择"插入"，在弹出的插入对话框中选择工作表，单击确定按钮即可，插入的工作表在当前工作表的前面。这样就在用户打开的工作簿中添加了一张新的工作表，如图 1 – 10 所示。用户也可通过相同操作添加多张工作表。

3. 删除工作表。删除工作簿中的工作表，可以先选定该工作表标签，然后单击鼠标右键，弹出的对话框如图 1 – 10 所示，选择其中的"删除"菜单项即可。

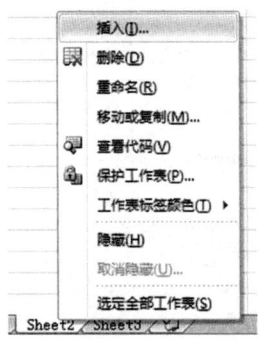

图 1 – 10　在弹出的插入对话框中选择工作表

4. 工作表的移动和复制。工作表的移动和复制操作可以通过拖动鼠标来实现，选定相应的工作表标签按住左键并拖动鼠标，鼠标上方会出现一个黑色三角符号，拖动它到指定位置松开左键即可完成移动操作。或者，选定任意一个工作表标签，在其上单击鼠标右键会弹出一个快捷菜单，选择其中的"移动或复制工作表"菜单项，如果是复制操作，则要选中"建立副本"复选框，是移动操作则不选中，如图 1 – 11 所示。

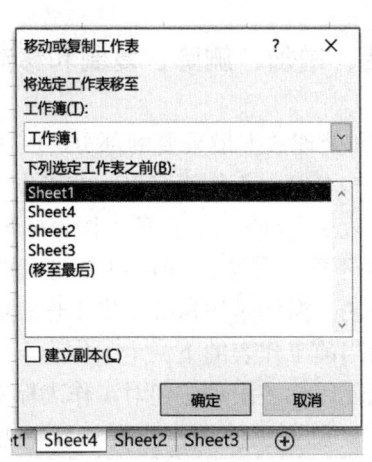

图 1 – 11　移动或复制工作表

在这个对话框中可以选择将该工作表移动或复制到本工作簿中的任意位置，也可以点开"工作簿"下拉式列表框，将选定工作表移动或复制到其他工作簿中。

如果要复制两张同样的工作表，例如，我们在"Sheet2"中输入了许多重要的数据，为了避免被意外地修改，可以为它建立一个副本。还有另外一种复制的方法：选择要复制的工作表标签（如"Sheet2"）按住 Ctrl 键，同时用鼠标按住该标签并进行拖动。拖动鼠标时，在工作表标签的上方出现一个小黑色三角形，指示当前拖动的位置。当位置合适时松开鼠标左键，该位置上会出现一个工作表的副本"Sheet2（2）"。此时表示复制成功。

四、工作表的编辑

1. 工作表的命名。用户在单击新建命令建立好一张名为"工作簿1"的工作簿后，桌面上便出现了"工作簿1"的工作窗口，默认状态"工作簿1"包含一张表格，工作表名为 Sheet1。用户可以更改表格的名字，方法如下：在状态栏选定要重命名的工作表标签，单击右键弹出菜单，选择"重命名"，单击"重命名"命令，所选标签如图 1-12 所示，输入表格的名字，更改完毕。

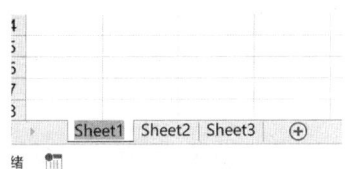

图 1-12　直接在变色的工作表标签中输入表格名字

2. 隐藏或取消隐藏工作表。如果用户不希望别人查看工作表，可以将工作表隐藏起来。方法如下：如图 1-13 所示，在状态栏单击选定的工作表标签，单击右键弹出菜单，选择"隐藏"按钮即可。

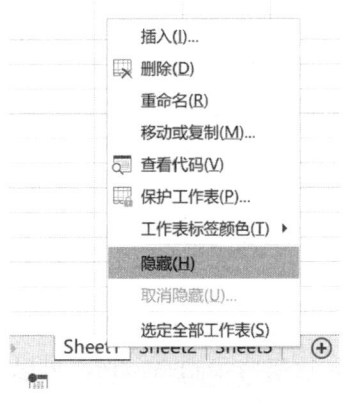

图 1-13　"隐藏"或"取消隐藏"工作表

如果要恢复被隐藏的工作，方法如下：如图 1－13 所示，在状态栏单击选定的工作表标签，单击右键弹出菜单，选择"取消隐藏"按钮即可。

3. 在工作表间复制数据。如果要把一个工作表中的部分数据复制到另一个工作表中，方法如下：从一个工作表中选择被复制的区域。在选择区域中单击鼠标右键，出现如图 1－14 所示的快捷菜单。

图 1－14　快捷菜单

从快捷菜单中选择"复制"命令，则选择的区域被复制到剪贴板中。用鼠标单击想粘贴数据的工作表标签，使该工作表成为活动工作表。用鼠标单击想粘贴数据的单元格，再单击鼠标右键，从快捷菜单中选择"粘贴"命令，则可以完成工作表间复制。

4. 工作表的拆分。拆分工作表窗口是把工作表的当前活动窗口拆分成窗格，并且在每个被拆分的窗格中都可通过滚动条件来显示工作表的每一个部分。因此，使用拆分窗口可在一个文档窗口中查看工作表的不同部分的内容。

如果要拆分工作表，方法如下：定位活动单元格的位置，该单元格所在的位置将成为进行拆分的分隔点。选择"视图"功能区右边中的"拆分"按钮，如图 1－15 所示。

如果要将工作表窗口拆分成两个水平窗格，可以先激活第 A 列中某个单元格，如果要将工作表窗口拆分成两个垂直窗格，可以先激活第 1 行中某个单元格。如果活动单元格位于窗口非边界处时，会在此位置将窗口分隔成上下左右 4 个窗格，如图 1－16 所示。

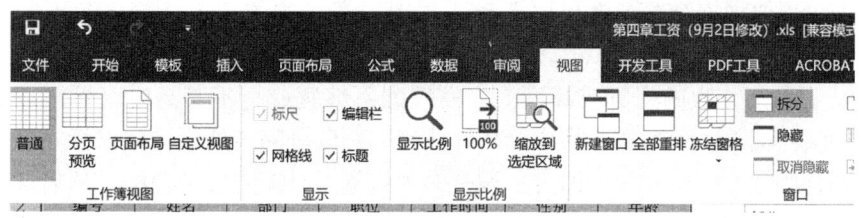

图 1-15　选择拆分成窗格

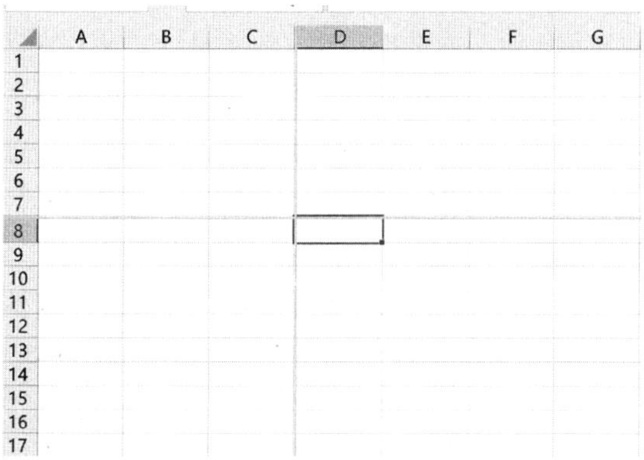

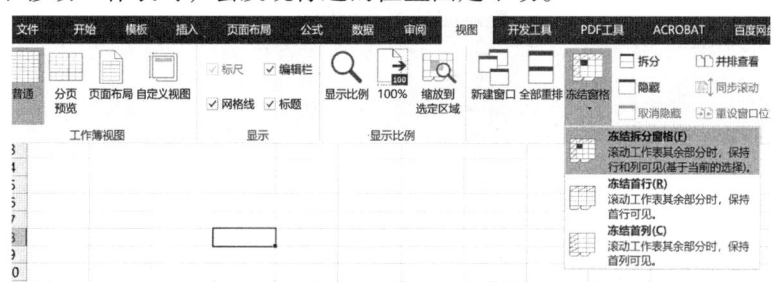

图 1-16　拆分结果

5. 工作表的冻结。冻结工作表是把活动工作表的上窗格或左窗格冻结起来，通常冻结工作表的行标题和列标题，然后通过滚动条来查看工作表的其他部分的内容。

如在超过一屏的大工作表中输入数据时，当滚动到其他区域时，便看不到数据所对应的标题。使用"视图"选项卡中的"冻结拆分窗格"选项，可以很方便地冻结行和列的标题。在滚动窗口时，被冻结的标题将不被滚动，留在屏幕的可见区域。

冻结工作表窗口的方法是：将单元格定位于要冻结的标题下面的单元格中。选择"视图"菜单中的"冻结窗格"图标，这时，可以将标题放在一个单独的窗格中。选择"视图"选项卡中的"冻结窗格"下的"冻结拆分窗格"图标，如图 1-17 所示。此时，窗格分隔线消失，转换成一条细线，表明标题已经被冻结。向下移动工作表时，会发现标题的位置固定不动。

图 1-17　冻结工作表窗口

如果想取消冻结窗口，可以选择"视图"菜单中的"冻结窗格"下的"取消冻结窗格"图标即可。

6. 调整工作表的列宽或高度。当发现列不够宽或行不够高时，可用以下方法来调整：调整一列列宽，将鼠标指针放在列标区分隔线处，按住鼠标左键左右拖动到合适宽度，松开鼠标即可；调整多列列宽，只需先选定列标，然后改变其中的一列宽度即可。调整行高，选定一行或多行，将鼠标定位于符号区要修改行号的下分隔线处，然后按住鼠标，上下拖到新位置松开鼠标即可。

7. 调整工作表的显示方式。在"视图"选项卡中点击"显示比例"，跳出列表框中单击选定所需的显示比例，或选择自定义键入从 10～400 之间的数字便可改变显示大小，如果要将选定区域扩大至充满整个窗口进行显示，可单击"选定区域"。

8. 为工作表添加文本框。Excel 2016 允许在工作表的任意地方设置文本框，在这些文本框中可以编辑及格式化文字，以生成美观的标题等不影响工作表行和列的位置。添加文本框的方法为：单击"插入"选项卡的"文本"图标，点击下三角图标，再选"文本框"图标，点击下三角图标，可选择"横排文本框"或"垂直文本框"按钮，移动鼠标至要添加文本框的位置并单击，在文本框里显示闪烁的地方插入光标，这时就可以输入文字，文本框的大小随文字的增加而增加，输好后单击文本框之外的单元格结束。

9. 为工作表设置背景图案。单击要添加背景图案的工作表，选择"页面布局"功能菜单下的"背景"按钮。选择背景图案要使用的图形文件，单击"插入"按钮即可。若要删除背景图案，选择"页面布局"功能菜单下的"删除背景"按钮，即可删除背景图案。

10. 为工作表设置保护措施。为了防止别人修改数据，可用以下方法保护工作表：选择"审阅"选项卡中的"保护工作表"图标，如图 1-18 所示。在密码框里输入密码，密码可以包括数字、空格和大小写字母，注意密码字母的大小写将区别对待，按计算机的要求重新输入这个密码，以确保密码正确，单击"确定"按钮。

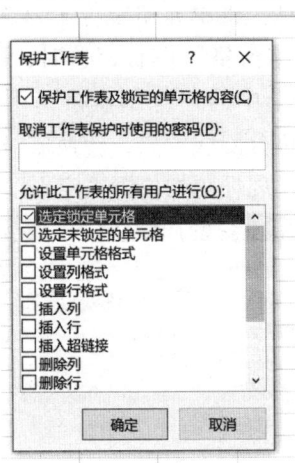

图 1-18　为工作表设置保护措施

11. 工作表的删除。删除不用的工作表方法为：先选择"开始"选项卡中"删除"下拉菜单中的"删除工作表"命令，然后单击"删除"按钮，则这个表将从工作簿永久删除。"删除工作表"是不能还原的，删除的工作表将不能被恢复，如图 1–19 所示。

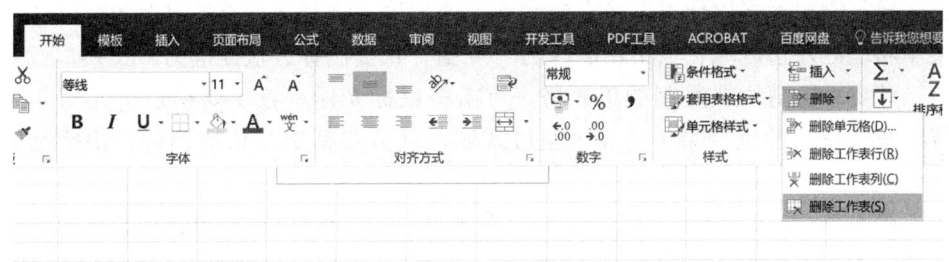

图 1–19　删除工作表

第三节　单元格基本操作

工作表是由行和列交叉组成的矩形区域，某一行和某一列的交叉处称为单元格，如第 3 行和 D 列的交叉处为"D3 单元格"。单元格是表格的基本组成部分，单元格内通常是数据，但也可以是文字甚至是公式。电子表格的编辑就是对每一个单元格的编辑过程，包括向单元格中输入数据、修改复制、粘贴、增添以及调整单元格的大小、格式等过程。所以，掌握了对单个单元格的编辑过程，基本就可以进行整个表格的编辑了。

一、向单元格内输入数据

选定单元格后即可向单元格内输入数据或修改数据。

1. 向单元格内输入数字。单击某一单元格，在单元格内直接输入数字，在编辑栏中也同时出现输入的数据。将光标移到编辑栏的编辑框处并在其中点击，光标变为可输入数据的指针状，在其中输入数据，同样此值也会出现在单元格中。所以，两种方式是等效的，都可以作为数据输入的方式。

要注意的是所有输入的数字默认为右对齐，如果输入的数据宽度超过了列宽，列宽也自动调整至完全能够显示该数据的宽度，但如果没有提前设置单元格格式，超过 11 位时会自动用科学记数法显示。

2. 向单元格内输入字符。如果需要在表中加一些备注说明或标题等字符，单元格中也可以输入字符串，输入的方法和数字的输入方法一样。

需要注意的是向单元格内输入字符和数字有两点不同：（1）字符输入确认后，所有含字符的单元格都默认为左对齐，而数字为右对齐。（2）输入字符时，如字符串长度超过列宽时，列宽将不作自动调整。

3. 剪切、复制、粘贴、删除单元格。要剪切单元格以便可以将它移动到其他位置，选择单元格，然后在"编辑"菜单上单击"剪切"，也可点击工具栏的"剪切"快捷图标，快捷键为 Ctrl + X。

要复制单元格以便可以将它粘贴到其他位置，选择单元格，然后在"开始"菜单功能区左边区域，点击功能区的"复制"快捷图标，快捷键为 Ctrl + C。

若要粘贴剪切或复制的单元格，点击将鼠标光标点置于要粘贴单元格的位置，然后在"开始"菜单功能区左边区域，点击"粘贴"快捷图标，快捷键为 Ctrl + V。

删除单元格，如果是单一单元格，按键盘上的"Del"键即可；如果是单元格区域，先选择要清除数据的单元格区域，右键单击出现快捷键菜单，选中图 1-20 的"清除内容"即可，也可以按需要选择删除整行或整列。

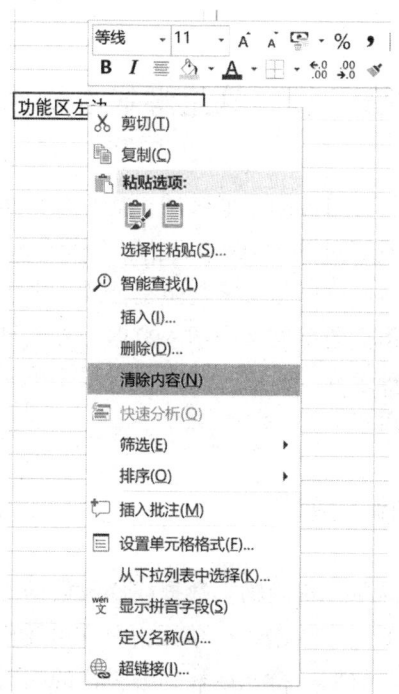

图 1-20　清除内容

二、单元格输入操作技巧实例

1. 在不同的单元格一次输入相同的内容。在不同的单元格一次输入相同的内容，步骤如下：先选中要输入内容的所有单元格。选中后直接输入要输入的内容（注意不要用光标移动）。输入完毕后直接按 Ctrl + 回车，全自动全部填充所有选中单元格。相同工作簿不同工作表之间也可以进行同样的操作。

2. 减少操作中不必要的按键。习惯横向填写的用户可以在输入第一个单元格数据后不要用光标键进入到下一单元格,这时按一下 Tab 键,然后输入到最后一个单元格后按回车,会直接到下一行的第一个需输入的单元格,然后继续输入即可。还有一种方法就是把"文件"→"选项"→"高级"中按 Enter 键后移动的方向改为向右也可以,这样回车后光标会自动跳到右边的单元格内。

习惯竖向输入的用户可以先选中要输入的区域,然后进行输入,输入到最后一行时继续回车,会直接跳到第二列要输入的第一个单元格内。

3. 提高输入速度的方法。掌握常用的快捷键,双手操作,鼠标键盘一起用。例如,复制上一行内容的快捷键为 Ctrl + d,比用鼠标加菜单的方法要快得多。

输入大量的数字时充分利用小键盘中的数字区域,实现盲打,右手食指掌管 1、4、7,中指掌管 2、5、8,无名指分管 3、6、9,0 一般用拇指,回车可以用小指或无名指,如果工作需要输入大量的数字,建议多练一下小键盘。

4. 学会为单元格添加批注。对于有些重要的数据,当时知道是怎么得来的,过后有可能忘记了,这时只能够重新再查看。不过,可以使用 Excel 的批注功能,给单元格添加批注。这样只需将鼠标停留在单元格上,就可看到相应的说明了。

选中要添加批注的单元格,选择"审阅"→"新建批注",如图 1-21 所示,在弹出的批注框中输入需要的批注文本,输入完毕后,单击批注框外部的工作表区域即可。这时添加批注之后单元格的右上角会出现一个小红三角,当将鼠标停留在这个单元格时,批注将会自动显示。拖动批注四周的小圆点方框可以增加或减小批注框的大小,批注中的文字可以进行字体、颜色、大小的设置。

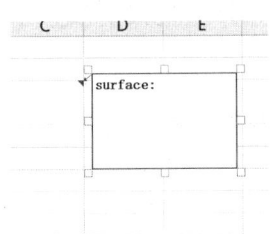

图 1-21 为单元格添加批注之后的显示

5. 将单元格固定住。设计计算公式时,往往需要在单元格内连续输入多个数值,从而查看引用此单元格的公式运算结果。由于每次输入数值后回车,当前活动单元格均会下移。

此时可以采用以下技巧固定该单元格:先将该单元格选中,然后按住 Ctrl 键单击该单元格,当其周围出现实线框即可。

6. 自动调整单元格字号。如果将某一列的宽度固定下来,那么往往会导致该列中某些单元格中的内容无法全部显示出来,此时可能不得不重新设置它们的字体或字号。

不过,除此之外,还有一个好技巧:选中相应单元格,选择"开始"→"对齐方式",点击右下角的小标签,再单击"对齐"标签,然后勾选"文本控制"选项组中的"缩小字体填充"复选框。以后,当在这些单元格中输入数据时,即使输入数据的长度超过了单元格的宽度,Excel 也会自动缩小字符的大小进行数据调整,以保证数据全部正常显示在单元格中,就不用手工去更改了。

7. 重复设置技巧。在 Excel 中有个 F4,在操作过程中熟练使用可以省很多事,它的功能就是重复上一次的操作,基本上所有的操作在重复上一次操作时都可以用,例如插入一个工作表,一般的方法是从"开始"中功能区里选择"插入"→"插入工作表",或在工作表标签处点右键插入。要是需要建立十个工作表是不是需要这样操作十次呢?有了 F4 就不用这么麻烦了,插入一个后按一下 F4 就会又插入一个工作表。

8. 特殊字符的输入。一般而言,输入特殊字符的方法是点击"插入"选项卡,选择"符号",在其中选择特殊字符输入。

直接输入特殊字符,指在需要输入特殊字符的单元格里按下"Alt"键 + 数字。比如,输入数字按下"Alt"键 + "0123"或"0125"就可以得到大括号"{"或"}",而按下"Alt"键 + 数字"0137"就能够得到"‰",这实际上是利用了这些特殊字符的 ASCII 码。

此外,一些上标或下标的符号还可以利用单元格的格式来设置。如果要输入立方或者平方,先将单元格设成文本,然后划选对应的数字,单击右键,选"设置单元格格式",在"特殊效果"中勾选"上标"。

第四节 利用工具栏进行快捷操作

在 Excel 中,用户使用的是窗口操作,用户可以利用鼠标选择计算机画面上显示的图标、按钮等图形,表示不同目的的动作,从而在窗口中操作 Excel,进行数据的管理、生成和编辑。这是一种提高工作效率的操作方式。

在 Excel 中有 7 个包含按钮的工具栏和顶部左边的快速访问工具栏,这些工具可以帮助用户更快速、更容易地工作。

如图 1-22 和图 1-23 所示,开始工具栏和插入工具栏会直接显示在菜单栏下面。开始工具栏上显示 Excel 操作中使用率较高的一些按钮。插入工具栏应用于相关的插入功能。

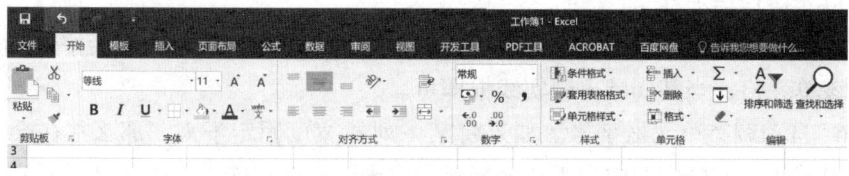

图 1-22 开始工具栏

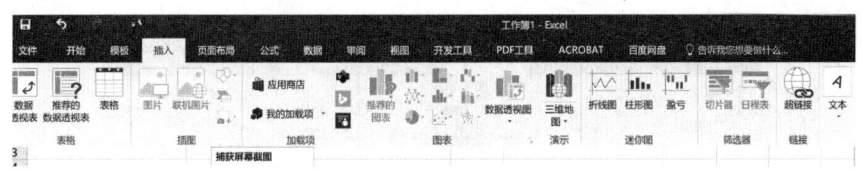

图 1-23　插入工具栏

1. 使用工具栏。使用工具栏的方法很简单，只需在要使用的工具按钮上单击即可。当指向某个按钮时，其下方会出现相应的功能说明。

由于每个工具按钮代表了一些操作命令的组合，所以按下工具按钮的结果可能会执行一个动作，或者出现一个对话框。例如，快捷访问"保存"按钮代表了"文件"菜单中的"保存"命令。要保存正在工作的工作簿文件时，不必执行一连串的命令操作，而只需按下"保存"按钮即可。

提示：在 Excel 2016 中，如果某个工具按钮的颜色变浅，表示不能使用该工具。

2. 显示工具栏。当要使用的工具栏不在当前工作窗口上时，可以将其打开，显示在窗口中。步骤如下：执行"文件"菜单下的选项中自定义功能区和快速访问工具栏中加入常用的工具按钮。

第五节　页面设置与打印

Excel 打印输出在商业和办公环境中具有重要作用：通过打印 Excel 表格，可以将数据和信息以纸质形式分享给他人，无须依赖于电子设备和网络连接。另外，通过打印输出可以将数据归档和备份，确保即使在电子设备出现故障或数据丢失的情况下，仍能够通过纸质版本找回重要信息。还有在一些情况下，需要将 Excel 中的数据以纸质报告或文档的形式提交给上级、客户或其他相关方，打印输出可以满足这一需求。因此，打印输出是 Excel 的一个重要功能，能保证我们的成果输出。

一、设置打印区域

用户有时只想打印工作表中部分数据和图表，如果经常需要这样打印，可以通过设置打印区域来解决。

先选择要打印的区域，再选择"页面布局"选项卡的"打印区域"下拉菜单，在菜单中选择"设置打印区域"，选定区域的边框上出现虚线，表示打印区域已设置好，如图 1-24 所示。打印时只有被选定的区域中的数据被打印。而且，工作表被保存后，将来再打开时设置的打印区域仍然有效。

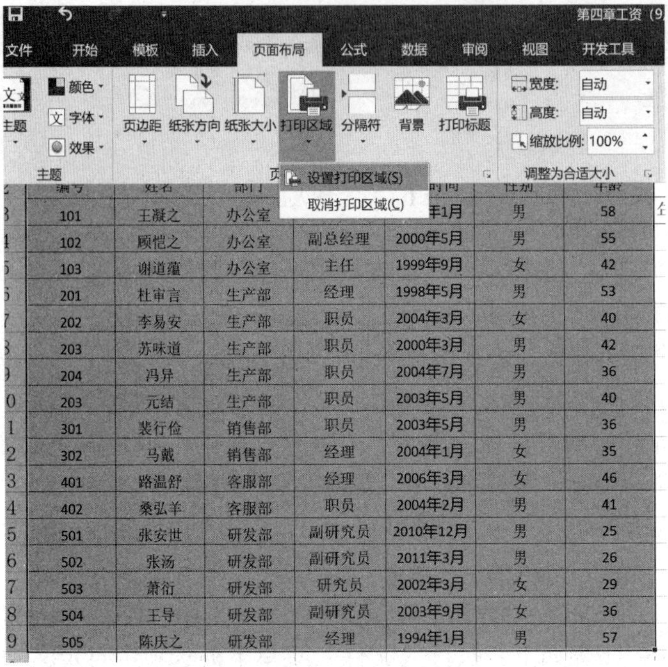

图 1-24　设置打印区域

以后打印时如果想改变打印区域，可以再选择"页面布局"选项卡的"打印区域"下拉菜单，在菜单中选择"取消打印区域"，命令。设置区域取消后可根据用户需要重新设置。另外，设置区域也可以通过分页预览直接修改。

二、设置分页与分页预览

工作表较大时，Excel 一般会自动为工作表分页，如果用户不满意这种分页方式，可以根据自己需要对工作表进行人工分页。

1. 插入和删除分页符。为达到人工分页的目的，用户可手工插入分页符。选择"页面布局"中"分页符"下拉菜单中的"插入分页符"即可。

如图 1-25 所示，A1:G16 为打印区域。在 A8 单元格进行水平分页操作之后，通过"视图"→"分页预览"可以看见，从 A8 单元格上方进行了分页打印。

删除分页符可选择分页下一行或右一列的任一单元格，选择"页面布局"中的"分页符"下拉菜单中的"删除分页符"即可，或者选择"页面布局"中的"分页符"下拉菜单中的"重设所有分页符"也可以。

2. 分页预览。使用分页预览可以在窗口中直接查看工作表分页的情况。在分页预览的窗口中仍然可以编辑工作表，还可以直接改变设置的打印区域的大小、调整分页的位置。

分页后选择"视图"选项卡里的"分页预览"命令，进入如图 1-26 所示分页预览视图。视图中蓝色粗实线表示了分页情况，每页区域中都有暗淡页码显示,如果事先设置了打印区域,可以看到最外层蓝色粗边框没有框住所有数据,非打印区域为深色背景,打印区域为浅色背景。分页预览时同样可以设置、取消打印区域,插入、删除分页符。

图1-25 分页操作菜单和操作结果示例

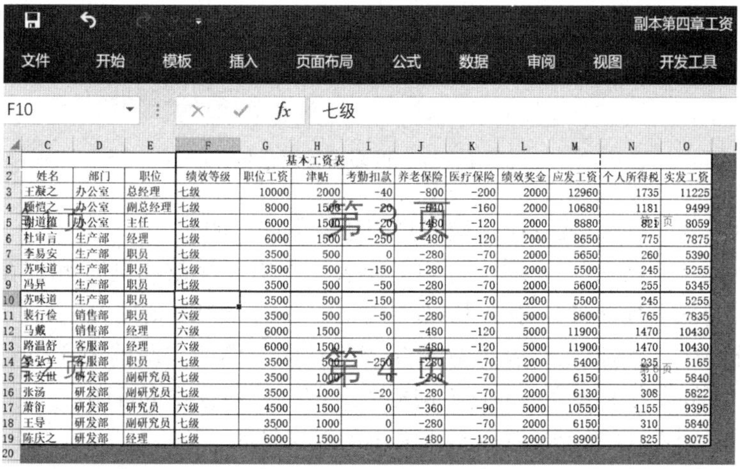

图1-26 分页预览视图

分页预览时,改变打印区域大小操作非常简单,将鼠标移到打印区域的边界上,指针变为双箭头,鼠标拖曳即可改变打印区域。

此外,预览时还可直接调整分页符的位置:将鼠标指针移到分页实线上,指针变为双箭头时,鼠标拖曳可调整分页符的位置。

选择"视图"选项卡的"普通"命令可结束分页预览回到普通视图中。

三、页面设置

Excel 具有默认页面设置,用户因此可直接打印工作表。如有特殊需要,使用页面设置可以设置工作表的打印方向、缩放比例、纸张大小、页边距、页眉、页脚等。选择"页面布局"选项卡中"页面设置"右下角的小图标,出现"页面设置"对话框。

1. 页面。单击"页面设置"对话框的"页面"标签,出现如图 1-27 所示对话框。

图 1-27 页面设置对话框

"方向"框用于设置打印是横向打印还是纵向打印。

"缩放"框用于放大或缩小打印工作表,其中"缩放比例"允许在 10~400 之间。100% 为正常大小,小于 100% 为缩小;大于 100% 则放大。

"调整为"表示把工作表拆分为几部分打印,例如,调整为 3 页宽、2 页高表示水平方向截为 3 部分、垂直方向截为 2 部分,共分 6 页打印。

"纸张大小"框用于设置以某一大小的纸张打印。

"打印质量"框表示每英寸打印多少点,打印机不同,数字会不一样,打印质量越好,数字越大。

"起始页码"可输入打印的首页页码,后续页的页码自动递增。

2. 页边距。单击"页面设置"对话框的"页边距"标签,出现如图 1-28 所示对话框。该对话框用于设置打印数据在所选纸张的上、下、左、右留出的空白尺寸;设置页眉和页脚距上下两边的距离,注意该距离应小于上下空白尺寸,否则将与正文重合;设置打印数据在纸张上水平居中或垂直居中,默认为靠上靠左对齐。

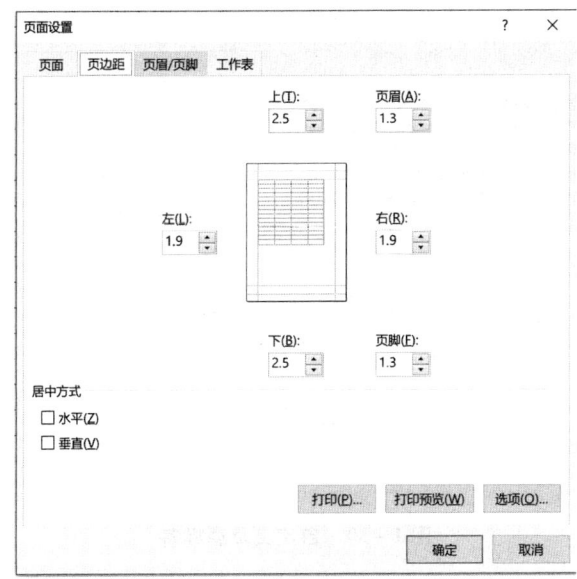

图 1-28　页边距标签

3. 页眉/页脚。单击"页面设置"对话框的"页眉/页脚"标签，出现如图 1-29 所示对话框；Excel 在页眉、页脚列表框提供了许多预定义的页眉、页脚格式。如果用户不满意，可单击"自定义页眉"或"自定义页脚"按钮自行定义，可输入位置为左对齐、居中、右对齐的三种页眉，如图 1-30 所示。另外，对话框中间有十个按钮，从左到右依次为字体、页码、页数、日期、时间、包含路径的文件名、文件名、工作表标签名、插入图片、设置图片格式。

图 1-29　页眉/页脚标签

图 1-30 自定义页眉标签

4. 工作表。单击"页面设置"的"工作表"标签，出现如图 1-31 所示对话框。

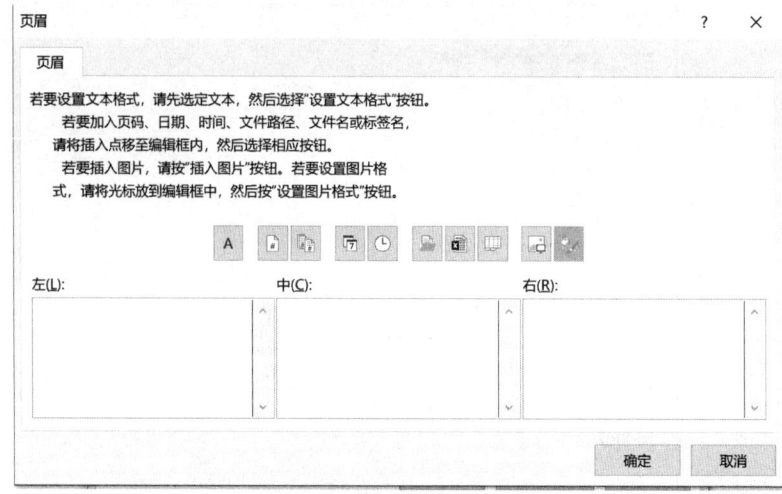

图 1-31 工作表标签

"打印区域"框允许用户单击右侧对话框折叠按钮，选择打印区域。

当工作表较大而分成多页打印时，会出现除第一页外其余页要么看不见列标题，要么看不见行标题的情况；"顶端标题行"和"左端标题列"用于指出在各页上端和左端打印的行标题与列标题，便于对照数据。

"网格线"复选框选中时用于指定工作表带表格线输出，否则只输出工作表数据，不输出表格线。

"草稿品质"可加快打印速度但会降低打印质量。

"行号列标"复选框允许用户打印输出行号和列标,默认为不输出。

如果工作表较大,超出一页宽和一页高时,"先列后行"规定垂直方向先分页打印完,再考虑水平方向分页,此为默认打印顺序。"先行后列"规定水平方向先分页打印。

打印预览为打印之前浏览文件的外观,模拟显示打印的设置结果。一旦设置正确即可在打印机上正式打印输出。

四、打印预览与打印工作表

选择"文件"菜单的"打印"命令,屏幕显示"打印预览"界面,如图 1-32 所示。界面下方状态栏显示打印总页数和当前页码。中间有一排按钮,部分功能介绍如下。

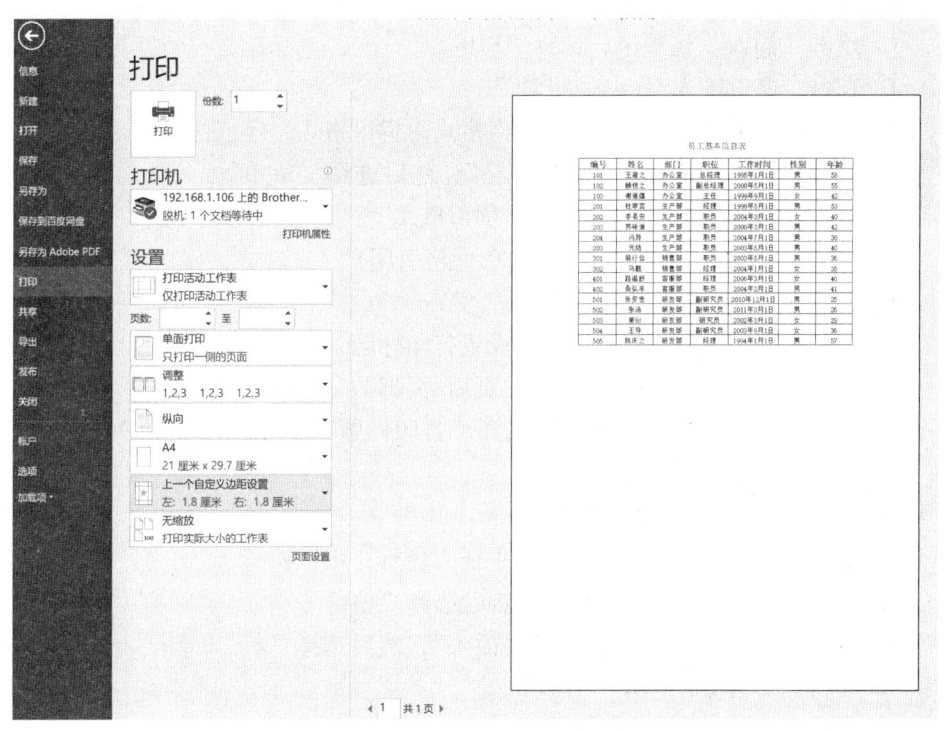

图 1-32 打印预览界面

打印:单击此按钮打开"打印"对话框。

"打印机"框显示打印机的详细信息。

"设置"包括打印方向、纸张选择、页边距设置、缩放等功能。选中最下角的"页面设置"按钮,单击此按钮打开"页面设置"对话框。

经设置打印区域、页面设置、打印预览后,工作表可正式打印了。

单击"打印"按钮即可进行打印。

本章习题

一、单选题

1. 在 Excel 2016 中，用于显示工作表名称的选项卡位于（　　）。
   A. 左上角　　　　B. 右上角　　　　C. 左下角　　　　D. 右下角

2. 在 Excel 2016 中，要创建新的工作簿，应该执行（　　）。
   A. 点击"文件"选项卡，然后选择"新建"
   B. 点击"插入"选项卡，然后选择"工作簿"
   C. 双击 Excel 桌面图标
   D. 在命令窗口输入"new workbook"

3. 在 Excel 2016 中，要将工作簿另存为 PDF 文件，应该（　　）。
   A. 点击"文件"选项卡，选择"另存为"，然后选择 PDF 格式
   B. 点击"页面布局"选项卡，选择"打印"，然后选择 PDF 打印机
   C. 点击"插入"选项卡，选择"PDF"
   D. 在命令窗口输入"save as PDF"

4. 在 Excel 2016 中，要更改单元格格式为货币格式，应该执行（　　）。
   A. 右键单元格，选择"格式单元格"，然后选择"货币"
   B. 点击"数据"选项卡，选择"货币格式"
   C. 在公式栏输入"=货币格式（单元格引用）"
   D. 无法在 Excel 中设置货币格式

5. 在 Excel 2016 中，要为工作表设置打印标题，应该执行（　　）。
   A. 点击"插入"选项卡，选择"页眉/页脚"，然后输入标题
   B. 点击"页面布局"选项卡，选择"打印标题"，然后指定行和列
   C. 在每个单元格输入标题文本
   D. 无法在 Excel 中设置打印标题

6. 在 Excel 2016 中，要在工作表中插入新行，应该执行（　　）。
   A. 右键单元格，选择"插入"，然后选择"整行"
   B. 点击"编辑"选项卡，选择"插入"，然后选择"行"
   C. 在行标头右键，选择"插入"
   D. 无法在 Excel 中插入新行

7. 在 Excel 2016 中，要将工作表复制到另一个工作簿中，应该执行（　　）。
   A. 右键工作表选项卡，选择"移动或复制"，然后选择目标工作簿
   B. 双击工作表选项卡，然后选择"复制到其他工作簿"
   C. 在命令窗口输入"copy worksheet to workbook"
   D. 无法在 Excel 中将工作表复制到另一个工作簿

8. 在 Excel 2016 中，要将单元格范围设置为打印区域，应该执行（　　）。
   A. 点击"文件"选项卡，选择"打印"，然后选择"设置打印区域"

B. 选中单元格范围，然后点击"页面布局"选项卡，选择"打印区域"

C. 在公式栏输入"＝设置打印区域（单元格引用）"

D. 无法在 Excel 中设置打印区域

9. 在 Excel 2016 中，要隐藏工作表，应该执行（　　）。

A. 右键工作表选项卡，选择"隐藏"

B. 点击"查看"选项卡，选择"隐藏工作表"

C. 在命令窗口输入"hide worksheet"

D. 无法在 Excel 中隐藏工作表

10. 在 Excel 2016 中，要调整工作表的打印比例，应该执行（　　）。

A. 点击"文件"选项卡，选择"打印"，然后选择"打印比例"

B. 点击"页面布局"选项卡，选择"页面设置"，然后选择"打印比例"

C. 在公式栏输入"＝设置打印比例（比例值）"

D. 无法在 Excel 中调整打印比例

二、多选题

1. 当你在 Excel 2016 中打开多个工作簿时，以下元素可以在窗口中同时显示的有（　　）。

A. 工作表　　　　　　　　B. 公式栏

C. 标题栏　　　　　　　　D. 标签栏

2. 若要在 Excel 2016 中新建一个工作簿，你可以使用的方法有（　　）。

A. 文件菜单中的"新建"

B. 主页菜单中的"新建"

C. 使用快捷键 Ctrl + N

D. 通过右键单击任务栏上的 Excel 图标

3. 在 Excel 2016 中，以下操作是在工作表上进行单元格合并的有（　　）。

A. 使用主页菜单中的"合并与居中"按钮

B. 使用快捷键 Ctrl + M

C. 使用格式单元格中的"对齐"选项卡

D. 通过右键单击单元格并选择"合并单元格"

4. 在 Excel 2016 中，以下可以用于编辑单元格内容的方式有（　　）。

A. 双击要编辑的单元格

B. 直接在公式栏输入新内容

C. 通过右键单击单元格选择"编辑"

D. 使用主页菜单中的"格式"功能

5. 若要设置 Excel 2016 中工作表的页面布局和打印格式，你可以（　　）。

A. 使用页面布局视图中的选项

B. 使用"页面布局"选项卡中的设置

C. 在文件菜单中选择"打印设置"

D. 在"文件"菜单中选择"页面设置"

6. 当你需要在 Excel 2016 中进行打印设置时，以下可以调整的有（　　）。
   A. 页面方向　　　　B. 打印范围　　　　C. 打印纸张大小　　D. 打印边距
7. 若要在 Excel 2016 中为工作表添加页眉和页脚，你可以进行的方式有（　　）。
   A. 在"插入"选项卡中选择"页眉和页脚"
   B. 在"视图"选项卡中选择"页眉和页脚"
   C. 在"页面布局"选项卡中选择"页眉和页脚"
   D. 在"文件"菜单中选择"页面设置"并选择"页眉/页脚"
8. 当你需要在 Excel 2016 中设置打印区域时，以下操作可以使用的有（　　）。
   A. 通过"文件"菜单中的"打印区域"选项
   B. 通过"页面布局"选项卡中的"打印区域"按钮
   C. 通过"打印"预览中的"设置打印区域"选项
   D. 通过右键单击要打印的区域并选择"设置打印区域"
9. 在 Excel 2016 中，以下用于调整打印输出方式设置的有（　　）。
   A. 打印比例　　　　B. 打印质量　　　　C. 打印批注　　　　D. 打印颜色
10. 当你需要在 Excel 2016 中进行页面设置时，以下可以调整的有（　　）。
    A. 页边距　　　　　B. 页码设置　　　　C. 打印标题　　　　D. 打印区域

第二章　Excel 数据处理

作为电子表格软件，Excel 数据处理功能十分全面。首先，Excel 提供了便捷的数据录入和存储功能，能够轻松处理各类数据，包括文本、数字和日期等。其次，Excel 配备了丰富的数据清洗和整理工具，帮助用户解决原始数据中的错误、重复或不一致之处，并进行数据格式转换和标准化。再次，Excel 强大的数据分析和计算功能允许用户利用各种内置函数和工具进行统计、求和、排序、筛选、透视等操作，甚至进行简单的数据可视化。最后，Excel 还支持用户进行数据建模和预测分析，通过建立各种数学模型和公式，对数据进行趋势分析和未来发展趋势的预测。

Excel 还提供了 VBA（Visual Basic for Applications）编程语言的支持，使得用户可以通过编写自定义的宏来实现更加复杂和个性化的数据处理需求。此外，Excel 提供了多种数据共享和交流方式，用户可以轻松以表格、图表等形式展示处理好的数据，也能方便地导出数据到其他应用程序作进一步处理或分析。综上所述，Excel 的数据处理功能在管理和分析数据、提高工作效率和决策质量方面发挥着重要作用，并通过 VBA 的支持增加了自动化和个性化定制的可能性。

第一节　美化财会表格

工作表建好之后，应该对其进行格式设置，如设置单元格格式，为表格添加边框和底纹，利用条件格式使某些单元格突出显示，在表格中应用图片、图形和艺术字等，使工作表的外观更漂亮、排列更整齐、重点更突出，并且便于阅读。

单元格数据格式主要有六个方面的内容：数字、对齐、字体、边框、填充和保护的设置。

数据的格式化一般通过用户自定义格式化，也可通过 Excel 提供的自动格式化功能实现。在数据的格式化过程中先要选定要格式化的区域，然后再使用格式化命令。格式化单元并不改变其中的数据和公式，只是改变它们的显示形式。

一、设置数字格式

单元格格式包括字体、文字颜色、背景色/背景图案、边框线型和内部线格式、文字对齐与填充格式、文字与数字格式等，下面一一说明设置方法。

如想设置某一单元格或某一行或某一列或某矩形区域的单元格格式，先选择该单元格或区域，然后选择"开始"→"数字"，或按鼠标右键，再点击快捷菜单中的"设置单元格格式"，也可打开如图2-1所示的设置选项卡设置单元格的各项格式。

图2-1　打开设置单元格格式

如图2-2所示，数字标签的数字选项有以下12种，用户可以根据自己的需要进行设置。

（1）常规格式：单元格默认的类别为常规，输入数字即为数字格式，输入字母及文字即为文本格式。

（2）数值格式：可以设置小数位数及是否使用千位分隔符（即每三位之间的"，"），并可以选择负数的显示方式，小数位数可以从0~30位之间选择。

（3）货币格式：可以设置小数位数、可选的货币符号及负数显示方式，基本同数值格式。

（4）会计专用格式：同货币格式，但无负数显示选择项。

（5）日期格式：可以从类型列表中选择使用24种日期显示方式，这些方式基本能满足大部分的需要，区域设置大都使用中文即可。

（6）时间格式：可以从类型中选择11种方式，在示例中可以查看当前格式。

（7）百分比格式：可以对小数位数进行1~30位之间的设置。

（8）分数格式：可以从9种方式中任选一种设置为选择单元格的格式。

(9) 科学记数格式：当数字的位数超过 11 位或超过单元格列宽时默认会用科学记数法显示。

(10) 文本格式：当设置单元格的格式为文本时，输入的所有内容全部当作文本，即使是数字也不能进行加减乘除的运算，对长数字的输入（比如身份证号、银行卡号等）比较有用。

(11) 特殊格式：有邮政编码格式、中文大小写数字格式，可以在示例中查看是否为所需格式。

(12) 自定义格式：自定义格式可以根据自己的需要进行单元格的设置。自定义格式为用户提供了自己设置所需格式的便利，实际上它直接以格式符形式提供给用户使用和编辑。在默认情况下，Excel 使用的是"G/通用格式"，"G/通用格式"实现的效果就是分类里的"常规"效果，即输入什么就显示什么，只有在输入特殊的字符时才会发现转变，如输入 4-1 会自动变成 4 月 1 日。

图 2-2　数字选项卡

二、设置对齐格式

默认情况下，Excel 根据输入的数据自动调节数据的对齐格式，比如文字内容左对齐、数值内容右对齐等。为了产生更好的效果，可以利用"设置单元格格式"对话框的"对齐"标签设置单元格的对齐格式，如图 2-3 所示。

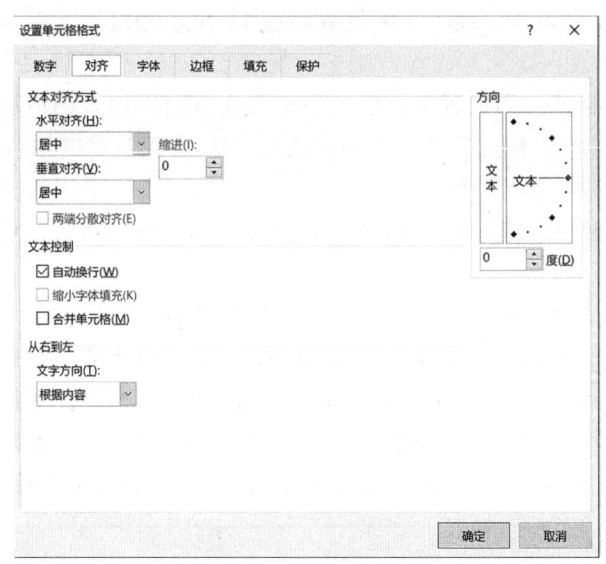

图 2-3 对齐标签

1. 文本对齐方式。"水平对齐"列表框包括常规、靠左（缩进）、居中、靠右（缩进）、填充、两端对齐、跨列居中、分散对齐（缩进）。靠左、居中、靠右比较容易理解。常规是指数字自动靠右对齐，文本方式的自动靠左对齐；填充是指在单元格中实际的内容填充满本单元格；还有一个是跨列居中，是比较有用的对齐方式，尤其是在不合并单元格的前提下达到居中的目的。

"垂直对齐"列表框包括靠上、居中、靠下、两端对齐、分散对齐。一般用到的是居中。

"缩进"是指单元格中的内容向右移动的幅度，从 0~15 之间选择，幅度逐渐加大。

2. 文本控制。在文本控制中有三个选项。

"自动换行"是指当文本超过单元格的列宽时会自动显示在下一行。

"缩小字体填充"是指当文本超过列宽时会自动调整文字的大小，使其在单元格中全部显示，它与自动换行只能二选一。

"合并单元格"是指多个单元格合并为一个单元格，一般在表头或标题栏使用。

3. 方向。"方向"框用来改变单元格中文本旋转的角度，角度范围为 -90 度到 90 度，可以拖动指标，也可以在度的左边直接输入度数，内容将根据度数大小进行倾斜。

三、设置字体

在 Excel 的字体设置中，字体类型、字体形状、字体尺寸是最主要的三个方面。"单元格格式"对话框的"字体"标签如图 2-4 所示。

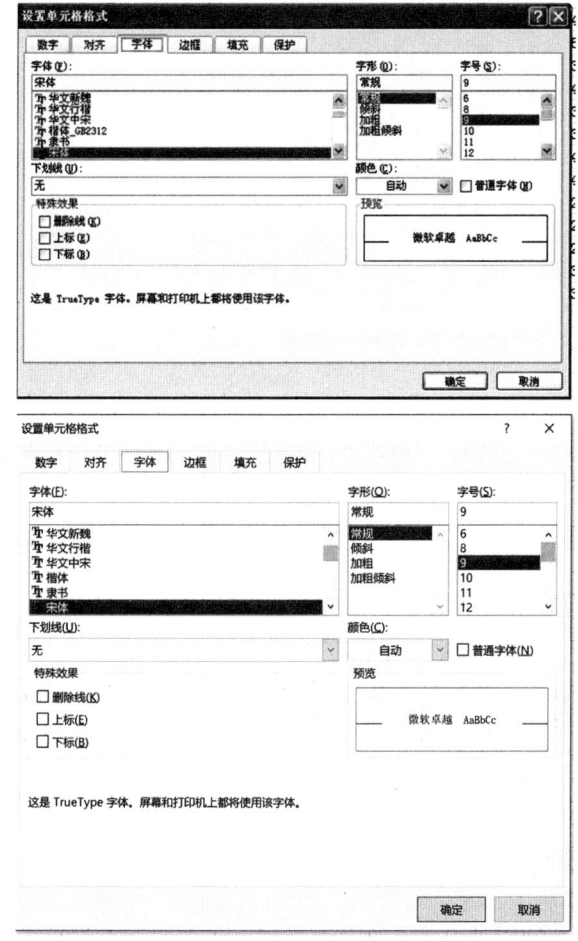

图 2-4　字体标签

1. 字体。可以根据本机所安装的所有字体进行选择。
2. 字形。可以在常规、倾斜、加粗、加粗倾斜中选择。
3. 字号。可以直接输入字号，也可以从滚动框中选择。
4. 下划线。可以从四种方式中选择一种使用。
5. 颜色。可以从下拉框中选择，默认自动为黑色。
6. 特殊效果。其中上标和下标比较有用，上下标选择框，只能选其一。

以上所有设置在预览窗口中都可以看到。

四、设置边框

默认情况下，Excel 的表格线都是统一的淡虚线。这样的边线不适合于突出重点数据，可以给它加上其他类型的边框线。"单元格格式"对话框的"边框"标签如图 2-5 所示。

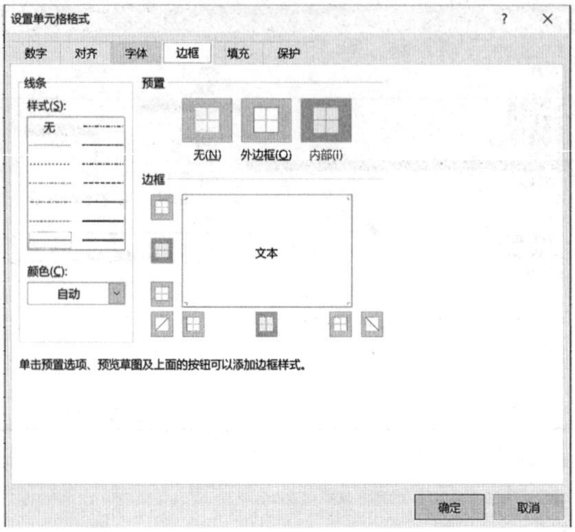

图 2-5　边框标签

边框可以放置在所选区域各单元格的上、下、左、右或外框（即四周），Excel中还增加了斜线；边框的式样有点虚线、实线、粗实线、双线等，可以在"样式"框中进行选择。在颜色列表框中可以选择边框的颜色，为表格增加美感。

边框线也可以通过"开始"选项卡中的"边框"列表按钮来设置，这个列表中含有 13 种不同的边框线设置。

五、设置填充

填充就是指区域的颜色和阴影。设置合适的图案可以使工作表显得更为生动活泼、错落有致。"设置单元格格式"对话框中的"填充"标签如图 2-6 所示。

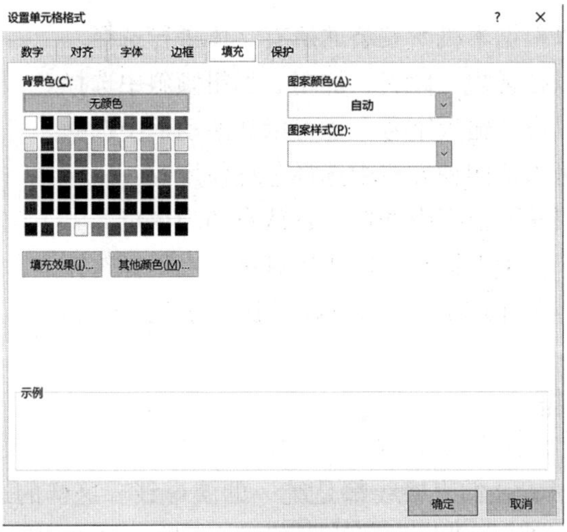

图 2-6　图案标签

用户可以在本选项中选择单元格的底色及底纹格式，默认为白色，本项选择可以为特殊的数据提供一目了然的视觉。其中，"背景色"框用于选择单元格的背景颜色；"图案"框中则有两部分选项，上面两行列出了颜色，下面则列出了用于绘制的图案样式。

六、设置列宽、行高

当用户建立工作表时，所有单元格具有相同的宽度和高度。默认情况下，当单元格中输入的字符串超过列宽时，超长的文字被截去，数字则用"#######"表示。当然，完整的数据还在单元格中，只不过没有显示出来。因此，可以调整行高和列宽，以便于数据的完整显示。

列宽、行高的调整用鼠标来完成比较方便。鼠标指向要调整列宽（或行高）的列标（或行标）的分隔线上，这时鼠标指针会变成一个双向箭头的形状，拖曳分隔线至适当的位置。列宽、行高的精确调整，可用"开始"→"单元格"→"格式"菜单中的"列宽"命令或"行高"命令及其子命令进行设置，有关菜单如图 2-7 所示。

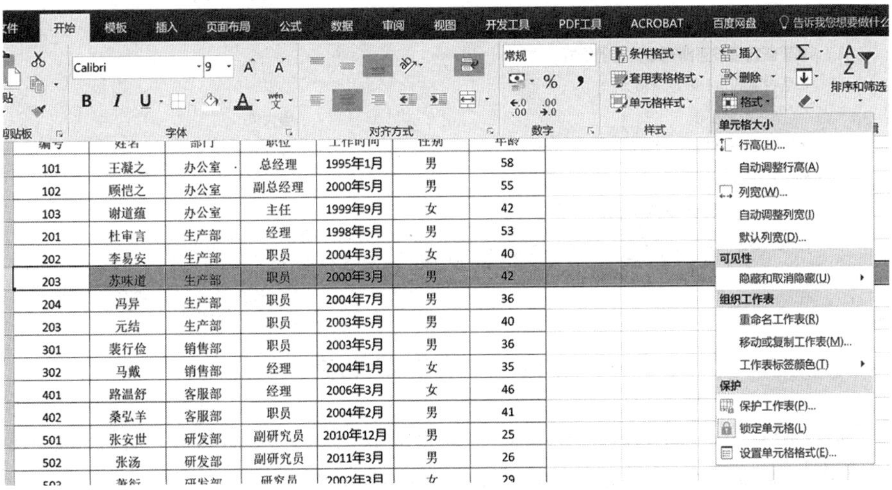

图 2-7　格式菜单

选择"列宽"或"行高"子选项，显示其对话框，输入所需的宽度或高度。"自动调节列宽"子命令取选定列中最宽的数据为宽度自动调整，"自动调节行高"取选定行中最高的数据为高度自动调整。

"隐藏和取消隐藏"下的子命令可隐藏和取消隐藏行、列或工作表。例如，要对 C、D 两列的内容隐藏，只要选定这两列，选择"隐藏和取消隐藏"命令下的"隐藏列"子命令即可。"取消隐藏列"子命令将隐藏的列或行重新显示，例如，要重新显示 C、D 两列，只要选定隐藏的相邻两列，选择"取消隐藏"子命令。也可以选择整行或整列，点鼠标右键进入快捷菜单进行处理。

七、条件格式

"条件格式"功能,用于对选定区域各单元格中的数值在指定的范围内动态地为单元格自动设置格式。

例如,在打印时,对某些特殊的财务数据要用醒目的方式表示(如加图案等),当要处理大量的财务数据时,利用"条件格式"带来了极大的方便。

操作方法:选定要设置格式的区域;选择"开始"的"样式"卡的"条件格式"→"新建规则"图标,在该对话框中选择各种规则,设置格式,如图 2-8 所示。

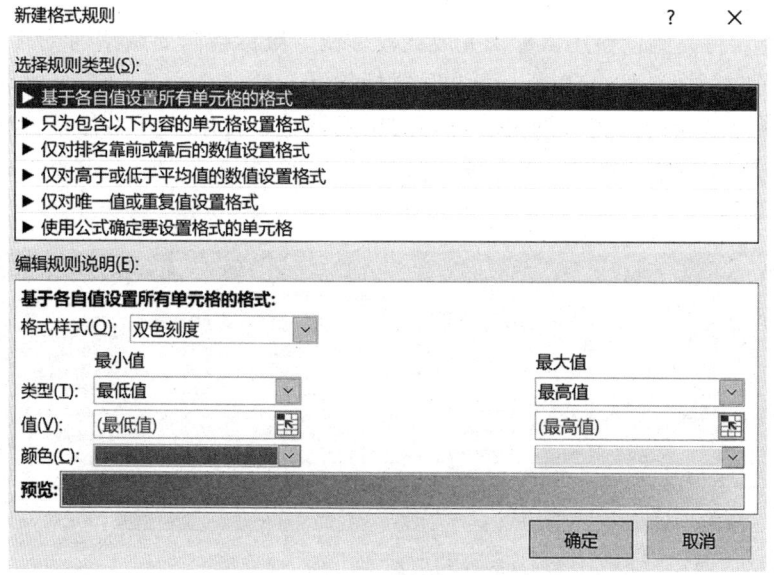

图 2-8 条件格式对话框

"条件格式"对话框提供了最多 3 个条件表达式,可以对不同表达式设置不同的格式,也就是对不同含义的数据以不同的格式显示。

对已设置的条件格式可以利用"清除规则"下面的按钮进行格式删除,利用"新建规则"按钮进行条件格式的设置。

八、自动格式化

利用"开始"→"格式"按钮可以对工作表中的单元格逐一进行格式化,但每次都这样做实在太烦琐了,Excel 提供自动套用格式的功能,预定义好了十多种制表格式供用户使用。这样,既可节省大量的时间,又有较好的效果。

自动格式化的方法是:选定要格式化的区域;选择"开始"→"样式"→"套用表格格式"按钮中的各种样式框,如图 2-9 所示,被选定区域可预览相应的格式预览；若单击某一个模板，即可以套用相应的格式。如果不满意可以运用 Ctrl + z 恢复到原有表格格式。

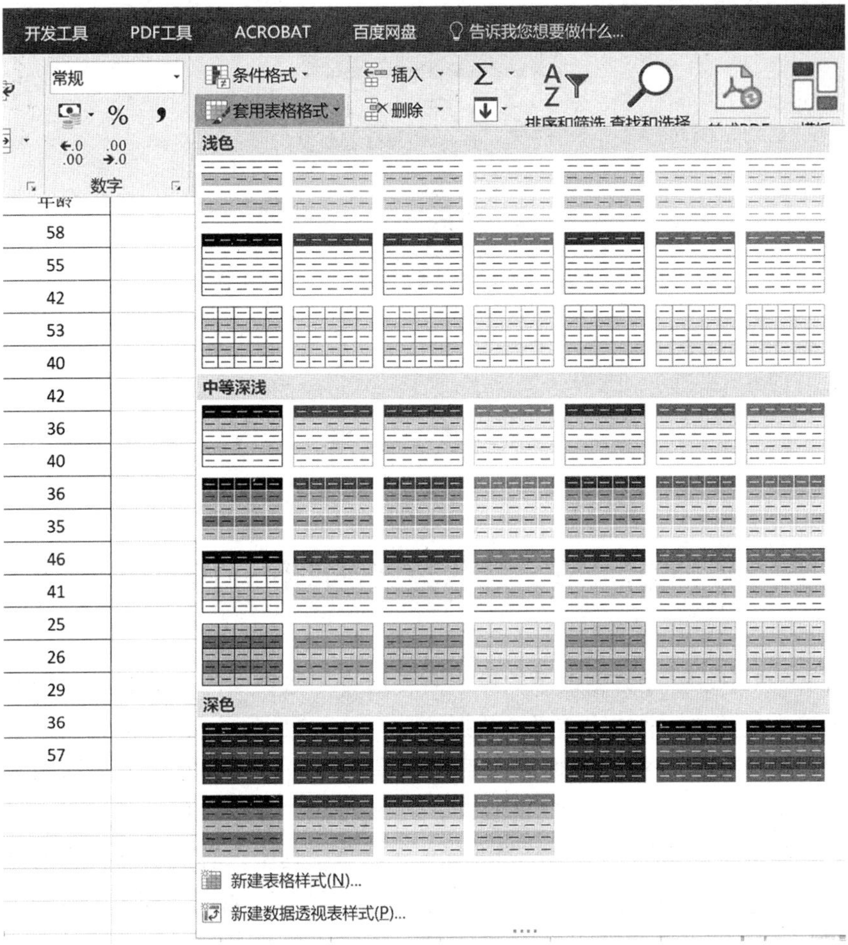

图 2-9　自动套用格式

九、格式的复制和删除

对已格式化的数据区域，如果其他区域也要使用该格式，可以不用重复设置格式，通过格式复制来快速完成，也可以把不满意的格式删除。

1. 格式复制。格式复制一般使用"开始"的剪贴板选项卡里的"格式刷"。操作方法：先选定所需格式的单元格或区域；然后单击"格式刷"按钮，这时鼠标指针变成刷子，再用鼠标指向目标区域拖曳就可 。

格式复制也可以对要复制格式的区域使用"开始"选项卡里的"复制"命令确定复制的格式；再选定目标区域，使用"开始"选项卡"粘贴"下的"选择性粘贴"子命令弹出对话框，选择"格式"来实现对目标区域的格式复制。

2. 格式删除。当对已设置的格式不满意时，可以通过"开始"→"编辑"→"清除格式"的按钮进行格式的清除，如图 2-10 所示。格式清除后单元格中的数据以通用格式来表示。

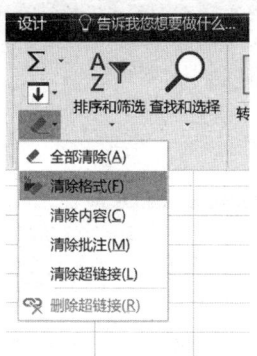

图 2-10　格式清除

第二节　财务数据管理和分析

在 Excel 中，管理数据记录的操作需要通过"数据清单"来进行，因此，在操作前应先创建好"数据清单"。数据清单，又称数据列表，也称为工作表数据库。数据清单是包含相关数据的一系列工作表数据行，如发货单数据库、工资表、联系电话等。数据清单可以像数据库一样使用，其中，行表示记录，列表示字段。数据清单的第一行中含有列的标记——每一列中内容的名称，表明该列中数据的实际意义，例如，图 2-11 工资表中的"姓名"表明该列中的数据为员工的姓名。

	A	B	C	D	E	F	G	H	I	J
1	编号	姓名	部门	职位	职称	工龄	性别	年龄	工资	个人调节税
2	101	王凝之	办公室	院长	教授	11年	男	58	¥8,000.00	¥90.00
3	102	顾恺之	办公室	副院长	教授	10年	男	55	¥7,500.00	¥75.00
4	103	谢道韫	办公室	主任	副教授	8年	女	42	¥7,500.00	¥75.00
5	104	杜审言	历史系	系主任	教授	15年	男	53	¥5,300.00	¥9.00
6	401	冯异	历史系	副主任	教授	10年	男	36	¥5,300.00	¥9.00
7	202	元结	历史系	教师	副教授	5年	男	40	¥4,700.00	¥0.00
8	203	裴行俭	历史系	教师	讲师	1年	男	36	¥3,600.00	¥0.00
9	301	马戴	历史系	教师	副教授	4年	女	30	¥5,000.00	¥0.00
10	302	路温舒	历史系	教师	教授	11年	女	46	¥5,300.00	¥9.00
11	303	桑弘羊	历史系	教师	讲师	4年	男	41	¥3,600.00	¥0.00
12	402	张安世	历史系	教师	讲师	2年	男	25	¥3,600.00	¥0.00
13	403	张汤	历史系	教师	助教	1年	男	26	¥2,600.00	¥0.00
14	501	萧衍	历史系	教师	讲师	1年	女	26	¥3,600.00	¥0.00
15	502	王导	历史系	教师	讲师	4年	男	36	¥3,600.00	¥0.00
16	503	陈庆之	历史系	教师	副教授	5年	男	38	¥5,300.00	¥9.00

图 2-11　工资表示意图

一、建立数据清单

1. 准备工作。建立一个数据清单首先要进行规划，花一些时间，考虑数据清单做什么用，实现它的最好方法是什么。考虑处理数据的类型和数量，希望从数据清单中收集什么信息等。

（1）选择字段。为数据清单选择字段是极其重要的。必须事先考虑好数据清单中应包含哪些字段，也就是说必须考虑数据清单中有哪些列，如工资表中姓名、职位、工资等是必需的。通常字段越多越灵活，所以诸如工龄、所在部门等也可以包含进去。

（2）安排字段位置。字段是构成数据清单顶部的行，因而必须安排在一行的连续各列中。通常相似的信息应该放在一起，便于理解和使用。

（3）命名字段。字段的命名应选择容易记忆的字段名，与文件的命名规则一样，数据清单的字段名字必须遵循以下的规则：

①只能是文字；

②不能包含数字、数值公式、逻辑值；

③可以使用 255 个字符；

④必须是唯一的。

2. 建立一个数据清单。准备工作做好后，建立数据清单的方法很简单，只需在工作表的首行依次输入各个字段名，或者说列名即可。列名可以使用与数据清单中数据不同的字体、对齐方式、格式、图案、边框或大小写类型等。

3. 输入数据。加入数据至所规定的数据清单内有两种方法：一种是直接键入数据至单元格内，此部分的内容用户可以参见第一章第三节单元格的基本操作部分。另一种方法是利用"记录单"输入数据。输入数据的方法如下：在想加入记录的数据清单中选中任意单元格，在"告诉我您想要做什么……"输入框里输入"记录单"，如图 2–12 所示，敲回车。出现如图 2–13 所示的对话框。点击"新建"按钮，在各个字段中输入新记录的值，要移动到下一个单元格中，按"Tab"键。要加入下一条记录，按"Enter"键。创建新的数据可以使用"新建"。输入所有记录后，选择"关闭"按钮。

记录单

图 2–12　记录单

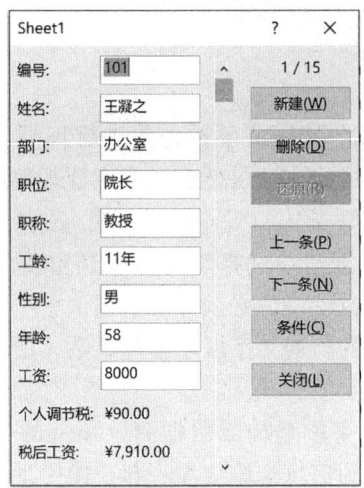

图 2-13 记录单

无论何时输入数据，都应当遵循下列准则，这些准则应用到了前面介绍的 Excel 各项基本功能，用户在实际应用中要注意综合应用。

(1) 每张工作表只能使用一个数据清单。在一张工作表上只能建立一个数据清单。某些清单管理功能如筛选等，一次只能在一个数据清单中使用。

(2) 将类型相同的数据项置于同一列中。在设计数据清单时，应使同一列中的各行具有相同类型的数据项。

(3) 使数据清单独立于其他数据。在工作表中，数据清单与其他数据间至少要留出一个空列和一个空行，以便在执行排序、筛选或插入自动汇总等操作时，有利于 Excel 检测和选定数据清单。

(4) 注意显示行和列。在修改数据清单之前，应确保隐藏的行或列也被显示。如果清单中的行和列没有被显示，那么数据有可能会被删除。这一部分操作用户可以回顾本章第一节中"设置列宽、行高"部分。

(5) 保存和共享。定期保存记录单以防止数据丢失。建议使用 Excel 的自动保存功能或定期手动保存。如有需要，可以将记录单共享给其他人，或将其输出为其他格式（如 PDF）以便共享或打印。

二、数据排序

Excel 可以根据现有的数据资料对数据值进行排序。按递增方式排序的数据类型及其数据的顺序为：

(1) 数字，顺序是从小数到大数，从负数到正数。

(2) 文字和包含数字的文字，其顺序是：0 1 2 3 4 5 6 7 8 9（空格）！"#$% & ' ( ) * + , - . / : ; < = > ? @ [\ ] ^ _ ` | ~ A B C D E F G H I J K L M N O P Q R S T U V W X Y Z。

（3）逻辑值，False 在 True 之前。

（4）错误值，所有的错误值都是相等的。

（5）空白（不是空格）单元格总是排在最后。

递减排序的顺序与递增顺序恰好相反，但空白单元格将排在最后。日期、时间和汉字也当文字处理，是根据它们内部表示的基础值排序。

1. 简单数据排序。实际运用过程中，用户往往有按一定要求对数据重新排列的要求，比如用户想按工资从高到低的顺序排列数据。对于这类按单列数据排序的要求，可用"数据"选项卡里的排序按钮实现，如图 2-14 所示。

单击要排序的字段的（如"工资"列）任意单元格；再单击"数据"选项卡里的"降序"按钮，即可将工资数据从高到低排列。"升序"按钮作用正好相反。

图 2-14 排序按钮

2. 复杂数据排序。如果要求排序复杂一点，比如想将同职位的员工排在一起，然后按工资降序排列，工资相同时再按工龄降序排列，此时排序不再局限于单列，必须使用"数据"菜单的"排序"命令。

操作步骤如下：

（1）选择数据清单中任意单元格。

（2）选择"数据"选项卡的"排序"命令，出现如图 2-15 所示的"排序"对话框。

排序

（3）鼠标单击主要关键字的下拉箭头，选择"职位"字段名，选中"升序"排序方式。

（4）依次选择次要关键字和第三关键字为"工资"和"工龄"，排序方式均为"降序"。

（5）点击"确定"按钮，工资表就按"职位"降序、"工资"降序、"工龄"降序进行排序。

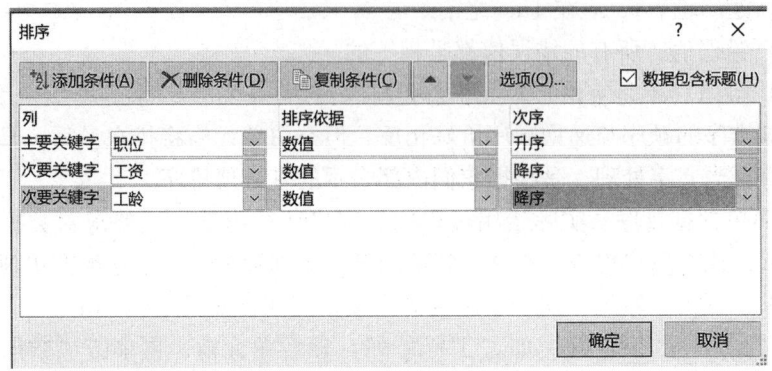

图 2-15　排序对话框图

自定义排序

3. 自定义排序。假如在这个工资表中，如果想按职位这列排序，如先后顺序是院长、副院长、主任、系主任、副主任、教师。不管用前面的哪种方法都不会得到想要的结果。此时利用 Excel 提供的自定义排序，就可以解决这个问题。

步骤如下：

（1）在"文件"→"选项"→"高级"→"常规"→"编辑自定义列表"选项。

（2）在右侧的"输入序列"框中依次输入院长、副院长、主任、系主任、副主任、教师，然后单击"确定"。

（3）选中排序的数据，在"数据"选项卡下单击"排序"，在"主要关键字"框中，单击需要排序的列，如职位。

（4）单击"选项"按钮。在"自定义排序次序"之下，单击创建的自定义列表。单击"院长，副院长，主任，系主任，副主任，教师"，如图 2-16 所示，再单击"确定"。

（5）选中所需的其他排序选项，再单击"确定"。

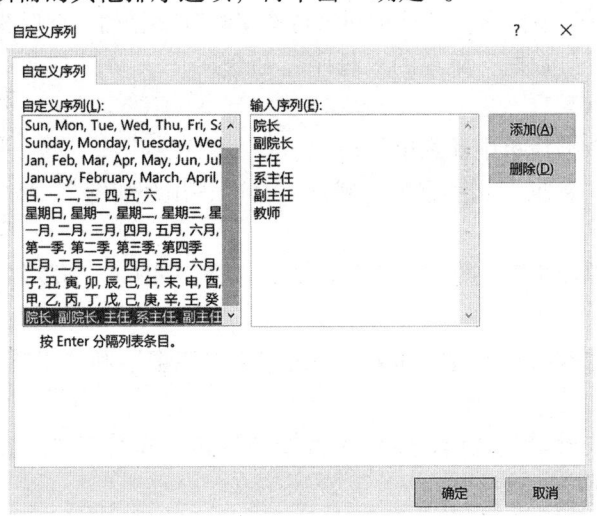

图 2-16　自定义排序

注意：若要用自定义排序次序对多个数据列进行排序，则可以逐列进行排序。例如，如果要根据列 A 或列 B 进行排序，请先根据列 B 排序，然后通过"排序选项"对话框确定自定义排序次序。下一步就是根据列 A 排序。

三、数据筛选

当数据清单中记录非常多时，用户如果只对其中一部分数据感兴趣时，可以使用 Excel 的数据筛选功能，即将不感兴趣的记录暂时隐藏起来，只显示感兴趣的数据。

1. 简单自动筛选。如果只想看到全部教师的记录，操作步骤如下：

（1）鼠标单击数据清单中任意单元格；

（2）选择"数据"选项卡下的"筛选"按钮；

（3）在每个列标题旁边将增加一个向下的筛选箭头，单击"职位"列的筛选箭头，选择多选框中的"教师"，如图 2 – 17 所示，筛选结果只显示教师记录。其中，含筛选条件的列旁边的筛选箭头变为蓝色。

数据筛选

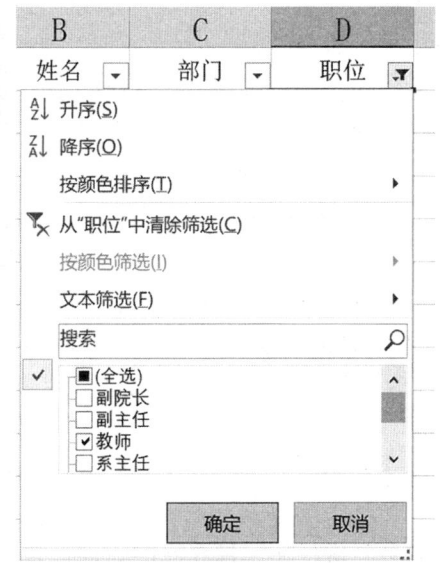

图 2 – 17　利用自动筛选功能进行简单筛选

筛选并不意味着删除不满足条件的记录，而只是暂时隐藏。如果想恢复被隐藏的记录，只需在筛选列的下拉菜单中选择"全部"即可。

2. 自定义自动筛选。筛选的条件还可复杂一点，如果想看到工资在 5,000 ~ 10,000 元之间的员工记录。操作步骤如下：

（1）鼠标单击数据清单中任意单元格；

（2）单击"工资"列的筛选箭头，选择"数字筛选"→"自定义筛选"命令，出现如图 2 – 18 所示"自定义自动筛选方式"对话框，在左边操作符下拉列

表框中选择"大于",在右边值列表框中输入5,000;

（3）选中"与"单选框钮,在下面的操作符列表框中选择"小于",在值列表框中输入10,000,单击"确定"按钮,可筛选出符合条件的记录。

图2–18　自定义自动筛选方式对话框

筛选条件如果再复杂一点,想看到工资在5,000~10,000元之间、职称为教授的男员工记录,则在上述操作基础上再加上"职称"列的选择"教授","性别"列简单自动筛选为"男"即可。

前面曾介绍过数据的排序,可对所有数据进行排序。如果只想看到工资居前的五名员工,则可使用"数字筛选"→"自定义筛选"→"前10项（T）……"的功能,操作时在"工资"列的筛选下拉菜单中选择"前10项（T）……",在弹出对话框中选择"最大",数字框中输入5即可显示工资最高的五条记录。也可以选择"百分比",按比例筛选。

在级联菜单中选择"从'工资'中清除筛选"命令,则数据恢复显示,但筛选箭头并不消失。如果想取消自动筛选功能,选择标题行,再选"数据"→"筛选"按钮。则所有列标题旁的筛选箭头消失,所有数据恢复显示。

四、分类汇总

分类汇总

实际应用中分类汇总会经常使用,像仓库的库存管理,经常要统计各类产品的库存总量,商店的销售管理经常要统计各类商品的售出总量,它们共同的特点是先要进行分类,将同类别数据放在一起,然后再进行数量求和之类的汇总运算。

Excel具有分类汇总功能,但并不局限于求和,也可以进行计数、求平均值等其他运算。以下用求员工的平均工资为例说明分类汇总功能。

1. 分类汇总操作步骤。先进行分类,同职位的员工记录放在一起,这可通过"职位"字段排序来实现,排序详细参见第二节的"数据排序"部分。

选择"数据"菜单下的"分级显示"选项卡的"分类汇总"按钮,出现如图2–19所示的分类汇总对话框。

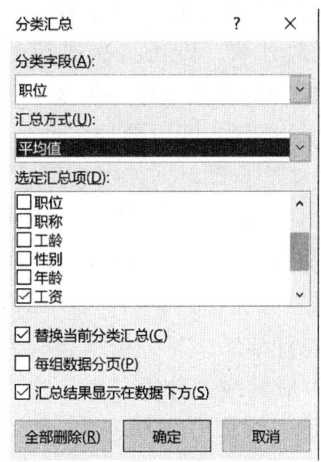

图 2-19 分类汇总对话框

"分类字段"表示按该字段进行分类,本例中在列表框中选择"职位"。

"汇总方式"表示要进行汇总的函数,如求和、计数、均值等,本例中选择"平均值"。

"选定汇总项"表示用选定的汇总函数进行汇总的对象,本例中选定"工资",并清除其余默认汇总对象。同一汇总方式可选定多个对象,对多个字段汇总。

"替换当前分类汇总"复选框选中表示将此次分类汇总结果替换已存在的分类汇总结果。

单击"确定"按钮,得到分类汇总后的结果,如图 2-20 所示。

	A	B	C	D	E	F	G	H	I	J	K
1	编号	姓名	部门	职位	职称	工龄	性别	年龄	工资	个人调节税	税后工资
2	101	王羲之	办公室	院长	教授	11年	男	58	¥8,000.00	¥90.00	¥7,910.00
3				院长 平均值					¥8,000.00		
4	102	顾恺之	办公室	副院长	教授	10年	男	55	¥7,500.00	¥75.00	¥7,425.00
5				副院长 平均值					¥7,500.00		
6	103	谢道韫	办公室	主任	副教授	8年	女	42	¥7,500.00	¥75.00	¥7,425.00
7				主任 平均值					¥7,500.00		
8	104	杜审言	历史系	系主任	教授	15年	男	53	¥5,300.00	¥9.00	¥5,291.00
9				系主任 平均值					¥5,300.00		
10	401	冯异	历史系	副主任	教授	10年	男	36	¥5,300.00	¥9.00	¥5,291.00
11				副主任 平均值					¥5,300.00		
12	503	陈庆之	历史系	教师	副教授	5年	男	38	¥5,300.00	¥9.00	¥5,291.00
13	302	路温舒	历史系	教师	副教授	11年	女	46	¥5,300.00	¥9.00	¥5,291.00
14	301	马戴	历史系	教师	副教授	4年	女	30	¥5,000.00	¥0.00	¥5,000.00
15	202	元结	历史系	教师	副教授	5年	男	40	¥4,700.00	¥0.00	¥4,700.00
16	504	刘四	历史系	教师	讲师	12年	男	34	¥4,500.00	¥0.00	¥4,500.00
17	303	桑弘羊	历史系	教师	讲师	4年	男	41	¥3,600.00	¥0.00	¥3,600.00
18	502	王导	历史系	教师	讲师	4年	女	36	¥3,600.00	¥0.00	¥3,600.00
19	402	张安世	历史系	教师	讲师	2年	男	25	¥3,600.00	¥0.00	¥3,600.00
20	203	裴行俭	历史系	教师	讲师	1年	男	36	¥3,600.00	¥0.00	¥3,600.00
21	501	萧衍	历史系	教师	讲师	1年	男	24	¥3,600.00	¥0.00	¥3,600.00
22	403	张汤	历史系	教师	助教	1年	男	26	¥2,600.00	¥0.00	¥2,600.00
23				教师 平均值					¥4,127.27		
24				总计平均值					¥4,937.50		

图 2-20 求各职位平均值的分类汇总结果

2. 其他说明。如果想对同一批数据进行不同的汇总，例如，既想求各职位平均工资，又想对各职位人数计数，则可再次进行分类汇总，选择"计数"汇总方式，"姓名"为汇总对象，清除其余汇总对象，并在"分类汇总"对话框中取消"替换当前分类汇总"复选框，即可叠加多种分类汇总。

在进行分类汇总时，Excel 会自动对列表中数据进行分级显示，在工作表窗口左边会出现分级显示区，列出一些分级显示符号，允许对数据的显示进行控制。

在默认的情况下，数据会分三级显示，可以通过单击分级显示区上方的"123"三个按钮进行控制，单击"1"按钮，只显示列表中的列标题和总计结果；"2"按钮显示各个分类汇总结果和总计结果；"3"按钮显示所有的详细数据。

"1"为最高级，"3"为最低级，分级显示区中有"＋""－"等分级显示符号。"＋"表示高一级向低一级展开数据，"－"表示低一级折叠为高一级数据，如"2"按钮下的"＋"可展开该分类汇总结果所对应的各明细数据。"1"按钮下的"－"则将"2"按钮显示内容折叠为只显示总计结果。当分类汇总方式不止一种时，按钮会多于 3 个。

数据分级显示可以设置，选择"数据"菜单下的"分级显示"选项卡的"创建组"级联菜单下"自动建立分级显示"，则显示分级显示区域。选择"数据"菜单下的"分级显示"选项卡的"取消组合"级联菜单下"清除分级显示"可以清除分级显示。

取消分类汇总可选择"数据"菜单下的"分级显示"选项卡的"分类汇总"按钮，在"分类汇总"对话框中选择"全部删除"按钮即可。

五、数据透视表

数据透视表

前面介绍的分类汇总适合于按一个字段进行分类，对一个或多个字段进行汇总。如果用户按多个字段进行分类并汇总，则用分类汇总就有困难了。Excel 为此提供了一个有力的工具——数据透视表来解决问题。

1. 建立数据透视表。若用户要统计各职位男女员工的人数，此时既要按职位分类又要按性别分类，可以用数据透视表来解决问题。

（1）鼠标单击数据清单中任意单元格。

（2）点击"插入"菜单下的"表格"选项卡的"数据透视表"按钮，出现如图 2-21 所示的"创建数据透视表"对话框。

（3）点击"确定"，进入数据透视表的布局，如图 2-22 所示，对话框上面列出列表的所有字段，要分类的字段可拖入行、列标签里，并成为透视表的行、列标题。要汇总的字段拖入数值区，拖入"报表筛选"位置的字段将成为分页显示的依据。本例将"职位"字段拖曳到"行"区域，"性别"字段拖曳到"列"区域，"∑值"区域拖入的是"工资"字段，可得到如图 2-23 所示数据透视表。拖入数据区的汇总对象如果是非数字型字段则默认为对其计数，如果为数字型字段则默认为求和。

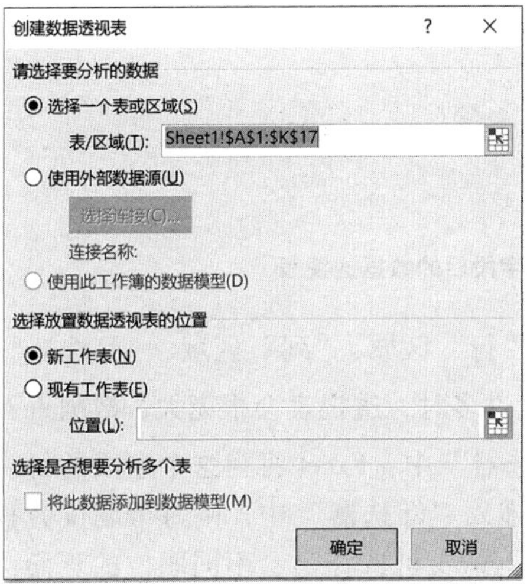

图 2-21 创建数据透视表

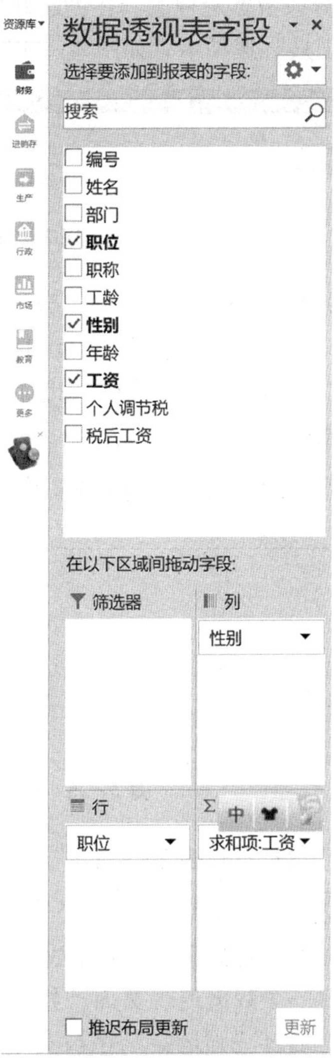

图 2-22 数据透视表的布局对话框

求和项:工资	性别		
职位	男	女	总计
院长	8000		8000
副院长	7500		7500
主任		7500	7500
系主任	5300		5300
副主任	5300		5300
教师	27900	17500	45400
总计	54000	25000	79000

图 2-23 数据透视表示例

2. 修改数据透视表。在创建好数据透视表时，Excel 会自动打开一个"数据透视表工具"选项卡，如图 2-24 所示。它可用于对数据透视表的修改。

图 2-24　数据透视表工具

（1）数据透视表的布局。数据透视表的布局常常需要修改，透视表结构中行标签、列标签、报表筛选、数值都可能被更替、增加。例如，出于某种需要，用户想计算出男女员工人数，此时须更改数据区的字段。

操作步骤如下：把工资拉出"数值"区域，将"性别"字段拖曳移入"$\sum$ 值"区域；修改后的透视表仍在原工作表中，如图 2-25 所示。

计数项:性别	性别		
职位	男	女	总计
院长	1		1
副院长	1		1
主任		1	1
系主任	1		1
副主任	1		1
教师	7	4	11
总计	11	5	16

图 2-25　修改汇总字段后的数据透视表

在"数据透视表字段列表"中，有"行"区域、"列"区域、"筛选器"区域、"$\sum$ 值"区域，当数据区汇总字段过多时，透视表会很庞大，数据查看不方便，此时可将某个分类字段放入"筛选器"中，Excel 将为这个字段的每一项内容产生一个数据透视页面，如按职位拖入"筛选器"中，则每个职位会有一个页面，通过"筛选器"字段右边的向下箭头可选择显示不同职位的页面，如图 2-26 所示。

	A	B	C	D
1	职位	(全部)		
2				
3	求和项:工资	性别		
4	职称	男	女	总计
5	副教授	10000	12500	22500
6	讲师	15300	7200	22500
7	教授	26100	5300	31400
8	助教	2600		2600
9	总计	54000	25000	79000

图 2-26　单独显示教师职位的分页数据透视表

（2）隐藏和显示数据。数据透视表中有时为了查看数据的方便，用户可以将不同行、列字段的数据隐藏或显示出来。

显示或隐藏行（分类）或列（系列）字段中的项的步骤如下。

单击字段中的下拉箭头，选中"选择多项"复选框，再选择要显示项的复选框，点击"确定"按钮即可，如图 2-26 所示。对于分级字段，单击可显示下级项的列表，这样可逐个显示或隐藏各项；也可以多选各个行列字段显示部分或全部下级项。单个选中可以显示了已选取的项；清除筛选，可以显示本字段所有数据。

注意：在显示或隐藏透视图表报表或与其相关联的透视表报表中的项时，将丢失某些图表格式。

第三节 财会公式和函数进阶技巧

公式是 Excel 工作表中进行数值计算的等式。公式输入是以"="开始的。简单的公式有加、减、乘、除等计算，例如 = 3 * 6 - 2、= A2 + B16、= C4/A6 等。

复杂一些的公式可能包含函数（函数是预先编写的公式，可以对一个或多个值执行运算，并返回一个或多个值。函数可以简化和缩短工作表中的公式，尤其在用公式执行很长或复杂的计算时）、引用、运算符（运算符是一个标记或符号，指定表达式内执行的计算的类型。有数学、比较、逻辑和引用运算符等）和常量（常量是不进行计算的值，因此也不会发生变化）。

Excel 函数是预先定义，执行计算、分析等处理数据任务的特殊公式。以常用的求和函数 SUM 为例，它的语法是"SUM(number1,[number2],…)"。其中，"SUM"称为函数名称，一个函数只有唯一的一个名称，它决定了函数的功能和用途。函数名称后紧跟左括号，接着是用半角逗号分隔的称为参数的内容，最后用一个右括号表示函数结束。

参数是函数中最复杂的组成部分，它规定了函数的运算对象、顺序或结构等。使得用户可以对某个单元格或区域进行处理，如分析存款利息、确定成绩名次、计算三角函数值等。

函数与公式既有区别又互相联系。如果说前者是 Excel 预先定义好的特殊公式，后者就是由用户自行设计对工作表进行计算和处理的计算式。

以公式"= SUM(E1:H1) * A1 + 26"为例，它要以等号"="开始，其内部可以包括函数、引用、运算符和常量。上式中的"SUM(E1:H1)"是求和函数，"A1"则是对单元格 A1 的引用（使用其中存储的数据），"26"则是常量，"*"和"+"则是算术运算符（另外还有比较运算符、文本运算符和引用运算符）。

如果函数要以公式的形式出现，它必须有两个组成部分：一个是函数名称前面的等号；另一个则是函数本身。特别注意的是，函数输入的字符都是半角，即英文输入状态输入的字符。

一、公式输入

假如一个公式用到函数，按照函数的来源，Excel 函数可以分为内置函数和扩展函数两大类。前者只要启动了 Excel，用户就可以使用它们来输入公式，如图 2-27 所示，点击"公式"菜单→"插入函数"，也可以直接在编辑栏输入。而扩展函数必须通过单击"开发工具"→"加载项"选项进行"加载宏"命令加载，然后才能像内置函数那样使用。

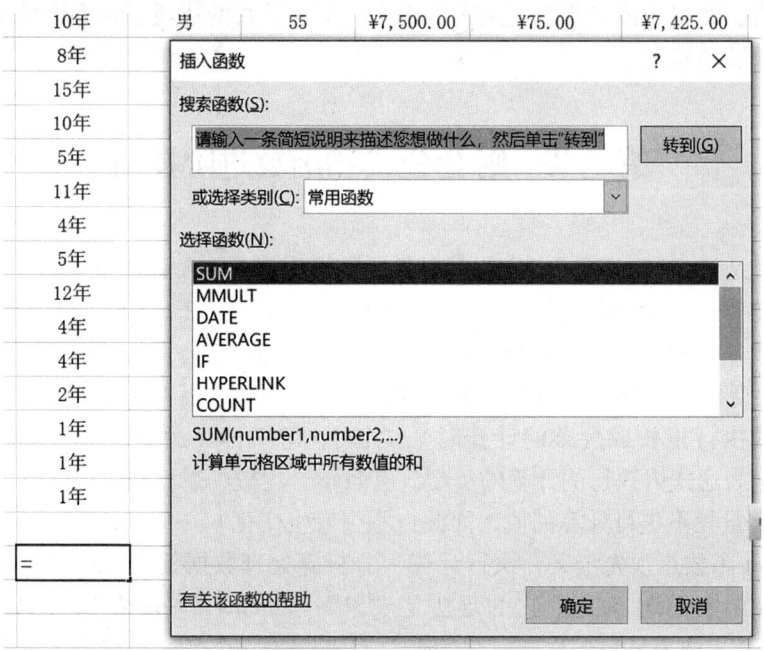

图 2-27　在公式中插入函数

输入到单元格中的公式均由等号开头，等号后面由以下五种元素组成。

（1）运算符：例如"＋"或者"＊"号。

（2）单元格引用：它包括单个的单元格或多个单元格组成的范围，以及命名的单元格区域。这些单元格或范围可以是同一工作表中的，也可以是同一工作簿其他工作表中的，甚至是其他工作簿工作表中的。

（3）数值或文本：两种数据类型，数值或者文本。例如，"100"或"副教授"。

（4）函数：可以是 Excel 内置的函数，如 SUM 或 MAX，也可以是自定义的函数。

（5）括号：即"（"和"）"。它们用来控制公式中各表达式被处理的优先权。

了解公式的组成是创建公式必备的基础。另外，Excel 工作表中的公式最多可以由 1,024 个字符组成，日常所创建的公式，超过 100 个字符的已经非常少，因此，这个长度足够使用。

图 2-28 所示的就是一个公式。

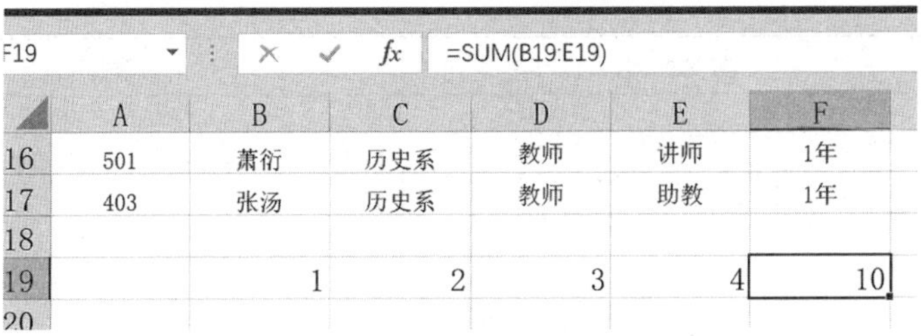

图 2-28　表示将 B19 和 E19 单元格求和的公式

二、公式的运用和错误排除

简单地说，建立一个公式，提供给它相关的数据信息，目的是希望公式提供一个答案或计算结果。从这一点上看，Excel 公式和数学中学过的公式的功能是一样的。

除此之外，由于 Excel 公式还可以包含 Excel 的各种函数。因此，Excel 公式除了可以实现传统的数学具有的计算功能外，还可以执行很多特殊的任务。例如，结合 IF 函数，可以让公式具有选择性，根据不同的条件，得出不同的结果。

Excel 内置了 400 多个函数，分为多个类别，在公式中灵活使用这些函数，可以极大地提高公式解决问题的能力，轻松胜任各种复杂的任务。

在利用 Excel 完成任务的过程中，公式被使用得非常多，公式能够解决各种各样的问题。但是，这并不意味着公式的运用总会一帆风顺，如果用户运用函数和公式的时候稍微不仔细，公式就可能返回一些奇怪的错误代码。不过任何错误均有它内在的原因，根据公式返回错误值的代码识别错误的类型和原因，有相应的处理方法（见表 2-1）。

表 2-1　常见错误的类型和处理方法

错误	常见原因	处理方法
####	单元格列宽不够或输入数值不合逻辑	拉长单元格或修改为符合逻辑的内容
#DIV/0!	在公式中有除数为零，或者有除数为空白的单元格（Excel 把空白单元格也当作 0）	把除数改为非零的数值或者用 IF 函数进行控制
#N/A	在公式使用查找功能的函数（VLOOKUP、HLOOKUP、LOOKUP 等）时，找不到匹配的值	检查被查找的值，使之的确存在于查找的数据表中的第一列
#NAME?	在公式中使用了 Excel 无法识别的文本，例如函数的名称拼写错误，使用了没有被定义的区域或单元格名称，引用文本时没有加引号等	根据具体的公式，逐步分析出现该错误的可能，并加以改正

续表

错误	常见原因	处理方法
#NUM!	当公式需要数字型参数时，我们却给了它一个非数字型参数；给了公式一个无效的参数；公式返回的值太大或者太小	根据公式的具体情况，逐一分析可能的原因并修正
#VALUE	文本类型的数据参与了数值运算，函数参数的数值类型不正确；函数的参数本应该是单一值，却提供了一个区域作为参数；输入一个数组公式时，忘记按 Ctrl + Shift + Enter 键	更正相关的数据类型或参数类型；提供正确的参数；输入数组公式时，记得使用 Ctrl + Shift + Enter 键确定
#REF!	公式中使用了无效的单元格引用。通常如下这些操作会导致公式引用无效的单元格：删除了被公式引用的单元格；把公式复制到含有引用自身的单元格中	避免导致引用无效的操作，如果已经出现错误，先撤销，然后用正确的方法操作
#NULL!	使用了不正确的区域运算符或引用的单元格区域的交集为空	改正区域运算符使之正确；更改引用使之相交

三、公式或函数的参数

函数右边括号中的部分称为参数，假如一个函数可以使用多个参数，那么参数与参数之间使用半角逗号进行分隔。

参数可以是常量（数字和文本）、逻辑值（例如 TRUE 或 FALSE）、数组、错误值（例如#N/A）或单元格引用（例如 E1:H1），甚至可以是另一个或几个函数等。参数的类型和位置必须满足函数语法的要求，否则将返回错误信息。

1. 常量。常量是直接输入到单元格或公式中的数字或文本，或由名称所代表的数字或文本值，例如数字"2890.56"、日期"2003 - 8 - 19"和文本"黎明"都是常量。但是公式或由公式计算出的结果都不是常量，因为只要公式的参数发生了变化，它自身或计算出来的结果就会发生变化。

2. 逻辑值。逻辑值是比较特殊的一类参数，它只有 TRUE（真）或 FALSE（假）两种类型。例如，在公式"= IF(A3 =0,0,A2/A3)"中，"A3 =0"就是一个可以返回 TRUE（真）或 FALSE（假）两种结果的参数。当"A3 = 0"为 TRUE（真）时在公式所在单元格中填入"0"，否则在单元格中填入"A2/A3"的计算结果。

3. 数组。数组用于可产生多个结果，或可以对存放在行和列中的一组参数进行计算的公式。Excel 中有常量和区域两类数组。前者放在"{ }"（点击"插入"→"特殊符号"可以输入）内部，而且内部各列的数值要用逗号","隔开，各行的数值要用分号";"隔开。假如用户要表示第 1 行中的 56、78、89 和第 2 行中的 90、76、80，就应该建立一个 2 行 3 列的常量数组"{56,78,89;90,76,80}"。

区域数组是一个矩形的单元格区域，该区域中的单元格共用一个公式。例如，公式"=TREND(B1:B3,A1:A3)"作为数组公式使用时，它所引用的矩形单元格区域"B1:B3,A1:A3"就是一个区域数组。

4. 错误值。使用错误值作为参数的主要是信息函数，例如，"ERROR.TYPE"函数就是以错误值作为参数。它的语法为"ERROR.TYPE(error_val)"，如果其中的参数是#NUM!，则返回数值"6"。

5. 单元格引用。单元格引用是函数中最常见的参数，引用的目的在于标识工作表单元格或单元格区域，并指明公式或函数所使用的数据的位置，便于它们使用工作表各处的数据，或者在多个函数中使用同一个单元格的数据。还可以引用同一工作簿不同工作表的单元格，甚至引用其他工作簿中的数据。Excel 单元格的引用包括绝对引用、相对引用和混合引用三种。

（1）绝对引用。绝对单元格引用（例如$F$6）表示总是在指定位置引用单元格 F6。如果公式所在单元格的位置改变，绝对引用的单元格始终保持不变。如果多行或多列地复制公式，绝对引用将不作调整。例如，如果将单元格 B2 中的绝对引用 $F$6 复制到单元格 B3，则在两个单元格中一样都是引用 F6。

（2）相对引用。公式中的相对单元格引用（例如）是基于包含公式和单元格引用的单元格的相对位置。如果公式所在单元格的位置改变，引用也随之改变。如果多行或多列地复制公式，引用会自动调整。默认情况下，新公式使用相对引用。例如，如果将单元格 B2 中的相对引用 A1 复制到单元格 B3，将自动从 A1 调整到 A2。

（3）混合引用。混合引用具有绝对列和相对行，或是绝对行和相对列。绝对引用列采用$A1、$B1 等形式。绝对引用行采用 A$1、B$1 等形式。如果公式所在单元格的位置改变，则相对引用改变，而绝对引用不变。如果多行或多列地复制公式，相对引用自动调整，而绝对引用不作调整。例如，如果将一个混合引用 A$1 从 A2 复制到 B3，它将从 A$1 调整到 B$1。

在 Excel 中输入公式时，只要正确使用 F4 键，就能简单地对单元格的相对引用和绝对引用进行切换。现举例说明。

某单元格所输入的公式为"=SUM(B4:B8)"。选中整个公式，第一次按下 F4 键，该公式内容变为"=SUM($B$4:$B$8)"，表示对横、纵行单元格均进行绝对引用。第二次按下 F4，公式内容又变为"=SUM(B$4:B$8)"，表示对横行进行绝对引用，纵行相对引用。第三次按下 F4 键，公式则变为"=SUM($B4:$B8)"，表示对横行进行相对引用，对纵行进行绝对引用。第四次按下 F4 键，公式变回到初始状态"=SUM(B4:B8)"，即对横行纵行的单元格均进行相对引用。

假如要引用的数据来自另一个工作簿，如工作簿 Book1 中的 SUM 函数要绝对引用工作簿 Book2 中的数据，其公式为"=SUM([Book2]Sheet1!$A$1:$A$8,[Book2]Sheet2!$B$1:$B$9)"，也就是在原来单元格引用的前面加上"[Book2]Sheet1!"。放在中括号里面的是工作簿名称，带"!"的则是其中的工作表名称。即：跨工作簿引用单元格或区域时，引用对象的前面必须用"!"作为工作表分隔符，再用中括号作为工作簿分隔符。不过三维引用的要受到较多的限制，例如不能使用数组公式等。

6. 嵌套函数。除了上面介绍的情况外，函数也可以是嵌套的，即一个函数是另一个函数的参数，例如"=IF(OR(RIGHTB(E2,1)="1",RIGHTB(E2,1)="3",RIGHTB(E2,1)="5",RIGHTB(E2,1)="7",RIGHTB(E2,1)="9"),"男","女")"。其中，公式中的 IF 函数使用了嵌套的 RIGHTB 函数，并将后者返回的结果作为 IF 的逻辑判断依据。

7. 名称和标志。为了更加直观地标识单元格或单元格区域，可以给它们赋予一个名称，从而在公式或函数中直接引用。例如，"I2:I17"区域存放着员工的工资数据，求解平均工资的公式一般是"=AVERAGE(I2:I17)"。在给 I2:I17 区域命名为"工资"以后，该公式就可以变为"=AVERAGE(工资)"，从而使公式变得更加直观。

给一个单元格或区域命名的方法是：选中要命名的单元格或单元格区域，鼠标单击编辑栏顶端的"名称框"，在其中输入名称后回车。也可以选中要命名的单元格或单元格区域，单击"公式"→"定义名称"选项卡→"定义名称"按钮命令，在打开的"新建名称"对话框中输入名称后确定即可。如果你要删除已经命名的区域，可以单击"公式"→"定义名称"选项卡→"名称管理器"按钮，打开"名称管理器"对话框，选中要删除的名称删除即可。

需要特别说明的是，创建好的名称可以被所有工作表引用，而且引用时不需要在名称前面添加工作表名（这就是使用名称的主要优点），因此名称引用实际上是一种绝对引用。但是公式引用"列标志"时的限制较多，它只能在当前数据列的下方引用，不能跨越工作表引用，但是引用"列标志"的公式在一定条件下可以复制。从本质上讲，名称和标志都是单元格引用的一种方式。因为它们不是文本，使用时名称和标志都不能添加引号。

四、VBA 在自定义函数中的应用

稍有 Excel 使用经验的人都知道 Excel 内置函数的快捷与方便，它大大增强了 Excel 数据计算与分析的能力。不过内置的函数并不一定总是能满足需求，这时，就可以通过定义自己的函数来解决问题。

Excel 中 VBA 主要有两个用途：一是使电子表格的任务自动化；二是可以用它创建用于工作表公式的自定义函数。由此可见，使用 Excel 自定义函数的一个前提条件是对 VBA 基础知识有所了解，如果用户有使用 Visual Basic 编程语言的经验，那么使用 VBA 时会感觉有很多相似之处。如果用户完全是一个新手，也不必太担心，因为实际的操作和运用是很简单的。详细的 VBA 知识在第三章里进行详细阐述。

1. 使用 VBA 编制函数具体步骤。

（1）打开 Excel 并进入 Visual Basic 编辑器。打开 Excel 并点击"开发工具"

选项卡。选择"Visual Basic"按钮,进入 Visual Basic 编辑器。

(2)创建新模块。在 Visual Basic 编辑器中,选择"插入"菜单,然后选择"模块"。这将创建一个新的模块,就可以在其中编写 VBA 代码。

(3)编写函数代码。在新建的模块中,编写自定义函数代码。函数代码应该包括函数名称、参数以及要执行的操作。

例如,以下是一个简单的 VBA 函数示例,用于在 Excel 中计算两个数字的和:

```
Public Function AddNumbers(num1 As Double, num2 As Double) As Double
    AddNumbers = num1 + num2
End Function
```

也可以如图 2-29 所示,选择"插入"→"过程(P)…"菜单,添加函数框架,录入相关参数和函数代码。

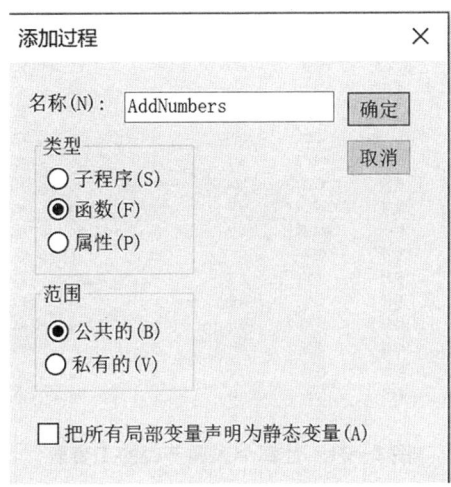

图 2-29 菜单

(4)保存并关闭模块。完成函数代码后,保存模块。可以为模块命名以便将来识别和使用。关闭 Visual Basic 编辑器并返回 Excel。

(5)测试函数。在 Excel 工作表中,输入函数名称和参数,然后按下 Enter 键执行函数。应该看到函数返回的结果。

(6)调试和修正。如果函数出现错误或不符合预期,返回 Visual Basic 编辑器调试代码。可以使用调试工具和输出窗口来识别和解决问题。

(7)复用函数。一旦函数通过测试并正常工作,就可以在 Excel 中的其他单元格或工作表中使用它。

通过以上步骤,便可以使用 VBA 编制一个自定义函数,并在 Excel 中应用它来执行特定的任务。

2. 计算个人调节税的自定义函数。个人调节税的收缴标准如图 2-30 所示,个人所得税起征点为 5,000 元。

级数	月度应纳税所得额	税率（%）	速算扣除数
1	不超过3,000元的	3	0
2	超过3,000元至12,000元的部分	10	210
3	超过12,000元至25,000元的部分	20	1,410
4	超过25,000元至35,000元的部分	25	2,660
5	超过35,000元至55,000元的部分	30	4,410
6	超过55,000元至80,000元的部分	35	7,160
7	超过80,000元的部分	45	15,160

图 2-30　个人所得税税率表（月度计算）

Sheet1 工作表的 A、B、C、D、E、F、G、H、I、J、K 列中分别存放"编号""姓名""部门""职位""职称""工龄""性别""年龄""工资""个人调节税""税后工资"字段数据，如图 2-31 所示。

	A	B	C	D	E	F	G	H	I	J	K
1	编号	姓名	部门	职位	职称	工龄	性别	年龄	工资	个人调节税	税后工资
2	101	王凝之	办公室	院长	教授	11年	男	58	¥8,000.00		
3	102	顾恺之	办公室	副院长	教授	10年	男	55	¥7,500.00		
4	103	谢道蕴	办公室	主任	副教授	8年	女	42	¥7,500.00		
5	104	杜审言	历史系	系主任	教授	15年	男	53	¥5,300.00		
6	401	冯异	历史系	副主任	教授	10年	男	36	¥5,300.00		
7	503	陈庆之	历史系	教师	副教授	5年	男	38	¥5,300.00		
8	302	路温舒	历史系	教师	教授	11年	男	46	¥5,300.00		
9	301	马戴	历史系	教师	副教授	4年	女	30	¥5,000.00		
10	202	元结	历史系	教师	副教授	5年	男	40	¥4,700.00		
11	504	刘四	历史系	教师	讲师	12年	男	34	¥4,500.00		
12	303	桑弘羊	历史系	教师	讲师	4年	男	41	¥3,600.00		
13	502	王导	历史系	教师	讲师	4年	男	36	¥3,600.00		
14	402	张安世	历史系	教师	讲师	2年	男	25	¥3,600.00		
15	203	裴行俭	历史系	教师	讲师	1年	男	36	¥3,600.00		
16	501	萧衍	历史系	教师	讲师	1年	女	26	¥3,600.00		
17	403	张汤	历史系	教师	助教	1年	男	26	¥2,600.00		

图 2-31　计算个人调节税的工资表

平时使用较多的方法是借助嵌套使用 IF 函数计算，例如，在 J2 单元格输入公式" = IF(I2 <= 5000,0,IF(I2 <= 8000,(I2 - 5000) * 0.03,IF(I2 <= 17000, I2 * 0.1 - 210,I2 * 0.1 - 1410)))"，然后通过填充柄（填充柄就是 Excel 中提供的快速填充单元格工具。在选定的单元格右下角，会看到方形点，当鼠标指针移动到上面时，会变成细黑十字形）复制公式到 J 列的其余单元格。注意，由于图 2-31 中最高工资是 8,000 元，因此简便输入三个 IF 语句，但已经比较复杂了。

既然公式能够解决问题，为什么还要使用自定义函数的方法呢？

有两个方面的原因：一是公式看起来太烦琐，不便于理解和管理；二是公式的处理能力在面对稍微复杂一些的问题时便失去效用，例如，假设调节税的税率标准会根据年龄的不同而改变，那么公式可能就无能为力了。

下面就通过前面所举的计算个人调节税的例子，介绍使用自定义函数的全过程。

为了便于测试自定义函数的计算效果，可以先把上面采用公式计算的结果删去。然后选择菜单"开发工具"→"Visual Basic 编辑器"命令（或按下键盘 Alt +

tax 函数运用

F11 组合键），打开 Visual Basic 窗口，按上述 VBA 编制函数具体步骤（3）编制自定义函数，如图 2-32 所示。如果没有"开发工具"可以通过以下操作获得："文件"→"选项"→"自定义功能区"，勾选"开发工具"即可。

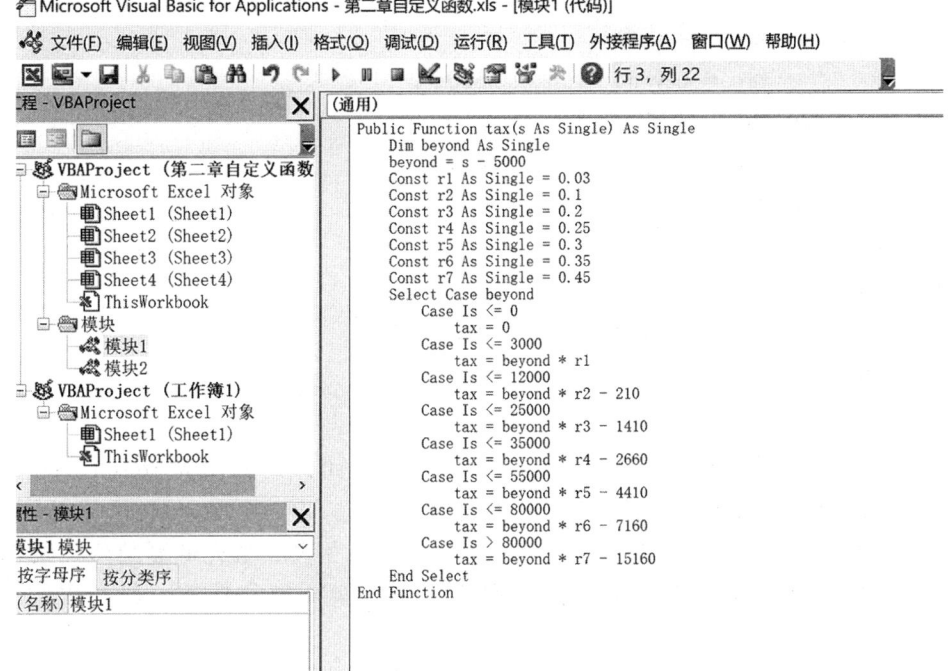

图 2-32　Visual Basic 自定义函数的代码

在其中输入如下自定义函数的代码：

Public Function tax(s As Single) As Single

　　Dim beyond As Single

　　beyond = s - 5000

　　Const r1 As Single = 0.03

　　Const r2 As Single = 0.1

　　Const r3 As Single = 0.2

　　Const r4 As Single = 0.25

　　Const r5 As Single = 0.3

　　Const r6 As Single = 0.35

　　Const r7 As Single = 0.45

　　Select Case beyond

　　　　Case Is < = 0

　　　　　　tax = 0

　　　　Case Is < = 3000

　　　　　　tax = beyond * r1

```
        Case Is <= 12000
            tax = beyond * r2 - 210
        Case Is <= 25000
            tax = beyond * r3 - 1410
        Case Is <= 35000
            tax = beyond * r4 - 2660
        Case Is <= 55000
            tax = beyond * r5 - 4410
        Case Is <= 80000
            tax = beyond * r6 - 7160
        Case Is > 80000
            tax = beyond * r7 - 15160
    End Select
End Function
```

函数自定义完成后，选择菜单"文件"→"关闭并返回到Microsoft Excel"命令，返回到Excel工作表窗口，在J2单元格中输入公式"=tax(I2)"回车后就计算出了第一个员工应付的个人调节税，然后用公式填充柄复制公式到其他单元格，这样就利用自定义函数完成了个人调节税的计算，如图2-33所示。

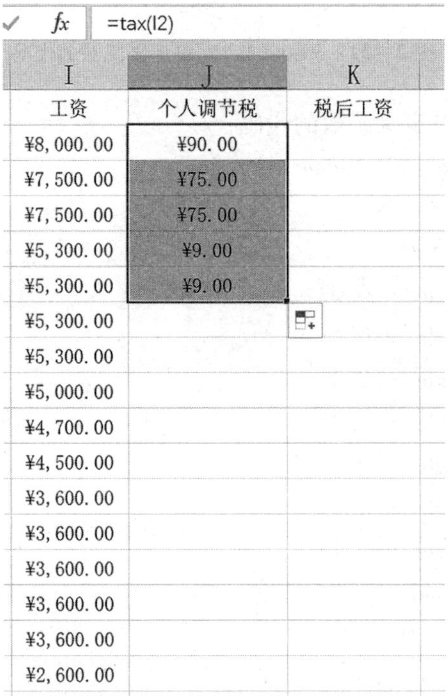

工资	个人调节税	税后工资
¥8,000.00	¥90.00	
¥7,500.00	¥75.00	
¥7,500.00	¥75.00	
¥5,300.00	¥9.00	
¥5,300.00	¥9.00	
¥5,300.00		
¥5,300.00		
¥5,000.00		
¥4,700.00		
¥4,500.00		
¥3,600.00		
¥3,600.00		
¥3,600.00		
¥3,600.00		
¥3,600.00		
¥2,600.00		

图2-33 利用VBA自定义函数完成了个人调节税的计算

从 VBA 自定义函数的代码中可以看出，用这种方式，自定义函数的功能易于理解，同时，如果税率改变，相应地变化 r1、r2、r3……的值即可。

通常，自定义的函数只能在当前工作簿使用，如果该函数需要在其他工作簿中使用，选择菜单"文件"→"另存为"命令，打开"另存为"对话框，选择保存类型为"Excel 加载宏"，然后输入一个文件名，如"tax"，单击"确定"后文件就被保存为加载宏，如图 2-34 所示。

加载宏

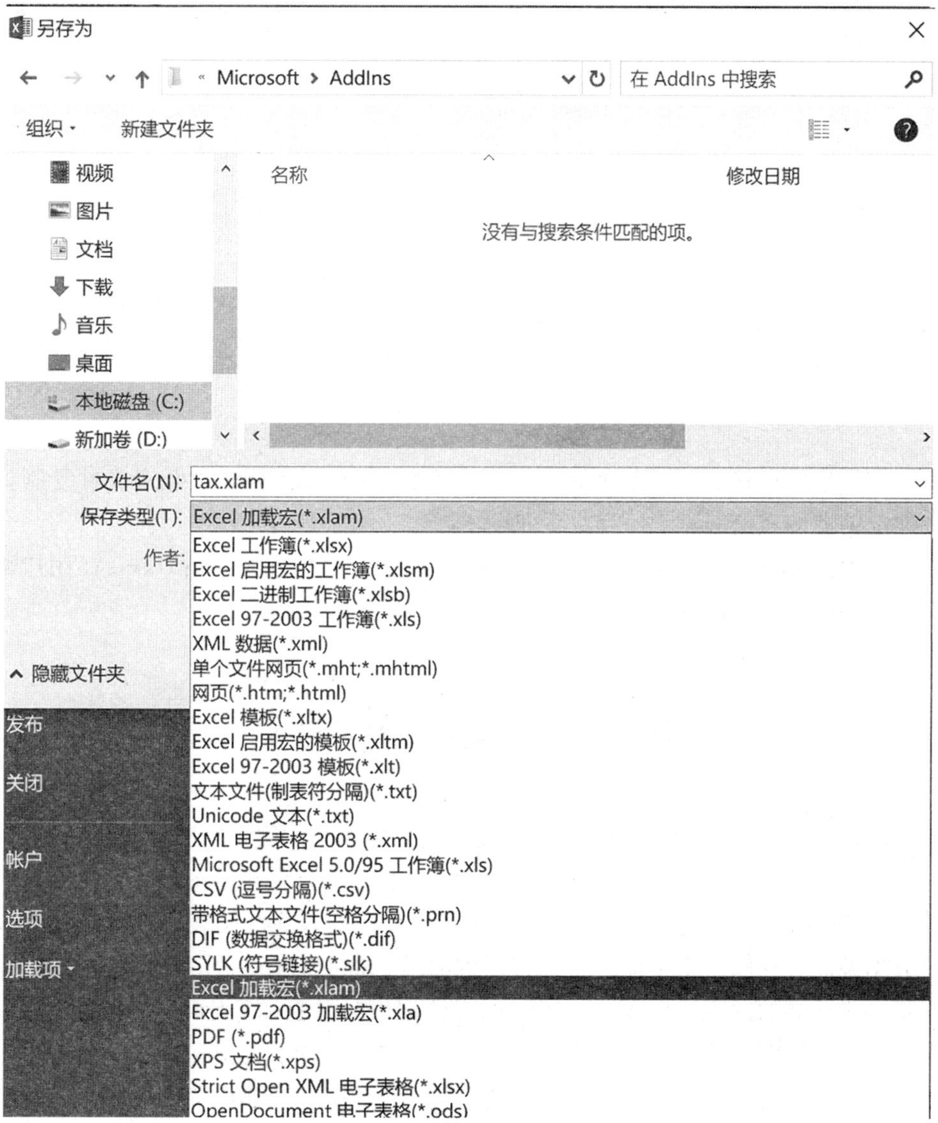

图 2-34 保存加载宏

然后选择菜单"开发工具"→"加载项"→"Excel 加载项"命令，打开"加载宏"对话框，浏览打开 tax.xlma 文件，勾选"可用加载宏"列表框中的"Tax"复选框即可，单击"确定"按钮后，如图 2-35 所示，就可以在本机上的所有工作簿中使用该自定义函数了。如果没有发现保存的宏，可以点击"浏览"添加。

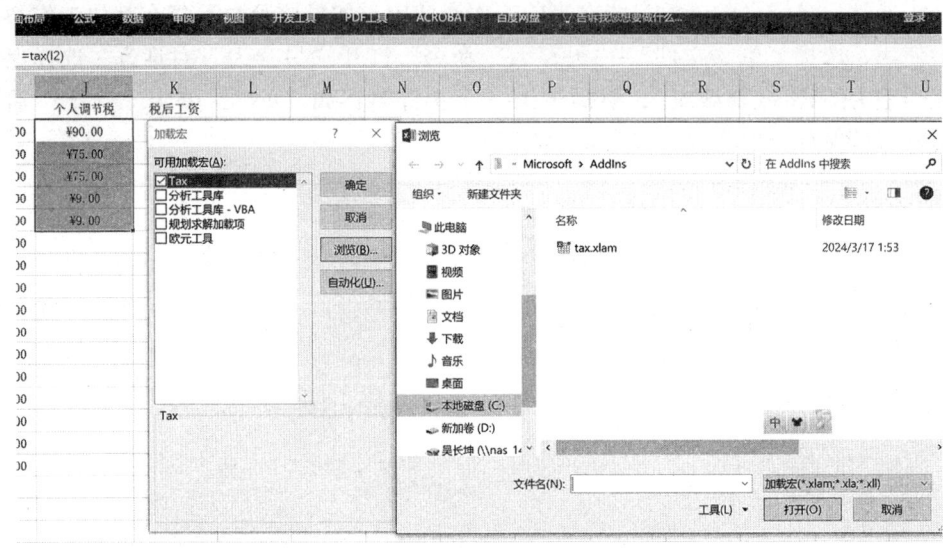

图 2-35　使用加载宏

如果想要在其他机器上使用该自定义函数，只要把上面的加载宏文件复制到其他电脑上加载宏的默认保存位置即可。

说明：Windows 10 系统下加载宏文件的默认保存位置为：C:\Users\（用户账户名）\AppData\Roaming\Microsoft\AddIns 文件夹。

第四节　快速生成财会图表

Excel 具有许多高级的制图功能，使用起来也非常方便，当把数据导出到 Excel 里时，用户可以利用 Excel 提供的条件，制作出美观实用的图表。

1. 相关概念。Excel 中的图表分两种：一种是插入式的图表，它和创建图表的数据源放置在同一张工作表中，打印的时候也同时打印；另一种是独立图表，它是一张独立的图表工作表，打印时也与数据表分开打印。Excel 中有多种图表类型，有二维图表和三维立体图表；每一类又有若干种子类型。

创建图表有两类途径：利用图表向导分四个步骤创建图表；利用"图表"工具栏或直接按 F11 键快速创建图表。

不管哪类途径创建，一般要先选定创建图表的数据区域。正确地选定数据区域是能否创建图表的关键。选定的数据区域可以连续，也可以不连续。但须注意，若选定的区域不连续，第二个区域应和第一个区域所在行或所在列具有相同的矩形；若选定的区域有文字，则文字应在区域的最左列或最上行，作为说明图表中数据的含义。

例如，要创建如图 2-36 所示的图表，选定的数据区域如图 2-37 所示，本例中两个区域的所在行是相同的。

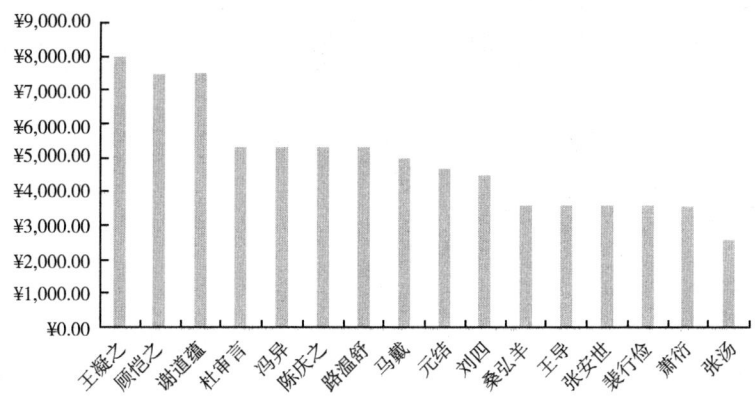

图 2-36　员工工资图表

A	B	C	D	E	F	G	H	I	J
编号	姓名	部门	职位	职称	工龄	性别	年龄	工资	个人调节税
101	王凝之	办公室	院长	教授	11年	男	58	¥8,000.00	¥90.00
102	顾恺之	办公室	副院长	教授	10年	男	55	¥7,500.00	¥75.00
103	谢道韫	办公室	主任	副教授	8年	女	42	¥7,500.00	¥75.00
104	杜审言	历史系	系主任	教授	15年	男	53	¥5,300.00	¥9.00
401	冯异	历史系	副主任	教授	10年	男	36	¥5,300.00	¥9.00
503	陈庆之	历史系	教师	副教授	5年	男	38	¥5,300.00	¥9.00
302	路温舒	历史系	教师	教授	11年	女	46	¥5,300.00	¥9.00
301	马戴	历史系	教师	副教授	4年	女	30	¥5,000.00	¥0.00
202	元结	历史系	教师	副教授	5年	男	40	¥4,700.00	¥0.00
504	刘四	历史系	教师	讲师	12年	男	34	¥4,500.00	¥0.00
303	桑弘羊	历史系	教师	讲师	5年	男	41	¥3,600.00	¥0.00
502	王导	历史系	教师	讲师	4年	女	36	¥3,600.00	¥0.00
402	张安世	历史系	教师	讲师	2年	男	25	¥3,600.00	¥0.00
203	裴行俭	历史系	教师	讲师	1年	男	36	¥3,600.00	¥0.00
501	萧衍	历史系	教师	讲师	1年	女	26	¥3,600.00	¥0.00
403	张汤	历史系	教师	助教	1年	男	26	¥2,600.00	¥0.00

图 2-37　选定的数据区域

2. 快速生成选择图表的类型和子类型。通过上述选定创建图表的数据区域后，单击"插入"选项卡里的"柱形图"→"二维柱形图"，如图 2-38 所示，用户可以方便地生产二维柱形图。

如图 2-39 所示，还可以通过图表工具的各种功能对图表进行设计和格式的调整。

快速生成图表

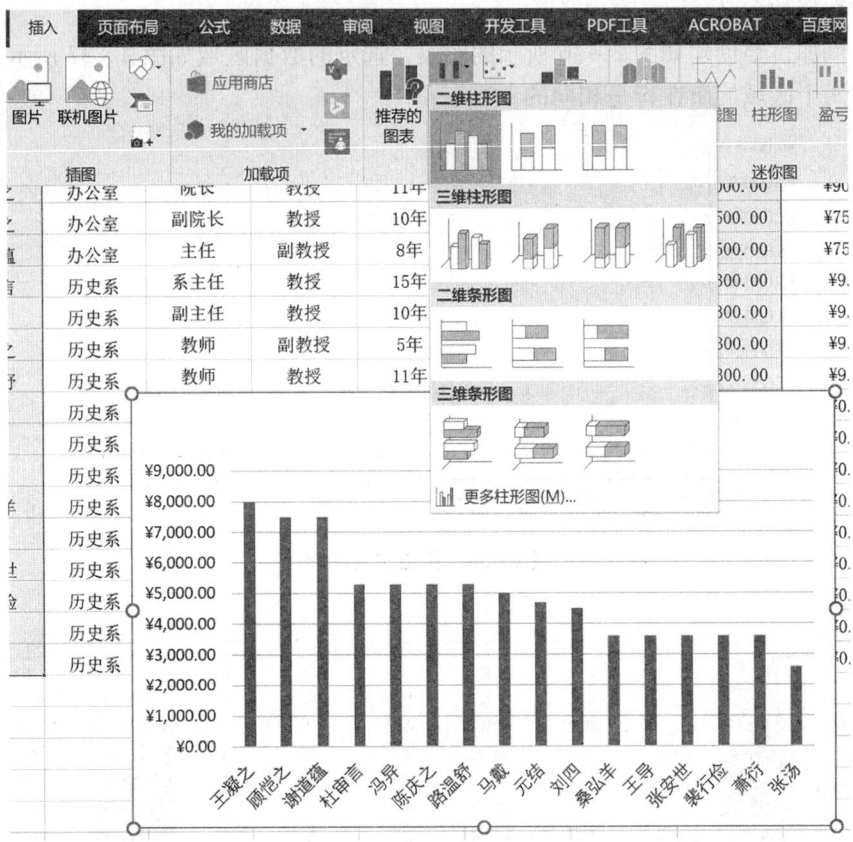

图 2-38　图表类型对话框

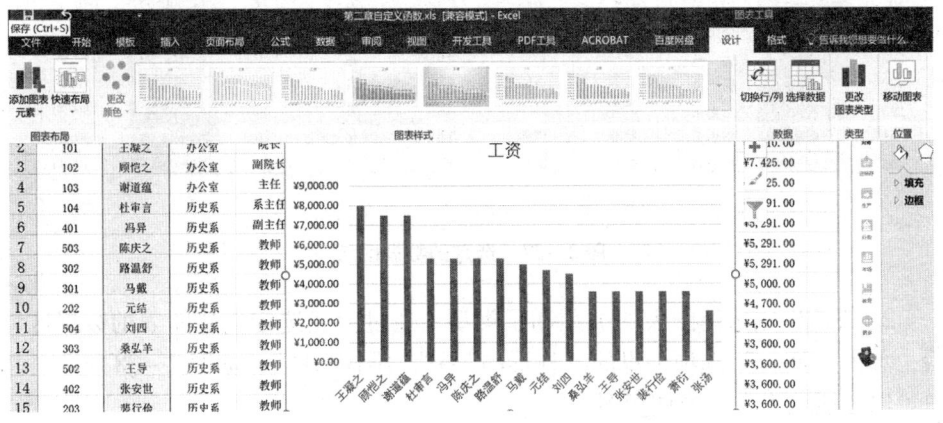

图 2-39　图表工具

本章习题

一、单选题

1. 在 Excel 2016 中，用于查找一组单元格中最高值的函数是（   ）。
   A. MAX   B. MIN   C. SUM   D. AVERAGE
2. Excel 2016 中用于根据特定条件筛选数据的工具是（   ）。
   A. 数据透视表   B. 数据验证   C. 排序   D. 自动筛选
3. Excel 2016 功能中允许将多个单元格中的数据合并到一个单元格中的是（   ）。
   A. 连接   B. 合并单元格   C. VLOOKUP   D. IF 函数
4. 快速在 Excel 2016 中创建新工作表标签的键盘快捷键是（   ）。
   A. Ctrl + N   B. Ctrl + W   C. Ctrl + Shift + N   D. Ctrl + Shift + W
5. Excel 2016 中用于计算范围内包含数字的单元格数量的函数是（   ）。
   A. COUNT   B. AVERAGE   C. MAX   D. MIN
6. 在 Excel 2016 中，函数 TRIM 的作用是（   ）。
   A. 将数字向下舍入到最接近的整数   B. 从文本中删除额外的空格
   C. 计算一组单元格的总和   D. 返回当前日期和时间
7. Excel 2016 中用于创建动态图表，当源数据更改时自动更新的功能是（   ）。
   A. 线图   B. 数据透视图   C. 条件格式设置   D. 数据验证
8. Excel 2016 中函数 CONCATENATE 的作用是（   ）。
   A. 将数字相加
   B. 将多个单元格中的文本组合成一个单元格
   C. 在一组单元格中找到最高值
   D. 删除文本中的空格
9. 用于识别并突出显示满足指定条件的单元格的 Excel 2016 工具是（   ）。
   A. 自动求和   B. 条件格式设置   C. 排序   D. 过滤器
10. Excel 2016 中函数 VLOOKUP 的作用是（   ）。
    A. 在表数组的第一列中搜索一个值，并从另一列中返回同一行中的一个值
    B. 计算一组单元格的总和
    C. 在一组单元格中找到平均值
    D. 将数字向下舍入到最接近的整数

二、多选题

1. 以下可以用于计算 Excel 2016 中一组单元格总和的函数有（   ）。
   A. SUM   B. AVERAGE   C. MAX   D. MIN
2. Excel 2016 中的数据透视表用于（   ）。
   A. 数据验证   B. 数据分析   C. 数据排序   D. 数据可视化

3. Excel 2016 中筛选数据的有效方法有（　　）。
   A. 自动筛选　　　B. 排序　　　C. 数据验证　　　D. 高级筛选
4. Excel 2016 中数据验证条件的示例有（　　）。
   A. 整数　　　B. 文本长度　　　C. 日期范围　　　D. 字体颜色
5. Excel 2016 中条件格式设置可用于（　　）。
   A. 根据值突出显示单元格　　　B. 更改字体大小
   C. 向单元格添加边框　　　D. 在单元格中插入图像
6. Excel 2016 中用于处理文本数据的函数有（　　）。
   A. CONCATENATE　　　B. LEFT
   C. VLOOKUP　　　D. TRIM
7. Excel 2016 中函数 IFERROR 的目的有（　　）。
   A. 如果公式评估为错误，则返回您指定的值
   B. 如果条件满足，则返回 TRUE，否则返回 FALSE
   C. 检查值是否为错误，并返回特定结果
   D. 将数字向上舍入到最接近的整数
8. 保护 Excel 2016 中数据的方法有（　　）。
   A. 密码保护　　　B. 数据加密　　　C. 单元格锁定　　　D. 自动求和
9. Excel 2016 中命名区域的用途有（　　）。
   A. 定义具有特定名称的一组单元格
   B. 保护数据免受未经授权的访问
   C. 创建动态图表
   D. 简化公式的创建
10. 用于分析 Excel 2016 中数据趋势的功能有（　　）。
    A. 条件格式设置　　　B. 线图
    C. 数据验证　　　D. 数据透视表

第三章 VBA 基础

VBA 是 Microsoft Office 系列软件的内置编程语言，它能够帮助用户实现自动化操作，从而大大提高工作效率。在 Excel 中，VBA 可以被广泛应用于数据处理、报告生成、财务建模等各种任务。

第一节 VBA 概念和作用

VBA 是一种面向对象的编程语言，它的核心概念是对象、属性和方法。在 Excel 中，一切都可以被视为对象，比如工作簿、工作表、单元格等。这些对象有各自的属性，例如单元格的数值、颜色等；也有各自的方法，例如清除内容、复制粘贴等。通过 VBA，我们可以编写代码来操控这些对象，改变其属性或使用其方法，从而实现自动化操作。

VBA 在 Excel 中的运用非常广泛，且具有很大的灵活性。对于常规的数据处理任务，可以通过 VBA 来读取和修改单元格的内容，进行数据清洗、排序、筛选或分析；对于报告生成，可以编写 VBA 脚本来自动插入数据、创建图表、设定格式，甚至保存和发送报告；对于财务建模，可以使用 VBA 来创建自定义函数，实现复杂的计算过程，或者编写模拟算法来进行风险评估。VBA 还能够和 Excel 的其他功能相结合，提供更强大的功能。例如，可以通过 VBA 来调用 Excel 的数据透视表功能，自动创建和更新数据透视表；也可以使用 VBA 来操作 Excel 的查询和连接功能，自动获取和更新外部数据。

VBA 还有一个重要的特点，那就是它可以通过宏录制功能来学习。当你在 Excel 中录制一个宏时，Excel 会自动生成对应的 VBA 代码。通过查看和学习这些代码，可以了解到 VBA 是如何工作的，并从中学习到很多有用的编程技巧。

一、VBA 定义

VBA 是 Excel 内置的一种强大的工具，通过掌握 VBA，可以极大地提高 Excel 的功能，更好地适应工作需要。无论是数据分析师、财务专业人士，还是其他需要处理大量数据的专业人士，学习和掌握 VBA 都会对工作有很大的帮助。

二、VBA 在 Excel 中的作用

VBA 在 Excel 中的作用主要表现在其提供了一种强大的自动化处理能力，通过编写宏和脚本，用户可以自动执行那些通常需要手动完成的重复性任务，包括数据分析、报告生成、任务自动化等。VBA 扩展了 Excel 的功能，允许用户构建复杂的计算模型、自定义函数以及交互式的用户界面等。这些特性使得 VBA 成为处理大型数据集、实现办公自动化以及开发复杂财务模型的有力工具。以下是三个具体的应用例子。

1. 应用实例。

（1）自动化报告生成与分发。一个公司的销售部门每月都需要生成销售报告，手动汇总数据、生成报告、发送邮件给相关部门非常耗时。通过使用 VBA，可以编写脚本自动从销售数据库中提取数据，生成销售报告，并且通过电子邮件自动发送给相关部门的负责人。这种自动化流程不仅节省了大量的时间和劳力，还减少了人为错误，确保了报告的准时性和准确性。

（2）数据清洗与格式化。对于数据分析来说，数据清洗是一个常见且耗时的任务。例如，可能需要从不同来源收集数据，这些数据往往包含空值、错误格式或不一致的日期格式等问题。通过编写 VBA 脚本，可以自动识别并纠正这些常见的数据问题，如删除空白行、统一日期格式、修正拼写错误等，极大地提高了数据准备的效率和质量。

（3）财务模型自动化。在财务领域，VBA 可以用来构建复杂的财务预测模型和进行风险分析。例如，可以使用 VBA 来自动化现金流量分析、债务结构分析或者投资组合的模拟。通过编写 VBA 代码，财务分析师可以快速地根据最新数据更新模型结果，自动进行复杂的计算和分析，并生成直观的图表和报告，这在制定财务策略和决策支持中非常有价值。

这些例子展示了 VBA 在提高工作效率、自动化办公流程以及增强数据处理能力方面的巨大作用。掌握 VBA 编程不仅可以帮助用户节省大量时间，还能在数据分析和财务建模等方面提供更深入的洞察。

2. 如何提高 Excel 的功能和自动化程度。提高 Excel 的功能和自动化程度主要依赖于两个关键因素：一是对 Excel 内置功能的深入理解和应用；二是通过 VBA 编程来定制化功能和流程。这两者相结合，可以极大提高工作效率，实现复杂的数据处理和分析任务。

（1）深入掌握 Excel 的高级功能是基础。Excel 提供了大量的内置函数和工具，如数据透视表、条件格式、数据验证、数组公式、逻辑函数等，这些都是提高工作效率、实现自动化的有力工具。例如，数据透视表能够快速地对大量数据进行汇总分析，条件格式可以自动标识出数据的特定条件，而数据验证则能确保数据的准确性。熟练运用这些工具，可以在不编写代码的情况下实现许多自动化的功能。

(2) VBA 编程是进一步提高 Excel 自动化程度的关键。VBA 允许用户创建宏来自动执行重复性任务，甚至开发复杂的用户界面和应用程序。通过学习 VBA，用户可以编写脚本来处理那些 Excel 内置功能无法直接完成的任务，如自动化报表的生成和分发、数据清洗以及复杂的数据分析和财务模型构建等。VBA 的强大之处在于它提供了极高的灵活性和定制化能力，用户可以根据自己的具体需求编写代码，实现几乎任何 Excel 任务的自动化。

(3) 有效地提高 Excel 的功能和自动化程度。

①系统学习 Excel 和 VBA：通过课程、在线教程或书籍系统地学习 Excel 高级功能和 VBA 编程技巧。

②实践与应用：将学到的知识应用到日常工作中，通过解决实际问题来加深理解和技能。

③分享和交流：加入 Excel 和 VBA 的社区，分享自己的解决方案，同时学习他人的经验和技巧。

④持续优化：对现有的 Excel 文件和 VBA 代码进行定期的审查和优化，提高其效率和可靠性。

总之，通过深入学习和应用 Excel 的高级功能与 VBA 编程，可以显著提高工作效率和自动化程度，解放人力资源，让用户有更多时间专注于数据分析和决策制定。

3. VBA 对财务工作的作用。VBA 对财务工作具有重要的影响。它是一种基于 Microsoft Office 应用程序的编程语言，可以用于扩展这些应用程序的功能，并增加一种自动化处理大量数据的能力，这对财务工作尤其重要。

(1) VBA 可以大幅提升财务工作效率。财务工作往往涉及大量的数据处理，如统计、分类、分析等，这些工作如果手动完成，不仅耗时，也容易出错。通过 VBA，我们可以编写宏或者脚本来自动完成这些任务。例如，可以编写一个脚本来自动从各个部门的报表中提取数据，然后进行汇总和分析，生成财务报告。这大大减少了人力投入，提高了工作效率。

(2) VBA 可以帮助财务人员更好地进行数据分析。VBA 提供了大量的函数和语句，可以用来处理复杂的数学和统计问题。例如，可以利用 VBA 编写自定义的财务函数，进行现金流量分析或者财务风险评估。此外，VBA 还可以与 Excel 的图表功能结合，自动生成数据分析的图表，使得数据更直观、易懂。

(3) VBA 可以提高财务工作的精确性。在手动处理大量数据的时候，很容易出现误差，而这些误差在财务工作中可能会导致严重的后果。通过使用 VBA 自动化处理数据，可以避免这种人为的误差，确保财务数据的精确性。

(4) VBA 还可以提高财务工作的灵活性。不同的公司、不同的部门可能有不同的财务处理流程和规定，而 VBA 提供了一种方法，可以根据具体的需求定制脚本，满足不同的需求。

总的来说，VBA 对财务工作的影响体现在提高工作效率、优化数据分析、增强数据精确性和提高工作灵活性等方面。掌握 VBA 编程技能的财务人员，不仅可以有效地提高自己的工作效率，更能在数据分析和决策制定中发挥更大的作用。

三、VBA 在财务领域的应用案例分享

在财务领域，VBA 的成功应用案例数不胜数，在以下方面表现比较突出。

1. 财务建模。使用 VBA 可以帮助财务专家创建复杂的财务模型，例如财务计划、预测、投资评估等。通过编写 VBA 代码，可以自动化输入、计算和分析数据，从而提高模型的准确性和效率。此外，VBA 还可以在模型中创建用户界面，使用户能够方便地输入数据和参数。

2. 数据处理和报告生成。财务专家通常需要处理大量的数据并生成报告。使用 VBA，可以编写代码来自动导入、清洗和转换数据，并生成可定制的财务报告。例如，你可以编写 VBA 代码来提取财务报表中的特定数据，并将其汇总到一个新的工作表或生成可视化图表。

3. 自动化任务。财务部门经常需要执行重复性的任务，例如月度关闭、报销审批等。通过编写 VBA 宏，可以自动化这些任务，从而节省时间和劳动力。例如，你可以编写 VBA 代码来自动执行一系列操作，如数据输入、计算、审批流程等。这样，财务专家可以将更多时间用于分析和战略决策，提高工作效率。

4. 财务管理实例。某家公司每个月需要处理来自世界各地分支机构的大量财务数据，以生成综合的财务报表。过去，这一过程高度依赖于手工操作，包括数据收集、校验、汇总和报表生成等环节。这不仅耗时耗力，还容易因人为错误而影响报表的准确性。为了解决这些问题，公司决定利用 VBA 开发一个自动化的解决方案。

项目团队先分析了财务报告的生成流程，确定了可以通过自动化改进的关键环节。随后，他们利用 VBA 编写了一系列宏和脚本，实现了从数据收集到报表生成的全自动化处理。这包括自动从电子邮件和网络位置提取财务数据、用预定义的规则进行数据校验和清洗、根据公司的财务汇报模板自动生成报表等功能。

通过这个项目的实施，公司的财务报表生成过程的效率得到了极大提高。以前需要数天时间手工完成的工作，现在通过自动化脚本几小时内就能完成。更重要的是，自动化过程减少了人为错误，提高了报表的准确性和可靠性。

此外，自动化系统还具有很高的灵活性和可扩展性。随着公司业务的发展和财务报告需求的变化，相关的 VBA 脚本可以轻松调整和更新，以适应新的要求。这使得公司能够快速响应市场和管理层的需要，提高了决策的效率和质量。

此案例清楚地展示了 VBA 在财务领域内的强大作用，特别是在处理复杂的数据和报表自动化方面。通过合理的设计和实施，VBA 不仅能提高工作效率，减少错误，还能提高业务上的灵活性和可扩展性，是财务管理中不可或缺的工具。

四、VBA 对财务工作效率的提升

掌握 VBA 技能后,可以通过 VBA 自动化数据处理、批量处理任务、自定义报告生成、错误检查和验证以及用户界面和交互等方面的操作,提高财务工作效率。这些操作使财务专家能够更快速、准确地完成日常任务,并有更多时间用于分析和决策,提高整体工作效率和质量。

1. 自动化数据处理。通过编写 VBA 宏,可以完成自动化数据导入、清洗和转换的过程。例如,可以编写代码来自动从外部数据源中导入财务数据,并进行格式化和排列,从而节省大量的时间和劳动力。

2. 批量处理任务。财务部门经常需要处理大量的数据和文件。使用 VBA,可以编写代码来批量处理这些任务。例如,可以编写代码来批量重命名文件、批量添加或删除工作表、批量执行特定操作等,从而提高工作效率和准确性。

3. 自定义报告生成。财务报告是财务工作中不可或缺的一部分。使用 VBA,可以编写代码来自动化报告生成过程。可以编写代码来提取和汇总数据,并将其自动填充到报告模板中,并根据需要进行排版和格式化。

4. 错误检查和验证。财务工作中的精确性至关重要。使用 VBA,可以编写代码来检查和验证数据的准确性和完整性。例如,可以编写代码来检查财务报表中的数据总和是否平衡,是否存在潜在的错误或逻辑问题等。

5. 用户界面和交互。VBA 还可以用于创建自定义的用户界面,使用户能够方便地输入数据和参数,并提供交互式的功能。例如,可以创建一个用户界面来输入投资项目的相关数据,然后自动生成财务分析报告,从而提高用户的操作便捷性和工作效率。

第二节 VBA 开发环境的介绍和配置

Excel 2016 默认是对开发工具隐藏起来的,并需要用户自己选择并打开 VBA 环境,这是基于安全性和用户友好性的考虑。VBA 环境是一个强大的工具,允许用户编写和执行自定义的代码。为了保护用户的计算机免受潜在的恶意代码或不当操作的影响,Excel 默认隐藏了开发工具。这样可以防止非经验用户误操作或执行未经验证的代码。另外,大多数 Excel 用户不需要或不熟悉 VBA 开发环境,隐藏开发工具可以简化 Excel 界面,以避免用户困惑和混乱。默认情况下,Excel 提供了丰富的内置功能,如公式、函数和条件格式等,能够满足大部分用户的需求。

通过将开发工具隐藏起来,并提供用户自行选择并打开 VBA 环境的方式,对于有需要的用户,可以根据自己的需求和技能水平来选择是否开启 VBA 环境,并进行自定义的开发。

一、VBA 开发环境的基本介绍

1. 启动 VBA。在 Excel 2016 中启用 VBA 开发环境，如图 3-1 所示，可以按照以下步骤进行配置进行启用：打开 Excel 2016 应用程序→单击顶部菜单栏上的"文件"选项→在文件选项卡下，选择"选项"→在"Excel 选项"对话框中→选择"自定义功能区"选项→在右侧的"主选项卡"列表中→找到并勾选"开发人员"选项卡→单击底部的"确定"按钮。

图 3-1　启用 VBA 开发工具

完成上述步骤后，将在 Excel 的顶部菜单栏上看到"开发人员"选项卡。点击如图 3-2 所示的 Visual Basic 图标，可以访问 VBA 编辑器，配置 VBA 环境并进行开发，如图 3-3 所示，也可以通过使用快捷键，只需要在键盘上同时按下"Alt"和"F11"这两个键，VBA 编辑器就会被打开。

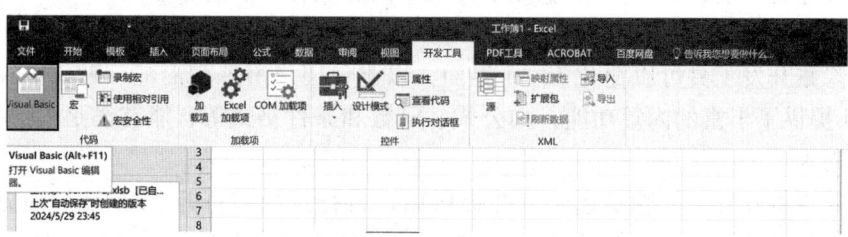

图 3-2　启用 VBA

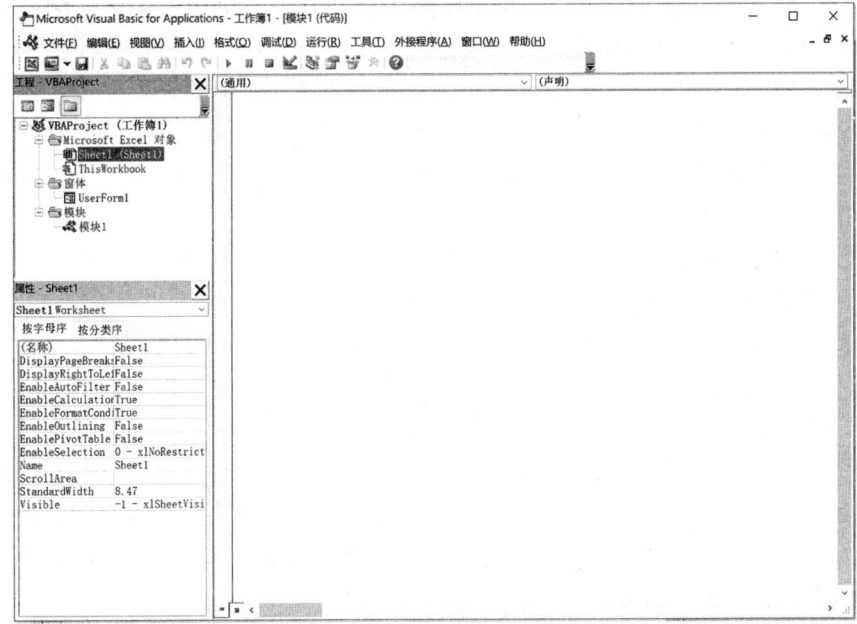

图 3-3　VBA 开发环境

2. VBA 环境介绍。VBA 是一种基于微软的 Visual Basic 语言的宏编程语言，用于在 Office 套件中自动化和定制化各种应用程序，尤其是 Excel。VBA 提供了丰富的功能和工具，使用户能够编写自定义的宏和脚本，以实现复杂的任务和自动化流程。VBA 环境界面如图 3-4 所示。

图 3-4　VBA 环境界面

VBA 开发环境提供了一套工具和界面，帮助开发者创建、编辑、测试和执行 VBA 代码。VBA 开发环境的几个主要组成部分如下。

（1）VBA 编辑器。VBA 编辑器是一个集成在 Excel 中的开发环境，用于编写和编辑 VBA 代码。通过按下 Alt + F11 快捷键或通过 Excel 菜单中的开发选项卡，可以打开 VBA 编辑器。在 VBA 编辑器中，可以创建和管理模块、过程和类，并编写 VBA 代码。

（2）项目资源管理器。项目资源管理器是 VBA 编辑器中的一个窗口，用于浏览和管理 VBA 项目的各个组成部分。可以在项目资源管理器中看到工作簿、工作表、模块和用户窗体等对象，并在其中编辑和组织 VBA 代码。

（3）代码窗口。代码窗口是 VBA 编辑器中的一个主要窗口，提供了一个用户友好的界面，用于编写和编辑 VBA 代码。在代码窗口中，可以编写各种类型的 VBA 过程，如子过程、函数和事件处理程序。可以在此处创建新的宏，或修改现有的宏代码。编辑器内置了代码高亮、自动对齐和语法检查等功能，使得代码编写更加方便。此外，还可以通过编码窗口来查看和操作 Excel 工作簿中的对象，如工作表、单元格等。

（4）调试工具。VBA 编辑器提供了一些调试工具，帮助开发者调试和测试 VBA 代码。例如，可以使用断点来暂停代码的执行，观察变量的值，并逐行执行代码。此外，VBA 编辑器还提供了调试工具栏，包含了一些常用的调试命令和选项。

（5）内置对象和方法。VBA 开发环境基于微软的 Office 应用程序，如 Excel，因此可以直接使用内置的对象和方法来操作和控制应用程序。例如，可以使用 Excel 对象模型中的 Worksheet 对象来访问和操作工作表的数据和属性。此外，VBA 还提供了大量的内置函数和方法，用于处理文本、日期、数值等类型的数据。

（6）文档和资源。为了帮助开发者学习和使用 VBA，官方文档和资源是不可或缺的。微软官方提供了大量的学习资源、教程和文档，其中包括 VBA 开发文档、参考手册、示例代码等。此外，还有许多网上社区和论坛，供开发者交流和分享 VBA 开发经验。

VBA 开发环境是一个强大的工具，为开发者提供了创建、编辑、测试和执行 VBA 代码的平台。通过利用 VBA 开发环境的各个组成部分和内置功能，可以实现自定义的宏和脚本，为 Excel 应用程序添加自动化和定制化的功能，大大提高工作效率和灵活性。

编制函数

二、VBA 集成开发环境（IDE）的基本操作

通过前面的设置，做一个练习熟悉一下 IDE 的基本操作，练习要求为：学校评分系统以字母表示分数范围，90 ~ 100 分表示优秀，80 ~ 89 分表示良好，70 ~ 79 分表示中等，60 ~ 69 分表示及格，0 ~ 59 分表示不及格。

(1) 在 VBA 窗口点击"插入"→"过程"→跳出添加过程→输入要编制的函数，选择类型"子函数"，范围为"公共的"，进行函数的建立，并确定为公共函数，点击确定按钮，进行函数的编制。如图 3-5 所示，编辑公共函数 GetGrade。

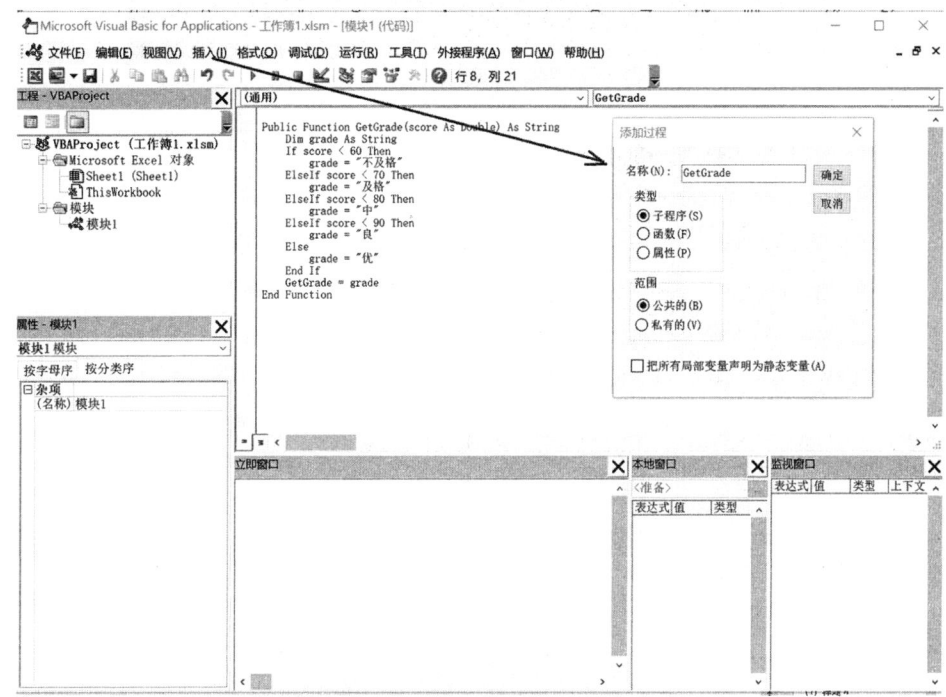

图 3-5 编辑公共函数 GetGrade

(2) 进入编辑区域，写入如下编辑代码，完成函数的录入。
Public Function GetGrade(score As Double) As String
　　Dim grade As String
　　If score < 60 Then
　　　　grade = "不及格"
　　ElseIf score < 70 Then
　　　　grade = "及格"
　　ElseIf score < 80 Then
　　　　grade = "中"
　　ElseIf score < 90 Then
　　　　grade = "良"
　　Else
　　　　grade = "优"
　　End If
　　GetGrade = grade

```
End Function
```

（3）点击“保存”，保存 VBA 函数，再在表格里录入函数及参数，即可获得相应的等级成绩。公共函数 GetGrade 使用效果如图 3－6 所示。

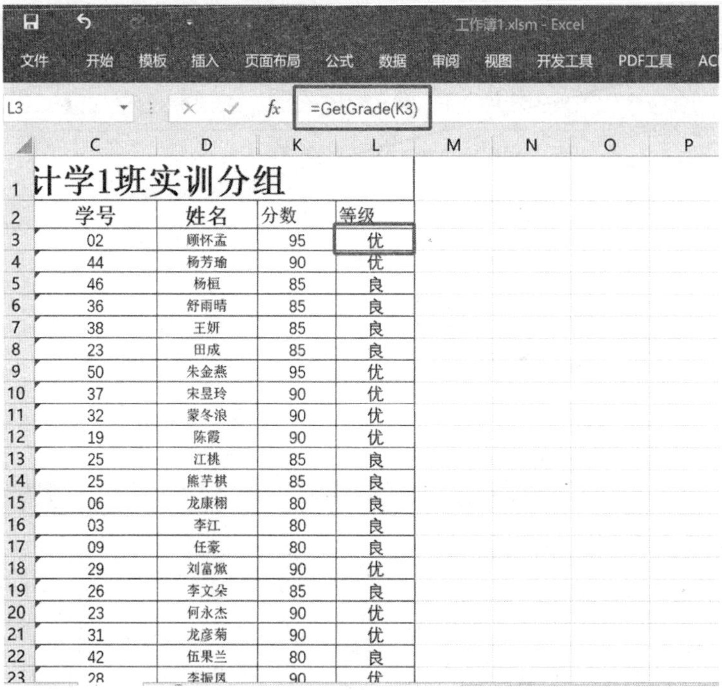

	C	D	K	L
1	计学1班实训分组			
2	学号	姓名	分数	等级
3	02	顾怀孟	95	优
4	44	杨芳瑜	90	优
5	46	杨桓	85	良
6	36	舒雨晴	85	良
7	38	王妍	85	良
8	23	田成	85	良
9	50	朱金燕	95	优
10	37	宋昱玲	90	优
11	32	蒙冬浪	90	优
12	19	陈霞	90	优
13	25	江桃	85	良
14	25	熊芊棋	85	良
15	06	龙康栩	80	良
16	03	李江	80	良
17	09	任豪	80	良
18	29	刘富爀	90	优
19	26	李文朵	85	良
20	23	何永杰	90	优
21	31	龙彦菊	90	优
22	42	伍果兰	80	良
23	28	李振凤	90	优

图 3－6　公共函数 GetGrade 使用效果

（4）在函数运行前，可以设置断点，按功能键 F8 可以逐步进行调试，并根据各个变量的变化，观察程序的执行效果及逻辑。

三、强大的编码生成器——宏

Excel 宏是一种自动化工具，允许用户录制或编写一系列操作，以便在以后自动执行。通过 Excel 宏，可以大大提高工作效率，减少重复性任务的时间和劳动成本。宏可以录制从简单的格式设置和数据处理到复杂的计算和报告生成的各种操作。宏使用 VBA 作为其编程语言，这使得用户可以编写自定义的功能和逻辑来处理数据和控制 Excel 的不同方面。通过使用 Excel 宏，用户可以自动执行计算、筛选、排序、生成图表等任务，并与其他应用程序（如 Word、PowerPoint 等）进行集成。此外，宏还具有交互性，可以与用户进行交互，通过对话框和消息框等界面元素来获取和显示用户输入，并根据输入调整宏的行为。总的来说，Excel 宏是一个强大的工具，可以帮助用户提高工作效率，实现自动化处理和定制化操作，从而更加高效地处理数据和生成报告。

1. Excel 中宏的操作特点。

（1）录制和回放。Excel 宏支持录制用户在工作表上执行的操作，然后可以回放这些操作以自动执行相同的步骤。这使得非编程用户能够轻松创建宏，无须编写复杂的代码。例如，可以录制创建一个表格、设置样式、输入数据和计算总和的操作。每次需要使用相同格式和计算的时候，只需运行该宏即可自动完成这些步骤。

（2）编写和修改代码。除了录制操作外，还可以手动编写和修改 VBA 代码来创建更复杂、定制化的宏。通过编写代码，可以实现更高级的逻辑和功能，如条件判断、循环、自定义计算和数据处理。例如，可以编写一个宏，根据特定的数据条件来自动筛选和复制数据到新的工作表，并根据计算结果设置格式和生成报告。

（3）脚本编辑器。Excel 提供了一个强大的 VBA 编辑器，可以在其中编写和组织 VBA 代码。编辑器具有代码自动完成、语法检查和调试功能，帮助编写和调试代码。例如，可以使用 VBA 编辑器编写一个宏，根据用户输入的条件，自动筛选和排序工作表中的数据，并生成相应的图表和报告。

（4）与其他应用程序的集成。Excel 宏不仅可以操作和控制 Excel 自身的对象和功能，还可以与其他应用程序（如 Word、PowerPoint 和 Outlook）进行集成。这样，可以在 Excel 中编写宏，以自动化处理、生成和共享数据和报告。例如，您可以编写一个宏，将 Excel 中的数据自动导出到 Word 文档中，并进行格式化和布局，以生成演示文稿或报告。

（5）交互性。Excel 宏可以与用户进行交互，通过对话框、输入框和消息框等界面元素，获取和显示用户输入，提供反馈信息。这样，可以根据用户的选择和输入来调整宏的行为，使其更加灵活和具有适应性。例如，可以编写一个宏，通过对话框提示用户输入日期范围，然后自动筛选和计算该日期范围内的数据，并以消息框的形式显示结果。

Excel 宏通过以上操作特点，提供了丰富的功能和灵活性，使用户能够自动化处理数据、定制化操作，并与其他应用程序进行集成，以满足各种数据处理和报告生成的需求。

一般为了确保宏的可靠性和安全性，在运行未经验证的宏之前启用 Excel 中的宏安全性设置，谨慎使用来自不可信来源的宏。

2. 宏的基本操作。宏的功能强大，按照下述步骤，就能逐步合理地掌握宏的使用。要在 Excel 中使用和操作宏，可以按照以下步骤进行。

（1）录制宏。在"开发人员"选项卡中，点击"录制宏"按钮。在弹出的对话框中，输入宏的名称，并选择将宏存储在某个工作簿中。点击"确定"后，Excel 会开始录制您在工作表上的操作。

（2）执行操作。在录制宏期间，可以执行任何操作，包括数据输入、格式设置、公式计算、筛选和排序等。Excel 将记录每一个操作。

（3）停止录制。在"开发人员"选项卡中，点击"停止录制"按钮，或者在 Excel 窗口底部的状态栏上点击"停止录制"按钮。录制的宏将被保存，并可在需要时执行。

（4）运行宏。在"开发人员"选项卡中，点击"宏"按钮。在弹出的对话框中，选择要运行的宏，并点击"运行"按钮。宏将按照录制时的操作顺序自动执行。

（5）编辑宏。在"开发人员"选项卡中，点击"Visual Basic"按钮，打开 VBA 编辑器。在编辑器中，可以查看和编辑宏的代码，进行高级的定制和功能扩展。

（6）删除宏。在"开发人员"选项卡中，点击"宏"按钮，选择要删除的宏，并点击"删除"按钮。宏将被永久删除。

通过以上步骤，可以轻松使用和操作 Excel 中的宏。无论是录制简单的操作还是编写复杂的代码，Excel 宏都提供了强大的功能，使数据处理和报告生成更加高效、自动化。

第三节　VBA 基础及语法结构

VBA 是一种强大的脚本语言，专为自动化 Microsoft Office 应用程序而设计。它的语法规则与其他编程语言有很多相似之处，如变量声明、条件判断、循环控制、函数和子程序的定义等，但在细节和用途上有所不同。VBA 的优势在于它与 Office 应用程序的紧密集成，而其他编程语言则提供了更广泛的应用范围和更多的编程范例。VBA 是一种事件驱动的编程语言，由 Microsoft 开发，主要用于编写宏来扩展 Microsoft Office 应用程序的功能。以下是 VBA 编程的基本语法规则和约定，涵盖变量声明、数据类型、控制结构、函数和子程序、错误处理等方面。

一、VBA 基础

1. 标识符。标识符是编程语言中的基本元素，用于命名变量、常量、函数、子程序等。它们的主要作用是提供代码的可读性和可维护性。通过使用有意义的标识符名称，开发者可以清晰地表达代码的意图，使代码更容易理解和管理。VBA 标识符有特定的要求：

（1）必须以字母开头，可以包含字母、数字和下划线，但不能包含空格或特殊字符。

（2）区分大小写，但不区分字母大小写（variable 与 VARIABLE 视为相同）。

（3）最大长度为 255 个字符。

例如，A5678_9876HJ，小于 40 个字符，Excel 2016 可以用汉字且长度可达 254 个字符。又如，使用 studentName 作为变量名比使用 s1 更直观。良好的命名习惯有助于团队协作,减少代码误解,提高开发效率。

示例:

Dim studentName As String

Const MaxScore As Integer = 100

2. 运算符。运算符是编程语言中用于执行各种操作的符号,如算术运算、比较运算、逻辑运算和字符串操作。它们是编程中进行数据处理和逻辑判断的核心工具。

(1)赋值运算符 = 。

(2)算术运算符用于数学计算:&、+(字符连接符)、+(加)、-(减)、*(乘)、/(除)、Mod(取余)、\(整除)、-(负号)、^(指数)。

(3)逻辑运算符用于布尔逻辑:Not(非)、And(与)、Or(或)、Xor(异或)、Eqv(相等)、Imp(隐含)。

(4)比较运算符用于条件判断:=(相等)、< >(不等)、>(大于)、<(小于)、> =(不小于)、< =(不大于)、Like、Is。

(5)位运算符用于字节的位运算:Not(逻辑非)、And(逻辑与)、Or(逻辑或)、Xor(逻辑异或)、Eqv(逻辑等)、Imp(隐含)。

(6)字符串运算符:& 字符串连接。

示例:

Dim result As Integer

result = 5 + 3   ' result 为 8

Dim isEqual As Boolean

isEqual = (5 = 3)   ' isEqual 为 False

Dim fullName As String

fullName = "John" & " " & "Doe"   ' fullName 为 "John Doe"

这些标识符和运算符是 VBA 编程的基础,帮助开发者构建功能丰富的应用。

二、数据类型及变量声明

正确使用数据类型不仅能优化内存和提高性能,还能增强代码的准确性、可读性和可靠性,是编程中不可或缺的重要环节。

1. 数据类型。数据类型对于高效管理和处理数据至关重要。首先,数据类型决定了存储数据的方式和内存分配。使用合适的数据类型可以优化内存利用,提升程序性能。例如,用 Integer 存储整数比用 Variant 更节省内存。其次,数据类型影响数据操作和计算的准确性。不同的数据类型支持不同的操作和函数,确保了数据处理的正确性和精度。例如,日期数据类型支持日期运算,而字符串数据类型支持文本处理。此外,明确的数据类型有助于错误预防和调试。编译时的数据类型检查可以捕捉到类型不匹配的错误,减少运行时异常的发生,提高代码的可靠性。最后,使用明确的数据类型可以增强代码的可读性和可维护性。通过指定变量的类型,其他开发者可以更容易理解代码的意图,简化了后续的代码维护和修改过程。

(1) VBA 主要有如表 3-1 所示的数据类型。

表 3-1　　　　　　　　　　　　数据类型

数据类型	类型标识符	范围
字符串型(String)	$	字符长度(0-65,400)
字节型(Byte)	无	1 字符
布尔型(Boolean)	无	True 或 False
整数型(Integer)	%	-32,768 到 32,767
长整数型(Long)	&	-2,147,483,648 到 2,147,483,647
单精度型(Single)	!	-3.402823E38 到 3.402823E38
双精度型(Double)	#	-1.797693134862315E308 到 1.797693134862315E308
日期型(Date)	无	8 字节 公元 100/1/1 - 9999/12/31
货币型(Currency)	@	8 字节
变体型(Variant)	无	以上任意类型,可变
对象型(Object)	无	4 字节

用户还可以根据以下类型用 Type 自定义数据类型:

Dim intCounter As Integer

Dim dblTotal As Double

Dim strName As String

Dim isAvailable As Boolean

Dim dtToday As Date

Dim varData As Variant

(2) 对象和集合。VBA 中大量操作涉及对象(如工作表、单元格、范围等)和集合(如工作表集合、工作簿集合等),可以使用 Set 关键字来设置对象变量。

示例:

Dim ws As Worksheet

Set ws = ThisWorkbook.Sheets("Sheet1")

ws.Range("A1").Value = "Hello, World!"

(3) 数组。在内存中表现为一个连续的内存块,必须用 Global 或 Dim 语句来定义。定义规则如下:Dim 数组名([lower to]upper [,[lower to]upper, …]) as type;Lower 缺省值为 0。二维数组是按行列排列,如 XYZ(行,列)。

除了以上固定数组外,VBA 还有一种功能强大的动态数组,定义时无大小维数声明;在程序中再利用 Redim 语句来重新改变数组大小,原来数组内容可以通过加 preserve 关键字来保留。例如:

Dim array1() as double: Redim array1(5): array1(3) = 250: Redim preserve array1(5,10)

使用 Dim 关键字声明数组,可以是定长数组或变长数组。

定长数组:

Dim numbers(1 To 5) As Integer

变长数组:

Dim dynamicArray( ) As Integer

ReDim dynamicArray(1 To 10)

多维数组:

Dim matrix(1 To 3, 1 To 3) As Double

示例:

Dim fruits(1 To 3) As String

fruits(1) = "Apple"

fruits(2) = "Banana"

fruits(3) = "Cherry"

通过以上基本语法规则和约定,可以开始编写 VBA 代码来自动化处理 Excel 中的各种任务。这些规则涵盖了 VBA 编程的大部分基础知识,能够创建从简单到复杂的宏和功能,以提高工作效率和减少重复性工作。

2. 变量声明。在 VBA 中,可以使用 Dim 关键字来声明变量。虽然在 VBA 中不是必须强制声明变量,但建议尽量声明变量以提高代码的可读性和减少错误。

(1) VBA 允许使用未定义的变量,默认是变体变量 Variant。

(2) 在模块通用说明部分,加入 Option Explicit 语句可以强迫用户进行变量定义。

(3) 变量定义语句及变量作用域如表 3-2 所示。

表 3-2　　　　　　　　　　变量定义语句及变量作用域

Dim 变量 as 类型	定义为局部变量	如 Dim xyz as integer
Private 变量 as 类型	定义为私有变量	如 Private xyz as byte
Public 变量 as 类型	定义为公有变量	如 Public xyz as single
Global 变量 as 类型	定义为全局变量	如 Global xyz as date
Static 变量 as 类型	定义为静态变量	如 Static xyz as double

变量声明:

Dim variableName As DataType

一般变量作用域的原则是,哪部分定义就在哪部分起作用,模块中定义则在该模块起作用。

3. 常量声明。常量为变量的一种特例,且定义时赋值,程序中不能改变值,作用域也如同变量作用域。使用 Const 关键字声明常量,其值在代码运行期间不会改变。

Const Pi As Double = 3.14159

Const AppName As String = "My Application"

三、VBA 的基本语法规则

VBA 的基本语法规则是确保代码正确执行的核心。语法规则定义了如何编写和组织代码,使之可读和可维护。明确的语法结构,有助于开发者清晰表达逻辑,减少误解。另外,遵循语法规则可以防止编译错误和运行时错误。VBA 的基本语法规则对于编写清晰、可靠和高效的代码至关重要,是每个开发者必须掌握的基本技能。

1. 顺序结构。顺序结构是 VBA 最基本的控制结构之一。它指的是代码按照从上到下的顺序逐行执行,没有跳转、循环或条件分支。顺序结构是所有程序的基础,保证了代码按照预期的顺序执行。顺序结构确保每一行代码在合适的时刻被执行,是构建复杂逻辑的基础。它为其他控制结构(如条件结构和循环结构)提供了一个清晰的执行路径。

以下是一个简单的 VBA 顺序结构示例,展示如何声明变量、赋值和显示结果:

```
Sub SequentialExample( )
    Dim num1 As Integer
    Dim num2 As Integer
    Dim sum As Integer
    ' 赋值
    num1 = 10
    num2 = 20
    ' 计算和赋值
    sum = num1 + num2
    ' 输出结果
    MsgBox "The sum of " & num1 & " and " & num2 & " is " & sum
End Sub
```

以上实例先作了变量声明:前三行代码声明了三个整数类型的变量 num1、num2 和 sum。赋值:接下来的两行代码为 num1 和 num2 赋值。计算和赋值:将 num1 和 num2 的和赋值给 sum。输出结果:使用 MsgBox 显示计算结果。

顺序结构是 VBA 编程中最基本的结构之一,确保代码按照预期顺序执行。通过理解和使用顺序结构,开发者可以构建清晰、易读和可靠的代码,为实现复杂逻辑打下坚实基础。

2. 控制结构。

(1)条件语句:使用 If...Then...Else 结构进行条件判断。

```
If condition Then
    ' 如果条件为真执行这部分代码
ElseIf anotherCondition Then
```

'如果另一个条件为真执行这部分代码
Else
    '如果以上条件都不为真执行这部分代码
End If
示例：
Dim age As Integer
age = 25
If age >= 18 Then
    MsgBox "You are an adult."
Else
    MsgBox "You are a minor."
End If
（2）选择语句：使用 Select Case 结构进行多重条件判断。
Select Case expression
    Case value1
        '当表达式等于 value1 时执行
    Case value2
        '当表达式等于 value2 时执行
    Case Else
        '当表达式不等于以上任何值时执行
End Select
示例：
Dim grade As String
grade = "B"
Select Case grade
    Case "A"
        MsgBox "Excellent！"
    Case "B"
        MsgBox "Good！"
    Case "C"
        MsgBox "Average！"
    Case Else
        MsgBox "Other grade."
End Select
（3）循环结构。
For...Next 循环：用于已知循环次数的循环。
For counter = start To end [Step step]
    '循环体

```
Next counter
```
示例：
```
Dim i As Integer
For i = 1 To 10
    Debug.Print i
Next i
```
For Each...Next 循环：用于遍历集合或数组。
```
For Each element In collection
    '循环体
Next element
```
示例：
```
Dim ws As Worksheet
For Each ws In ThisWorkbook.Worksheets
    Debug.Print ws.Name
Next ws
```
Do...Loop 循环：用于条件控制的循环。
```
Do While condition
    '循环体
Loop

Do Until condition
    '循环体
Loop
```
示例：
```
Dim counter As Integer
counter = 0
Do While counter < 5
    Debug.Print counter
    counter = counter + 1
Loop
```
3. 函数和子程序。
（1）子程序：使用 Sub 关键字定义没有返回值的过程。

```
Sub SubName()
    '子程序体
End Sub
```

示例:
```
Sub ShowMessage()
    MsgBox "Hello, World!"
End Sub
```
(2) 函数:使用 Function 关键字定义有返回值的过程。
```
Function FunctionName() As DataType
    '函数体
    FunctionName = someValue
End Function
```
示例:
```
Function AddNumbers(a As Integer, b As Integer) As Integer
    AddNumbers = a + b
End Function
```
4. 错误处理。使用 On Error 语句进行错误处理。
```
On Error GoTo ErrorHandler
'正常代码执行
Exit Sub

ErrorHandler:
    '错误处理代码
    MsgBox "An error occurred: " & Err.Description
End Sub
```
示例:
```
Sub DivideNumbers()
    Dim numerator As Integer
    Dim denominator As Integer
    Dim result As Double
    On Error GoTo ErrorHandler
    numerator = 10
    denominator = 0
    result = numerator / denominator
    MsgBox "Result is " & result
Exit Sub

ErrorHandler:
    MsgBox "An error occurred: " & Err.Description
End Sub
```
5. 注释。使用单引号 ' 进行注释,注释内容不会被执行。注释语句是用来说明程序中某些语句的功能和作用。VBA 中有两种方法标识为注释语句。（1）单引号 '。如 '定义全局变量，可以位于别的语句之尾，也可单独一行。（2）Rem。如 Rem 定义全局变量，只能单独一行。

6. 书写规范。

（1）VBA 不区分标识符的字母大小写，一律认为是小写字母；

（2）一行可以书写多条语句，各语句之间以冒号：分开；

（3）一条语句可以多行书写，以空格加下划线_ 来标识下行为续行；

（4）标识符最好能简洁明了，不造成歧义。

四、宏操作实例

宏在 Excel 数据整理方面具有强大的功能和灵活性，可以显著提升工作效率和数据处理的准确性。通过合理利用 VBA，可以轻松应对复杂的数据任务，实现自动化和高效管理。

本实例主要是整理会计科目，达到我们预想的数据整理效果。当我们拿到如图 3 -7 所示表格的会计科目，在后期的会计科目使用中会相当麻烦，调整成如图 3 -8 所示的会计科目格式，更利于我们后期对会计科目的使用。如果用人工解决，费时费力，而且还不能保证完全正确，如果用宏这个工具，可以对大量数据批量处理，达到我们的需求。

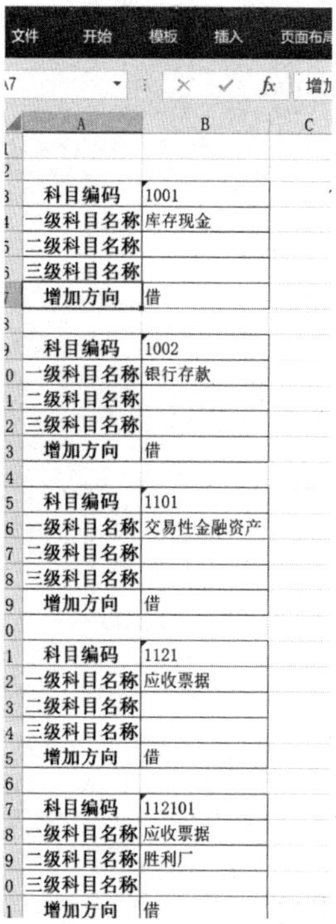

A	B
科目编码	1001
一级科目名称	库存现金
二级科目名称	
三级科目名称	
增加方向	借
科目编码	1002
一级科目名称	银行存款
二级科目名称	
三级科目名称	
增加方向	借
科目编码	1101
一级科目名称	交易性金融资产
二级科目名称	
三级科目名称	
增加方向	借
科目编码	1121
一级科目名称	应收票据
二级科目名称	
三级科目名称	
增加方向	借
科目编码	112101
一级科目名称	应收票据
二级科目名称	胜利厂
三级科目名称	
增加方向	借

图 3 -7　待处理会计科目

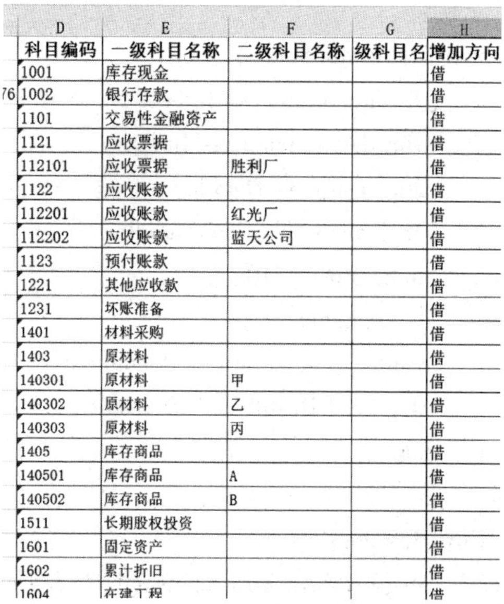

科目编码	一级科目名称	二级科目名称	级科目名	增加方向
1001	库存现金			借
1002	银行存款			借
1101	交易性金融资产			借
1121	应收票据			借
112101	应收票据	胜利厂		借
1122	应收账款			借
112201	应收账款	红光厂		借
112202	应收账款	蓝天公司		借
1123	预付账款			借
1221	其他应收款			借
1231	坏账准备			借
1401	材料采购			借
1403	原材料			借
140301	原材料	甲		借
140302	原材料	乙		借
140303	原材料	丙		借
1405	库存商品			借
140501	库存商品	A		借
140502	库存商品	B		借
1511	长期股权投资			借
1601	固定资产			借
1602	累计折旧			借
1604	在建工程			借

图 3 -8　已处理会计科目

通过单个会计科目复制操作，都是同样的操作，如果加入循环结构语句，可以循环操作特定的次数，就可以让会计科目复制到指定的位置。从图3-7达到图3-8的效果，主要是通过重复复制的简单操作，我们把单个复制工作录制好，再通过循环语句，让单个科目复制内容进行重复操作。再进行调整就能达到预期效果。具体运用步骤如下：

(1) 如图3-9所示，点击"开发工具"→选择"使用相对引用"→点选"录制宏"会跳出一个如图3-10所示的录制参数填制界面。

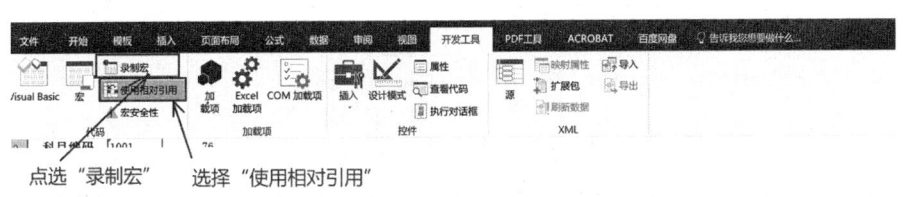

move_data

图3-9 进行宏录制

(2) 在录制前，可以按宏录制的实际意义取一个易记的名字。本实例使用move_data宏名，也可以选择快捷键，可以选择不同的保存工作表，并作此次宏的说明。

(3) 选择"B3:B7"，右击鼠标，选择"复制"→选择"D2"单元格，右击鼠标→"选择性粘贴"→跳出图3-11所示的界面，选择复制。

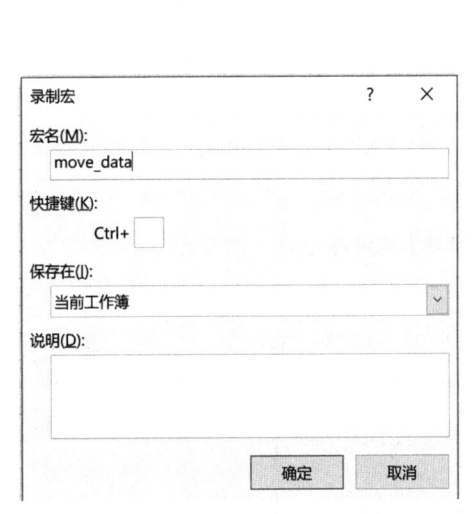

图3-10 录制宏选项

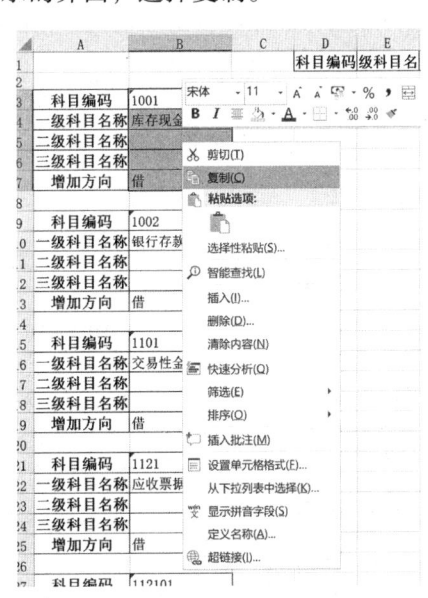

图3-11 进行1001会计科目复制

(4) 选择单元格"D2"，点击鼠标右键，弹出对话框图3-12，点选"转置"→"确定"→选择"B9:B13"，这一步相当重要，是为了后面循环的连接。

(5) 如图3-13所示，点击"停止录制"，自动生成如图3-14所示的代码。

通过前面生成代码，添加参数及循环语句，为了避免鼠标误操作，锁定第一次选择单元格"B3:B7"，修改结果如图3-15所示。

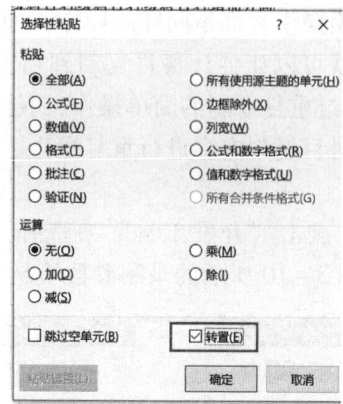

图 3-12　选择性粘贴

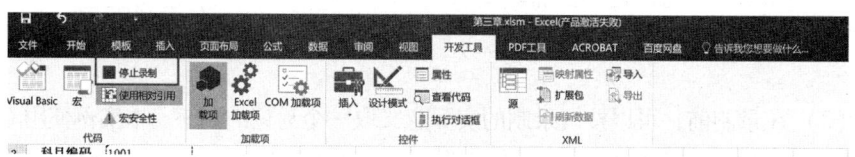

图 3-13　录制完成

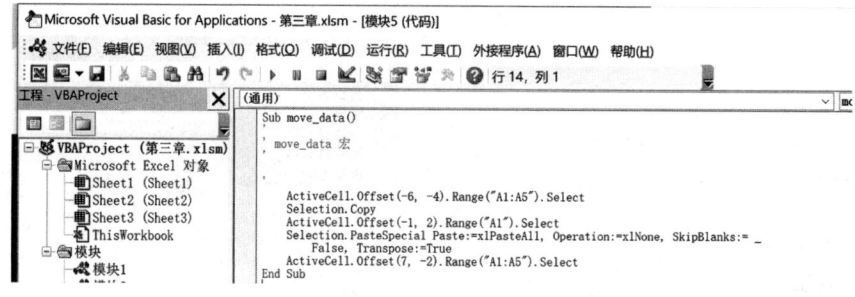

图 3-14　自动生成代码

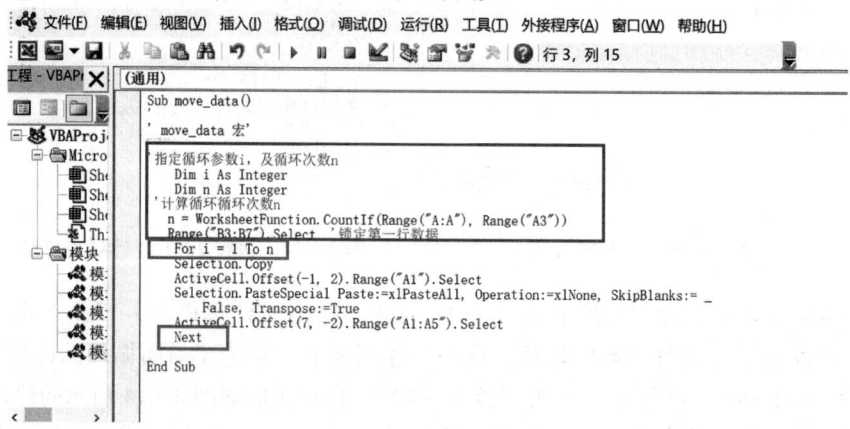

图 3-15　修改的代码

如图 3-16 所示，点击"开发工具"→"宏"→"move_data"→"执行"，效果如图 3-17 所示。

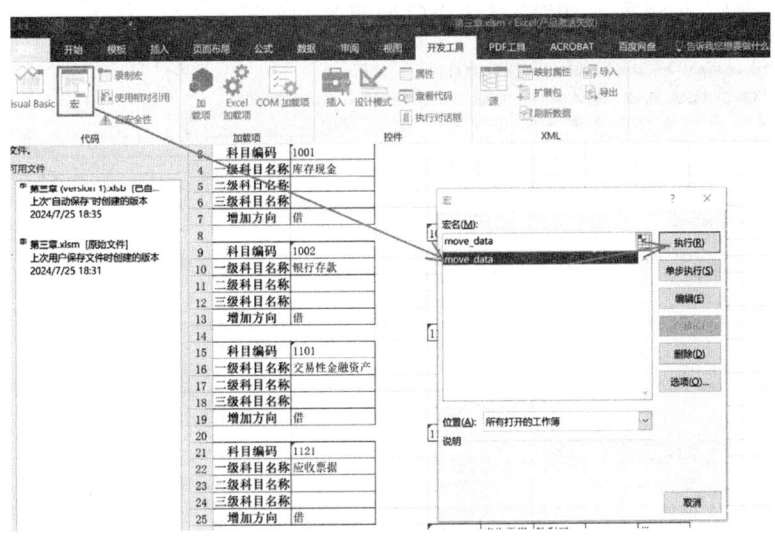

图 3-16　执行编制的宏

图 3-17　运行结果

delete_null

现在需要删除每一行会计科目的下面 4 行,让后面的每个会计科目每行往上平移 4 行,就能达到整理的效果,如图 3-8 所示。仍然可以按上述操作步骤,编制一个新宏"delete_null",具体代码如图 3-18 所示。

图 3-18　全部程序代码

宏组合运用

通过上述宏操作,相对于手工操作,体现了宏的以下优势:

(1)自动化重复任务。可以自动化那些需要经常重复的任务,如数据清理、格式化和报告生成等,节省时间和精力。

(2)批量处理。能够一次性处理大量数据,无须手动逐个操作。

(3)提升工作效率。通过自动化流程,大幅提高数据整理的速度。例如,处理原本需要数小时的工作,可能在几分钟内完成。

(4)减少人为错误。自动化操作可以减少因手动输入或操作而导致的错误,提高数据的准确性。

本章习题

一、单选题

1. 在 VBA 中,用于声明一个整型变量的关键字是(　　)。
   A. Dim　　　　　B. Integer　　　　　C. Var　　　　　D. Long
2. 在 VBA 中,用于循环执行一段代码块的关键字是(　　)。
   A. While　　　　B. Until　　　　　C. Loop　　　　D. Do
3. 在 VBA 中,用于将一个字符串转换为整型的函数是(　　)。
   A. CStr　　　　　B. CInt　　　　　C. Int　　　　　D. Str
4. 在 VBA 中,用于将一个浮点数转换为整型的函数是(　　)。
   A. CStr　　　　　B. CInt　　　　　C. Int　　　　　D. Str

5. 在 VBA 中，用于将一个字符串转换为日期类型的函数是（   ）。
A. CDate　　　　B. Date　　　　C. Format　　　　D. DateValue

6. 在 VBA 中，用于向用户显示一个消息框的函数是（   ）。
A. MsgBox　　　B. Print　　　C. ShowMessage　　D. Display

7. 在 VBA 中，用于获取当前日期的函数是（   ）。
A. Now　　　　B. Today　　　C. Date　　　　D. CurrentDate

8. 在 VBA 中，用于将一个数字舍入到指定小数位数的函数是（   ）。
A. Round　　　B. Floor　　　C. Ceil　　　　D. Truncate

9. 在 VBA 中，用于获取一个字符串的长度的函数是（   ）。
A. Len　　　　B. Length　　　C. Size　　　　D. Count

10. 在 VBA 中，用于判断一个条件是否成立的关键字是（   ）。
A. If　　　　B. When　　　C. Case　　　　D. Switch

二、多选题

1. 在 VBA 中，以下属于数值型数据类型的有（   ）。
A. Integer　　B. String　　　C. Double　　　D. Boolean

2. 在 VBA 中，以下关键字中可以用于循环执行一段代码块的有（   ）。
A. For　　　　B. While　　　C. Do　　　　　D. Repeat

3. 在 VBA 中，以下关键字中可以用于定义一个数组的有（   ）。
A. Array　　　B. Dim　　　　C. Public　　　D. Private

4. 在 VBA 中，以下关键字中可以用于条件判断的有（   ）。
A. If　　　　B. Else　　　　C. ElseIf　　　D. Switch

5. 在 VBA 中，以下函数中可以用于处理字符串的有（   ）。
A. Left　　　B. Right　　　C. Mid　　　　D. Trim

6. 在 VBA 中，以下函数中可以用于获取当前日期和时间的有（   ）。
A. Date　　　B. Time　　　C. Now　　　　D. Today

7. 在 VBA 中，以下关键字中可以用于定义一个常量的有（   ）。
A. Const　　　B. Dim　　　　C. Public　　　D. Private

8. 在 VBA 中，以下关键字中可以用于退出一个循环的有（   ）。
A. Exit For　　B. Exit Do　　C. Exit While　D. Break

9. 在 VBA 中，以下关键字中可以用于定义一个变量的作用域的有（   ）。
A. Public　　　B. Private　　C. Global　　　D. Static

10. 在 VBA 中，以下关键字中可以用于处理错误的有（   ）。
A. On Error　　B. Catch　　　C. Try　　　　D. Resume

第四章　总账管理

总账管理是会计信息系统中的核心组成部分，主要用于记录和管理企业的所有财务交易，确保财务数据的准确性和完整性。总账管理是指在会计信息系统中对企业的所有会计交易进行记录、分类、汇总和报告的过程。它提供了一个全面的财务视角，帮助企业监控其财务状况和经营成果。

利用 Excel 记账，会计循环包括以下几个过程。

（1）编制会计凭证表。根据实际发生的经济业务编制生成会计分录表，并对此进行审核。

（2）生成日记账和分类账。将会计分录中的经济业务进行透视，生成分类账和日记账。

（3）生成科目汇总表。将会计凭证表所有相同一级科目汇总成一张科目汇总表。

（4）编制调整分录表。在编制现金流量表时需要按照现金产生的原因调整会计分录表中的有关科目，即将现金区分为经营活动现金、投资活动现金和筹资活动现金，调整成一张"调整分录表"。

（5）期末结账。在每个会计期间结束时，进行期末结账，根据调整分录表和科目汇总表生成资产负债表、利润表和现金流量表。

使用 Excel 进行会计核算时，登账的环节可以取消，即平时不记现金日记账、银行存款日记账、明细分类账以及总账，只将经济业务以会计分录的形式保存在会计表中，在需要时对记账凭证按会计科目、日期等条件进行检索、编辑和直接输出日记账、明细账、总账甚至会计报表。其具体流程如图 4-1 和图 4-2 所示。

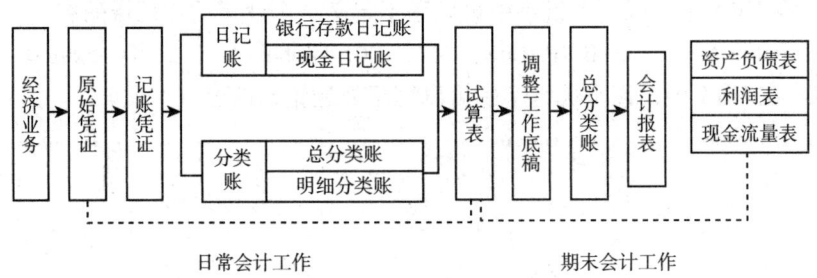

图 4-1　手工记账会计循环流程

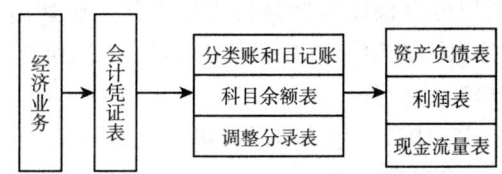

图 4-2 使用 Excel 记账会计循环流程

接下来介绍会计凭证的管理。

第一节 总账管理的初始设置

一、建立总账工作簿

1. 需求分析。作为一套账簿表格的封面，应该给阅读者提供的信息有：

（1）单位名称。告诉账簿使用者这是哪个单位的账簿。

（2）名称。让报表使用者通过名称，就能知道这套表大概是做什么用的。

（3）启用日期。告诉使用者，这是什么时候启用的账簿。

（4）其他相关信息。其他的有关此账簿应该让阅读者知道的内容。

2. 设计。先确认封面表格设计的基本区域，然后在这个区间依次输入刚才需求分析中提到的那些账簿项目。

（1）在 E6 单元格填入公司全称，演示中填入的是"北京润洁有限公司"（如有企业名称雷同，纯属巧合），用户可以把所在工作单位的名称填入此项。

（2）依次填入启用日期、公司地址、法人代表、开户银行、税率等信息。注意启用日期的单元格格式中选择"日期"格式。

（3）在"视图"选项卡中将"网格线"前的选项去掉。结果如图 4-3 所示。

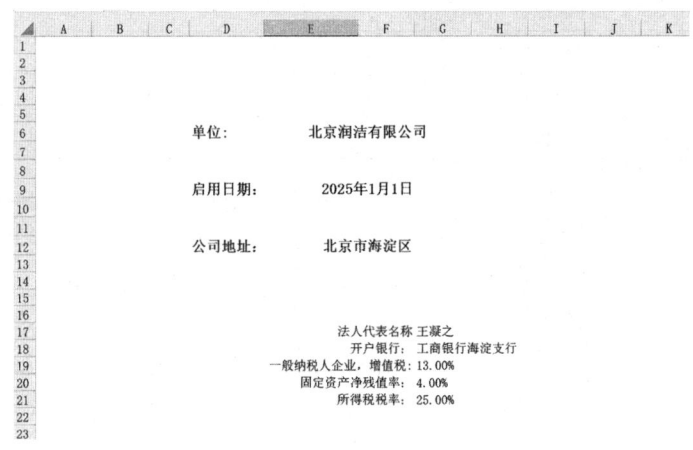

图 4-3 总账工作簿

3. 表格美化。用户可以根据需要自行进行美化，比如给封面加一个公司的 LOGO。操作是点"插入"选项卡，然后点"图片"，找到公司的 LOGO，然后点"插入"，将 LOGO 放到封面上。

可以根据需要设定字体和字号，然后设置为跨列居中。可以根据需要给报表区域加外框，然后这张表就完成了。

4. 设置打印格式。将填有信息的区间设为打印区域，根据显示效果反复调整，直到大小正好为一页纸为止。具体设置可以参考前面的章节。

二、建立会计科目表

为了便于工作，企业在财务工作中，需要先建立会计科目表，以简化建立会计凭证和会计账簿的工作，并有效地防止错误的发生。以下为北京润洁有限公司的科目表。科目表可以引用第三章宏处理整理的会计科目表，如表 4-1 所示。

表 4-1　　　　　　　　北京润洁有限公司会计科目表

科目编码	一级科目名称	二级科目名称	三级科目名称
1001	库存现金		
1002	银行存款		
1101	交易性金融资产		
1121	应收票据		
112101	应收票据	A 厂	
1122	应收账款		
112201	应收账款	B 厂	
112202	应收账款	C 公司	
1123	预付账款		
1221	其他应收款		
1231	坏账准备		
1401	材料采购		
1403	原材料		
140301	原材料	甲	
140302	原材料	乙	
140303	原材料	丙	
1405	库存商品		
140501	库存商品	A	
140502	库存商品	B	
1511	长期股权投资		
1601	固定资产		
1602	累计折旧		

续表

科目编码	一级科目名称	二级科目名称	三级科目名称
1604	在建工程		
1701	无形资产		
1702	累计摊销		
1801	长期待摊费用		
2001	短期借款		
2201	应付票据		
2202	应付账款		
220201	应付账款	D公司	
2203	预收账款		
220301	预收账款	E公司	
2211	应付职工薪酬		
221101	应付职工薪酬	应付工资	
221102	应付职工薪酬	职工福利费	
221103	应付职工薪酬	职工养老保险	
221104	应付职工薪酬	住房公积金	
2221	应交税费		
222101	应交税费	应交增值税	
22210101	应交税费	应交增值税	进项税额
22210102	应交税费	应交增值税	销项税额
22210103	应交税费	应交增值税	转出未交增值税
222102	应交税费	应交城建税	
222103	应交税费	未交增值税	
222104	应交税费	应交教育费附加	
222105	应交税费	应交所得税	
2232	应付股利		
2241	其他应付款		
2501	长期借款		
2502	应付债券		
2601	未到期责任准备金		
2602	保险责任准备金		
2611	保户储金		
2621	独立账户负债		
2701	长期应付款		
4001	实收资本		
4002	资本公积		

续表

科目编码	一级科目名称	二级科目名称	三级科目名称
4101	盈余公积		
4103	本年利润		
4104	利润分配		
410401	利润分配	未分配利润	
5001	生产成本		
5101	制造费用		
6001	主营业务收入		
6051	其他业务收入		
6111	投资收益		
6301	营业外收入		
6401	主营业务成本		
6402	其他业务成本		
6403	税金及附加		
6601	销售费用		
6602	管理费用		
6603	财务费用		
6701	资产减值损失		
6711	营业外支出		
6801	所得税费用		

会计科目表1

1. 生成会计科目表。打开总账工作簿，制作好总账工作簿封面之后，将其所在的 Sheet1 工作表命名为"封面"。在 Sheet2 工作表标签上单击鼠标右键，在弹出的快捷菜单中选择重命名选项，将之命名为"会计科目表"。

2. 输入文本。如果行业性质不一样，可以输入特定行业的会计科目表。接下来在单元格中输入文本。会计科目的录入有两种方法：一种是直接在对应的单元格中录入；另一种是采用"记录单"的方式录入。

直接录入之后，选中单元格，在工作栏中单击字体下拉按钮，在弹出的下拉列表中选择字体选项。单击字号下拉按钮，在弹出的下拉列表中选择字号选项。

Excel 2016 默认的字体颜色为黑色，将字体设置为多种颜色，可以使表格看起来更加美观。选中单元格，单击"开始"选项卡下的字体颜色下拉按钮，可以在弹出的下拉面板中选择颜色选项，也可以用设置单元格格式的方式设置字体颜色。

鼠标指针置于列号之间，待鼠标指针变成双向十字形状时，拖曳鼠标可以调整列宽，同时，在鼠标指针的右侧显示了列宽的具体数值。连续选中多列，将鼠标指针置于任意两列的列号之间，待鼠标指针变成双向十字形状时，按住鼠标左键并拖动鼠标，可以调整所有选中列的列宽，同时，在鼠标指针的右侧显示列宽数值。调整到所需要的宽度后，松开鼠标即可。

在 Excel 2016 中执行"开始"→"格式"→"单元格"按钮,可以设置单元格的格式。以上具体操作用户可以参见第一章第三节单元格的基本操作部分。

如图4-4所示,添加"记录单"的快捷键。点击下拉按钮,在左上角的"自定义快速访问工具栏"下出现下拉菜单后选中"其他命令"选项。

图4-4 添加快速访问按钮

在"快速访问工具栏"中找到"不在功能区中的命令"选项,寻找"记录单"选项,点击添加,最后点击确认。这样,记录单功能就被添加到了快速访问工具栏,可以通过点击表格数据区域的任意单元格,然后点击记录单,即可使用记录单功能,在弹出的对话框中查询或新建相关数据(见图4-5)。

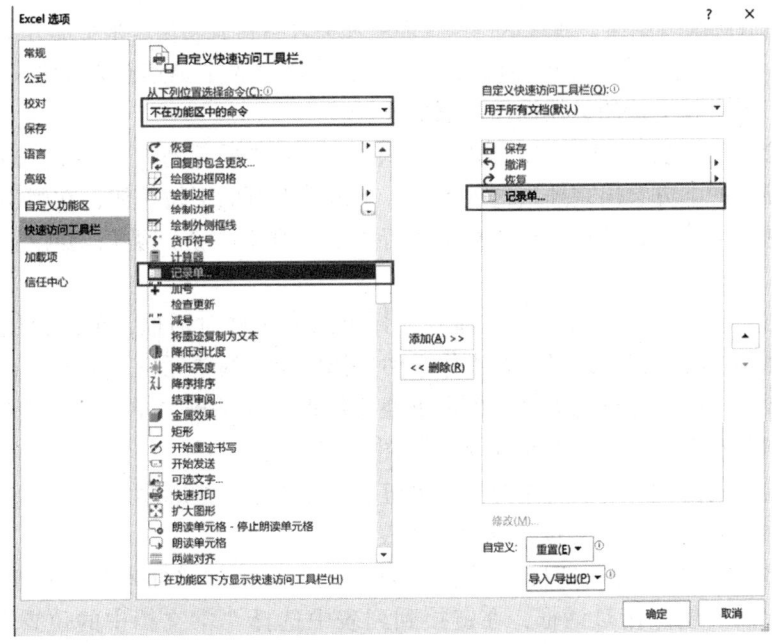

图4-5 添加"记录单"快速访问按钮

"记录单"输入数据的方法如下：在想加入记录的数据清单中选中任意单元格，点击左上角新添加的"记录单"按钮，跳出如图4-6所示的对话框。在各个字段中输入新记录的值，要移动到下一个单元格中，按"Tab"键。按 Enter 键加入下一条记录。创建新的数据可以使用"新建"。输入所有记录后，选择"关闭"按钮。

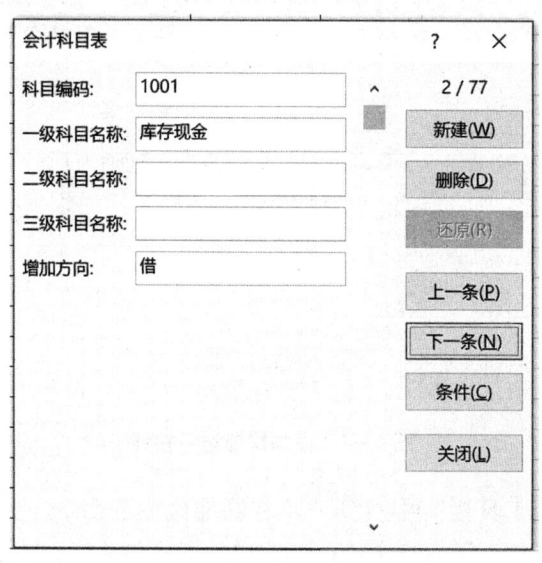

图4-6 "记录单"对话框

会计科目表2

3. 会计科目表的高级操作。完成前面的一系列基本操作后，下面将介绍一些会计科目表的高级操作，通过这些操作能够使会计科目表使用起来更加方便。

（1）插入超链接。使用超链接可以在会计科目表中迅速查找到某一类的会计科目，插入超链接的具体操作步骤如下。

在会计科目表工作表中，选中第三行，单击"插入行"命令，插入新行。此时，新行的下方会出现插入选项图标，单击其右侧的下拉按钮，在弹出的下拉菜单中选中清除格式单选按钮。在第三行中输入文本"资产类"，并设置单元格格式。

单击"公式"→"定义名称"命令，弹出定义名称对话框，单击引用位置文本框右侧的折叠按钮。既可以在工作表中选择要定义的单元格，也可以直接在其中输入要引用的单元格的编号。单击折叠按钮返回对话框，单击"确定"按钮，完成"资产类"单元格名称的定义，如图4-7所示。

单击引用位置文本框右侧的折叠按钮，参照上述方法继续定义其他单元格区域的名称。单击"确定"按钮返回工作表。

为 B3 单元格添加超链接，可选中 B3 单元格，单击"插入"→"超链接"命令。弹出插入超链接对话框，在链接到列表中选择"本文档中的位置"选项，在这篇文档中的位置列表框中选择资产类选项，如图4-8所示。

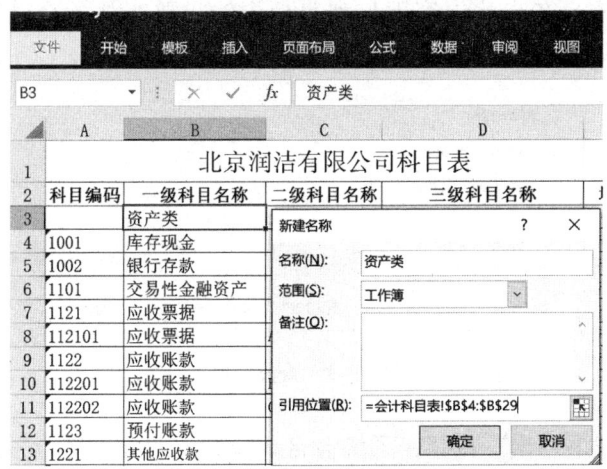

图 4-7　在工作表中选择要定义的单元格

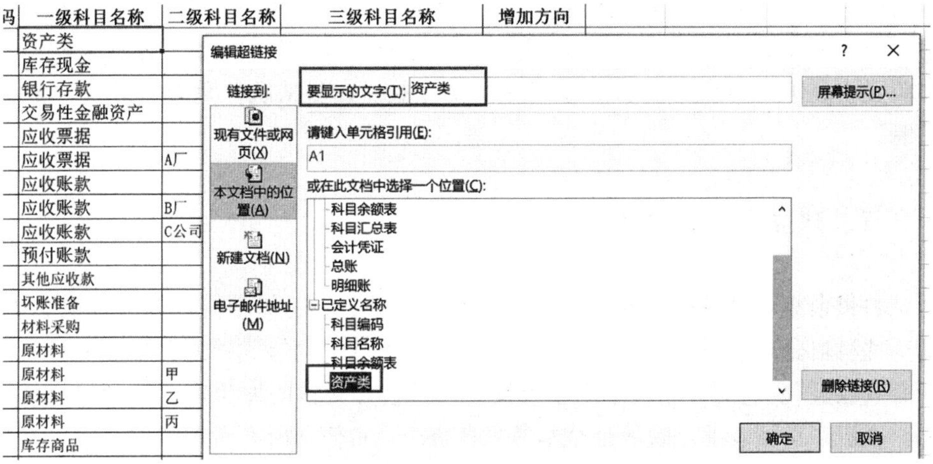

图 4-8　添加超链接

单击确定按钮返回工作表，完成 B3 单元格的插入超链接操作。将鼠标指针置于 B3 单元格中，此时鼠标指针变成小手形状，并在鼠标指针下方显示链接单元格的位置。

在 B3 单元格上单击鼠标左键，将显示所链接的单元格位置，此时所有资产类的单元格区域都处于选中状态。参照上述方法继续定义其他单元格区域的名称。

采用这种方法能够很方便地查找各类别的会计科目及其代码。用户参照上述方法能添加其他类别会计科目的超链接。

（2）查找科目名称。如果想要在会计科目表中迅速、精确地查找到某个会计科目的代码，可以使用查找命令，其具体操作步骤如下。

单击"开始"→"查找和选择"→"命令"（或者按 Ctrl + F 组合键），弹出查找和替换对话框,在查找内容下拉列表框中输入要查找的会计科目"材料采购",如图4-9所示。

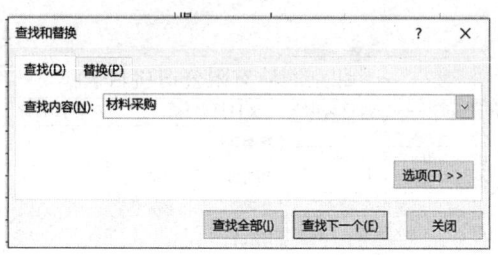

图4-9 查找科目

单击"查找下一个"按钮,系统会自动查找"材料采购"会计科目,找到后,该会计科目所在的单元格处于选中状态。

若在使用会计科目表时发现错误地将"材料采购"输入为"才料采购",可以切换至替换选项卡,在查找内容下拉列表框中输入文本"才料采购",在替换为下拉列表框中输入文本"材料采购"。单击查找下一个按钮,"才料采购"所在单元格处于选中状态。单击替换按钮,文本"才料采购"将被替换为"材料采购"。

三、建立科目余额表

科目余额表通俗点说就是根据汇总的凭证而形成的每个科目的余额汇总表,而这些科目分属于资产、负债和所有者权益,所形成的等式就是"资产+负债=所有者权益"。它的作用就是用于查询公司的会计科目的发生额、余额等会计信息。在资产负债表里反映的是至本月末各资产、负债和所有者权益的余额,在各明细分类账中反映的是各明细账户至本月末的最新余额,资产负债表是根据总分类账各科目余额的最新数据自动生成的。所以要做好科目余额表的编制。表4-2是科目余额表的格式。

表4-2　　　　　　　　　　　　科目余额表格式

科目编码	一级科目名称	二级科目名称	三级科目名称	期初余额		本期发生额		期末余额	
				借方	贷方	借方	贷方	借方	贷方

由于余额工作表中的会计科目和科目编码与会计科目表是完全一样,因此可在前面制作的会计科目表的基础上制作余额工作表。

在实际工作中经常需要将整个工作表进行复制。复制工作表时,不仅要能够复制工作表中的文字信息,有时还要复制格式。操作步骤如下。

打开前面制作的"会计科目表",将鼠标移至工作表的行号和列号的交叉处,单击鼠标左键,此时,整个工作表将处于选中状态。

在选中的工作表上单击鼠标右键,在弹出的快捷菜单中选择"复制"选项,此时,工作表四周将有虚线闪动,表示工作表被复制。

在总账工作簿中将 Sheet3 命名为"科目余额表"。选中 A1 单元格,再单击鼠标右键,在弹出的快捷菜单中选择"粘贴"选项,此时,"会计科目表"工作表中的内容连同所设置的格式都被复制到新工作表中。

科目余额表1

接着在复制的会计科目表的右边设计期初余额、本期发生额、期末余额表格。最终结果如图 4-10 所示。表头的设计在第二章已经涉及,在此不赘述。

图 4-10 设计好的科目余额表表头

完全设计好科目余额表之后就可以输入数据。通过设置会计专用格式,可以在"科目余额表"中输入货币金额,其操作步骤如下。

选中连续需要输入金额的行,单击鼠标右键,在弹出的快捷菜单中选择"设置单元格格式"选项,弹出"单元格格式"对话框,切换至"数字"选项卡,在"分类"列表中选择"会计专用"选项,设置"小数位数"为 2。然后就可以输入数据了。

单击"确定"按钮,返回工作表,分别输入各会计科目的期初余额。期初数据如表 4-3 所示。

表 4-3　　　　　北京润洁有限公司期初数据　　　　单位:元

科目编码	一级科目名称	二级科目名称	三级科目名称	期初余额	
				借方	贷方
1001	库存现金			21,960.00	
1002	银行存款			1,308,640.00	
1121	应收票据			15,000.00	
112101	应收票据	A厂		15,000.00	
1122	应收账款			42,000.00	
112201	应收账款	B厂		30,000.00	
112202	应收账款	C公司		12,000.00	
1123	预付账款			6,000.00	
1221	其他应收款			5,000.00	
1403	原材料			976,000.00	
140301	原材料	甲		608,000.00	
140302	原材料	乙		300,000.00	

续表

科目编码	一级科目名称	二级科目名称	三级科目名称	期初余额	
				借方	贷方
140303	原材料	丙		68,000.00	
1405	库存商品			260,000.00	
140501	库存商品	A		128,000.00	
140502	库存商品	B		132,000.00	
1511	长期股权投资			600,000.00	
1601	固定资产			264,010.00	
1602	累计折旧				46,501.73
1701	无形资产			500,000.00	
2001	短期借款				400,000.00
2201	应付票据				65,000.00
2202	应付账款				17,000.00
220201	应付账款	D 公司			17,000.00
2203	预收账款				8,000.00
220301	预收账款	E 公司			8,000.00
2211	应付职工薪酬				12,800.00
221102	应付职工薪酬	职工福利费			12,800.00
2221	应交税费				9,800.00
222102	应交税费	应交城建税			623.64
222103	应交税费	未交增值税			8,909.09
222104	应交税费	应交教育费附加			267.27
2241	其他应付款				2,000.00
4001	实收资本				1,737,508.27
4002	资本公积				200,000.00
4101	盈余公积				1,460,000.00
4104	利润分配				40,000.00
410401	利润分配	未分配利润			40,000.00
	合计			3,998,610.00	3,998,610.00

科目余额表2

　　设置其他货币格式可以参照上述方法,在"单元格格式"对话框的"数字"选项卡中设置"分类"为"货币","货币符号"为无。在输入数据时,只录入末级科目的数据,一级科目的数据等于本科目下二级科目的和。设置公式进行录入即可。为了避免输入跳行,本处一级科目设置为绿色,下面科目为原来颜色。只要绿色科目有原来颜色的科目,需要设置和公式,不必录入数据。选中 E5 单元格,开始→条件格式→新建规则→使用公式确定要设置格式的单元格,然后在如图 4-11 所示的框内录入公式:"=LEN($A5)=4",然后选择如图 4-11 所示的格式→填充→选择绿色,最后如图 4-11 所示。

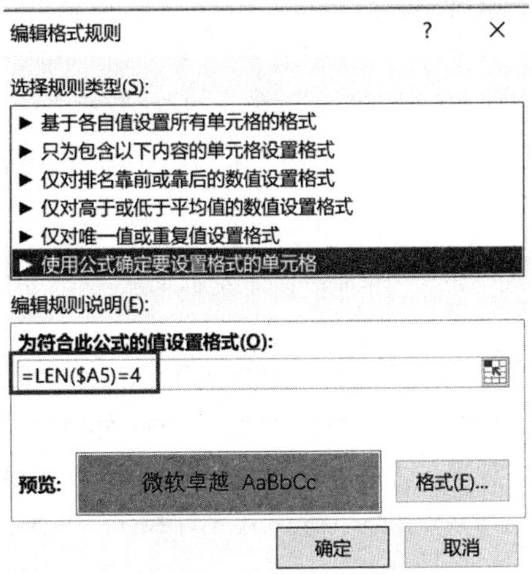

图 4-11 设置条件格式

然后复制格式到其他单元格里,选中 E5 单元格→点击鼠标右键→"复制"→选中"E5:F80"单元格→点击鼠标右键→"选择性粘贴"→选择"格式"→确定,然后录入期初数据(具体录入方法在"期初余额试算平衡"中讲述),最终结果如图 4-12 所示。

	A	B	C	D	E	F	G	H
1				科目余额表				
2	公司名称:北京润洁有限公司				2025年1月1日			
3	科目编码	一级科目名称	二级科目名称	三级科目名称	期初余额		本期发生额	
4					借方	贷方	借方	贷方
5	1001	库存现金			21,960.00			
6	1002	银行存款			1,308,640.00			
7	1101	交易性金融资产						
8	1121	应收票据			15,000.00			
9	112101	应收票据	A厂		15,000.00			
10	1122	应收账款			42,000.00			
11	112201	应收账款	B厂		30,000.00			
12	112202	应收账款	C公司		12,000.00			
13	1123	预付账款			6,000.00			
14	1221	其他应收款			5,000.00			
15	1231	坏账准备						
16	1401	材料采购						
17	1403	原材料			976,000.00			
18	140301	原材料	甲		608,000.00			
19	140302	原材料	乙		300,000.00			
20	140303	原材料	丙		68,000.00			
21	1405	库存商品			260,000.00			
22	140501	库存商品	A		128,000.00			
23	140502	库存商品	B		132,000.00			
24	1511	长期股权投资			600,000.00			
25	1601	固定资产			4,500,000.00			
26	1602	累计折旧				1,020,000.00		
27	1604	在建工程						
28	1701	无形资产			500,000.00			
29	1702	累计摊销						
30	1801	长期待摊费用						

图 4-12 科目余额表

四、期初余额试算平衡

试算平衡，就是指利用"资产=负债+所有者权益"的平衡原理，按照记账规则的要求，通过汇总、计算和比较，来检查会计账户处理和账簿记录的正确性、完整性的一种方法。

期初余额的会计平衡关系是：全部账户的借方期初余额合计数等于全部账户的贷方期初余额合计数。

1. 引用说明。由于试算平衡涉及较多的数据，使用引用能够有效提高工作效率。简单地说，若被引用工作簿已经打开，引用表达式为："[工作簿名.xlsx]工作表名!单元格名"。若被引用工作簿未打开，则需要说明该工作簿存放的路径，此时的表达式是："驱动器名:\路径\[工作簿名.xlsx]工作表名!单元格名"。

2. 余额录入。

（1）录入期初余额。第一次使用 Excel 进行账务处理时，期初余额需手工整理好后录入，以后各期直接调用上期期末余额即可。

（2）录入余额。余额录入的主要内容包括余额方向和金额，要求有以下两点。第一，输入余额时须注意确定余额的借贷方向。第二，只要求录入末级科目余额，上级科目余额可利用设置的公式自动进行计算获得。

3. 调用上期期末余额。若非第一次使用 Excel 进行账务处理，则上期期末余额即为本期期初余额，录入期初余额时，调用上期期末余额即可。

打开上期总账工作簿及本期科目余额表，选择 E5 单元格，输入"="。

将鼠标移至上期总账工作簿，选择已打开的"科目余额表"，单击引用的期末借方数据单元格。

按 Enter 键，则在"科目余额表"E5 单元格位置出现引用的"库存现金"期初余额数据。参照上述步骤，引用其他科目期初余额数据，直至期初余额全部录入并进行试算平衡。如果涉及科目变调，可以用 vlookup 函数，获取准确的科目余额数据。

末级科目期初余额已直接录入，根据末级科目的余额逐级向上一级科目汇总。本例中，向上汇总公式如表 4-4 所示。

表4-4　　　　　　　　　　汇总算式说明表

说明
"应收票据"=所属明细账户余额之和
"应收账款"=所属明细账户余额之和
"原材料"=所属明细账户余额之和
"库存商品"=所属明细账户余额之和
"应付账款"=所属明细账户余额之和

续表

说明
"预收账款" = 所属明细账户余额之和
"应付职工薪酬" = 所属明细账户余额之和
"应交税费" = 所属明细账户余额之和
"应交增值税" = "销项税额" – "进项税额"

4. 试算平衡。余额录入完成后，要求所有一级科目借方余额合计数与贷方余额相等，并将其分别计算填列到合计行的借方期初余额和贷方期初余额栏中。可用单条件求和函数 SUMIF 进行计算，假设一级科目对应的借方余额存储在表 E5:E80 中，贷方余额在 F5:F80 中，单元公式如下：

E81 = = SUMIF(A5:A80,"????",E5:E80)

F81 = = SUMIF(A5:A80,"????",F5:F80)

试算平衡

公式含义是查找科目编码区域中4个字符（即一级科目）相对应的借方余额（E5:E80）、贷方余额（F5:F80），求和后将结果分别置于 E81 和 F81 单元格。E81 单元格公式录入步骤如下。

第一步，单击 E81 单元格，单击编辑栏插入函数按钮，在"插入函数"对话框中选择"SUMIF"函数，在"SUMIF"函数对话框中输入参数，如图 4 – 13 所示。

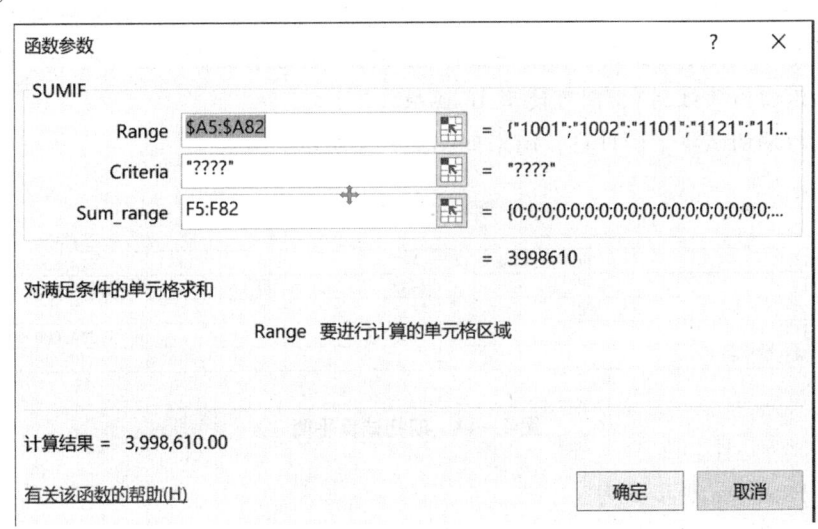

图 4 – 13　SUMIF 函数应用

第二步，单击"确定"按钮，完成公式录入。

第三步，F81 单元格公式录入方法同上。

将两个借贷平衡公式设置完成后，计算生成数据应符合 E81 = F81 的平衡条件，否则需详细检查输入的公式及数据，直至平衡为止。

注释：

SUMIF 函数

说明：

根据指定条件对若干单元格求和。SUMIF 函数可对满足某一条件的单元格区域求和，该条件可以是数值、文本或表达式，可以应用在人事、工资和成绩统计中。

格式：

SUMIF(Range,Criteria,Sum_range)

参数：

Range 为用于条件判断的单元格区域。

Criteria 为确定哪些单元格将被相加求和的条件，其形式可以为数字、表达式或文本。例如，条件可以表示为 32、"32"、">32" 或 "apples"。条件还可以使用通配符，如需要求和的条件为第二个数字为 2 的，可表示为 "?2*"，从而简化公式设置。

Sum_range 是需要求和的实际单元格。只有在区域中相应的单元格符合条件的情况下，Sum_range 中的单元格才求和。如果忽略了 Sum_range，则对区域中的单元格求和。

注解：

Microsoft Excel 还提供了其他一些函数，它们可根据条件来分析数据。例如，如果要计算单元格区域内某个文本字符串或数字出现的次数，则可使用 COUNTIF 函数。如果要让公式根据某一条件返回两个数值中的某一值（例如根据指定销售额返回销售红利），则可使用 IF 函数。

进行期初试算平衡计算，结果如图 4-14 所示。

期初试算平衡表

单位：元

资产	借	7,214,600.00	负债	贷	514,600.00
共同	平	—	权益	贷	6,700,000.00
成本	平	—	损益	平	—
合计		7,214,600.00	合计		7,214,600.00
试算结果平衡					

图 4-14 期初试算平衡

具体试算计算步骤为：

资产数据公式：=SUMIF(A5:A82,"1???",E5:E82) -SUMIF(A5:A82,"1???",F5:F82)

共同数据公式：=SUMIF(A5:A82,"3???",E5:E82) -SUMIF(A5:A80,"3???",F5:F82)

成本数据公式：=SUMIF(A5:A82,"5???",E5:E82) -SUMIF(A5:A80,"5???",F5:F82)

负债数据公式：= SUMIF (A5 : A82 ,"2???" , F5 : F82) − SUMIF (A5 : A80 ,"2???" , E5 : E82)

权益数据公式：= SUMIF (A5 : A82 ,"4???" , F5 : F82) − SUMIF (A5 : A80 ,"4???" , E5 : E82)

损益数据公式：= SUMIF (A5 : A82 ,"6???" , F5 : F82) − SUMIF (A5 : A80 ,"6???" , E5 : E82)

上述计算数据 E 列是借方，F 列是贷方，合计条件是以科目开头数据决定，1 为资产，2 为负债，3 为共同，4 为所有者权益，5 为成本，6 为损益。通过条件合计公式，获取特定的数据，进行汇总。对数据的方向，对资产，共同，成本类科目，如果合计大于零，方向为借，否则为平。公式为 = IF (D91 = 0 ," 平 ", "借 ")，后面进行复制公式即可；对于负债、权益、损益类科目，如果合计大于零，方向为贷，否则为平。公式为 = IF (G91 = 0 ," 平 ", "贷 ")，后面进行复制公式即可。

最后进行检验：左边的合计等于右边的合计，则试算平衡，否则试算不平衡。公式为 = IF (D94 = G94 ," 试算结果平衡 ", "试算结果不平衡 ")。

通过试算平衡表来检查账簿记录是否正确，一般情况下是可行的，但这并不意味着绝对正确！从某种意义上讲，如果借贷不平衡，就可以肯定账户的记录或者是计算有错误，但是如果借贷平衡，也不能肯定账户记录没有错误，因为有些错误根本不影响借贷双方的平衡关系。试算不平衡就可以发现借贷不平衡，但是平衡了，不一定没有问题。例如，试算平衡时，漏记、重记、记账方向颠倒和用错会计科目的情况，均不能通过试算平衡被发现。

第二节　制作会计凭证

会计凭证是记录经济业务、明确经济责任、按一定格式编制的据以登记会计账簿的书面证明，用来记载经济业务的发生，明确经济责任，作为记账根据的书面证明。

会计凭证按其编制程序和用途的不同，分为原始凭证和记账凭证。前者是在经济业务最初发生之时即行填制的原始书面证明，如销货发票、款项收据等。后者是以原始凭证为依据，作为记入账簿内各个分类账户的书面证明，如收款凭证、付款凭证、转账凭证等。

会计凭证包括凭证名称、编制凭证的日期及编号、接受凭证单位的名称、经济业务的数量和金额、填制凭证单位的名称和有关人员的签章等。

原始凭证是记录经济业务已经发生、执行或完成，用以明确经济责任，作为记账依据最初的书面证明文件，如出差乘坐的车船票、采购材料的发货票、到仓库领料的领料单等。原始凭证是在经济业务发生的过程中直接产生的，是经济业务发生的最初证明，在法律上具有证明效力，所以也可叫作"证明凭证"。

原始凭证按其取得的来源不同，可以分为自制原始凭证和外来原始凭证两类。

记账凭证是会计人员根据审核无误的原始凭证或汇总原始凭证，用来确定经济业务应借、应贷的会计科目和金额而填制的，作为登记账簿直接依据的会计凭证。

由于原始凭证来自不同的单位，种类繁多，数量庞大，格式不一，不能清楚地表明应记入的会计科目的名称和方向。为了便于登记账簿，需要根据原始凭证反映的不同经济业务，加以归类和整理，填制具有统一格式的记账凭证，确定会计分录，并将相关的原始凭证附在后面。这样不仅可以简化记账工作、减少差错，而且有利于原始凭证的保管，便于对账和查账，提高会计工作质量。

记账凭证按其适用的经济业务，分为专用记账凭证和通用记账凭证两类。

一、凭证表模板

凭证处理是会计核算的关键环节，在 Excel 中，通常采用会计凭证表的形式来输入和存放记账凭证清单。由于记账凭证是登记账簿的依据，因此，设置及填制记账凭证工作表，是日常账务处理环节的主要工作。凭证表中应设置的主要内容与手工记账凭证基本相似。

凭证主要使用付款记账凭证、收款记账凭证、转账记账凭证，或使用统一的"通用记账凭证"。这些凭证的结构相差不多。

下面说明界面的制作方法。会计凭证的结构一般分为三部分：表头、表格主体和表底。表 4-5 是基于 Excel 平台制作的凭证。

表 4-5　　　　　　　　　　会计凭证表示例

北京润洁有限公司会计凭证表									
制单日期	序号	凭证编号	摘要	行号	科目编码	科目名称	借方金额	贷方金额	审核
总计									

凭证表 1

二、表头的设置

打开前面所建的"北京润洁有限公司总账"工作簿，在"科目余额表"后插入新工作表，命名为"北京润洁有限公司会计凭证表"。

表头"北京润洁有限公司会计凭证表"的实现方法主要是合并单元格，输入文字"北京润洁有限公司会计凭证表"后，单击"合并及居中"按钮，此外，可以用设置单元格格式来设置字体和边框。

按照表4-5给出的例子，分别选取第二行的单元格，依次输入表头"制单日期、序号、凭证编号、摘要、行号、科目编码、科目名称、借方金额、贷方金额、审核"。此处的行号是为了后续方便打印凭证，录入完成后，可将已录入的标题、表头字体设置为粗体，并适当调整行高、列宽。

三、表格主体的设置

表格的主体要进行适当的单元格合并、行列调整，达到仿真的效果。

1. 设置日期。在每张会计凭证上都上都有凭证日期，以显示业务发生的日期。点击"制单日期"列表体单元格，右键设置单元格格式，选择数字选项卡，在分类一栏里选择日期，在类型一栏里选择"＊2012年3月14日"一项，点击确定，这样就可以在这一列单元格里手动添加日期。先在A3单元格添加日期"2025年1月1日"。

2. 基本格式的设置。一些单元格应该设置成相应的单元格格式。

需要以文本形式显示的，比如摘要，应该设置为文本格式，单击"格式"菜单，选择"单元格"命令，弹出对话框，打开"数字"选项卡，选择"文本"，将这列设置为"文本"格式。

需要以数字形式显示的，比如借贷金额，选择"单元格"命令，弹出对话框，选择"会计专用"选项，在"小数位数"栏输入"2"，"货币符号"栏选择"无"，如图4-15所示，单击"确定"按钮，完成"会计凭证表"基本格式的设置。

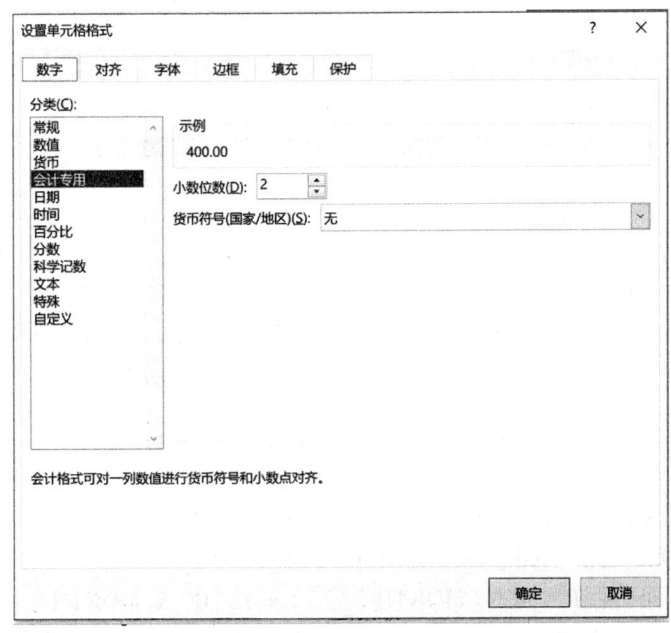

图4-15 设置金额格式

其余的根据会计工作的实际需要进行设置。用户可以根据需要，应用前面所学的 Excel 的基础知识来设置。

3. 自动生成凭证编号。用会计凭证记录经济业务时，要对每笔经济业务进行编号，以便查找及核对。填制凭证是日常业务处理的重要环节，在已设置好的"会计凭证表"中，凭证的填制方法有两种：一是将各项目数据以手工制单的方式逐一填入对应栏目。采用这种方式丝毫不能体现 Excel 软件的自动计算功能，且录入工作量大，容易出错。二是对凭证表基本数据（时间、摘要、科目编码、金额）手工录入，而"凭证编号""科目名称"栏则通过设置公式的方式使其自动生成。采用这种方式可减少财务人员凭证录入的工作量，并降低出错概率。

A3 单元格设置为数字类型，并录入数字"1"；凭证编码由 8 位日期（4 位年，2 位月，2 位日）和两位序号组成，总共 10 位长度，"yyyymmdd"+"??"，自动生成凭证编号具体操作步骤如下。

设置好"会计凭证表"后，选取凭证编号列的 C3 单元格，单击"fx"命令。在"插入函数"对话框中选择"文本"类，如图 4-16 所示，在"函数名称"列表框选择"CONCATENATE"函数，单击"确定"按钮。

图 4-16 插入 CONCATENATE 函数

在 D3 单元格输入凭证编码公式，其具体操作步骤如下。

在 Text1 录入：YEAR(A3)，获取年的四位数字。

在 Text2 录入：IF(LEN(MONTH(A3))=1,"0" & MONTH(A3),MONTH(A3))，获取月份数据，月可能是一位长度，所以需要修正函数，当长度为 1 时，在前面加一个"0"补位。

在 Text3 录入：IF(LEN(DAY\(A3))=1,"0"&DAY(A3),DAY(A3))，获取日数据，日可能是一位长度，所以需要修正函数，当长度为 1 时，在前面加一个"0"补位。

在 Text4 录入：IF(LEN(B3)=1,"0"&B3,B3)，获取凭证序号数据，凭证序号可能是一位长度，所以需要修正函数，当长度为 1 时，在前面加一个"0"补位。

通过上述设置，凭证编码的长度就统一为 10 位长度。然后用填充柄填充下面要输入的单元格。这样当输入制单日期之后，就能自动生成凭证编号数据，如图 4-17 所示。

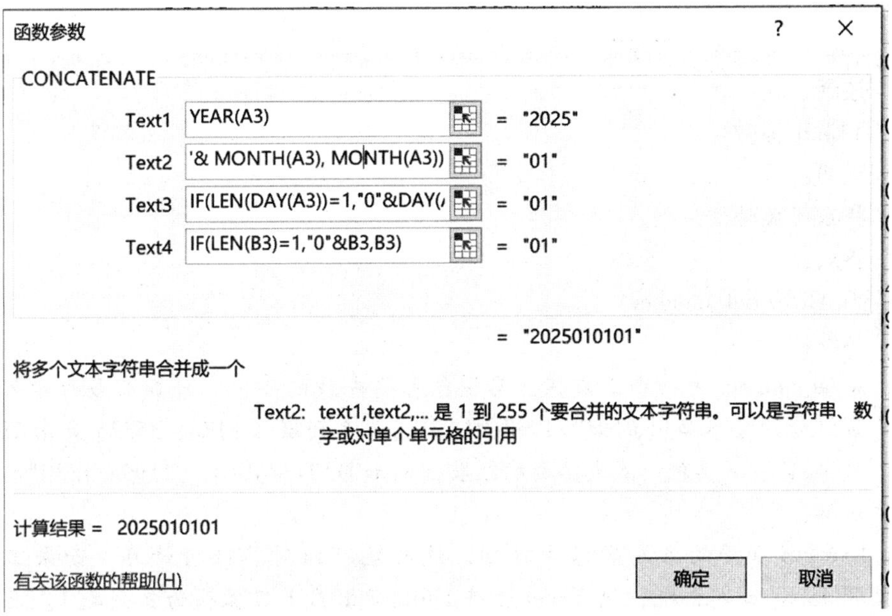

图 4-17　输入参数

选择 D3 单元格，将公式用填充柄复制到"凭证编号"列。完成以上设置后，若在凭证表内输入经济业务发生的时间、序号，则系统自动生成凭证编号。

注释

CONCATENATE 函数

说明：

将两个或多个文本字符串合并为一个文本字符串。

格式：

CONCATENATE(text1,text2,...)

参数：

text1,text2,... 是 2 到 255 个要合并成单个文本项的文本项。这些文本项可以为文本字符串、数字或对单个单元格的引用。

注解：

也可使用连接符号（&）计算运算符代替 CONCATENATE 函数来连接文本项。例如 = A1&B1 与 = CONCATENATE(A1,B1)返回相同的值。

LEN 函数

说明：

返回文本串的字符数。

格式：

Len（text）

参数：

text 是待要查找其长度的文本。

注解：

此函数用于双字节字符，且空格也将作为字符进行统计。

注释：

YEAR 函数

说明：

将系列数转换为年。

格式：

YEAR(serial_number)

参数：

serial_number 为一个日期值，其中包含要查找的年份。日期有多种输入方式：带引号的文本串（例如" 1998/01/30"）、系列数（例如，35825 表示 1998 年 1 月 30 日）或其他公式或函数的结果（例如 DATEVALUE ("1998/1/30")）。

注解：

Excel 按顺序的系列数保存日期，这样就可以对其进行计算。如果工作簿使用 1900 日期系统，则 Excel 会将 1900 年 1 月 1 日保存为系列数 1。而如果工作簿使用 1904 日期系统，则 Excel 会将 1904 年 1 月 1 日保存为系列数 0，（而将 1904 年 1 月 2 日保存为系列数 1）。例如，在 1900 日期系统中 Excel 将 1998 年 1 月 1 日保存为系列数 35796，因为该日期距离 1900 年 1 月 1 日为 35,795 天。

MONTH 函数

说明：

返回以序列号表示的日期中的月份。月份是介于 1（一月）到 12（十二月）之间的整数。

语法：

MONTH(serial_number)

参数：

serial_number 表示一个日期值，其中包含要查找的月份。应使用 DATE 函数来输入日期，或者将日期作为其他公式或函数的结果输入。例如，使用 DATE

（2008,5,23）输入 2008 年 5 月 23 日。如果日期以文本的形式输入，则会出现问题。

注解：

Excel 可将日期存储为可用于计算的序列号。默认情况下，1900 年 1 月 1 日的序列号是 1，而 2008 年 1 月 1 日的序列号是 39448，这是因为它距 1899 年 12 月 31 日有 39,448 天。

无论提供的日期值的显示格式如何，YEAR、MONTH 和 DAY 函数返回的值都是公历值。例如，如果提供的日期的显示格式是回历，则 YEAR、MONTH 和 DAY 函数返回的值将是与对应的公历日期相关联的值。

DAY 函数

说明：

将系列数转换为月份中的日。

语法：

DAY(serial_number)

参数：

serial_number 为要查找的天数日期。日期有多种输入方式：带引号的文本串（例如"1998/01/30"）、系列数（例如，如果使用 1900 日期系统则 35825 表示 1998 年 1 月 30 日）或其他公式或函数的结果（例如 DATEVALUE("1998/1/30")）。

注解：

Excel 按系列数保存日期以便可以对其进行计算。如果工作簿使用 1900 日期系统，Excel 将 1900 年 1 月 1 日保存为系列数 1。而如果工作簿使用 1904 日期系统，则 Excel 将 1904 年 1 月 1 日保存为系列数 0（而将 1904 年 1 月 2 日保存为系列数 1）。例如，在 1900 日期系统中 Excel 将 1998 年 1 月 1 日保存为系列数 35796，因为该日期距离 1900 年 1 月 1 日为 35,795 天。

注释：

IF 函数

说明：

执行真假值判断，根据逻辑计算的真假值，返回不同结果。可以使用函数 IF 对数值和公式进行条件检测。

格式：

IF(logical_test,value_if_true,value_if_false)

参数：

logical_test 表示计算结果为 TRUE 或 FALSE 的任意值或表达式。例如，A10=100 就是一个逻辑表达式，如果单元格 A10 中的值等于 100，表达式即为 TRUE，否则为 FALSE。本参数可使用任何比较运算符（一个标记或符号，指定表达式内执行的计算的类型。有数学、比较、逻辑和引用运算符等）。

value_if_true logical_test 为 TRUE 时返回的值。例如，如果参数为文本字符串"预算内"而且 logical_test 参数值为 TRUE，则 IF 函数将显示文本"预算内"。如果 logical_test 为 TRUE 而 value_if_true 为空，则参数返回 0（零）。如果要显示 TRUE，则请为本参数使用逻辑值 TRUE。value_if_true 也可以是其他公式。

value_if_false logical_test 为 FALSE 时返回的值。例如，如果本参数为文本字符串"超出预算"而且 logical_test 参数值为 FALSE，则 IF 函数将显示文本"超出预算"。如果 logical_test 为 FALSE 且忽略了 value_if_false（即 value_if_true 后没有逗号），则会返回逻辑值 FALSE。如果 logical_test 为 FALSE 且 value_if_false 为空（即 value_if_true 后有逗号，并紧跟着右括号），则参数返回 0（零）。VALUE_if_false 也可以是其他公式。

说明：

函数 IF 可以嵌套七层，用 value_if_false 及 value_if_true 参数可以构造复杂的检测条件。请参阅下面最后一个示例。

在计算参数 value_if_true 和 value_if_false 后，函数 IF 返回相应语句执行后的返回值。

如果函数 IF 的参数包含数组（用于建立可生成多个结果或可对在行和列中排列的一组参数进行运算的单个公式。数组区域共用一个公式；数组常量是用作参数的一组常量），则在执行 IF 语句时，数组中的每一个元素都将计算。

如果判断标准有汉字内容，则在汉字前后加上英文状态下的双引号""G2，例如：IF(G2 = "成都",400,200)。

4. 凭证结束标志及审核标志设置。为了进一步完善，便于凭证数据的方便录入，加入以下必备的辅助栏目，针对表 4-5 作如下改进：加入"一级科目编码""凭证结束标志""审核"三个栏目，如图 4-18 所示。

凭证表2

	A	B	C	D	E	F	G	H	I	J	K	L
1							北京润洁有限公司会计凭证表					
2	制单日期	序号	凭证编号	摘要	行号	科目编码	一级科目编码	科目名称	借方金额	贷方金额		审核记账
3	2025年1月1日	1	202501011	提现备用	1	1001	1001	1001库存现金	400.00			√
4	2025年1月1日	1	202501011	提现备用	2	1002	1002	1002银行存款		400.00	end	√
5	2025年1月2日	2	202501022	偿还应付账款	1	220201	2202	220201应付账款—D公司	17,000.00			√
6	2025年1月2日	2	202501022	偿还应付账款	2	1002	1002	1002银行存款		17,000.00	end	√
7	2025年1月3日	3	202501033	领用材料	1	5001	5001	5001生产成本	16,000.00			√
8	2025年1月3日	3	202501033	领用材料	2	140301	1403	140301原材料—甲		16,000.00	end	√

图 4-18 调整后的会计凭证表

由于所有的经济业务都在会计凭证表里，这里在 M 列设置有效性验证，操作步骤如下：选择 M3 单元格→数据→点击"数据验证"，跳出图 4-19，选择序列→输入"end"→点击"确定"按钮，设置好数据验证，然后复制数据验证到 M 列的其他单元格，就设置好了数据验证。同理，在 N3 可以设置审核的数据验证，如图 4-20 所示，然后复制数据验证到 N 列的其他单元格。

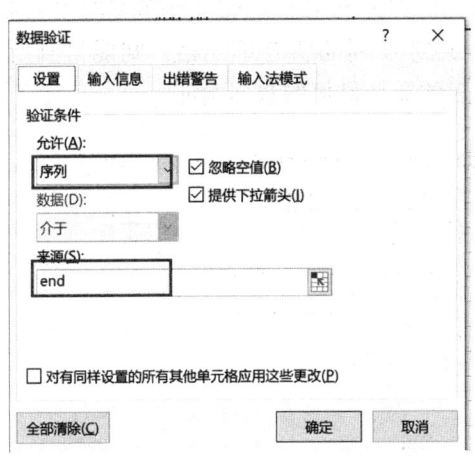
图 4-19 凭证结束标志数据验证设置

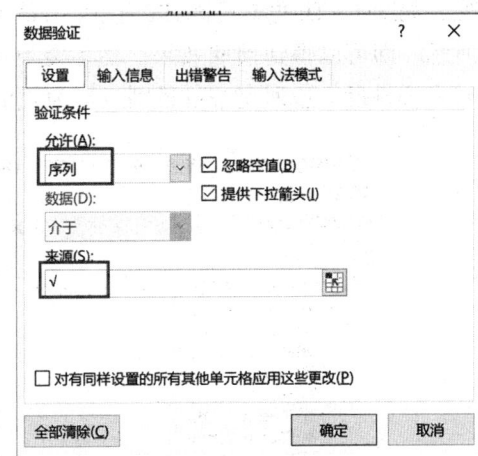
图 4-20 审核标志数据验证设置

5. 设置显示会计科目。在会计信息系统中，科目编码尤为重要。科目编码与科目名称完全对应，且编码不能重复，必须是唯一的。要注意会计科目名称与科目编码的对应关系。具体编码规则此处不过多涉及。通过设置公式，填制记账凭证时，可以通过设置有效性验证，在科目名称里选择科目名称。科目编码就会自动显示，这里先增加会计科目设置，为了方便凭证数据的录入，在会计科目表里增加三个栏目"完整科目""科目编码""是否末级科目"，增加结果如图 4-21 所示。

凭证表3

	A	B	C	D	E	F	G	H	I	J
1					北京润洁有限公司科目表					
2	科目编码	一级科目名称	二级科目名称	三级科目名称		完整科目	科目编码	是否末级科目	增加方向
3		资产类							
4	1001	库存现金				1001库存现金	1001	Y	借
5	1002	银行存款				1002银行存款	1002	Y	借
6	1101	交易性金融资产				1101交易性金融资产	1101	Y	借
7	1121	应收票据				1121应收票据	1121		借
8	112101	应收票据	A厂			112101应收票据—A厂	112101	Y	借
9	1122	应收账款				1122应收账款	1122		借
10	112201	应收账款	B厂			112201应收账款—B厂	112201	Y	借
11	112202	应收账款	C公司			112202应收账款—C公司	112202	Y	借

图 4-21 添加新栏目的会计科目表

（1）设置完整科目。为了让科目编码及科目名称统一，编制一个公共函数 getwzkm，步骤如下：进入 VBA 界面→"插入"→"过程"，如图 4-22 所示，输入名称"getwzkm"，选择函数按钮及"公共的"范围，点击确定，输入函数如图 4-23 所示。

函数体需要录入四个参数：第一个参数是科目编码；第二个是一级科目名称；第三个是二级科目名称；第四个是三级科目名称。具体代码完成功能为：如果科目编码为一级科目，则科目编码与科目名称进行连接；如果科目编码为二级科目编码，则连接方式为科目编码与一级科目名称进行连接，还要连接二级科目名称，一级科目名称在连接二级科目名称时，中间加一个"——"符号，如果是三级科目编码则还需在二级科目名称与三级科目名称中间加一个"——"符号，如图 4-21 的单元格 H8 所示。在图 4-21 选择单元 H4，输入函数如图 4-24 所示，即可以得到预期效果。然后复制公式到 H 列的所有单元格，则能得到所有完整科目。这列完整科目则可作为凭证表的会计科目的数据验证。

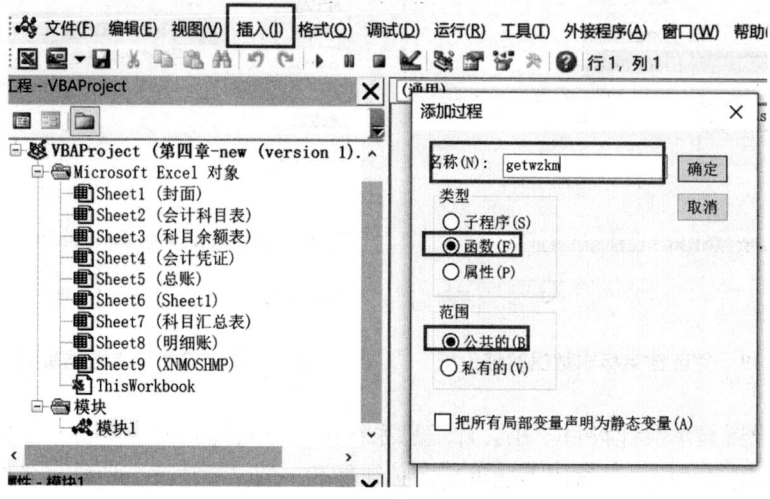

图 4-22 编制 getwzkm 函数

```
Public Function getwzkm(code As Range, yj As Range, ej As Range, sj As Range)
Dim length As Integer
length = Len(code)
    If length = 4 Then
        getwzkm = code.Text & yj.Text
    ElseIf length = 6 Then
        getwzkm = code.Text & yj.Text & "—" & ej.Text
    Else
        getwzkm = code.Text & yj.Text & "—" & ej.Text & "—" & sj.Text
    End If
End Function
```

图 4-23 getwzkm 函数的函数代码

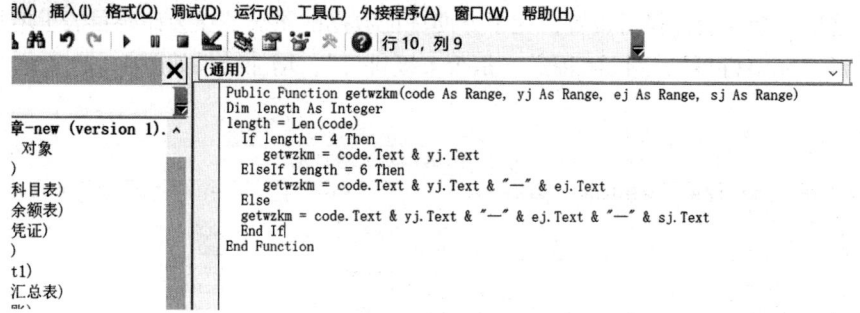

图 4-24 输入自编函数

(2) 设置科目编码。由于 Excel 的 VLOOKUP 函数只能向右寻找，所以设置一个科目作为返回会计科目备用。选择 I4 单元格录入公式 = A4，然后复制公式到 I 列的所有单元格。

(3) 设置末级科目。在会计凭证表里录入凭证科目时，只能录入末级科目，因此在录入会计科目要进行验证，否则科目余额的统计会出错。选择 J4 单元格录入公式 = IF(ISERROR(FIND(A4,A5,1)),"是",)，然后复制公式到 J 列的所有单元格。即：在当前科目编码下一行如果不是下一行科目的子字符，则是末级科目。

凭证表 4

(4) 录入凭证会计科目。凭证的经济业务需要正确的会计科目进行体现，因此凭证的会计科目的正确性尤为重要，我们这里的操作的目的主要是便于录入，避免误操作。具体操作步骤如下：选择如图 4-18 所示的 H3 单元格→数据→点击"数据验证"，跳出图 4-25，选择序列→来源中选择" = 会计科目表!$H$4:$H$100"→点击"确定"按钮，设置好数据验证，然后复制数据验证到 H 列的其他单元格，就设置好了科目名称的数据验证。其运行结果如图 4-26 所示。

凭证表 5

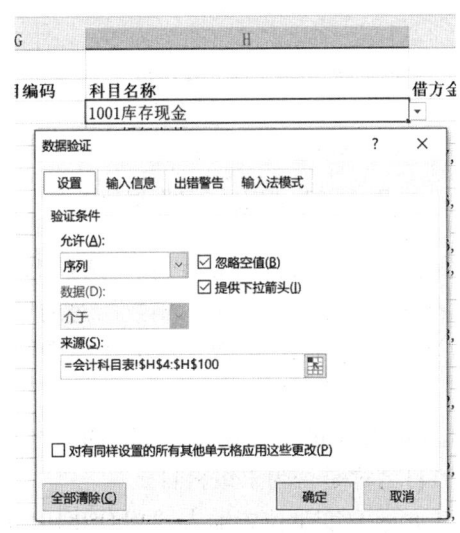

图 4-25 设置科目名称的数据验证

图 4-26 科目名称运行效果

6. 获取会计科目编码及一级会计编码。会计科目编码是会计科目的唯一标识，我们的各种报表数据都是通过会计科目编码进行统计的，因此相当重要，为了不用频繁地选择代码区域，我们这里运用了名称定义来锁定选择的科目编码的空间范围。

凭证表6

先定义科目名称。打开"会计科目表"选择"公式"→"定义名称"，如图4-27所示。在打开的"定义名称"对话框中"名称"一项内输入"会计科目"，单击"引用位置"旁的折叠按钮。单击工作簿左下角"会计科目表"表标签，切换至"会计科目表"。选择科目表中 $G$4：$J$79，至此，"定义名称"的"引用位置"已确定。点击"确定"按钮，完成设置。

图4-27 "定义名称"对话框

完成定义后，进行自动显示科目名称的设置。选择 F3 单元格，单击左上方的"fx"，执行"插入函数"命令。在"插入函数"对话框"函数分类"中选择"逻辑"类，在"函数名"中选择 IF 函数，单击"确定"按钮，进入函数参数对话框。

在 IF 函数 Logical_test 自变量位置输入"VLOOKUP(H3,会计科目,3,0)="Y""，判断条件为：科目名称是否为末级科目。

在 IF 函数 Value_if_true 自变量位置输入"VLOOKUP(H3,会计科目,2,0)"，即条件为真时，返回科目编码。

将光标移至 IF 函数参数 Value_if_false 自变量位置，输入"非末级科目"，如图4-28所示。

单击"确定"按钮，完成函数设置。完成后，该工作表的 F3 单元格内公式显示为"=IF(VLOOKUP(H3,会计科目,3,0)="Y",VLOOKUP(H3,会计科目,2,0),"非末级科目")"。

公式含义为在事先定义好的"会计科目"范围名称中第一列查找符合"H3"单元格内容的数据，查找到后，将对应行第三列单元格中的数据进行判断，如果是 Y，也就是末级科目，则返回"会计科目"的对应的第二列数据会计科目编码，显示在 F3 单元格，否则输出"非末级科目"。选取"F3"单元格，采用向下拖曳复制的方式，将公式向下复制到列中各单元格中。

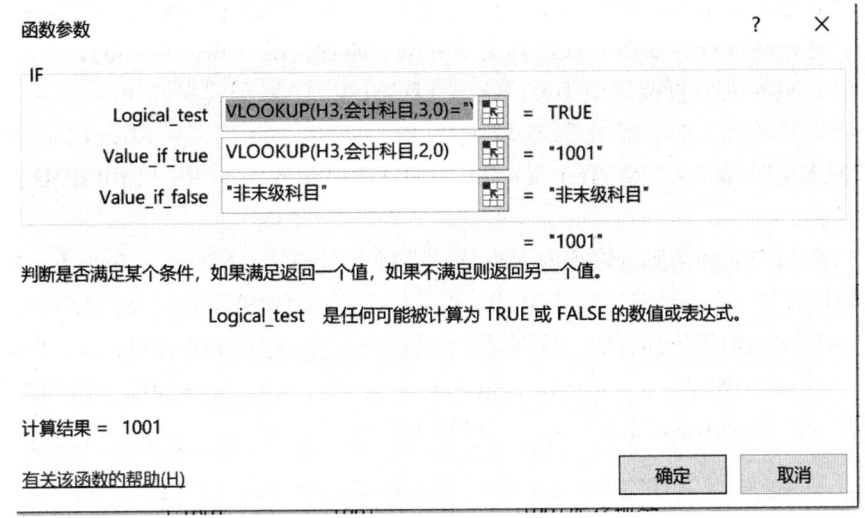

图 4-28　IF 函数参数

7. 大写金额的转换。在会计中经常会遇到把阿拉伯数字转换为人民币大写数字的情况，由于会计的特殊性，Excel 没有提供准确的转换方式，因此我们需要编制一个按会计特定需求的转换函数，合理地运用亿、千、百、十、万、……、分等大写数字显示。要解决两个问题：第一：如何把数字金额单元格里的数据转换成单元格中的数据，并且相互对应；第二，当数字金额单元格填入数据后如何转换成相应的大写汉字。这两个问题的解决方法需要运用多个复杂函数，采用分支结构的逻辑思路解决。

下面给出这两个问题的解决方法：

可以在总计对应的借贷金额所在的单元格里输入公式：

=IF((E81-INT(E81))=0,TEXT(E81,"[DBNUM2]")&"元整",IF(INT(E81*10)-E81*10=0,TEXT(INT(E81),"[DBNUM2]")&"元"&TEXT((INT(E81*10)-INT(E81)*10),"[DBNUM2]")&"角整",TEXT(INT(E81),"[DBNUM2]")&"元"&IF(INT(E81*10)-INT(E81)*10=0,"零",TEXT(INT(E81*10)-INT(E81)*10,"[DBNUM2]")&"角")&TEXT(RIGHT(E81,1),"[DBNUM2]")&"分"))。

输入效果如图 4-29 所示，其中 "E81" 是借方金额合计单元格代号。

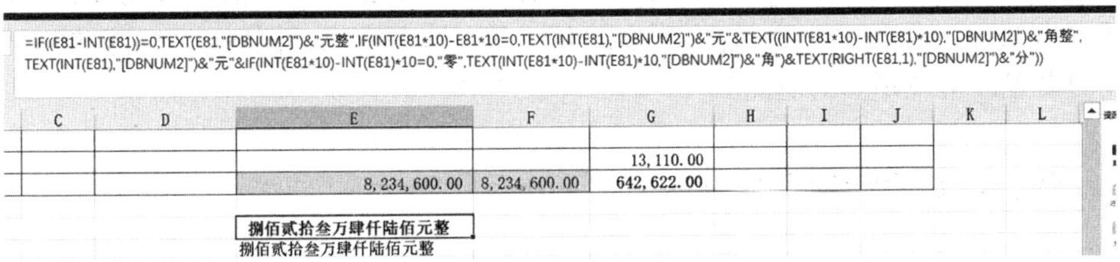

图 4-29　逻辑判断输入效果

N2C

但上述方法不容易理解，不好梳理逻辑。我们可以用 VBA 的函数编制一个公式，更方便可行。具体公式的含义分为以下四种情况（见图 4-30）。

（1）只有元，直接运用 Text(RA, "[DBNUM2]") 公式提取元。

（2）只有元和角则分别提取元和角，进行文字连接：. Text(Int(RA), "[DBNUM2]") & "元" & . Text(Int(RA * 10) – Int(RA) * 10, "[DBNUM2]") & "角整"。

（3）只有元和角则分别提取元和分，进行文字连接：N2C = . Text(Int(RA), "[DBNUM2]") & "元零" & . Text(Right(RA, 1), "[DBNUM2]") & "分"。

（4）元和角和分都有的，分别提取元角分，进行文字连接：N2C = . Text(Int(RA), "[DBNUM2]") & "元" & . Text(Int(RA * 10) – Int(A) * 10, "[DBNUM2]") & "角" & . Text(Right(RA, 1), "[DBNUM2]") & "分"。

```
Public Function N2C(NUM As Range)
Dim RA As Double
With Application.WorksheetFunction
    RA = .Round(NUM, 2)
    If Int(RA) = RA Then          '只有元
        N2C = .Text(RA, "[DBNUM2]") & "元整"
    ElseIf Int(RA * 10) = RA * 10 Then     '有元和角
        N2C = .Text(Int(RA), "[DBNUM2]") & "元" & .Text(Int(RA * 10) - Int(RA) * 10, "[DBNUM2]") & "角整"
    ElseIf Int(RA * 10) = Int(RA) * 10 Then    '只有元和分,没有角
        N2C = .Text(Int(RA), "[DBNUM2]") & "元零" & .Text(Right(RA, 1), "[DBNUM2]") & "分"
    Else
        N2C = .Text(Int(RA), "[DBNUM2]") & "元" & .Text(Int(RA * 10) - Int(A) * 10, "[DBNUM2]") & "角" & .Text(Right(RA, 1), "[DBNUM2]") & "分"
    End If
End With
End Function
```

图 4-30　人民币大写转换公式

如图 4-31 所示，运用自编函数转换为人民币大写数字非常便捷并容易理解。

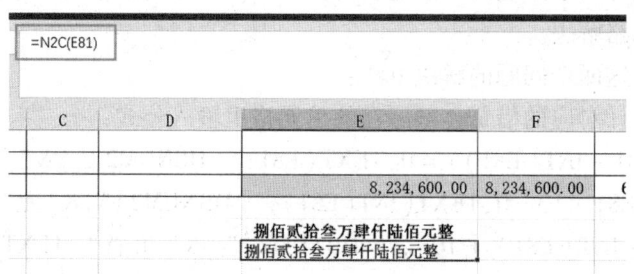

图 4-31　自编函数的输入效果

8. 单元格的锁定与保护。由于会计中的一些凭证都是原始单据，不能随意改变，所以在使用之后，要注意锁定表格，使其不能被其他人肆意修改。方法是选择 "审阅" → "保护工作表"，在弹出的对话框中填写密码，同时勾画对话框中相应的设置以实现相应的功能。

四、填制会计凭证表

填制会计凭证表，要注意掌握各类经济业务会计分录的编制。要将企业当期发生的各类经济业务按 "有借必有贷，借贷必相等" 的记账规则编制会计分录

(具体编制方法与手工会计相同)。

北京润洁有限公司经济业务如下:

(1) 1月1日,提取现金400元备用。

借:库存现金　　　　　　　　　　　　　　　400
　　贷:银行存款　　　　　　　　　　　　　　　400

(2) 1月2日,用银行存款偿还D公司的应付账款17,000元。

借:应付账款——D公司　　　　　　　　　　17,000
　　贷:银行存款　　　　　　　　　　　　　　　17,000

第一笔
经济业务

(3) 1月3日,领用甲原材料,用于生产。

借:生产成本　　　　　　　　　　　　　　　16,000
　　贷:原材料——甲　　　　　　　　　　　　　16,000

(4) 1月4日,用银行存款购买16,000元甲材料,进项税为2,080元。

借:原材料——甲　　　　　　　　　　　　　16,000
　　应交税费——应交增值税——进项税额　　　2,080
　　贷:银行存款　　　　　　　　　　　　　　　18,080

后续经济业务

(5) 1月5日,用银行存款缴纳上期城建税623.64元,未交增值税8,909.09元,教育费附加267.27元。

借:应交税费——应交城建税　　　　　　　　623.64
　　　　　　——未交增值税　　　　　　　　　8,909.09
　　　　　　——应交教育费附加　　　　　　　267.27
　　贷:银行存款　　　　　　　　　　　　　　　9,800

(6) 1月6日,销售了B产品给客户,收到货款135,600元,销项税额为15,600元。

借:银行存款　　　　　　　　　　　　　　　135,600
　　贷:主营业务收入——B产品　　　　　　　　120,000
　　　　应交税费——应交增值税——销项税额　15,600

(7) 1月7日,领用2,000元乙原材材料用于生产。

借:制造费用　　　　　　　　　　　　　　　2,000
　　贷:原材料——乙　　　　　　　　　　　　　2,000

(8) 1月8日,从银行取46,900元作为备用金。

借:库存现金　　　　　　　　　　　　　　　46,900
　　贷:银行存款　　　　　　　　　　　　　　　46,900

(9) 1月9日,用库存现金发放46,900元工资。

借:应付职工薪酬——应付工资　　　　　　　46,900
　　贷:库存现金　　　　　　　　　　　　　　　46,900

(10) 1月10日,用库存现金支付办公室办公用品960元。

借:管理费用　　　　　　　　　　　　　　　960
　　贷:库存现金　　　　　　　　　　　　　　　960

(11) 1月11日，向D公司购买6,000元乙原材料，进项税额为780元，款未付。

  借：原材料——乙   6,000
    应交税费——应交增值税——进项税额   780
    贷：应付账款——D公司   6,780

(12) 1月12日，领用30,000元乙原材料，用于生产。

  借：制造费用   30,000
    贷：原材料——乙   30,000

(13) 1月13日，用银行存款支付车间600元水费。

  借：制造费用   600
    贷：银行存款   600

(14) 1月14日，销售146,900元A产品给C公司，销项税16,900元，款未收到。

  借：应收账款——C公司   146,900
    贷：主营业务收入——A产品   130,000
      应交税费——应交增值税——销项税额   16,900

(15) 1月15日，用银行存款支付2,000元广告费。

  借：销售费用   2,000
    贷：银行存款   2,000

(16) 1月16日，用银行存款支付电费，办公室800元，生产车间1,900元。

  借：管理费用   800
    制造费用   1,900
    贷：银行存款   2,700

(17) 1月17日，向E公司销售甲原材料，冲抵年初预收账款8,000元，销售收入19,000元，销项税额为2,470元，银行收到13,470元汇款。

  借：预收账款——E公司   8,000
    银行存款   13,470
    贷：其他业务收入   19,000
      应交税费——应交增值税——销项税额   2,470

  根据上述经济业务，在如上所设置的"会计凭证表"中输入会计分录时，输入"制单日期""序号"后，根据设置，系统自动生成凭证编号；选择"科目名称"后，根据设置，系统自动显示各级会计科目名称；摘要及金额则需手工输入。完成后的会计凭证表如图4-32和图4-33所示。如果有更多的经济业务，可在Excel上进行会计凭证输入。后期薪资管理、固定资产管理及期末处理可以继续录入或计算出相应凭证。

图 4-32　完成后的会计凭证表 1

图 4-33　完成后的会计凭证表 2

五、会计凭证审核

凭证审核是为了防止填制过程中的错误和舞弊行为,而对凭证的正确性和合法性进行检查核对。审核时,主要审核已填制完成的记账凭证是否与原始凭证相符、会计科目使用是否正确、业务发生金额是否准确等。

1. 平衡检验。在 Excel 会计凭证表中,与财务软件不同的是,系统中没有已设置好的平衡检验公式,需由使用者自行设置。会计凭证的输入要根据有借必有贷、借贷必相等的原则,在会计凭证的下方有借方合计和贷方合计两项。根据借贷必相等的原则,借方合计金额应当与贷方合计金额相等。平衡公式是:全部账户本期借方发生额合计 = 全部账户本期贷方发生额合计。

会计凭证试算平衡的具体操作步骤如下。

假设用 SUM 函数将本期借方发生额之和显示在 J46 单元格。用填充柄填充 K46 单元格,本期贷方发生额之和显示在 K46 单元格。如图 4-34 所示,对比 J46 和 K46 的数据,如果一致,则借贷平衡。

试算平衡和审核凭证

	借方金额	贷方金额	结束标志
乙		30,000.00	enc
	600.00		
		600.00	enc
—C公司	146,900.00		
收入—A产品		130,000.00	
费—应交增值税—销项税额		16,900.00	enc
	2,000.00		
		2,000.00	enc
	800.00		
	1,900.00		
		2,700.00	enc
—E公司	8,000.00		
	13,470.00		
入		19,000.00	
费—应交增值税—销项税额		2,470.00	enc
	504,090.00	504,090.00	

图 4-34 借贷发生额合计对照

2. 会计凭证审核。在日常账务系统中，编制并输入记账凭证几乎是唯一由人工进行的操作，所有账簿的数据都是由计算机自动计算汇总记账凭证产生的，用户无法在记账过程中再次确认和计量，所以对记账凭证的审核就更加重要了，只有做好记账凭证的审核工作，才能为以后获得正确的账簿数据、报表数据打好基础。

通过试算平衡表来检查账簿记录是否正确，一般情况下是可行的，但这并不意味着绝对正确。从某种意义上讲，如果借贷不平衡，就可以肯定账户的记录或者是计算有错误，但是如果借贷平衡，也不能肯定账户记录没有错误，因为有些错误根本不影响借贷双方的平衡关系。例如，凭证的科目代码输入错误导致会计科目发生错误；凭证的借贷方金额同时发生错误，且错误金额相同；等等。这些错误都是计算机系统很难检测的。这就要求审核人员检验原始凭证的内容是否与记账凭证的内容完全一致。所以，需要重视会计凭证审核。

凭证审核是会计工作中非常重要的工作环节。按照会计制度的规定，输入的凭证必须经过审核并确认无误签章后方可在计算机中生效，设置凭证审核功能的目的在于防止凭证输入人员有意或无意的错误，因此，只有认真审核凭证，才能保证会计信息的质量。

会计核算软件中的审核方法包括逐张凭证审核与逐批凭证审核两种。电算化凭证审核一般是指逐张凭证审核，具体进行凭证审核时，需要指定待审核的凭证的类型、时间、录入人员、借贷科目及金额等凭证要素，系统随后将要求审核的记账凭证逐张显示，审核人员经过认真审核确认无误后，进行签名操作；系统则在记账凭证的审核栏中填入审核人员的姓名，表示该张记账凭证已审核通过，再继续显示下一张待审核的记账凭证，重复上述操作直至所有凭证审核完毕。

在实际工作中,常用的凭证审核方式有:

(1)直接根据原始凭证输入记账凭证,然后在机器上进行审核。

(2)手工填制凭证并审核通过,然后输入到计算机中。

(3)先将所有已输入、未审核的记账凭证全部打印出来并提供给凭证审核人员,凭证审核人员审核每一张凭证,经过审核并确认无误后,在打印出来的记账凭证上签章,打印输出的记账凭证经过审核全部签章通过。

只有第三种情况可以采用逐批凭证审核方法。

按制度规定,审核人与制单人不能是同一人。凭证只有通过审核后,才能记账。这里审核和记账可以为同一操作。与手工会计相同,在 Excel "会计凭证表"中已录入的会计凭证需要经过他人审核。审核时,可直接根据原始凭证,对屏幕上显示的记账凭证进行审核,对正确的记账凭证,在凭证表的"审核"栏填入审核人姓名或代码,如图 4-35 所示。

科目名称	借方金额	贷方金额	结束标志	审核记账
公司会计凭证表				
1001库存现金	400.00			√
1002银行存款		400.00	end	√
220201应付账款—D公司	17,000.00			√
1002银行存款		17,000.00	end	√
5001生产成本	16,000.00			√
140301原材料—甲		16,000.00	end	√
140301原材料—甲	16,000.00			√
22210101应交税费—应交增值税—进项税额	2,080.00			√
1002银行存款		18,080.00	end	√
222102应交税费—应交城建税	623.64			√
222103应交税费—未交增值税	8,909.09			√
222104应交税费—应交教育费附加	267.27			√
1002银行存款		9,800.00	end	√
1002银行存款	135,600.00			√
600102主营业务收入—B产品		120,000.00		√
22210102应交税费—应交增值税—销项税额		15,600.00	end	√
5101制造费用	2,000.00			√
140302原材料—乙		2,000.00	end	√
1001库存现金	46,900.00			√
1002银行存款		46,900.00	end	√
221101应付职工薪酬—应付工资	46,900.00			√
1001库存现金		46,900.00	end	√
6602管理费用	960.00			√

图 4-35 凭证审核

按规定,凭证通过审核后,若因特殊原因需取消审核,只能由审核人本人进行,或凭证已经过账,应取消过账后,才能取消审核。

六、会计凭证打印

会计记账凭证表格在过去多年经历了一些变化,目前整体上已经趋于稳定,

凭证打印1

但仍有一些需要关注的细节和动态。通过记账凭证表，可录入相关会计信息，但和传统的凭证样式有太多差异。这里如图 4-36 所示，根据现实中记账凭证进行了绘制，也可以根据新的变化进行调整。

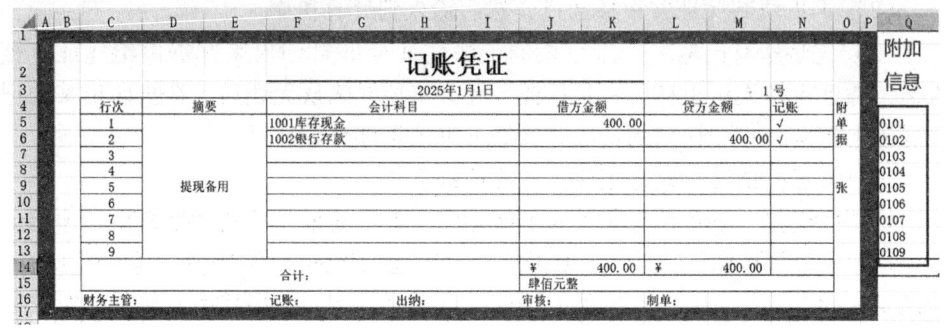

图 4-36 记账凭证

根据记账凭证的数据需求，特别在 Q 列加入了附加信息，便于数据的获取。因此也需要在会计凭证表里加入数据锁定信息，这里通过记账凭证的凭证序号和具体凭证的行号提取信息，作为会计凭证表的唯一键和记账凭证表的数据进行一一对应。具体操作如下。

（1）在会计凭证表里最前端插入一列，并提取会计凭证表的凭证序号和行号进行连接，以 A3 单元格为例，具体连接公式如下：

= CONCATENATE(IF(LEN(C3) = 1,"0"&C3,C3) , IF(LEN(F3) = 1,"0"&F3,F3))

公式含义为：对 C3 和 F3 进行连接，如果序号 C3 的长度为 1，则添 0 补位成两位数字。如果行号 F3 的长度为 1，则添 0 补位成两位数字。

最后进行连接。A3 结果如图 4-37 所示。这样就可以通过唯一键进行锁定记账凭证表所以信息。

凭证打印 2

图 4-37 添加序行号的会计凭证表

（2）如图 4-36 所示，在 M3 录入记账凭证的序号，再通过序号和 C 列的行次进行连接，得到 Q 列的信息，以 Q5 为例，公式为：

= CONCATENATE(IF(LEN($M$3) = 1,"0"&$M$3,$M$3) , IF(LEN(C5) = 1,"0"&C5,C5))

公式内容和会计凭证表的序行号公式相似,唯一不同的是凭证序号 M3 采用了绝对引用,便于后期公式复制,然后用填充柄填充下面要输入的单元格。

(3) 会计凭证表的数据是按业务的多少进行变化的,为了避免后期的麻烦,我们这里按图 4-37 所示的方式对会计凭证表的所有数据进行命名,命名为"凭证表"。

凭证打印 3

(4) 获取日期,在 F3 单元格录入 = VLOOKUP(Q5,凭证表,2,0) 以及获取此张记账凭证的制单日期;同理,在 D5 单元格获取摘要,公式为 = VLOOKUP(Q5,凭证表,5,0),提取摘要信息。

(5) 获取科目名称,在 F5 录入 = IF(ISNA(VLOOKUP(Q5,凭证表,9,0)),,VLOOKUP(Q5,凭证表,9,0)),获取科目名称信息,公式含义为:如果在"凭证表"里能找到 Q5 单元格的数据,那么返回第 9 列数据,即会计科目数据。同理,我们也获取借贷方金额数据,J5 公式为 = IF(ISNA(VLOOKUP(Q5,凭证表,10,0)),,VLOOKUP(Q5,凭证表,10,0)),即获取第 10 列数据,借方发生额。L5 公式为 = IF(ISNA(VLOOKUP(Q5,凭证表,11,0)),,VLOOKUP(Q5,凭证表,11,0)),即获取第 11 列数据,贷方发生额。然后对 F5、J5 和 L5 用填充柄填充下面要输入的单元格,就可以获取后面的数据。

凭证打印 4

(6) 在 J14 录入公式,汇总全部借方发生额,公式为 = SUM(J5:K13);在 L14 录入公式,汇总全部贷方发生额,公式为 = SUM(L5:M13)。

(7) 在 J15 录入公式,转换为大写中国数字, = N2C(J14);这里调用了前面用 VBA 编制的函数。

(8) 在最后一行可以填上财务主管、记账人、出纳及审核人的基本信息,附单据数按实际情况填写。然后进行打印即可。如果一张记账凭证分录超过 9 个分录,可以打印前面 9 个分录,然后再把 1~9 的行号改为 10~18 行号,即可以打印另外的分录。

(9) 如果要打印其他记账凭证,只要录入记账凭证序号即可。例如,要打印第 17 张凭证,在 M3 录入 17,结果如图 4-38 所示。打印是隐藏 Q 列即可。

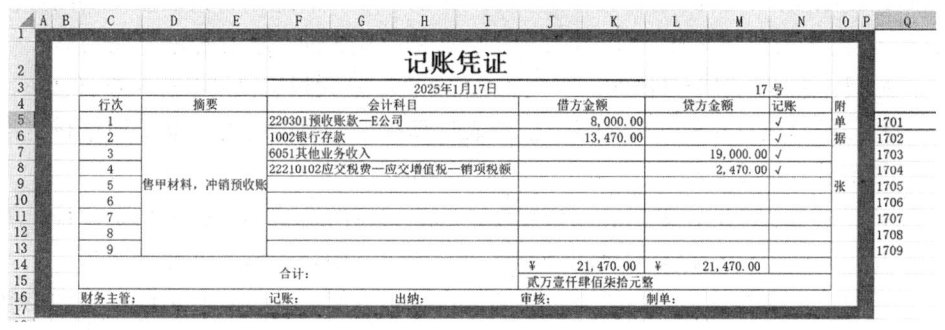

图 4-38 第 17 张记账凭证

第三节 编制科目汇总表

一、科目汇总表概述

科目汇总表也称"记账凭证汇总表",是定期对全部记账凭证进行汇总,按各个会计科目列示其借方发生额和贷方发生额的一种汇总凭证。依据借贷记账法的基本原理,科目汇总表中各个会计科目的借方发生额合计与贷方发生额合计应该相等,因此,科目汇总表具有试算平衡的作用。科目汇总表是科目汇总表核算形式下总分类账登记的依据。

科目汇总表账务处理程序也称"记账凭证汇总表账务处理程序",是根据记账凭证定期汇总编制科目汇总表,并据以登记总分类账的一种账务处理程序。科目汇总表的编制是科目汇总表核算程序的一项重要工作,它是根据一定时期内的全部记账凭证,按科目作为归类标志进行编制的。

其编制过程和方法如下。

首先,将汇总期内各项经济业务所涉及的会计科目填制在"会计科目"栏。为了便于登记总分类账,会计科目的排列顺序应与总分类账上的会计科目的顺序一致。

其次,根据汇总期内的全部记账凭证,按会计科目分别加总借方发生额和贷方发生额,并将其填列在相应会计科目行的"借方金额"和"贷方金额"栏。

最后,将汇总完毕的所有会计科目的借方发生额和贷方发生额汇总,进行发生额的试算平衡。

科目汇总表编制的时间,应根据经济业务量的多少而定,可选择3天、5天、10天、15天或1个月。

汇总记账凭证是指根据许多同类的记账凭证按账户名称定期加以汇总而重新编制的记账凭证,目的是简化登记总分类账的手续。汇总记账凭证按反映的经济业务内容分类,又可分为汇总收款凭证、汇总付款凭证和汇总转账凭证三类。

科目汇总表把每个月做的记账凭证全部汇总,然后根据科目汇总表登记总账。

科目汇总表核算形式就是科目汇总表核算程序。简单地说,就是根据科目汇总表登记总分类账。

科目汇总表不能代替汇总记账凭证,因为两者的性质不同:一个是凭证;另一个是表。汇总记账凭证的目的是简化总账记录,如果不编制也是可以的。

科目汇总表核算形式的优点主要体现在两个方面:其一,由于依据定期编制的科目汇总表登记总分类账,而依据每张记账凭证逐笔登记总分类账,可以大大地减少登记总分类账的工作量;其二,由于科目汇总表分别借贷合计一定期间各会计科目的借方发生额和贷方发生额,于是起到对一定时期经济业务会计处理发生额的试算平衡作用，以保证账簿记录的正确性。然而，科目汇总表核算形式的不足之处却在于：在科目汇总表以及总分类账中，不能反映科目及账户之间的对应关系，不便于对经济活动进行检查和分析，不便于查对账目。

二、编制会计科目汇总表

1. 利用数据透视表编制科目汇总表。

（1）打开会计凭证表，需添加一列，"一级科目名称"（此列的数据可以通过 Vlookup 在科目表里进行获取）选择"插入"→"数据透视表"命令。

（2）数据区域中会自动选择"会计凭证!\$A\$2:\$N\$45"，在"选择放置数据透视表显示位置"项选择"新建工作表"。

（3）单击"确定"按钮，进入数据透视表布局对话框，在对话框中，将"一级科目编码""一级科目名称"拖动到"行"区域。在"对话框"中，将"借方金额""贷方金额"拖动到"值"区域。

"数据透视表"布局如图 4-39 所示。

增加一级
科目名称

科目汇总表 1

图 4-39　"数据透视表"布局

(4) 选择"数据透视表工具"→"设计"→报告布局→以表格形式显示,选择"以表格形式显示"进行报表布局,如图 4-40 所示。

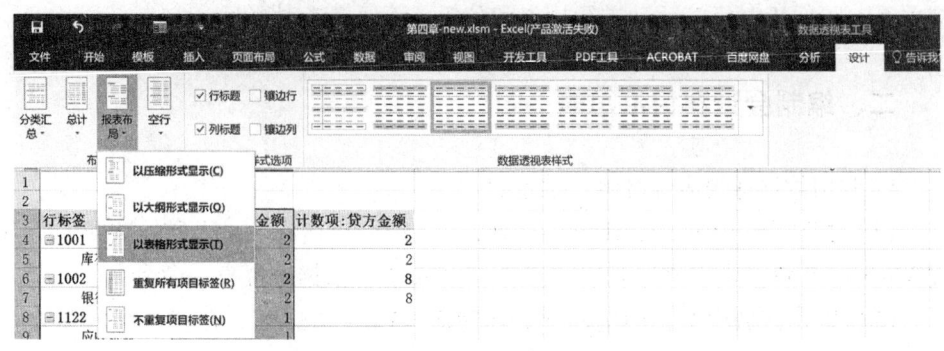

图 4-40 选择布局

(5) 右击新建表的 A3 单元格,跳出菜单→取消"分类汇总一级科目编码",如图 4-41 所示,一级科目名称做同样操作。右击 C3 单元格,选择"值字段设置"跳出图 4-42,修改自定义名称为"借方发生额",在对话框"值汇总方式"栏选择"求和",单击"数字格式"按钮,弹出"设置单元格格式"对话框;在对话框"分类"中选择"会计专用","小数位数"选择"2",在"货币符号"栏选择"无"。单击"确定"按钮,返回到"数据透视表字段"对话框。贷方金额做同样设置,操作完成后,增加表头,科目汇总表如图 4-43 所示。

科目汇总表2

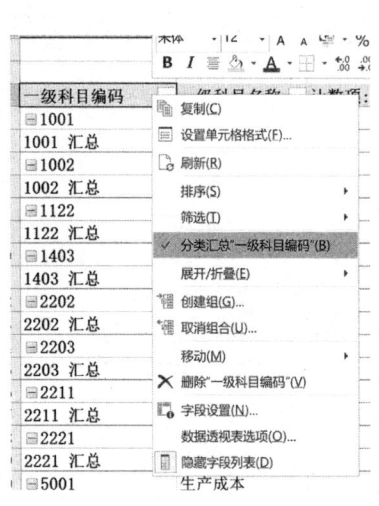

图 4-41 取消分类汇总

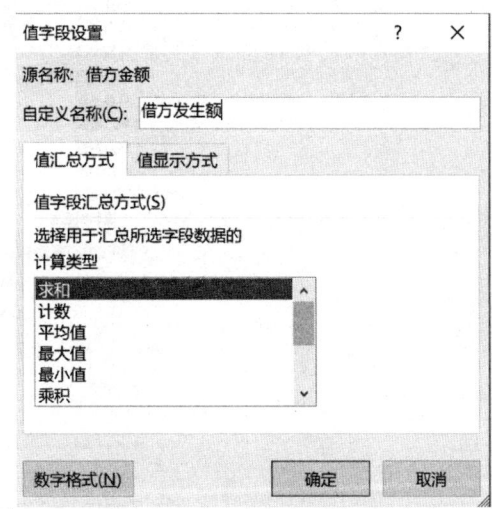

图 4-42 值字段设置

	A	B	C	D
1		科目汇总表		
2	单位：北京润洁有限公司			2025年1月
3	一级科目编码	一级科目名称	借方发生额	贷方发生额
4	1001	库存现金	47,300.00	47,860.00
5	1002	银行存款	149,070.00	97,480.00
6	1122	应收账款	146,900.00	
7	1403	原材料	22,000.00	48,000.00
8	2202	应付账款	17,000.00	6,780.00
9	2203	预收账款	8,000.00	
10	2211	应付职工薪酬	46,900.00	
11	2221	应交税费	12,660.00	34,970.00
12	5001	生产成本	16,000.00	
13	5101	制造费用	34,500.00	
14	6001	主营业务收入		250,000.00
15	6051	其他业务收入		19,000.00
16	6601	销售费用	2,000.00	
17	6602	管理费用	1,760.00	
18	总计		504,090.00	504,090.00

图 4-43　科目汇总表

2. 试算平衡公式。在得出的会计科目汇总表中单元格 E18 输入逻辑函数 IF，用于判断汇总表是否平衡。公式为 "=IF(C18-D18=0,"借贷发生额平衡","借贷发生额不平衡")"。公式效果如图 4-44 所示。

科目汇总表3

	A	B	C	D	E
1		科目汇总表			
2	单位：北京润洁有限公司			2025年1月	
3	一级科目编码	一级科目名称	借方发生额	贷方发生额	
4	1001	库存现金	47,300.00	47,860.00	
5	1002	银行存款	149,070.00	97,480.00	
6	1122	应收账款	146,900.00		
7	1403	原材料	22,000.00	48,000.00	
8	2202	应付账款	17,000.00	6,780.00	
9	2203	预收账款	8,000.00		
10	2211	应付职工薪酬	46,900.00		
11	2221	应交税费	12,660.00	34,970.00	
12	5001	生产成本	16,000.00		
13	5101	制造费用	34,500.00		
14	6001	主营业务收入		250,000.00	
15	6051	其他业务收入		19,000.00	
16	6601	销售费用	2,000.00		
17	6602	管理费用	1,760.00		
18	总计		504,090.00	504,090.00	借贷发生额平衡

图 4-44　试算平衡

公式说明：借方合计等于贷方合计，单元格 E18 显示"借贷发生额平衡"，否则单元格 E18 显示"借贷发生额平衡"。如果凭证的数据区域和数据有所变化，则可以更改数据源，然后刷新，科目汇总表则会重新更新，再拷贝 E18 的公式到总结行的 E 列，就可以进行检查试算平衡。

3. 科目汇总表的审核。科目汇总表的信息，一部分是参照《企业会计制度》（会计科目和会计报表）输入生成的。对于这些信息，需要会计工作者耐心输入、仔细检查，才不会出现差错。另一部分信息是通过公式生成的，因此只要公式正确，信息必定正确。为此，一方面要反复推敲确保计算公式从原理上不会出现差错；另一方面要选择典型数据来测试公式是否正确。

4. 科目汇总表信息的保护。由于科目汇总表的信息直接关系到会计报表的正确性，因此除了采取上述措施确保录入文字和公式正确外，还要采取措施防止有些人故意修改数据。为此，必须对正确产生的科目汇总表中的信息设置保护，具体来说就是通过"审阅"→"保护工作表"来设置工作表保护。

第四节 编制科目余额表

科目余额表就是各个科目的余额，一般包括上期余额、本期发生额、期末余额。通俗点说就是根据汇总的凭证而形成的每个科目的余额，而这些科目分属于资产、负债和所有者权益，所形成的等式就是"资产＋负债＝所有者权益"。做科目余额表的目的主要是方便做财务报表，也可以用于查询公司的会计科目的发生额、余额等会计信息。

凭证记账后根据账簿余额编制科目余额表，根据科目余额表可生成资产负债表。科目余额表是为了做报表用的，所有本月凭证全部结转处理结束后才可以编制。这里先对日常业务对进行编制，后期只要改变计算区域就可以把期末结转数据计算到科目余额表里。科目余额表是按照总账余额生成的，科目余额汇总表也称"总账余额汇总表"，它是按照总账科目余额编制的。遵循下列公式：

资产类科目：期末借方余额＝期初借方余额＋本期借方发生额－本期贷方发生额；负债及所有者权益类科目：期末贷方余额＝期初贷方余额＋本期贷方发生额－本期借方发生额。

编制科目余额表，期初余额直接在总账上获取。本期发生额是根据本月凭证进行汇总得出。所有已制单的单据（凭证）的余额，原理为期初余额＋（或－）本期发生额（包括借方发生额和贷方发生额）＝期末余额。详细地说，就是资产类期末余额＝期初余额借方余额＋本期借方发生额－本期贷方发生额＝正数，余额在借方，负数则余额在贷方。负债类期末余额＝期初余额贷方余额＋本期贷方发生额－本期借方发生额＝正数，余额在贷方，负数则余额在借方。

在 Excel 中，科目余额表通过一个凭证表获取数据当前发生额，科目汇总表的来源也是当期发生额，来源一样。科目的期初余额直接在科目余额表录入期初数据，如果是第二期需要期初数据可以直接从前一期的期末数据进行获取。有了这两部分，就可以根据科目的性质（借方余额还是贷方余额）编写公式，即：期末＝期初＋本期增加－本期减少。在一个单元格中输入这个公式，用拖动复制的方法填充到其他格中即可。最后加上边框、改变字体字号来美化一下，科目余额表就完成了。

一、引用本期发生额

在本章第一节的账表管理设置中，已经建立了科目余额表，并且已经输入了期初余额，继续制作科目余额表，则需要引用本期发生额。引用本期发生额的具体步骤是：打开"科目余额表"，选取 G5 单元格，单击"公式""插入函数"按钮，选择"SUMIF"函数，如图 4-45 所示。

图 4-45　插入函数

将光标移至 Range 自变量处，然后单击工作簿窗口左下角"会计凭证"表标签，切换至"会计凭证"工作表，然后输入 G:G，将光标移至 Criteria 自变量处，返回到"科目余额表"页面，选择 A5 单元格。将光标移至 Sum_range 自变量处，单击"会计凭证表"表标签，接着输入 J:J，如图 4-46 所示。

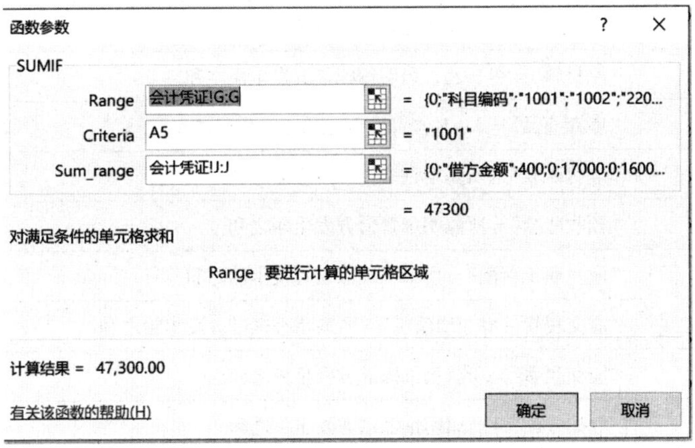

图 4-46　"SUMIF"函数参数的设置

单击“确定”按钮，公式完成，此时，G5 单元格显示“库存现金”科目本期借方发生额。G5 单元格的公式为“=SUMIF(会计凭证!G:G,A5,会计凭证!J:J)”。公式含义是将“会计凭证”G 列数据中符合“科目余额表”A5 单元格数据条件（1001，“库存现金”的科目编码），相对应行的“会计凭证表”J 列数据之和置于 G5 单元格。即：将凭证表“库存现金”借方发生额之和置于“科目余额表”G5 单元格内。用填充柄将公式复制。另外，由于已经设置了完整科目，这里用完整科目取代一级科目名称、二级科目名称和三级科目名称更为简洁。具体操作是删除二级科目名称和三级科目名称列，修改一级科目为科目名称。在 B5 录入公式“=VLOOKUP(A5,会计科目表!$A$4:$E$81,5,0)”，用填充柄将公式复制，如图 4-47 所示。

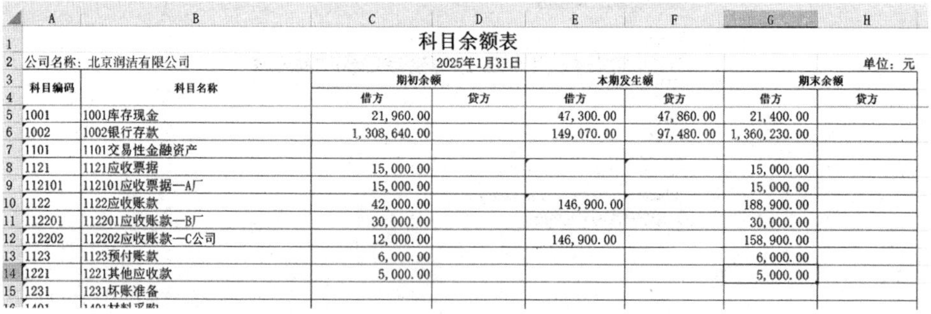

科目余额表

公司名称：北京润洁有限公司　　2025年1月31日　　单位：元

科目编码	科目名称	期初余额		本期发生额		期末余额	
		借方	贷方	借方	贷方	借方	贷方
1001	1001库存现金	21,960.00		47,300.00	47,860.00	21,400.00	
1002	1002银行存款	1,308,640.00		149,070.00	97,480.00	1,360,230.00	
1101	1101交易性金融资产						
1121	1121应收票据	15,000.00				15,000.00	
112101	112101应收票据—A厂	15,000.00				15,000.00	
1122	1122应收账款	42,000.00		146,900.00		188,900.00	
112201	112201应收账款—B厂	30,000.00				30,000.00	
112202	112202应收账款—C公司	12,000.00		146,900.00		158,900.00	
1123	1123预付账款	6,000.00				6,000.00	
1221	1221其他应收款	5,000.00				5,000.00	
1231	1231坏账准备						

图 4-47　引用数据及调整科目名称

上述公式只适用于末级科目借方发生额汇总，如果是非末级科目的一级、二级科目，则采用科目发生额向上汇总的方式，借方发生额栏需编制汇总公式，如表 4-6 所示。

表 4-6　借方发生额汇总公式

借方发生额汇总公式
“应收票据”=所属明细账借方发生额之和
“原材料”=甲、乙、丙明细账借方发生额之和
“库存商品”=A、B 产品明细账借方发生额之和
“应付账款”=所属明细账借方发生额之和
“预收账款”=所属明细账借方发生额之和
“应付职工薪酬”=所属明细账借方发生额之和
“应交税费-应交增值税”=所属明细账借方发生额之和
“应交税费”=所属明细账借方发生额之和
“利润分配”=所属明细账借方发生额之和

根据以上汇总说明将公式输入相应单元格。

选取"科目余额表"H5 单元格,单击"插入函数"按钮,选择"SUMIF"函数,将光标移至 Range 自变量处,然后单击工作簿窗口左下角"会计凭证"表标签,切换至"会计凭证"工作表,然后输入 G:G。将光标移至 Criteria 自变量处,回到"科目余额表"页面,选择 A5 单元格。将光标移至 Sum_range 自变量处,单击"会计凭证表"标签,接着输入 K:K。单击"确定"按钮,公式完成。此时,H5 单元格显示"库存现金"科目本期贷方发生额。H5 单元格公式为:=SUMIF(会计凭证!G:G,A5,会计凭证!K:K)。函数公式含义是将凭证表中"库存现金"贷方发生额之和置于"科目余额表"H5 单元格。用填充柄将公式复制。同理,此公式也只适用于末级科目发生额汇总,对于非末级科目的一级、二级科目,则与汇总借方发生额时一样,编制上级科目汇总公式。贷方发生额汇总需编制如下公式,如表 4-7 所示。

表 4-7　　　　　　　　　贷方发生额科目汇总公式

贷方发生额科目汇总公式
"应收票据" = 所属明细账贷方发生额之和
"应收账款" = 所属明细账贷方发生额之和
"原材料" = 甲、乙、丙明细账贷方发生额之和
"库存商品" = A、B 产品明细账贷方发生额之和
"应付账款" = 所属明细账贷方发生额之和
"预收账款" = 所属明细账贷方发生额之和
"应付职工薪酬" = 所属明细账贷方发生额之和
"应交税费-应交增值税" = 所属明细账贷方发生额之和
"应交税费" = 所属明细账贷方发生额之和
"利润分配" = 所属明细账贷方发生额之和

二、本期发生额试算平衡

试算平衡,就是指利用"资产=负债+所有者权益"的平衡原理,按照记账规则的要求,通过汇总、计算和比较,来检查会计账户处理和账簿记录的正确性、完整性的一种方法。

发生额录入完成后,要求发生额借方余额合计数与发生额贷方余额相等,并将其分别计算填列到合计行的发生额借方期初余额和发生额贷方期初余额栏中。选中"总计"栏的单元格,输入计算公式。单元公式如下:

C83 = SUMIF($A$5:$A$82,"????",C5:C82)

D83 = SUMIF($A$5:$A$82,"????",D5:D82)

公式含义是查找科目编码区域中为 4 个字符(即一级科目)相对应的借方

本期发生额

余额（C5:C82）、贷方余额（D5:D82），求和后将结果分别置于 C83 和 D83 单元格。

用函数向导输入的具体步骤是：

单击 C83 单元格，单击编辑栏插入函数按钮，在"插入函数"对话框中选择"SUMIF"函数，在"SUMIF"函数对话框中输入参数，如图 4-48 所示。

图 4-48　SUMIF 函数应用

单击"确定"按钮，完成公式录入。D83 单元格公式录入方法同上。

将两个借贷平衡公式设置完成后，计算生成数据应符合 C83 = D83 的平衡条件，否则需详细检查输入的公式及数据，直至平衡为止。

三、计算期末余额

期末余额

账户分为左方、右方两个方向，一方登记增加，另一方登记减少。至于哪一方登记增加、哪一方登记减少，取决于所记录经济业务和账户的性质。会计账户的结构分为两个基本部分，一部分反映增加，另一部分反映减少。其中，登记的本期增加金额，称为本期增加发生额；登记的本期减少金额，称为本期减少发生额；增减相抵后的差额，称为余额。

余额按照表示的时间不同，分为期初余额和期末余额，其基本关系如下：

期末余额 = 期初余额 + 本期增加发生额 - 本期减少发生额。

具体的公式是：

资产类、成本类、费用类期末余额 = 期初余额 + 本月借方发生额 - 本月贷方发生额

负债类、所有者权益类期末余额 = 期初余额 - 本月借方发生额 + 本月贷方发生额

发生额录入、试算平衡完成后,要计算科目余额表的期末余额。具体步骤是:

单击 G5 单元格,输入公式 = IF(VLOOKUP(A5,会计科目表!$A$4:$H$83,8,FALSE) = "借",C5 + E5 – F5,),本公式的条件判断是:如果本科目的增加方向是借,G5 数据为 = 期初余额 + 本月借方发生额 – 本月贷方发生额。然后用填充柄将公式向下复制。

单击 H5 单元格,输入公式 = IF(VLOOKUP(A5,会计科目表!$A$4:$H$83,8,FALSE) = "贷",D5 + F5 – E5,),本公式的条件判断是:如果本科目的增加方向是贷,H5 数据为 = 期初余额 – 本月借方发生额 + 本月贷方发生额。然后用填充柄将公式向下复制。结果如图 4 – 49 所示。

	E	F	G	H
				单位:元
	本期发生额		期末余额	
	借方	贷方	借方	贷方
	47,300.00	47,860.00	21,400.00	
	149,070.00	97,480.00	1,360,230.00	
			15,000.00	
			15,000.00	
	146,900.00		188,900.00	
			30,000.00	
	146,900.00		158,900.00	
			6,000.00	
			5,000.00	
	22,000.00	48,000.00	950,000.00	

图 4 – 49 计算科目余额表的期末余额

四、期末余额试算平衡

期末余额计算完成之后,利用"资产 = 负债 + 所有者权益"的平衡原理,按照记账规则的要求,通过汇总、计算和比较,来检查会计账户处理和账簿记录的正确性、完整性。

余额试算平衡公式是:

全部账户本期借方余额合计 = 全部账户本期贷方余额合计

期末余额试算平衡的具体步骤是:选中"总计"栏的单元格,输入计算公式。单元公式如下:

G83 = SUMIF($A$5:$A$82,"????",G5:G82)

H83 = SUMIF($A$5:$A$82,"????",H5:H82)

公式含义是查找科目编码区域中 4 个字符(即一级科目)相对应的借方余

额（G5:G82）、贷方余额（H5:H82），求和后将结果分别置于 G83 和 H83 单元格。

用函数向导输入的具体步骤是：单击 G83 单元格，单击编辑栏插入函数按钮，在"插入函数"对话框中选择"SUMIF"函数，在"SUMIF"函数对话框中输入参数，如图 4-50 所示。

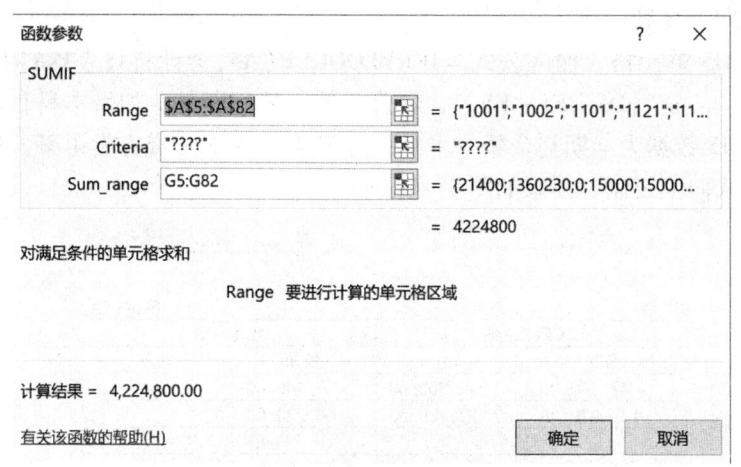

图 4-50　SUMIF 函数应用

单击"确定"按钮，完成公式录入。H83 单元格公式录入方法同上。

将两个借贷平衡公式设置完成后，计算生成数据应符合 G83 = H83 的平衡条件，否则需详细检查输入的公式及数据，直至平衡为止。G83 及 H83 的公式也可以在 H83 用填充柄将公式向右复制，也能达到相应的效果。

第五节　编制分类账

根据会计凭证或日记账，分别编制各个账户登记经济业务的账簿。按总分类账户登记的账簿，称为"总账分类"；按明细分类账户登记的账簿，称为"明细分类账"。

总分类账是指按照总分类科目设置，用公允货币计量单位进行登记，用来提供总括核算资料的账户，简称总账，是根据总分类科目开设账户，用来登记全部经济业务，进行总分类核算，提供总括核算资料的分类账簿。总分类账所提供的核算资料，是编制会计报表的主要依据，任何单位都必须设置总分类账。

总分类账一般采用订本式账簿。总分类账的账页格式，一般采用"借方""贷方""余额"三栏式，根据实际需要，也可以在"借方""贷方"两栏内增设"对方科目"栏。总分类账的账页格式也可以采用多栏式格式，例如，把序时记录和总分类记录结合在一起联合账簿，即日记总账。

总分类账的登记依据和方法,主要取决于所采用的会计核算形式。它可以直接根据各种记账凭证逐笔登记,也可以先把记账凭证按照一定方式进行汇总,编制成科目汇总表或汇总记账凭证等,然后据以登记。

明细分类账是指按照明细分类账户进行分类登记的账簿,是根据单位开展经济管理的需要,对经济业务的详细内容进行的核算,是对总分类账进行的补充反映。明细分类账是按照明细科目开设的用来分类登记某一类经济业务,提供明细核算资料的分类账户。

它所提供的有关经济活动的详细资料,是对总分类账所提总括核算资料的必要补充,同时也是编制会计报表的依据。

一、总分类账的编制

编制总分类账、明细账表,是账表编制的核心,会计核算的最终结果正确与否,完全取决于用户编制的总分类账、明细账表是否正确。

总分类账、明细账表编制完成后,其计算过程全部是根据公式自动完成的,如果在使用后进行修改,可能导致前期与后期的账目数据不一致,因此,在编制总分类账、明细账表前,首先,用户要仔细考虑设计好会计核算的总分类账科目、二级明细科目和三级明细科目等;其次,设计会计科目应根据《事业单位会计制度》及《企业会计制度》的相关规定,同时,也要结合单位的具体情况,尽可能科学合理、全面适用。下面介绍编制总分类账、明细账表编制的具体步骤。

1. 新建总分类账表。由于总账的数据都来自科目余额表,因此可以通过获取期末余额表的数据,再按总账的格式进行调整,进行美化。右击"科目余额表"工作表→"移动和复制"(见图4-51)→"建立副本"→"确定"→更改工作表名为"总账报表"。在A1单元格中输入表标题"总账",合并单元格,调整字体,将标题进行美化。

总账报表

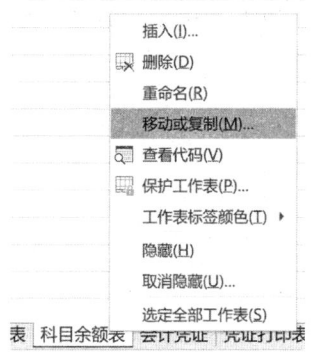

图4-51 复制工作表

2. 表头设计。为了更加直观地查看数据，可以按照图4-52所示进行表头设置。

	A	B	C	D	E	F	G	H
1					总账			
2	公司名称：北京润洁有限公司				2025年1月31日			单位：元
3	科目编码	科目名称	期初余额		本期发生额		期末余额	
4			借方	贷方	借方	贷方	借方	贷方
5	1001	1001库存现金	21,960.00		47,300.00	47,860.00	21,400.00	
6	1002	1002银行存款	1,308,640.00		149,070.00	97,480.00	1,360,230.00	
7	1101	1101交易性金融资产						
8	1121	1121应收票据	15,000.00				15,000.00	
10	1122	1122应收账款	42,000.00		146,900.00		188,900.00	
13	1123	1123预付账款	6,000.00				6,000.00	

图4-52 设计总账表头

3. 编制表身。由于公式都来自科目余额表，因此，数据都是按照科目余额表的公式获取的，即如果原始数据有所调整，只需更新数据区域，即可更新总账数据。设置的会计总分类账科目（即一级科目），所以需要过滤掉非一级科目。选择"A3:H4"单元格，单击菜单"数据"→"筛选"命令。打开"科目编码"下拉清单，选择"文本筛选"→"等于"，如图4-53所示。

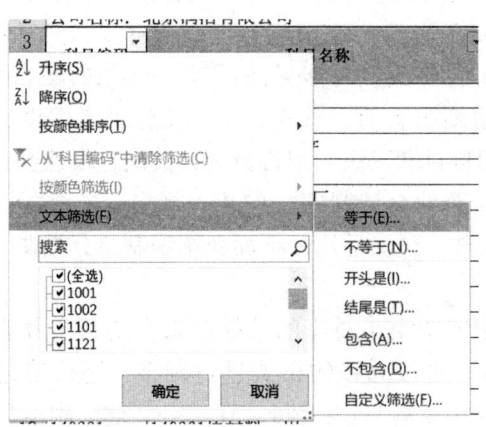

图4-53 选择筛选方式

在弹出的"筛选方式"对话框中，科目编码条件定义为一级科目，即科目编码为4位，输入"????"，单击"确定"按钮，如图4-54所示。

图4-54 输入条件

总账的效果如图4-55所示。

	A	B	C	D	E	F	G	H
1				总账				
2	公司名称：北京润洁有限公司				2025年1月31日			单位：元
3	科目编码	科目名称	期初余额		本期发生额		期末余额	
4			借方	贷方	借方	贷方	借方	贷方
5	1001	1001库存现金	21,960.00		47,300.00	47,860.00	21,400.00	
6	1002	1002银行存款	1,308,640.00		149,070.00	97,480.00	1,360,230.00	
7	1101	1101交易性金融资产						
8	1121	1121应收票据	15,000.00				15,000.00	
10	1122	1122应收账款	42,000.00		146,900.00		188,900.00	
13	1123	1123预付账款	6,000.00				6,000.00	
14	1221	1221其他应收款	5,000.00				5,000.00	
15	1231	1231坏账准备						
16	1401	1401材料采购						
17	1403	1403原材料	976,000.00		22,000.00	48,000.00	950,000.00	
21	1405	1405库存商品	260,000.00				260,000.00	
24	1511	1511长期股权投资	600,000.00				600,000.00	
25	1601	1601固定资产	4,500,000.00				4,500,000.00	
26	1602	1602累计折旧		1,020,000.00				1,020,000.00

图4-55 总账

二、明细分类账的编制

明细分类账也称明细账，是根据总账科目所属的明细科目而设置，用于分类、连续地登记经济业务以提供明细核算资料的账簿。

打开总账工作簿，新建一张工作表并更名为"明细账"，将新工作表移至"总账"工作表之后。

1. 设置表头。选取 A1:L1，单击"合并及居中"按钮，在合并单元格内输入"明细账"，调整好行高、列宽、字体、字号，A2 中输入"科目名称"，A3 做有数据验证（操作同本章第二节操作凭证表的录入凭证会计科目做相同设置）。选择 A3 单元格，选择数据→点击"数据验证"，跳出图 4-25，选择序列→来源中选择 "=会计科目表!$H$4:$H$100"→点击"确定"按钮，设置好数据验证，其运行结果如图 4-26 所示。然后在 A1 单元格录入公式：=A3&"明细账"，提取科目名称信息，如图 4-56 所示。

明细账1

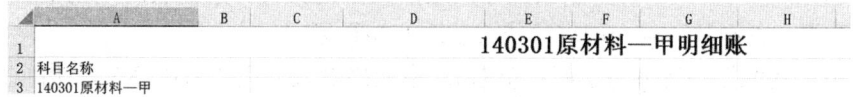

图4-56 表的设置

在明细账表（不能把活动工作表选在会计凭证表里）中单击"数据"→"高级"命令，出现"高级筛选"窗口，在"方式"栏选择"将筛选结果复制到其他位置"选项；在"列表区域"处输入（也可用鼠标点击引用）"会计凭证!$B$2:$K$45"（此处为设置源数据区域，注意要将表名包括在选取范围中）。在"条件区域"栏输入"$A$2:$A$3"（即前面已定义好的条件区域）。在"复制到"栏输入要将数据显示的位置："明细账!$A$4"。单击"确定"按钮，得到符合条件的明细账项，同时也制作了表头，如图 4-57 所示。

明细账2

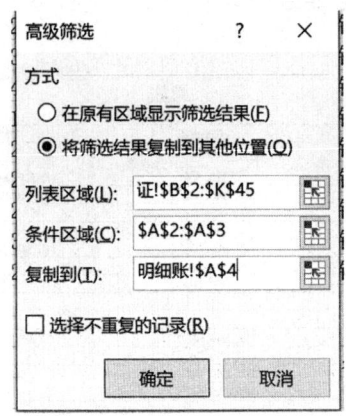

图 4-57 数据输入

明细账 3

2. 设置取数计算公式

(1)"140301 原材料——甲"的本期明细数据已从会计凭证表复制相应数据到明细表中,在表头下插入一空行,输入期初,增加方向和余额两列,如图 4-58 所示。

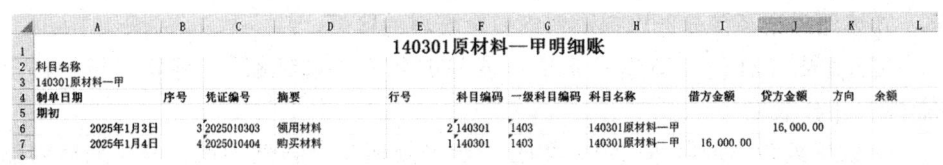

图 4-58 明细账

(2)获取期初余额方向:单击 K5 单元格,输入"=VLOOKUP(A3,会计科目,4,FALSE)",获取期初余额方向"借"。

(3)获取期初余额:单击 L5 单元格,输入公式"=IF(K5="借",VLOOKUP(A3,科目余额表!$B$5:$D$82,2,FALSE),VLOOKUP(A3,科目余额表!$B$5:$D$82,3,FALSE))",即如果余额方向是借方,则从科目余额表的期初借方获取期初数据,否则从科目余额表的贷方获取期初数据。

(4)获取第一行分录余额:单击 L6 单元格输入公式"=IF(K5="借",L5+I6-J6,L5-I6+J6)",即如果余额方向为借,则为期初余额+本分录的借方发生额-本分录的贷方发生额,否则为期初余额+本分录的贷方发生额-本分录的借方发生额。

明细账 4

(5)获取第一行分录的余额方向单击 K6 单元格输入公式"=K5";用于确定本会计科目的方向,如果余额小于零,方向依然是和前面方向一致,只是数据为负。将不需用的列隐藏起来,并美化表格,明细账设置完成,得到"140301原材料——甲"的明细账。结果如图 4-59 所示。

	A	C	D	H	I	J	K	L
1				140301原材料—甲明细账				
2	科目名称							
3	140301原材料—甲							
4	制单日期	凭证编号	摘要	科目名称	借方金额	贷方金额	方向	余额
5	期初						借	608,000.00
6	2025年1月3日	2025010303	领用材料	140301原材料—甲		16,000.00	借	592,000.00
7	2025年1月4日	2025010404	购买材料	140301原材料—甲	16,000.00		借	608,000.00
8								

图 4-59　调整美化后明细表

至此，整个表的编制工作基本完成，这时的 Excel 总账、明细账表已能够反映出财务数据了。

3. 明细账实际运用。如果我们要获取库存现金的明细账，可以如下步骤进行。

（1）选择 A3 单元格下拉菜单，选择库存现金科目，此时 K5 单元格可获取库存现金的方向，L5 单元格获取库存现金的期初余额。

（2）在明细账表中单击"数据"→"高级"命令，出现"高级筛选"窗口，在"方式"栏选择"将筛选结果复制到其他位置"选项；在"列表区域"选择"会计凭证!$B$2:$K$45"。在"条件区域"栏输入"$A$2:$A$3"。在"复制到"栏输入要将数据显示的位置"明细账!$A$12"，选择 A12 是为了留出更多空间便于调整。单击"确定"按钮，得到符合条件的明细账项，如图 4-60 所示。

明细账 5

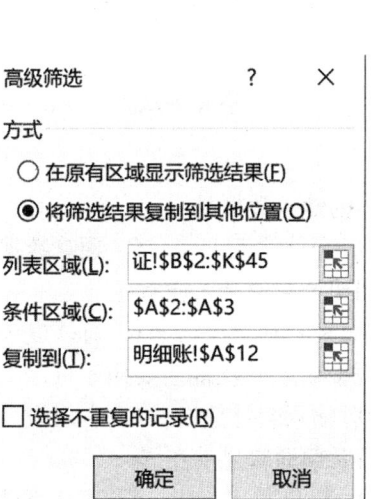

图 4-60　高级筛选

（3）结果如图 4-61 所示，然后用库存现金的数据覆盖原材料——甲的数据，选择 K7、K8 单元格，用填充柄将公式向下复制。最后库存现金的明细账如图 4-62 所示。

图 4-61 完成高级筛选

图 4-62 库存现金明细账

本章习题

一、单选题

1. 总账系统中最基本的输入数据是（　　）。
   A. 财务报表　　　B. 会计凭证　　　C. 预算数据　　　D. 现金流量表
2. 在总账系统中，期初余额的录入通常在（　　）进行。
   A. 每月初　　　　B. 每年初　　　　C. 每季度末　　　D. 每日结束时
3. 总账系统中的"凭证录入"功能主要用于（　　）。
   A. 输入预算数据　B. 输入会计凭证　C. 生成报表　　　D. 对账
4. 总账系统中，科目余额通常显示在（　　）。
   A. 资产负债表　　B. 利润表　　　　C. 现金流量表　　D. 明细账
5. 总账系统中，借贷方金额不平衡时，系统会（　　）。
   A. 自动修正错误　　　　　　　　　　B. 发出警报
   C. 自动生成新的凭证　　　　　　　　D. 无反应
6. 在总账系统中，（　　）通常用来记录日常业务的收支。
   A. 转账凭证　　　B. 收款凭证　　　C. 付款凭证　　　D. 记账凭证
7. 总账系统中的"科目余额表"通常用于（　　）。
   A. 查看科目的期末余额　　　　　　　B. 记录每日交易

C. 生成预算 D. 对比实际与预算
8. 总账系统中，使用"汇总凭证"功能的主要目的是（　　）。
A. 减少凭证数量 B. 提高录入速度
C. 集中处理某一类交易 D. 检查凭证的准确性
9. 在总账系统中，日记账的作用是（　　）。
A. 记录每日交易 B. 记录每月交易
C. 记录年度交易 D. 记录预算
10. 总账系统中，期初余额的定义是（　　）。
A. 每月的初始余额 B. 某一会计期间开始时的余额
C. 每日的初始余额 D. 期末结账后的余额

二、多选题

1. 总账系统中，科目编码通常包含的信息有（　　）。
A. 科目类别 B. 科目详细描述
C. 科目的唯一标识 D. 科目的余额
2. 总账系统中的会计报表类型有（　　）。
A. 资产负债表　B. 利润表　C. 现金流量表　D. 收支平衡表
3. 总账系统中，通常需要定期审核的项目有（　　）。
A. 会计凭证　B. 科目余额　C. 用户权限　D. 系统备份
4. 总账系统中的对账功能有（　　）。
A. 银行对账　B. 内部账户对账　C. 应收账款对账　D. 固定资产对账
5. 在总账系统中，可以确保账务处理准确性的操作有（　　）。
A. 定期对账　B. 凭证审核　C. 自动生成报表　D. 期末结账
6. （　　）是总账系统中的日常操作。
A. 录入会计凭证　B. 生成财务报表　C. 进行数据备份　D. 审核凭证
7. 总账系统中，（　　）功能有助于提升企业财务管理效率。
A. 自动化报表生成 B. 定期数据备份
C. 科目余额调整 D. 预算与实际对比
8. 总账系统中，（　　）功能有助于降低会计错误率。
A. 自动化数据录入 B. 数据校验机制
C. 手动报表生成 D. 外部系统导入
9. 总账系统中的"多账簿管理"功能通常用于（　　）。
A. 处理多个公司账务 B. 处理多种货币
C. 处理多种支付方式 D. 处理多种财务报表
10. 总账系统中，（　　）通常需要定期更新。
A. 科目编码　B. 用户权限设置　C. 报表格式　D. 费用统计

第五章 工资管理

第一节 工资管理概述

一、工资管理基本流程

员工工资管理是整个企业财务管理中不可或缺的组成部分。工资管理不仅涉及企业的每一个员工,而且涉及企业的所有组织机构。传统的工资管理、记录和发放方式是依靠手工操作来完成的,计算比较复杂,业务量较大,常常需要花费大量的人力和时间,所以很多企业的会计电算化从工资管理开始。通过 Excel 来编制和管理员工工资,可以简化每个月都须重复进行的统计工作,确保工资管理的准确性,提高工资管理的效率。

工资管理的一般流程包括初始设置、日常业务数据录入、工资的计算和汇总、工资数据的输出等。

1. 系统初始设置。系统的初始设置主要是设置工资管理系统必不可少的各种编码信息和初始数据。在工资管理系统中由于各单位的工资项目一般相差较大,因此需要设置适合具体单位需要的工资项目功能以便生成工资数据库。这个步骤的主要工作就是进行员工管理,建立工资明细项目。

2. 日常业务数据录入。日常业务数据录入主要是录入考勤、产量工时等每月变动的工资数据。另外,可能发生的人员变动和工资数据的变动也在此流程中处理。这个步骤的主要工作就是根据建立的各种工资项目进行数据登记。

3. 工资计算与汇总。工资的计算包括员工基本工资的计算、各类社会保险及福利费的计算、个人所得税的计算及实发工资的计算公式设定。工资汇总包括工资费用分类汇总、统计等。这个步骤的主要工作就是统计录入的数据,过程中为方便计算,需要用到一些函数。

4. 工资数据的输出。工资数据的输出包括工资数据的查询、工资条、工资汇总、个人所得税申报表,银行代发一栏表的打印,以及向账务系统、成本核算系统输送规定格式的数据和工资管理所需要的各种管理信息等。这个步骤的主要工作就是工资条的制作。

工资管理流程如图 5-1 所示。

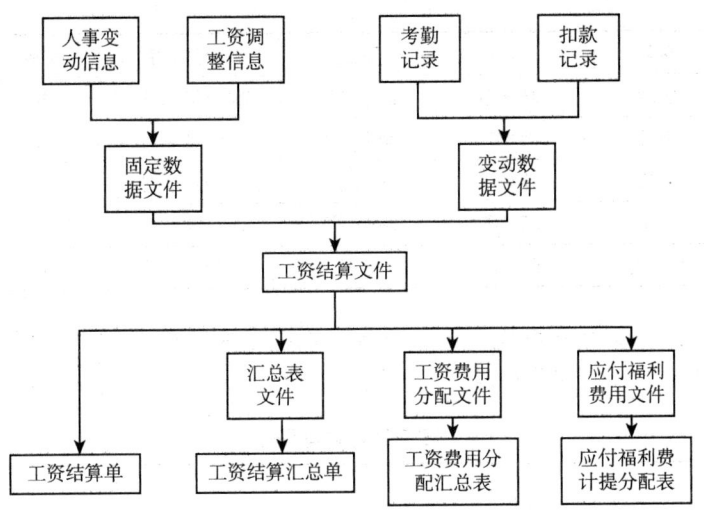

图 5-1 工资管理流程

下面介绍各个流程的主要工作。

二、使用数据简介

为了方便数据处理与分析,本章以北京润洁有限公司为例,设计一个基本工资管理系统。首先开始工资表的创建和统计,收集有关工资的各种信息,将之分门别类整理如下。

1. 员工信息。该公司由办公室和生产部、销售部、客服部、研发部组成,部分员工个人基本信息表如表 5-1 所示。

表 5-1　　　　　　　　　员工基本信息表

编号	姓名	部门	职位	工作时间	性别	年龄
101	王凝之	办公室	总经理	1995 年 1 月	男	58
102	顾恺之	办公室	副总经理	2000 年 5 月	男	55
103	谢道蕴	办公室	主任	1999 年 9 月	女	42
201	杜审言	生产部	经理	1998 年 5 月	男	53
202	李易安	生产部	职员	2004 年 3 月	女	40
203	苏味道	生产部	职员	2002 年 3 月	男	42
204	冯昇	生产部	职员	2008 年 7 月	男	36
203	元结	生产部	职员	2007 年 5 月	男	40
301	裴行俭	销售部	职员	2008 年 5 月	男	36
302	马戴	销售部	经理	2009 年 1 月	女	35
401	路温舒	客服部	经理	2007 年 3 月	女	46
402	桑弘羊	客服部	职员	2008 年 2 月	男	41

续表

编号	姓名	部门	职位	工作时间	性别	年龄
501	张安世	研发部	副研究员	2020年12月	男	25
502	张汤	研发部	副研究员	2021年3月	男	26
503	萧衍	研发部	研究员	2015年3月	女	29
504	王导	研发部	副研究员	2003年9月	女	36
505	陈庆之	研发部	经理	1995年1月	男	57

2. 部门及对应代码设置。该公司部门由办公室、生产部、销售部、客服部和研发部组成，对应编号如表5-2所示。

表5-2　　　　　　　　　　部门及对应编号表

编号	1	2	3	4	5
部门	办公室	生产部	销售部	客服部	研发部

3. 对应标准。

（1）职位工资、津贴标准如表5-3所示。

表5-3　　　　　　　职位工资、津贴标准表　　　　　　　单位：元

职位	总经理	副总经理	主任	经理	职员	研究员	副研究员
职位工资	10,000	8,000	6,000	6,000	3,500	4,500	3,500
津贴	2,000	1,500	1,500	1,500	500	1,500	1,000

（2）请假与旷工扣款标准如表5-4所示。

表5-4　　　　　　　　考勤扣款标准表　　　　　　　　单位：元

出勤情况	病假	事假	旷工
每天扣款	100	200	400

（3）绩效等级和奖金标准如表5-5所示。

表5-5　　　　　　　绩效等级和奖金标准表　　　　　　　单位：元

绩效等级	一级	二级	三级	四级	五级	六级	七级
奖励金额	100,000	80,000	50,000	30,000	15,000	5,000	2,000

（4）社会保险以职位工资为基数，其比例如表5-6所示。

表5-6　　　　　　　社会保险扣缴比例表　　　　　　　　单位：%

项目	养老保险	医疗保险
单位扣缴	20	8
个人扣缴	8	2

第二节　创建员工工资管理系统

根据已经整理好的资料，进行员工基本信息表的设置，步骤如下。

打开 Excel 工作簿，把 Sheet1 更名为"员工基本信息表"，在"员工基本信息表"的第一行输入表头"员工基本信息表"，合并居中，变换字体格式。并根据表 5-1 员工基本信息表，设置员工基本信息的项目及输入已知数据，最后结果如图 5-2 所示。

	A	B	C	D	E	F	G
1	北京润洁员工基本信息表						
2	编号	姓名	部门	职位	工作时间	性别	年龄
3	101	王凝之	办公室	总经理	1995年1月	男	58
4	102	顾恺之	办公室	副总经理	2000年5月	男	55
5	103	谢道蕴	办公室	主任	1999年9月	女	42
6	201	杜审言	生产部	经理	1998年5月	男	53
7	202	李易安	生产部	职员	2004年3月	女	40
8	203	苏味道	生产部	职员	2002年3月	男	42
9	204	冯异	生产部	职员	2008年7月	男	36
10	203	元结	生产部	职员	2007年5月	男	40
11	301	裴行俭	销售部	职员	2008年5月	男	36
12	302	马戴	销售部	经理	2009年1月	女	35
13	401	路温舒	客服部	经理	2007年3月	女	46
14	402	桑弘羊	客服部	职员	2008年2月	男	41
15	501	张安世	研发部	副研究员	2020年12月	男	25
16	502	张汤	研发部	副研究员	2021年3月	男	26
17	503	萧衍	研发部	研究员	2015年3月	女	29
18	504	王导	研发部	副研究员	2003年9月	男	36
19	505	陈庆之	研发部	经理	1995年1月	男	57

图 5-2　员工基本信息表设置及基本信息数据输入

由于人员是不断变动的，所以网格线的添加应该是根据人员的添加自动添加的，其表格线自动添加方法是选中全表，选择"开始"→"条件格式"→"新建格式规则"→"使用公式确定格式要使用的单元格"，在空白的框中输入"＜＞"""，点击下面的"格式"按钮，点击"外边框"按钮，确定，如图 5-3 所示。这样每当输入数据，就会自动生成表格线。

设置条件格式

图 5-3 表格线自动添加设置

获取部门名称

（1）部门的输入。部门数据是根据员工编号，通过表 5-2 的部门及对应编号表自动输入的，编码规则为：如果员工编号首位为 1 则部门名称为办公室，为 2 则部门名称为生产部。

为此要建立好部门及对应编号表，以便在输入工资表数据中的部门名称、类别名称时能够利用 Excel 提供的 VLOOKUP( ) 函数加快数据的录入。VLOOKUP 是垂直方向的判断，如果是水平方向的判断可使用 HLOOKUP 函数，在新建 Excel 的 Sheet2 工作表的输入部门代码、部门名称的信息，并将工作表重命名为"部门及对应编号表"，如图 5-4 所示。

图 5-4 部门及对应编号表

输入员工基本信息表中，部门名称可以通过函数自动生成，其方法是：在如图 5-2 所示的表格"部门"下的 C3 单元格输入公式"=VLOOKUP((VALUE(LEFT(A3,1))),部门及对应编号表!$A$2:$B$6,2,TRUE)"。VALUE(LEFT(A3,1)) 是对编号进行部门代码的取值。部门及对应编号表!$A$2:$B$6 是数据跟踪的区域，也就是部门及对应编号表从 A2 单元格到 B6 单元格的所有数据，$是绝对引用，关于绝对引用参见前面章节的介绍。2 是返回什么数的列数，如图 5-4 所示的部门名称是第 2 列，所以应该是 2。另外，关于是否精确满足条件，如果是就输入 FALSE，是近似即可满足条件，那么输入 TRUE（近似值主要用于带小数点的财务、运算等）。利用向下填充的功能复制此公式，这样部门名称会根据部门代码自动形成。这样，只要输入编号，就能直接产生部门名称了。

注释：

VLOOKUP( )函数

功能：

在表格或数值数组的首列查找指定的数值，并由此返回表格或数组当前行中指定列处的数值。

格式：

VLOOKUP(lookup_value, table_array, col_index_num, range_lookup)

参数：

其中，Lookup_value 为需要在数组第一列中查找的数值。Lookup_value 可以为数值、引用或文本字符串；Table_array 为需要在其中查找数据的数据表；Col_index_num 为 table_array 中待返回的匹配值的列序号，col_index_num 为 1 时，返回 table_array 第一列的数值，col_index_num 为 2 时，返回 table_array 第二列的数值，以此类推；Range_lookup 为一逻辑值，指明函数 VLOOKUP 返回时是精确匹配还是近似匹配。

说明：

如果 lookup_value 小于 table_array 第一列中的最小数值，函数 VLOOKUP 返回错误值 #N/A。

如果函数 VLOOKUP 找不到 lookup_value 且 range_lookup 为 FALSE，函数 VLOOKUP 返回错误值 #N/A。

LEFT( )函数

功能：

得到字符串左部指定个数的字符。

格式：

LEFT(string, n)

参数：

string 指定要提取子串的字符串。n 指定子串长度返回值 String。

说明：

函数执行成功时返回 string 字符串左边 n 个字符，发生错误时返回空字符串("")。如果任何参数的值为 NULL，Left( ) 函数返回 NULL。如果 n 的值大于 string 字符串的长度，那么 Left( ) 函数返回整个 string 字符串，但并不增加其他字符。

value( ) 函数

功能：

将表示数字的文字串转换成数字。

格式：

value(text)。

参数：

Text 为带引号的文本，或对需要进行文本转换的单元格的引用。它可以是 Excel 可以识别的任意常数、日期或时间格式。如果 Text 不属于上述格式，则 value 函数返回错误值 #value!。

说明：

通常不需要在公式中使用 value 函数，Excel 可以在需要时自动进行转换。value 函数主要用于与其他电子表格程序兼容。

职位数据验证

（2）职位的输入。由于职位的类别不是太多，可以采用"数据验证"的形式输入。基本方法为：选定职位单元格区域 D3：D19，然后选择"数据"→"数据验证"功能，出现"数据有效性"对话框，在"设置"选项卡中"有效性条件"下的条件中选择"序列"，并在"来源"中输入职位的类别，如图 5-5 所示。单击"确定"按钮后，结果如图 5-6 所示。

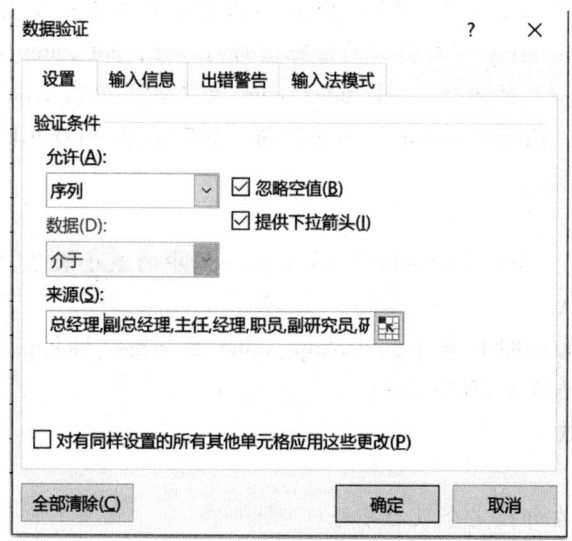

图 5-5　数据验证参数设置

图 5-6　职位栏数据序列的产生

也可以采用同样的方法在"性别"项目栏上用数据序列表的形式产生数据，方法同上。其他数据的输入采用直接输入法，同时注意在参加工作时间项目栏输入日期时，把格式调整为如图 5-6 所示的日期格式。

注意：

在"数据验证"对话框中的"来源"中输入数据时，两个序列之间用逗号隔开，并且逗号一定是半角状态下的。建立工资基本初始信息表

根据已经分类好的数据，建立工资基本初始信息表，基本步骤如下。

（1）建立新表，把工作表 Sheet3 命名为"工资基本信息表"。

（2）输入工资基本初始信息。根据已经分类好的资料，建立工资基本初始信息表，如图 5-7 所示。其中，单元格 A1:C9 区域为职位工资、津贴标准表；单元格区域 A12:C15 为社会保险扣缴比例表；单元格区域 E1:F5 为考勤扣款标准表；单元格区域 E8:F16 为绩效等级和奖金标准表；单元格区域 B19:E28 为个人所得税税率表，H1:I19 为分摊类型设置表。这些初始信息表可以为工资表各项目的计算提供依据。

	A	B	C	D	E	F	G	H	I
1	职位工资、津贴标准表				考勤扣款标准表			分摊类型设置	
2	职位	职位工资	津贴		出勤情况	每天扣款		科目名称	
3	总经理	10000	2000		病假	100		2211应付职工薪酬	
4	副总经理	8000	1500		事假	200		221101应付职工薪酬—应付工资	
5	主任	6000	1500		旷工	400		221102应付职工薪酬—职工福利费	
6	经理	6000	1500					221103应付职工薪酬—工会经费	
7	职员	3500	500					221104应付职工薪酬—职工教育经费	
8	研究员	4500	1500		绩效等级和奖金标准表			5001生产成本	
9	副研究员	3500	1000		绩效等级	奖励金额		5101制造费用	
10					一级	100000		6001主营业务收入	
11					二级	80000		600101主营业务收入—A产品	
12	社会保险扣缴比例表				三级	50000		600102主营业务收入—B产品	
13	项目	养老保险	医疗保险		四级	30000		6051其他业务收入	
14	单位扣缴	20%	8%		五级	15000		6111投资收益	
15	个人扣缴	8%	2%		六级	5000		6301营业外收入	
16					七级	2000		6401主营业务成本	
17								6402其他业务成本	
18								6403营业税金及附加	
19		个人所得税税率表						6601销售费用	
20		起征点		5000				6602管理费用	
21		级数	应纳税所得额	税率(%)	速算扣除数			6603财务费用	
22		1	应纳税额≤3000	3.00%	0			6701资产减值损失	
23		2	3000元＜应纳税额≤12000元	10.00%	210			6711营业外支出	
24		3	12000元＜应纳税额≤25000元	20.00%	1410			6801所得税费用	
25		4	25000元＜应纳税额≤35000元	25.00%	2660				
26		5	35000元＜应纳税额≤55000元	30.00%	4410				
27		6	55000元＜应纳税额≤80000元	35.00%	7160				
28		7	应纳税额＞80000元	45.00%	15160				

图 5-7 工资基本初始信息表

定义名称

(3) 定义工资各初始信息表定义名称。选定单元格区域 A3：C9，定义名称为"职位工资、津贴标准表"；选定单元格区域 A14：C15，定义名称为"社会保险扣缴比例表"；选定单元格区域 E3：F5，定义名称为"考勤扣款标准表"；选定单元格区域 E10：F16，定义名称为"绩效等级和奖金标准表"。另外，选定职工基本信息表内的单元格区域 A3：G57，建立"职工基本信息表"，选择更多数据是为后期增加员工做准备。定义名称的方法是：点击"公式"→"定义名称"，如图 5-8 所示。名称定义之后，能在左上角选择定义区域，如图 5-9 所示。

图 5-8　定义名称　　　　　　图 5-9　选择定义区域

第三节　员工工资的管理

一、员工考勤

根据已经分类好的数据，进行考勤。

1. 员工考勤表的设计。员工考勤主要分病假、事假及旷工三类，同时，由于每月的天数不同，因此要考虑天数的设置；由于周六、周日不上班，不用考勤，也应该设置每天对应的星期。填写完该月的考勤之后，将该月的考勤数据（除去公式）粘贴保存到一张新的记录表中，原表则继续用于下个月的考勤。考勤表基本设计步骤如下。

(1) 插入一张新工作表，命名为"员工考勤表"。员工考勤表的表头设计如图 5-10 所示，在表头输入编号和姓名，在 A 列以某年某月某日的格式输入考勤时间，在单元格 B5 输入公式 =WEEKDAY(A5,1)，将公式填充到 B 列中。

图 5-10 生成星期数

注释：

WEEKDAY( )函数

功能：

返回某日期为星期几。默认情况下，其值为 1（星期天）到 7（星期六）之间的整数。

格式：

WEEKDAY(serial_number,return_type)

参数：

serial_number 表示一个顺序的序列号，代表要查找的那一天的日期。Return_type 为确定返回值类型的数字。省略或 1 则返回数字 1（星期日）到数字 7（星期六）；2 则返回数字 1（星期一）到数字 7（星期日）；3 则返回数字 0（星期一）到数字 6（星期日）。

说明：

serial_number 应使用 DATE 函数输入日期，或者将函数作为其他公式或函数的结果输入。例如，使用 DATE(2025,1,1) 输入 2008 年 1 月 1 日。如果日期以文本的形式输入，则会出现问题。

选择"单元格格式"，设定考勤表的时间单元格格式，如图 5-11 设定考勤表的时间单元格格式所示：

（2）设置周六、周日为不同的颜色。由于周末是不上班的，为了醒目表示应该在这两天设置为不同的颜色格式，方法为：选定单元格 B 列区域，"开始"→"条件格式"→"新建格式规则"→"只包含以下内容的单元格设置"，选择"未介于"，分别在空白框中填入"2"和"6"，设置格式为红色字体、黄色填充色。单击"确定"按钮，如图 5-12 所示。

最终设计好的员工考勤表如图 5-13 所示。

设置星期
条件格式

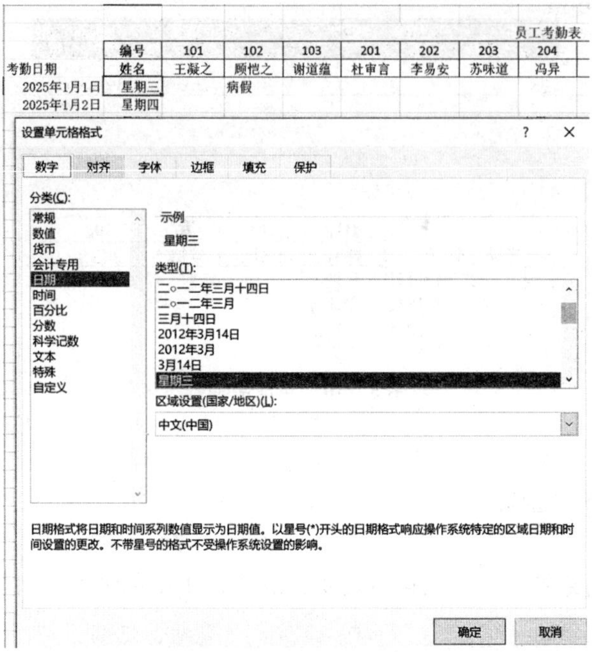

图 5-11 设定考勤表的时间单元格格式

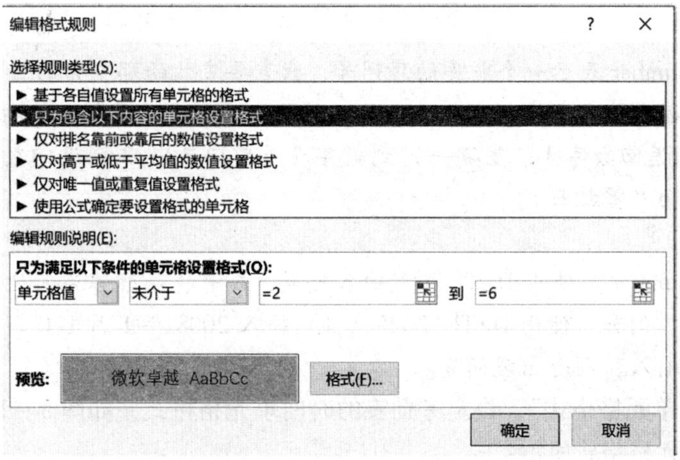

图 5-12 格式设置

图 5-13 员工考勤表

2. 根据人事部门的考勤记录，输入员工考勤明细表记录。由于员工考勤只存在"病假""事假""旷工"三种类型，为了提高数据的输入效率，把每一个考勤单元格（除去周六、周日，并把不能录入或修改数据的单元格设置单元格保护）设置为下拉列表，列表选项为"病假""事假""旷工"，方法即为通过"数据验证"设置，根据日常考勤记录数据输入后的结果如图5-14所示。

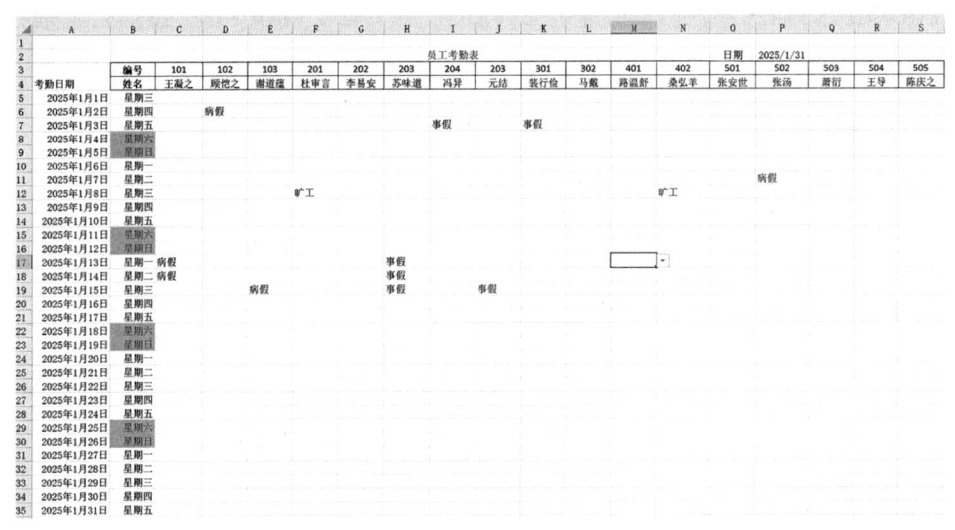

图5-14 日常考勤数据录入

3. 日常考勤记录汇总。

（1）设计考勤汇总表。在"员工考勤表"中，设计"员工考勤汇总表"，如图5-15所示。

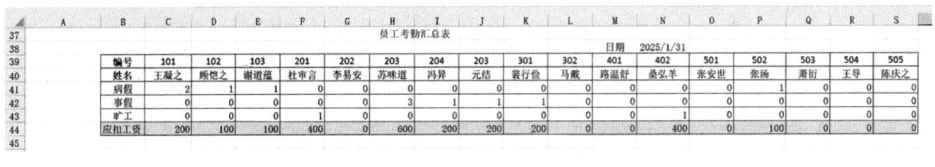

图5-15 日常考勤汇总记录项目设置

统计病假事假旷工天数

其中，单元格C41:S41区域表示每位员工病假天数汇总；单元格C42:S42区域表示每位员工事假天数汇总；单元格C43:S43区域表示每位员工旷工天数汇总。

（2）对每位员工进行病假、事假及旷工天数汇总。

在"王凝之"病假天数汇总单元格C41输入公式为"=COUNTIF(C5:C35,$B$41)"，其他员工病假天数汇总单元格公式通过复制单元格C41公式得到。

在"王凝之"事假天数汇总单元格C42输入公式为"=COUNTIF(C5:C35,$B$42)"，其他员工病假天数汇总单元格公式通过复制单元格C42公式得到。

在"王凝之"旷工天数汇总单元格C43输入公式为"=COUNTIF(C5:C35,$B$43)"，其他员工旷工天数汇总单元格公式通过复制单元格C43公式得到。

结果如图 5-15 所示。

（3）日常考勤应扣款计算。根据不同假别的每天扣款及每位员工的病假、事假及旷工天数汇总数据，计算每位员工的考勤扣款数。

每位员工的本月考勤应扣款合计数据所在单元格区域为 C44:S44，其中，单元格 C44 公式为"= VLOOKUP（$B$41,考勤扣款标准表,2,FALSE）* C41 + VLOOKUP($B$42,考勤扣款标准表,2,FALSE) * C42 + VLOOKUP($B$43,考勤扣款标准表,2,FALSE) * C43"，其他单元格公式通过复制单元格 C44 公式得到，即对应不同的考勤类型天数乘以对应扣款金额，最后合计。其结果如图 5-15 所示。其中，"考勤扣款标准表"为"工资基本信息表"中考勤扣款标准区域定义的名称。

完善工资表

二、工资计算

根据已经分类的数据进行工资各项数据的计算，其基本步骤如下。
（1）插入新的工作表，并命名为"基本工资表"。
（2）根据已知工资项目组成，设计基本工资表各项目，如图 5-16 所示。

图 5-16　基本工资表各项目设置

（3）生成各基本项目。

日期项目的单元格公式为"= IF(B3 < >"",MONTH(TODAY())&"月","")"，表示自动产生本月的月份。编号手工输入。

姓名、部门及职位数据通过 vlookup( ) 函数从"员工基本信息表"中自动生成。

姓名单元格 C3 公式为"= VLOOKUP(B3,员工基本信息表,2,FALSE)"，本列其他单元格公式通过复制 C3 单元格公式得到。结果如图 5-16 所示。

部门单元格 D3 公式为"= VLOOKUP(B3,员工基本信息表,3,FALSE)"，本列其他单元格公式通过复制 D3 单元格公式得到。结果如图 5-16 所示。

职位单元格 E3 公式为"= VLOOKUP(B3,员工基本信息表,4,FALSE)"，本列其他单元格公式通过复制 E3 单元格公式得到。结果如图 5-16 所示。绩效等级按当月的具体情况定。

(4) 生成职位工资及津贴数据。

在职位工资单元格 G3 输入公式"= VLOOKUP(VLOOKUP(B4,员工基本信息表,4,FALSE),职位工资、津贴标准表,2,FALSE)"。单元格 F4:F17 公式通过复制单元格 F3 公式得到。

其中，参数"员工基本信息表"为员工基本信息表定义的名称；"职位工资、津贴标准表"为"基本工资初始信息表"中职位工资、津贴标准表定义的名称；VLOOKUP(B3,员工基本信息表,4,FALSE) 为在"员工基本信息表"查找员工编号所对应的职位；VLOOKUP(VLOOKUP(B3,员工基本信息表,4,FALSE),职位工资、津贴标准表,2,FALSE) 为在职位工资、津贴标准表查找职位所对应的基本工资金额。

在津贴单元格 H3 输入公式"= VLOOKUP(VLOOKUP(B3,员工基本信息表,4,FALSE),职位工资、津贴标准表,3,FALSE)"。单元格 G4:G17 公式通过复制单元格 G3 公式得到。

其中，参数"员工基本信息表"为员工基本信息表定义的名称；"职位工资、津贴标准表"为"基本工资初始信息表"中职位工资、津贴标准表定义的名称；VLOOKUP(B3,员工基本信息表,4,FALSE) 为在"员工基本信息表"查找员工编号所对应的职位；= VLOOKUP(VLOOKUP(B3,员工基本信息表,4,FALSE),职位工资、津贴标准表,2,FALSE)为在职位工资、津贴标准表查找职位所对应的津贴金额。

计算结果如图 5 – 17 所示。

应发合计

	A	B	C	D	E	F	G	H
1								基
2	日期	编号	姓名	部门	职位	绩效等级	职位工资	津贴
3	1月	101	王凝之	办公室	总经理	七级	10,000.00	2,000.00
4	1月	102	顾恺之	办公室	副总经理	七级	8,000.00	1,500.00
5	1月	103	谢道蕴	办公室	主任	七级	6,000.00	1,500.00
6	1月	201	杜审言	生产部	经理	七级	6,000.00	1,500.00
7	1月	202	李易安	生产部	职员	七级	3,500.00	500.00
8	1月	203	苏味道	生产部	职员	七级	3,500.00	500.00
9	1月	204	冯异	生产部	职员	七级	3,500.00	500.00
10	1月	203	苏味道	生产部	职员	七级	3,500.00	500.00
11	1月	301	裴行俭	销售部	职员	六级	3,500.00	500.00
12	1月	302	马戴	销售部	经理	六级	6,000.00	1,500.00
13	1月	401	路温舒	客服部	经理	六级	6,000.00	1,500.00
14	1月	402	桑弘羊	客服部	职员	七级	3,500.00	500.00
15	1月	501	张安世	研发部	副研究员	七级	3,500.00	1,000.00
16	1月	502	张汤	研发部	副研究员	七级	3,500.00	1,000.00
17	1月	503	萧衍	研发部	研究员	七级	4,500.00	1,000.00
18	1月	504	王导	研发部	副研究员	七级	3,500.00	1,000.00
19	1月	505	陈庆之	研发部	经理	七级	6,000.00	1,500.00
20								

图 5 – 17 生成职位工资及津贴数据

(5) 生成绩效奖金数据。根据"工资基本初始信息表"中的"绩效等级和奖金标准表"计算奖金数据。

在单元格 I3 输入公式"=(VLOOKUP(F3,绩效等级和奖金标准表,2,FALSE))",

其中，参数"绩效等级和奖金标准表"为"工资基本初始信息表"中"绩效等级和奖金标准表"定义的名称。其他单元格区域通过复制单元格 I3 得到。

（6）计算应发工资合计数。

在"基本工资表"中的应发工资单元格 J3 输入公式"（=SUM(G3:I3)）"，其他单元格区域通过复制单元格 J3 单元格公式得到。

（7）生成考勤扣款数据。

扣款合计

根据"员工考勤表"中的数据，生成"基本工资表"中的考勤扣款数据，在单元格 K3 输入公式"=HLOOKUP(B3,员工考勤汇总表,6,FALSE)"，其中，参数"员工考勤汇总表"为"员工考勤表"中单元格区域为员工考勤表的 $B$39：$S$447 定义的名称。其他单元格区域通过复制单元格 J3 公式得到。结果如图 5-18 所示。

图 5-18　生成考勤扣款数据

注释：

HLOOKUP 函数

功能：

横向查找函数，它与 LOOKUP 函数和 VLOOKUP 函数属于一类函数，HLOOKUP 是按行查找的。

格式：

HLOOKUP(lookup_value,table_array,row_index_num,range_lookup)

参数：

lookup_value 为需要在数据表第一行中进行查找的数值。lookup_value 可以为数值、引用或文本字符串。

table_array 为需要在其中查找数据的数据表。使用对区域或区域名称的引用。

row_index_num 为 table_array 中待返回的匹配值的行序号。row_index_num 为 1 时，返回 table_array 第一行的数值，row_index_num 为 2 时，返回 table_array 第二行的数值，以此类推。如果 row_index_num 小于 1，函数 HLOOKUP 返回错误值 #VALUE!；如果 row_index_num 大于 table_array 的行数，函数 HLOOKUP 返回错误值 #REF!。

range_lookup 为一逻辑值,指明函数 HLOOKUP 查找时是精确匹配,还是近似匹配。如果为 TRUE 或省略,则返回近似匹配值。也就是说,如果找不到精确匹配值,则返回小于 lookup_value 的最大数值。如果 range_lookup 为 FALSE,函数 HLOOKUP 将查找精确匹配值,如果找不到,则返回错误值 #N/A。

(8) 生成养老保险及医疗保险数据。

根据"工资基本初始信息表"中的"社会保险扣缴比例表"计算养老保险及医疗保险数据,如图 5-18 所示。

在单元格 L3 输入公式" = G3 * HLOOKUP($L$2,社会保险扣缴比例表,3,FALSE)",在单元格 M3 输入公式" = G3 * HLOOKUP($M$2,社会保险扣缴比例表,3,FALSE)",其中,参数"社会保险扣缴比例表"为"工资基本初始信息表"中"社会保险扣缴比例表"定义的名称。其他单元格区域通过复制单元格 L3、M3 得到。

(9) 计算扣款合计数。

在"基本工资表"中的应发工资单元格 N3 输入公式" = SUM(K3:M3)",其他单元格区域通过复制单元格 N3 单元格公式得到,如图 5-18 所示。

(10) 个人所得税数据的计算。引用第二章计算个人调节税的自定义函数进行个人所得税计算。

在基本工资个人所得税单元格 O3 用"插入"→"函数"命令,选择"用户定义"的 tax 函数,如图 5-19 所示。然后在弹出来的选框中选择应发工资列下的 O3 单元格,最终生成个人所得税。使用填充柄复制即可。公式为" = tax(J3 - N3)",这里通过应发合计减去扣款合计计算所得税。此次不应用实发合计,是为了避免循环引用。

个人所得税
实发合计

图 5-19 插入自定义的个人所得税计算函数

其他单元格区域通过复制单元格 O3 得到。

（11）实发工资数据的计算。

在实发工资合计单元格 P3 输入公式"= J3 – N3 – O3"。其他单元格公式通过复制单元格 P3 公式得到。通过上述的步骤，工资结算表中的各项目数据已完全生成。

（12）填制工资表及存储记录。

按照单位的具体情况计算并填制数据，设置每个员工的工资分摊科目，生成该月的工资数据。将除去公式的计算数据存入保存记录的 Excel 表格，原表可以用于下一个月的工资计算。

第四节　工资分摊及凭证生成

工资管理系统中凭证是工资发放过程中的原始记录，确保每一笔工资发放、扣款、税金等交易都被准确记录在账，防止漏记或错记，保障财务数据的完整性。凭证制作提供了合法合规的依据，满足审计需求，确保工资发放过程透明、公正，符合国家相关法律规定。而凭证为日后查询提供了依据，可以方便地追溯每一笔工资支付的具体情况，提升管理效率。出现争议时，凭证能够作为重要证据，有助于及时解决问题。通过整理和汇总工资凭证数据，财务人员可以生成准确的财务报表，分析企业的人力成本、薪酬结构等，助力企业决策。

因此，工资管理系统中的凭证制作对企业的财务准确性、合规性、管理效率以及数据分析都具有重要意义，是确保企业工资管理规范运作的关键环节。

设定分摊科目

一、设置分摊项目

完成基本工资表以后，我们需要对部门和人员类别进行工资分摊设置，一般管理部门的工资费用应计入管理费用科目，而销售部门的工资费用应计入销售费用科目，生产部门的工人工资计入生产成本，生产部门的管理人员一般计入制造费用，最后按本企业的特定情况进行归集。

由于分摊科目的数据不少，可以采用"数据验证"的形式输入。基本方法为：选择 Q3 单元格，然后选择"数据"→"数据验证"功能，出现"数据有效性"对话框，在"设置"选项卡中"有效性条件"下的条件中选择"序列"，并在"来源"中选择"= 工资基本信息表!$H$3 : $H$24"，如图 5 – 21 所示。单击"确定"按钮后，结果如图 5 – 21 所示。

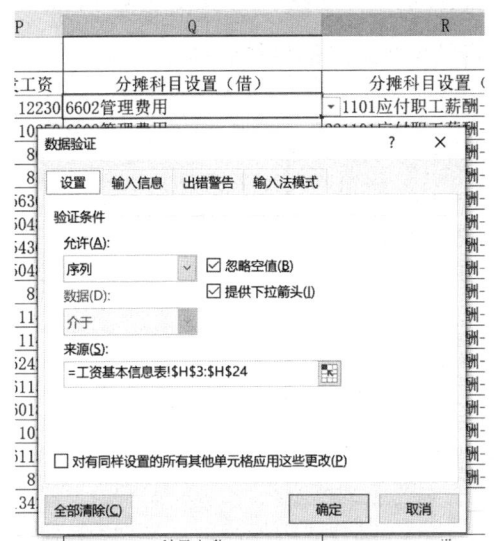

图 5-20 数据验证参数设置

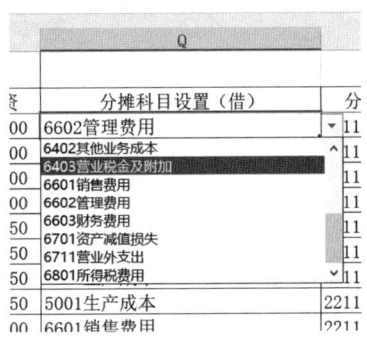

图 5-21 分摊科目序列

按照分类标准，进行分类的结果如图 5-22 所示，这里把 505 陈庆之直接计入生产成本。

	A	B	C	D	E	F	Q	R
1								
2	日期	编号	姓名	部门	职位	绩效等级	分摊科目设置（借）	分摊科目设置（贷）
3	1月	101	王凝之	办公室	总经理	七级	6602管理费用	221101应付职工薪酬—应付工资
4	1月	102	顾恺之	办公室	副总经理	七级	6602管理费用	221101应付职工薪酬—应付工资
5	1月	103	谢道蕴	办公室	主任	七级	6602管理费用	221101应付职工薪酬—应付工资
6	1月	201	杜审言	生产部	经理	七级	5101制造费用	221101应付职工薪酬—应付工资
7	1月	202	李易安	生产部	职员	七级	5001生产成本	221101应付职工薪酬—应付工资
8	1月	203	苏味道	生产部	职员	七级	5001生产成本	221101应付职工薪酬—应付工资
9	1月	204	冯异	生产部	职员	七级	5001生产成本	221101应付职工薪酬—应付工资
10	1月	203	苏味道	生产部	职员	七级	5001生产成本	221101应付职工薪酬—应付工资
11	1月	301	裴行俭	销售部	职员	七级	6601销售费用	221101应付职工薪酬—应付工资
12	1月	302	马戴	销售部	经理	六级	6601销售费用	221101应付职工薪酬—应付工资
13	1月	401	路温舒	客服部	经理	六级	6602管理费用	221101应付职工薪酬—应付工资
14	1月	402	桑弘羊	客服部	职员	六级	6602管理费用	221101应付职工薪酬—应付工资
15	1月	501	张安世	研发部	副研究员	七级	5001生产成本	221101应付职工薪酬—应付工资
16	1月	502	张汤	研发部	副研究员	七级	5001生产成本	221101应付职工薪酬—应付工资
17	1月	503	萧衍	研发部	研究员	六级	5001生产成本	221101应付职工薪酬—应付工资
18	1月	504	王导	研发部	副研究员	七级	5001生产成本	221101应付职工薪酬—应付工资
19	1月	505	陈庆之	研发部	经理	七级	5001生产成本	221101应付职工薪酬—应付工资
20				合计				

图 5-22 设置好的工资分摊科目

二、过滤凭证科目

基本工资表为当前表，单击"数据"→"高级"命令，出现"高级筛选"窗口，在"方式"栏选择"将筛选结果复制到其他位置"选项；在"列表区域"处输入（也可用鼠标点击引用）"\$Q\$2:\$Q\$19"（此处为设置源数据区域，注意要将字段名包括在选取范围中）。在"条件区域"栏输入"\$Q\$2"。在"复制

筛选凭证科目

到"栏输入要将数据显示的位置:"$Q$22"。选择"选择不重复记录",如图 5-23 所示,单击"确定"按钮,得到符合条件的科目名称。

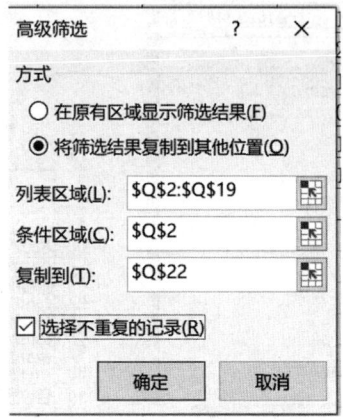

图 5-23 数据筛选

然后改"分摊科目设置(借)"为"科目名称",进行升序排序,同时也制作基本分录表头。最后贷方科目都是"221101应付职工薪酬——应付工资",进行拷贝,最后凭证科目如图 5-24 所示。

	Q	R	S
1			
2	分摊科目设置(借)	分摊科目设置(贷)	
21			
22	科目名称	借	贷
23	5001生产成本		
24	5101制造费用		
25	6601销售费用		
26	6602管理费用		
27	221101应付职工薪酬—应付工资		
28			

图 5-24 美化制定的凭证

三、筛选统计各分录数据

统计发生额

制作凭证需要引用基本工资表的特定分摊科目工资数据。具体步骤是:打开"科目余额表"。选取 R23 单元格,单击"公式""插入函数"按钮,选择"SUMIF"函数,如图 5-25 所示。

将光标移至 Range 自变量处,选择当前表"$Q$3:$Q$19",这里用绝对引用,锁定合计区域,( ),将光标移至 Criteria 自变量处,选择"Q23"单元格。将光标移至 Sum_range 自变量处,选择应发合计对应数据"$J$3:$J$19",如图 5-26 所示。

图 5-25 插入函数

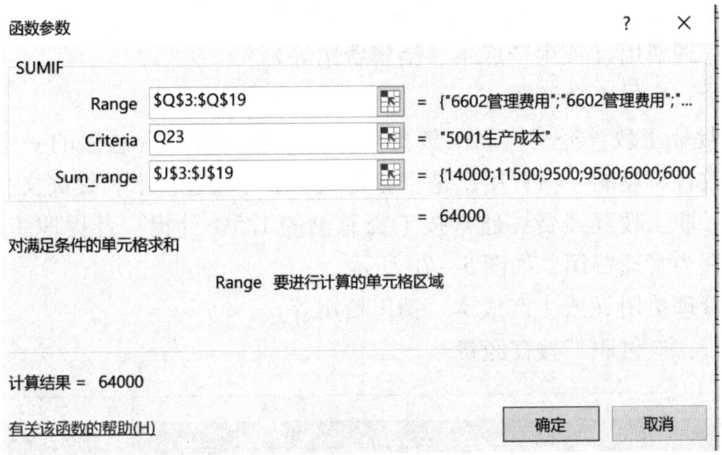

图 5-26 "SUMIF" 函数参数的设置

单击"确定"按钮，公式完成，此时，R23 单元格显示"5001 生产成本"科目应发合计字段的合计数。R23 单元格的公式为"=SUMIF($Q$3:$Q$19,Q23,$J$3:$J$19)"。公式含义是将"$Q$3:$Q$19"单元格数据中数据条件"Q23"（5001 生产成本），相对应应发合计"$J$3:$J$19"单元格数据之和置于 R23 单元格。即：将基本工资表中"分摊科目设置（借）"字段下"5001 生产成本"应发合计数全部汇总到 R23 单元格。用填充柄将公式复制。

在 S27 单元格中，录入公式"=SUM(R23:R26)"，合计借方科目到贷方科目。最终结果如图 5-27 所示。复制本表的 Q3 单元格的"数据验证"到后续的科目名称后续的 Q 列单元格。

图 5-27 工资分摊分录

Q	R	S
分摊科目设置（借）	分摊科目设置（贷）	
科目名称	借	贷
5001生产成本	64,000.00	
5101制造费用	9,500.00	
6601销售费用	21,500.00	
6602管理费用	53,500.00	
221101应付职工薪酬—应付工资		148,500.00

图 5-27 工资分摊分录

四、制作其他薪资凭证

一般企业会计提工会经费和职工教育经费，

1. 计提工会经费。工会经费是工会组织开展各项活动所需要的费用，通常按工资总额的2%计提。计提工会经费，这里计提为管理费用，如图 5-28 所示。

借：管理费用（或生产成本、销售费用等）
　　贷：应付工会经费

2. 计提职工教育经费。职工教育经费是指企业按工资总额的一定比例提取用于职工教育事业的一项费用，是企业为职工学习先进技术和提高文化水平而支付的费用。职工教育经费：通常按工资总额的1.5%计提。计提职工教育经费，这里也计提为管理费用，如图 5-28 所示。

借：管理费用（或生产成本、销售费用等）
　　贷：应付职工教育经费

科目名称	借	贷
5001生产成本	64,000.00	
5101制造费用	9,500.00	
6601销售费用	21,500.00	
6602管理费用	53,500.00	
221101应付职工薪酬—应付工资		148,500.00
6602管理费用	2,970.00	
221103应付职工薪酬—工会经费		2,970.00
6602管理费用	2,227.50	
221104应付职工薪酬—职工教育经费		2,227.50

图 5-28 工资管理凭证

填制分摊凭证

3. 制作并引入凭证到总账系统。

（1）复制第四章的会计凭证表到本章的基本工资表之后，保留全部公式。再直接复制如图 5-28 所示制作的三笔会计凭证的科目名称以及借贷金额，进行选择性粘贴数据到对应位置。然后按照"会计凭证"算法公式，往下复制公式，进行数据验证等操作。

（2）拷贝这三笔凭证数据到总账系统的"会计凭证"表里，复制凭证序号公式，生成这三笔凭证的序号为18、19和20，进行审核，在凭证表里加入一列备注，注明此三笔凭证来自"薪资管理系统"，可以得到图5-29所示的结果。更新薪资管理系统的凭证表起始序号为18。

序行号	制单日期	序号	凭证编号	摘要	行号	科目编码	一级科目编码	科目名称	借方金额	贷方金额	结束标志	审核记账	一级科目名称	备注
1801	2025年1月31日	18	2025013118	工资分摊	1	5001	5001	5001生产成本	64,000.00			√	生产成本	薪资管理系统
1802	2025年1月31日	18	2025013118	工资分摊	2	5101	5101	5101制造费用	9,500.00			√	制造费用	薪资管理系统
1803	2025年1月31日	18	2025013118	工资分摊	3	6601	6601	6601销售费用	21,500.00			√	销售费用	薪资管理系统
1804	2025年1月31日	18	2025013118	工资分摊	4	6602	6602	6602管理费用	53,500.00			√	管理费用	薪资管理系统
1805	2025年1月31日	18	2025013118	工资分摊	5	221101	2211	221101应付职工薪酬—应付工资		148,500.00	end	√	应付职工薪酬	薪资管理系统
1901	2025年1月31日	19	2025013119	计提工会经费	1	6602	6602	6602管理费用	2,970.00			√	管理费用	薪资管理系统
1902	2025年1月31日	19	2025013119	计提工会经费	2	221103	2211	221103应付职工薪酬—工会经费		2,970.00	end	√	应付职工薪酬	薪资管理系统
2001	2025年1月31日	20	2025013120	计提职工教育经费	1	6602	6602	6602管理费用	2,227.50			√	管理费用	薪资管理系统
2002	2025年1月31日	20	2025013120	计提职工教育经费	2	221104	2211	221104应付职工薪酬—职工教育经费		2,227.50	end	√	应付职工薪酬	薪资管理系统

图5-29 引入工资管理吸引凭证到总账系统

第五节 工资账表制作

工资账表在薪资管理系统中非常重要，这些账表对于工资管理的透明性、合规性和操作效率至关重要，主要有工资单、个人所得税申报表和银行代发一览表。

一、工资单制作

工资单详细记录每位员工的工资构成，包括基本工资、奖金、扣除项目等，保障员工的知情权。为了方便每位员工能够清楚地了解自己的工资收入及扣除情况，一般企业要给员工发每个月的工资条，以便员工核对工资数据正确与否。

工资条是根据企业本月工资表的数据生成的，是在原来数据基础上，在每位员工的数据前面要再加上一个表头而已。下面介绍两种生成工资条的方法：一种适用于员工较多的情况；另一种适用于员工较少的情况。

如果需要生成的工资条较少，可以直接在Excel中生成工资条。

先在Excel中制作一个工资条表头模板，如图5-30所示。

制作工资条

	A	B	C	D	E	F	G	H	I	J	K	L	M	N	O	P	Q
1		日期	编号	姓名	部门	职位	绩效等级	职位工资	津贴	绩效奖金	应发合计	考勤扣款	养老保险	医疗保险	扣款合计	个人所得税	实发工资
2	3	日期	编号	姓名	部门	职位	绩效等级	职位工资	津贴	绩效奖金	应发合计	考勤扣款	养老保险	医疗保险	扣款合计	个人所得税	实发工资
3	5	日期	编号	姓名	部门	职位	绩效等级	职位工资	津贴	绩效奖金	应发合计	考勤扣款	养老保险	医疗保险	扣款合计	个人所得税	实发工资
4																	

图5-30 工资条模板

选中图5-30的A2:Q3区域，当放鼠标于选择区域的右小脚，（鼠标变为实心十字，往下拖拉），拖动鼠标，序号为33为止（由于员工有17人）。拷贝工资数据到模板数据下，结果如图5-31所示。

	A	B	C	D	E	F	G	H	I	J	K	L	M	N	O	P	Q
1	1	日期	编号	姓名	部门	职位	绩效等级	职位工资	津贴	绩效奖金	应发合计	考勤扣款	养老保险	医疗保险	扣款合计	个人所得税	实发工资
2	3	日期	编号	姓名	部门	职位	绩效等级	职位工资	津贴	绩效奖金	应发合计	考勤扣款	养老保险	医疗保险	扣款合计	个人所得税	实发工资
3	5	日期	编号	姓名	部门	职位	绩效等级	职位工资	津贴	绩效奖金	应发合计	考勤扣款	养老保险	医疗保险	扣款合计	个人所得税	实发工资
4	7	日期	编号	姓名	部门	职位	绩效等级	职位工资	津贴	绩效奖金	应发合计	考勤扣款	养老保险	医疗保险	扣款合计	个人所得税	实发工资
5	9	日期	编号	姓名	部门	职位	绩效等级	职位工资	津贴	绩效奖金	应发合计	考勤扣款	养老保险	医疗保险	扣款合计	个人所得税	实发工资
6	11	日期	编号	姓名	部门	职位	绩效等级	职位工资	津贴	绩效奖金	应发合计	考勤扣款	养老保险	医疗保险	扣款合计	个人所得税	实发工资
7	13	日期	编号	姓名	部门	职位	绩效等级	职位工资	津贴	绩效奖金	应发合计	考勤扣款	养老保险	医疗保险	扣款合计	个人所得税	实发工资
8	15	日期	编号	姓名	部门	职位	绩效等级	职位工资	津贴	绩效奖金	应发合计	考勤扣款	养老保险	医疗保险	扣款合计	个人所得税	实发工资
9	17	日期	编号	姓名	部门	职位	绩效等级	职位工资	津贴	绩效奖金	应发合计	考勤扣款	养老保险	医疗保险	扣款合计	个人所得税	实发工资
10	19	日期	编号	姓名	部门	职位	绩效等级	职位工资	津贴	绩效奖金	应发合计	考勤扣款	养老保险	医疗保险	扣款合计	个人所得税	实发工资
11	21	日期	编号	姓名	部门	职位	绩效等级	职位工资	津贴	绩效奖金	应发合计	考勤扣款	养老保险	医疗保险	扣款合计	个人所得税	实发工资
12	23	日期	编号	姓名	部门	职位	绩效等级	职位工资	津贴	绩效奖金	应发合计	考勤扣款	养老保险	医疗保险	扣款合计	个人所得税	实发工资
13	25	日期	编号	姓名	部门	职位	绩效等级	职位工资	津贴	绩效奖金	应发合计	考勤扣款	养老保险	医疗保险	扣款合计	个人所得税	实发工资
14	27	日期	编号	姓名	部门	职位	绩效等级	职位工资	津贴	绩效奖金	应发合计	考勤扣款	养老保险	医疗保险	扣款合计	个人所得税	实发工资
15	29	日期	编号	姓名	部门	职位	绩效等级	职位工资	津贴	绩效奖金	应发合计	考勤扣款	养老保险	医疗保险	扣款合计	个人所得税	实发工资
16	31	日期	编号	姓名	部门	职位	绩效等级	职位工资	津贴	绩效奖金	应发合计	考勤扣款	养老保险	医疗保险	扣款合计	个人所得税	实发工资
17	33	日期	编号	姓名	部门	职位	绩效等级	职位工资	津贴	绩效奖金	应发合计	考勤扣款	养老保险	医疗保险	扣款合计	个人所得税	实发工资

图 5 - 31 生成表头列表

然后拷贝工资数据，并添加序号，按偶数方式添加，如图 5 - 32 所示。

27	日期	编号	姓名	部门	职位	绩效等级	职位工资	津贴	绩效奖金	应发合计	考勤扣款	养老保险	医疗保险	扣款合计	个人所得税	实发工资
29	日期	编号	姓名	部门	职位	绩效等级	职位工资	津贴	绩效奖金	应发合计	考勤扣款	养老保险	医疗保险	扣款合计	个人所得税	实发工资
31	日期	编号	姓名	部门	职位	绩效等级	职位工资	津贴	绩效奖金	应发合计	考勤扣款	养老保险	医疗保险	扣款合计	个人所得税	实发工资
33	日期	编号	姓名	部门	职位	绩效等级	职位工资	津贴	绩效奖金	应发合计	考勤扣款	养老保险	医疗保险	扣款合计	个人所得税	实发工资
2	1月	101	王凝之	办公室	总经理	七级	10000	2000	2000	14000	200	800	200	1200	570	12230
4	1月	102	顾恺之	办公室	副总经理	七级	8000	1500	2000	11500	100	640	160	900	350	10250
6	1月	103	谢道蕴	办公室	主任	七级	6000	1500	2000	9500	100	480	120	700	170	8630
8	1月	201	杜审言	生产部	经理	七级	6000	1500	2000	9500	400	480	120	1000	140	8360
10	1月	202	李易安	生产部	职员	七级	3500	500	2000	6000	0	280	70	350	19.5	5630.5
12	1月	203	苏味道	生产部	职员	七级	3500	500	2000	6000	600	280	70	950	1.5	5048.5
14	1月	204	冯异	生产部	职员	七级	3500	500	2000	6000	200	280	70	550	13.5	5436.5
16	1月	203	苏味道	生产部	职员	七级	3500	500	2000	6000	600	280	70	950	1.5	5048.5
18	1月	301	裴行俭	销售部	职员	六级	3500	500	5000	9000	200	280	70	550	135	8315
20	1月	302	马戴	销售部	经理	七级	6000	1500	5000	12500	0	480	120	600	480	11420
22	1月	401	路温舒	客服部	经理	六级	6000	1500	5000	12500	0	480	120	600	480	11420
24	1月	402	桑弘羊	客服部	职员	六级	3500	500	5000	9000	400	280	70	750	7.5	5242.5
26	1月	501	张安世	研发部	副研究员	七级	3500	1000	2000	6500	0	280	70	350	34.5	6115.5
28	1月	502	张汤	研发部	副研究员	七级	3500	500	2000	6000	100	280	70	450	31.5	6018.5
30	1月	503	萧衍	研发部	研究员	六级	4500	1500	5000	11000	0	360	90	450	345	10205
32	1月	504	王导	研发部	副研究员	七级	3500	1000	2000	6500	0	280	70	350	34.5	6115.5
34	1月	505	陈庆之	研发部	经理	七级	6000	1500	2000	9500	0	480	120	600	180	8720

图 5 - 32 拷贝的工资数据

选中第一行，点击"数据"→"筛选"，如图 5 - 33 所示。

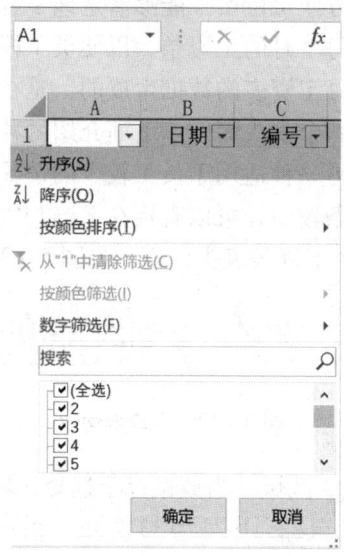

图 5 - 33 工资排序

点中"序号"→"升序"就得到了工资条。再美化表格,就得到如图 5-34 所示的工资条。

图 5-34 填充生成工资条

二、个人所得税申报表

个人所得税申报表用于计算和申报个人所得税,确保合规和避免法律风险。

(1) 新建一张工资表,重命名为"个人所得税申报表"具体格式如图 5-35 所示。

计算应纳税
所得额

编号	纳税义务人姓名	身份证照类型	所得期间	收入额	费用扣除标准	应纳税所得额	税率	应扣税额	已扣税额	备注
101	王凝之	身份证	1月	14,000.00	5,000.00	7,800.00	10.00	570.00	570.00	
102	顾恺之	身份证	1月	11,500.00	5,000.00	5,600.00	10.00	350.00	350.00	
103	谢道蕴	身份证	1月	9,500.00	5,000.00	3,800.00	10.00	170.00	170.00	
201	杜审言	身份证	1月	9,500.00	5,000.00	3,500.00	10.00	140.00	140.00	
202	李易安	身份证	1月	6,000.00	5,000.00	650.00	3.00	19.50	19.50	
203	苏味道	身份证	1月	6,000.00	5,000.00	50.00	3.00	1.50	1.50	
204	冯异	身份证	1月	6,000.00	5,000.00	450.00	3.00	13.50	13.50	
203	苏味道	身份证	1月	6,000.00	5,000.00	50.00	3.00	1.50	1.50	
301	裴行俭	身份证	1月	9,000.00	5,000.00	3,450.00	10.00	135.00	135.00	
302	马戴	身份证	1月	6,900.00	5,000.00	6,900.00	10.00	480.00	480.00	
401	路温舒	身份证	1月	12,500.00	5,000.00	6,900.00	10.00	480.00	480.00	
402	桑弘羊	身份证	1月	6,000.00	5,000.00	250.00	3.00	7.50	7.50	
501	张安世	身份证	1月	6,500.00	5,000.00	1,150.00	3.00	34.50	34.50	
502	张汤	身份证	1月	6,000.00	5,000.00	1,050.00	3.00	31.50	31.50	
503	萧衍	身份证	1月	11,000.00	5,000.00	5,550.00	10.00	345.00	345.00	
504	王导	身份证	1月	6,500.00	5,000.00	1,150.00	3.00	34.50	34.50	
505	陈庆之	身份证	1月	9,500.00	5,000.00	3,900.00	10.00	180.00	180.00	
		合计		148,500.00	85,000.00	52,200.00	114.00	2,994.00	2,994.00	

图 5-35 个人所得税申报表

(2) 按图 5-35 所示建立表头,在 A4:A20 区域引入人员档案"员工基本信息表"编号,B4 单元格引入员工姓名,具体公式为 =VLOOKUP(A4,员工基本信息表!$A$3:$G$19,2,0),即从员工基本信息表中引入姓名,C 列输入身份证，D4 单元格输入 = MONTH（员工考勤表!$A$5）&"月"，即通过员工考勤表，获取当前月份。E4 单元格输入 = VLOOKUP（A4,基本工资表!$B$3:$N$19,9,0），即在基本工资表里获取应发合计，F 列的费用扣除标准为 5,000 元。G4 单元格输入 = VLOOKUP（A4,基本工资表!$B$3:$N$19,9,0） – VLOOKUP（A4,基本工资表!$B$3:$N$19,13,0） – F4，即用应发合计减去扣款合计再减去费用扣除标准。I4 单元格录入 = tax（G4 + F4），即实际收入进行扣税。

计算所得税

（3）设置税率。可以用 VBA 的函数编制一个公式，提出其税率值，如图 5 – 36 所示。

```
Public Function tax_rate(beyond As Single) As Single
    Select Case beyond
        Case Is <= 0
            tax_rate = 0
        Case Is <= 3000
            tax_rate = 3
        Case Is <= 12000
            tax_rate = 10
        Case Is <= 25000
            tax_rate = 20
        Case Is <= 35000
            tax_rate = 25
        Case Is <= 55000
            tax_rate = 30
        Case Is <= 80000
            tax_rate = 35
        Case Is > 80000
            tax_rate = 45
    End Select
End Function
```

图 5 – 36　提取税率公式

在 VBA 中新建一个函数，tax_rate 公共函数，应纳税所得额如果小于等于 0 则税率为 0，小于等于 3,000 则税率为 3，小于等于 12,000 则税率为 10，以此类推。至此，个人所得税申报表设置结束，后面的单元格按照上面的设置，往下复制公式，即可得到如图 5 – 35 所示完整的个人所得税申报表，还可以根据税务的需要进行表格调整，最终达到报税的目的。

三、银行代发一览表

银行代发一览表

银行代发一览表：汇总各员工的应发工资，用于批量支付，提高发薪效率，减少人工错误。

新建一张工资表，重命名银行代发一览表具体格式如图 5 – 37 所示。

按图 5 – 37 所示建立表头，在 D4:D20 区域引入人员档案"员工基本信息表"编号，A 列输入本单位在开户银行的单位编号，单位名称输入"北京润洁有限公司"，C4 单元格引入员工姓名，具体公式为 = VLOOKUP（D4,员工基本信息表!$A$3:$G$19,2,0），即从员工基本信息表中引入姓名；E 列输入对应员工的工资账号，F4 单元格输入 = VLOOKUP(D4,基本工资表!$B$3:$P$19,15,0)，即从基本工资表里获取扣税以后的工资。G 列录入具体的录入日期。后面的单元格按照上面的设置，往下复制公式或数据，即可得到如图 5-37 所示完整的银行贷方一览表，还可以根据开户银行的具体要求格式进行表格调整，最终达到银行代发工资的目的。

	A	B	C	D	E	F	G
1			银行代发一栏表				
2							
3	单位编号	单位名称	姓名	人员编号	账号	金额	录入日期
4	999	北京润洁有限公司	王凝之	101	20251110001	12,230.00	20250131
5	999	北京润洁有限公司	顾恺之	102	20251110002	10,250.00	20250131
6	999	北京润洁有限公司	谢道蕴	103	20251110003	8,630.00	20250131
7	999	北京润洁有限公司	杜审言	201	20251110004	8,360.00	20250131
8	999	北京润洁有限公司	李易安	202	20251110005	5,630.50	20250131
9	999	北京润洁有限公司	苏味道	203	20251110006	5,048.50	20250131
10	999	北京润洁有限公司	冯异	204	20251110007	5,436.50	20250131
11	999	北京润洁有限公司	苏味道	203	20251110008	5,048.50	20250131
12	999	北京润洁有限公司	裴行俭	301	20251110009	8,315.00	20250131
13	999	北京润洁有限公司	马戴	302	20251110010	11,420.00	20250131
14	999	北京润洁有限公司	路温舒	401	20251110011	11,420.00	20250131
15	999	北京润洁有限公司	桑弘羊	402	20251110012	5,242.50	20250131
16	999	北京润洁有限公司	张安世	501	20251110013	6,115.50	20250131
17	999	北京润洁有限公司	张汤	502	20251110014	6,018.50	20250131
18	999	北京润洁有限公司	萧衍	503	20251110015	10,205.00	20250131
19	999	北京润洁有限公司	王导	504	20251110016	6,115.50	20250131
20	999	北京润洁有限公司	陈庆之	505	20251110017	8,720.00	20250131
21	合计					134,206.00	

图 5-37　银行贷方一览表

本章习题

一、单选题

1. 在工资管理系统中，员工工资的发放通常通过（　　）进行。
A. 现金支付　　　B. 支票支付　　　C. 银行代发　　　D. 实物支付

2. 工资单的主要作用是（　　）。
A. 记录员工的工作表现　　　　B. 显示员工的工作时间
C. 详细列出员工的收入和扣除项　　　D. 记录公司总收入

3. 个人所得税申报表的主要用途是（　　）。
A. 记录员工的考勤情况　　　B. 计算和申报个人所得税
C. 确定员工的晋升情况　　　D. 记录员工的休假天数

4. 工资在管理部门通常计入（　　）。
A. 生产成本　　　B. 销售费用　　　C. 管理费用　　　D. 应付职工薪酬

5. 工资的发放周期通常是（　　）。
A. 每日　　　B. 每周　　　C. 每月　　　D. 每年

6. 在薪资管理系统中，工会经费通常按工资总额的（　　）计提。
A. 1%　　　B. 1.5%　　　C. 2%　　　D. 2.5%

7. 职工教育经费通常按工资总额的（　　）计提。
A. 0.5%　　　　　B. 1%　　　　　C. 1.5%　　　　　D. 2%
8. 工资管理系统中的"银行代发一览表"主要用于（　　）。
A. 员工晋升记录　　　　　　　　B. 工资支付审核
C. 批量发放工资　　　　　　　　D. 记录员工休假
9. 工资分摊时，生产部门的工资应计入（　　）。
A. 管理费用　　　B. 销售费用　　　C. 生产成本　　　D. 财务费用
10. 个人所得税申报表中，不属于计税项目的是（　　）。
A. 基本工资　　　B. 加班工资　　　C. 奖金　　　　　D. 公司收入

二、多选题

1. 工资管理系统中，常见的工资构成有（　　）。
A. 基本工资　　　B. 加班工资　　　C. 奖金　　　　　D. 公司利润
2. 工资分摊时，工资可以计入管理费用的部门有（　　）。
A. 财务部门　　　B. 行政部门　　　C. 销售部门　　　D. 生产部门
3. 以下费用通常需要通过工资管理系统计提的有（　　）。
A. 工会经费　　　B. 职工教育经费　C. 员工福利费　　D. 劳动保护费
4. 工资管理系统中，银行代发一览表的主要内容有（　　）。
A. 员工姓名　　　B. 银行账号　　　C. 应发工资　　　D. 工资发放日期
5. 工资管理系统中的报表模块可以生成（　　）。
A. 工资单　　　　　　　　　　　　B. 个人所得税申报表
C. 银行代发一览表　　　　　　　　D. 公司利润表
6. 在薪资管理系统中，工资分摊涉及的会计科目有（　　）。
A. 生产成本　　　B. 管理费用　　　C. 销售费用　　　D. 银行存款
7. 工资分摊时，可计入生产成本的费用有（　　）。
A. 生产工人工资　　　　　　　　　B. 生产部门经理工资
C. 原材料采购成本　　　　　　　　D. 生产设备维护费
8. 工资发放时，必需的步骤有（　　）。
A. 工资计算　　　B. 工资分摊　　　C. 工资审核　　　D. 工资记账
9. 工资管理系统中常见的会计科目有（　　）。
A. 管理费用　　　　　　　　　　　B. 应付职工薪酬
C. 税金及附加　　　　　　　　　　D. 资本公积
10. 工资管理系统中的"工资计算模块"主要负责的任务有（　　）。
A. 计算员工基本工资　　　　　　　B. 计算员工奖金
C. 计算个人所得税　　　　　　　　D. 计算公司总收入

第六章 固定资产管理

固定资产管理是企业财务管理中的重要环节，它涉及企业重要的长期投资和资产资源。固定资产管理对于企业的财务健康和运营效率具有重要影响。通过有效的固定资产管理，企业可以保护资产价值，优化资产利用率，控制资产风险，并为财务报告和决策提供可靠的信息和依据。这将促使企业实现可持续的发展和竞争优势。

第一节 固定资产管理概述

固定资产是指企业为生产产品、提供劳务、出租或者经营管理而持有的，使用时间超过12个月的，价值达到一定标准的非货币性资产，包括房屋、建筑物、机器、机械、运输工具以及其他与生产经营活动有关的设备、器具、工具等。固定资产是劳动资料的主要组成部分，但不是劳动资料的全部。固定资产管理是企业财务管理的重要组成部分，涉及企业重要的长期投资和资产资源。固定资产管理以帮助企业实现高效、准确和可追溯的固定资产管理。

固定资产在生产过程中可以长期发挥作用，长期保持原有的实物形态，但其价值则随着企业生产经营活动而逐渐地转移到产品成本中，并构成产品价值的一个组成部分。一个企业把劳动资料按照使用年限和原始价值划分为固定资产和低值易耗品。对于原始价值较大、使用年限较长的劳动资料，按照固定资产来进行核算；而对于原始价值较小、使用年限较短的劳动资料，按照低值易耗品来进行核算。

从会计的角度划分，固定资产一般被分为生产用固定资产、非生产用固定资产、租出固定资产、未使用固定资产、不需用固定资产、融资租赁固定资产、接受捐赠固定资产等。固定资产的价值是根据它本身的磨损程度逐渐转移到新产品中去的，它的磨损分有形磨损和无形磨损两种情况；固定资产在使用过程中因损耗而转移到产品中去的那部分价值的一种补偿方式，叫作折旧，折旧的计算方法主要有平均年限法、工作量法、年限总和法等；固定资产在物质形式上进行替换，在价值形式上进行补偿，就是更新；此外，还有固定资产的维持和修理等。

固定资产是为生产商品提供劳务出租或经营管理而持有的，使用寿命超过一个会计年度。固定资产同时满足下列条件的才能予以确认：与该固定资产有关的经济利益很可能流入企业，该固定资产的成本能够可靠地计量。固定资产的各组成部分具有不同使用寿命或者以不同方式为企业提供经济利益，适用不同折旧率或折旧方法的，应当分别将各组成部分确认为单项固定资产。

固定资产的主要特点是资产的价值大，一旦流失就会给企业造成巨大的损失，为了保证资产的安全完整，需要建立详细的卡片资料来进行管理，但固定资产的增减变化较少，日常的业务核算以计提折旧为主，还包括固定资产增加的核算、固定资产折旧的核算、固定资产修理及改扩建后的核算、固定资产投资和租出的核算、固定资产清理的核算、固定资产减值的核算和固定资产清查的核算。

一、固定资产基本流程

固定资产管理一般包括以下五个基本操作。

（1）资产登记与建档：用户对固定资产进行登记和建档。通过输入资产的基本信息，如资产编号、名称、规格、数量、价值等，系统可以建立资产档案，方便对固定资产进行管理和查询。

（2）折旧计算与跟踪：根据设定的折旧方法和折旧期限自动计算折旧费用，并跟踪资产的折旧情况。生成折旧明细表和累计折旧账户，用于财务报告和决策分析。通过自动计算和跟踪功能，可以减少人工错误和时间成本。

（3）入库与领用管理：在资产购买后，可以将资产入库，并在需要时进行领用登记。记录资产的领用部门和人员，并实时更新资产的所在位置和使用情况。这有助于提高资产的可追溯性和使用效率。

（4）资产清查与盘点：通过资产清查表，对比实际资产与系统记录的资产，发现差异并进行调整和修正。这有助于准确掌握资产的实际情况，并及时发现潜在的问题和盗窃风险。

（5）报废与处置管理：当资产达到报废标准或无法维修时，可以提出报废申请，并经过审批后进行报废处理。生成报废处置记录，并在财务报告中反映资产的减值和损失。通过报废与处置管理功能，可以规范资产的处置流程，减少遗漏和错误。

固定资产的管理系统基本流程如图6-1所示。

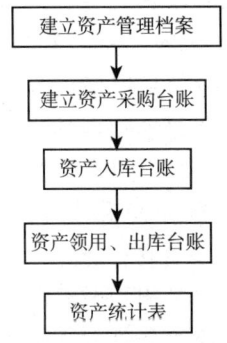

图6-1 固定资产管理流程图说明

二、固定资产管理基础数据

固定资产的核算是重要的会计业务之一，使用 Excel 以表代账，可以摆脱烦琐的手工计算，提高准确性。从技术上看，利用 Excel 进行固定资产核算并不复杂，但也有其特点、难点。为了方便固定资产的数据处理与分析，可设计一个固定资产管理系统。在此介绍的方法是建账时建立一个 Excel 文件（工作簿），进行必要的设置，以后每个月主要工作是拷贝建立新文件、输入新数据等，大大减轻工作量。

先创建固定资产表，收集有关固定资产的各种相关信息，将之分类整理。新建一个固定资产管理文件的 Excel 表，这里命名为"第六章.xlsm"。

（1）构建固定资产相关会计科目表。在第四章的会计科目表的相应位置，插入固定资产需要的三个会计科目"1606：固定资产清理；1901：待处理财产损溢；6901：以前年度损益调整"，如图 6-2 所示，将第四章的会计科目表整表复制到"第六章.xlsm"的第一张工作之前。"完整科目"列的内容以数据格式复制到本表，避免公式引用错误。然后进行格式调整，达到美观的效果。

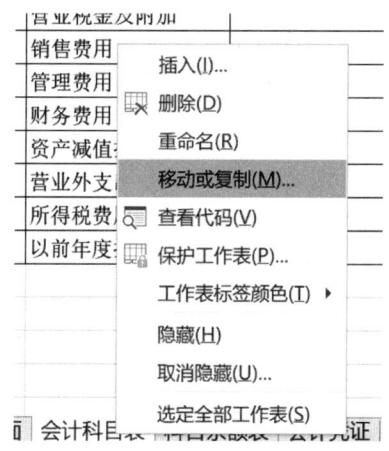

图 6-2　复制会计科目到固定资产管理系统

（2）输入固定资产基本初始信息。建一张"固定资产基本初始信息表"的工作表，根据已经分类好的资料，建立固定资产基本初始信息表，如图 6-3 所示。其中，单元格 A1:B7 区域为部门对应科目折旧表；单元格区域 A8:B12 为固定资产类别表；单元格区域 A13:B17 为考固定资产折旧方法表；单元格区域 A18:B30 为增减方式表；这些初始信息表可以为固定资产各项目的计算提供依据。对应科目的录入选择数据验证的方式，以"会计科目表"的"完整科目"作为来源继续选择科目录入。

	A	B
1	部门对应科目折旧表	
2	部门名称	对应折旧科目
3	办公室	6602管理费用
4	生产部	5101制造费用
5	销售部	6601销售费用
6	客服部	6602管理费用
7	研发部	5001生产成本
8	固定资产类别表	
9	类别编码	类别名称
10	01	交通运输设备
11	02	电子设备及其他通信设备
12	03	办公及其他
13	固定资产折旧方法表	
14	折旧编码	折旧方法
15	1	平均年限法
16	2	年数总和法
17	3	双倍余额递减法
18	增减方式表	
19	增加方式	
20	直接购入	1002银行存款
21	投资者投入	4001实收资本
22	捐赠	6301营业外收入
23	盘盈	6901以前年度损益调整
24	减少方式	
25	出售	1606固定资产清理
26	盘亏	1901待处理财产损溢
27	投资转出	1606固定资产清理
28	捐赠转出	1606固定资产清理
29	报废	1606固定资产清理
30	毁损	1606固定资产清理

图6-3 固定资产基本初始信息表

(3) 设置数据验证。为了统一数据，避免人为误操作，这里的科目选择运用"数据验证"方式。操作步骤如下：选择B3单元格→数据→点击"数据验证"，如图6-4所示，选择序列→来源选择"=会计科目表!\$E\$4:\$E\$84"，即会计科目表的"完整科目"列→点击"确定"按钮，设置好数据验证，然后复制数据验证到本表需要选择科目的其他单元格，就设置好了数据验证。然后按图6-3设置会计科目。

图6-4 设置会计科目的数据验证

第二节　固定资产卡片的编制

固定资产卡片在固定资产管理中具有不可替代的重要性。它不仅是企业固定资产信息集中记录和管理的工具，更是支持财务核算、内控合规、决策支持等多项职能的重要依据。通过有效的固定资产卡片管理，企业能够实现更加高效、安全和合规的资产管理。

一、设计固定资产卡片框架

在建立 Excel 表（卡片）之前，应对所有固定资产进行编号。资产数量少的企业没有编码固然可以，但建立编码，可以方便查询和日常管理。编码应当注意：

（1）划分类别时，尽量不考虑可变属性要素，而主要依据不变属性要素，如物理技术性质分类。可以在数据库（清单）中设专门字段反映可变属性，如存放地点、使用部门、用途等要素。如果将可变属性列入编码，则每次改变地点、使用部门、用途就必须改变资产编号，难以跟踪，容易发生混乱，造成不必要的麻烦。

（2）尽量简单。常见的是由类别、添置年月、流水号三个部分构成，总共需要 9~12 位。类别、添置年月、流水号三个部分用分隔符号隔开，方便识别。其中，类别可细分为大类、中类、小类，占 3~5 位。添置年月占 4 位基本可以满足需要。流水号（顺序号）则视公司规模大小而定，一般 3 位即可。每部分不足位数的，用"0"补足。甚至也可以像大型 ERP 软件那样，直接用流水号作为编码，在 Excel 数据库（数据清单）中，设立类别、添置年月字段。

（3）每件资产都要有唯一的专用编码。即使是同一批次、同一时间购入、存放在同一地点也不能整批使用同一编码。因为购入时以上因素虽然一致，但今后每一件的用途、存放地点、寿命都可能有变化。分别编码，才能分别跟踪每件资产。

（4）固定资产编码规则应该统一。如果是集团性企业，固定资产编码规则应该统一，保证不重码，今后使用专门的管理信息系统如 ERP 软件时，可以减少编码工作。

（5）不得重复利用。减少的固定资产使用过的号码不得重复利用，以方便档案信息管理。

（6）号码签贴。为方便识别，应将号码签贴在每台资产上。如果体积允许，每件资产应贴两份号码签，分别在显眼位置和不显眼位置，以防时间长以后遗失或磨损难以识别。较小型的设备、工具则使用牢固的号码签，贴一份即可。由于资产购进时间涉及保修期、更新决策等重要事项，如果号码中没有包含购进日期信息，最好能在标签上注明购进年月。

（7）读码器采录。资产较多的单位，号码签如果能由编号和条码共同组成，则盘点时可以使用读码器采录数据，更方便、快捷。

（8）统一采用数字。编码尽量统一采用数字，不要混入字母、汉字等，以便在利用计算机输入数据时，不必在文字与数字键盘之间切换，提高速度。

固定资产核算的主要业务包括增加、减少、折旧等。日常核算、管理需要建立一套明细账（卡片），增加、减少、折旧都在这套账上进行。利用Excel处理，需要分别设立“固定资产”“固定资产减少”“报表”三个主要表格。其中，“固定资产”相当于固定资产明细账（卡片），记录需要计提折旧和已提足折旧的在用固定资产。“固定资产减少”表相当于投资转出、报废、对外捐赠、无偿调出等减少资产的档案记录，相当于把这部分资产的明细账（卡片）另行抽出装订备案。“报表”用于分类汇总、分配资产折旧费用，汇总资产的原值、累计折旧等数据，以制作固定资产报表。

二、输入固定资产卡片内容

1. “固定资产”表。固定资产卡片如图6－5所示。

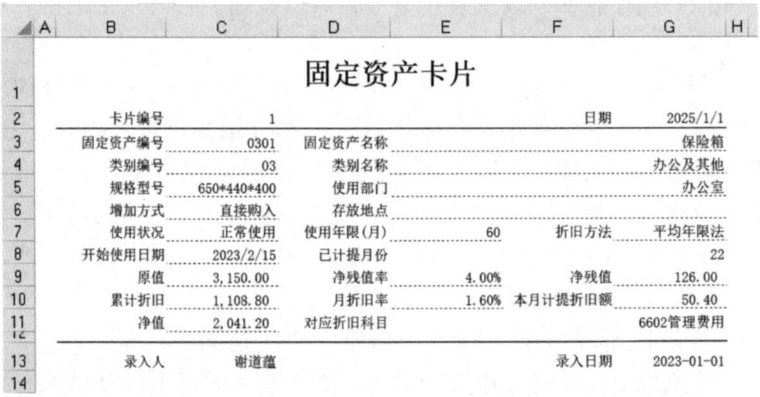
固定资产卡片

卡片编号	1			日期	2025/1/1
固定资产编号	0301	固定资产名称			保险箱
类别编号	03	类别名称			办公及其他
规格型号	650*440*400	使用部门			办公室
增加方式	直接购入	存放地点			
使用状况	正常使用	使用年限（月）	60	折旧方法	平均年限法
开始使用日期	2023/2/15	已计提月份			22
原值	3,150.00	净残值率	4.00%	净残值	126.00
累计折旧	1,108.80	月折旧率	1.60%	本月计提折旧额	50.40
净值	2,041.20	对应折旧科目			6602管理费用
录入人	谢道蕴			录入日期	2023-01-01

图6－5　固定资产卡片

固定资产表是根据固定资产卡片的具体内容进行设置的。其设计字段如表6－1所示。

表6－1　固定资产表

列号	字段名	内容说明
A	卡片编号	记录卡片编号
B	固定资产编号	记录固定资产编码
C	入账日期	记录固定资产入账的具体日期
D	固定资产名称	确定固定资产名称

续表

列号	字段名	内容说明
E	类别编号	进行类别分类
F	类别名称	按物理技术性质的大类
G	规格型号	品牌、规格、型号等说明
H	使用部门	通过使用部门确定其折旧科目
I	增加方式	固定资产增加方式
J	使用情况	具体使用状态
K	存放地点	根据固定资产存放地点进行填写
L	预计使用年限（月）	预计经济使用寿命
M	折旧方法	确定折旧的具体方法
N	已提折旧月份	已经计提的确切月数
O	应提折旧月份	应该计提的确切月数
P	原值	按会计制度入账的金额
Q	残值率	预计残值率
R	净残值	预计净残值
S	累计折旧	累计计提的折旧额
T	月折旧率	每个月的折旧率
U	本月折旧额	本月应该折旧的金额
V	净值	原值扣除累计折旧后的余额
W	折旧科目	通过使用部门确定的折旧科目

固定资产表也可以称为固定资产的台账，它通常详细记录了物资的购入时间、价格、经办人或部门，有的还记录了每种物资流转的每一个细节，是财务人员或统计人员记录、核算与管理固定资产的主要手段。台账可以根据实际需要设计，并没有固定的格式。

2. 建立固定表。在工作簿中，将一张工作表改名为"固定资产表"，并保存。按照表 6-1 的科目在 A2:W2 单元格区域输入表格标题，并适当调整列宽，保证单元格中内容完成显示。固定资产表的格式如图 6-6 所示。

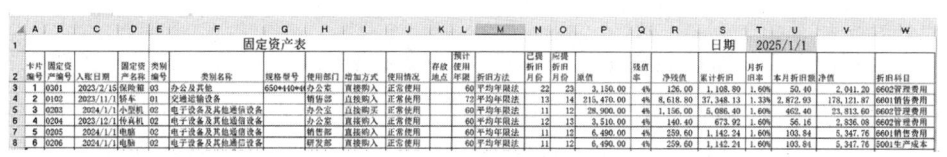

图 6-6 固定资产表

固定资产表1

（1）设置日期。每个固定资产都有入账日期，以显示固定资产购买入账的具体日期。点击"入账日期"列表体单元格，右键设置单元格格式，选择数字选项卡，在分类一栏里选择日期，在类型一栏里选择"*2012/3/14"一项，点击确定，这样就可以在这一列单元格里手动添加日期。先在 T1 单元格添加日期"2025/1/1"。确定固定资产的建账日期。

（2）基本格式的设置。一些单元格应该设置成相应的单元格格式。

需要以文本形式显示的，比如摘要，应该设置为文本格式，单击"格式"菜单，选择"单元格"命令，弹出对话框，打开"数字"选项卡，选择"文本"，将这列设置为"文本"格式。

需要以数字形式显示的，比如原值、累计折旧、净值等经济相关的数据，选择"单元格"命令，弹出对话框，选择"会计专用"选项，在"小数位数"栏输入"2"，在"货币符号"栏选择"无"，如图 6-7 所示，单击"确定"按钮，完成"固定资产表"金额单元格基本格式的设置。

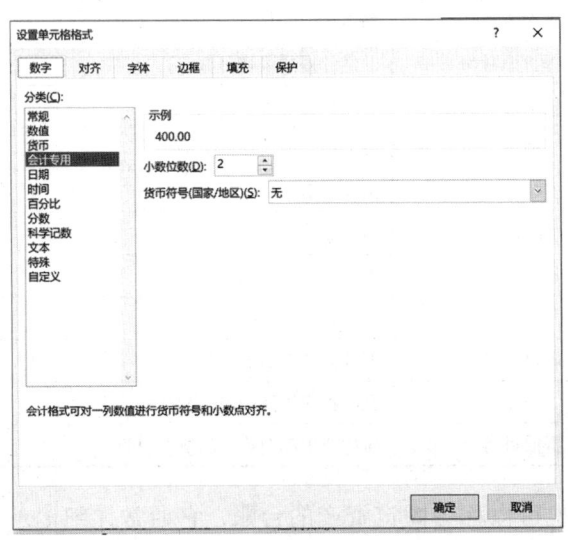

图 6-7　设置金额格式

固定资产表 2

其余的根据会计工作的实际需要进行设置。用户可以根据需要，应用前面所学的 Excel 的基础知识来设置。

（3）数据验证设置。按照图 6-3 的方式设置数据验证，本表里的类别名称、部门、增加方式、折旧方式都按照图 6-3 的具体数据进行来源设置。这里以增加方式进行介绍。

固定资产的增加方式主要有直接购买、投资者投入、捐赠、盘盈、在建工程转入、融资租入。减少方式主要有出售、盘亏、投资转出、捐赠转出、报废、毁损、融资租出等。增减方式的对应入账科目是指增加或减少固定资产时所对应的科目，如图 6-3 所示。

可以通过数据有效性来输入这些方式。选中 I3 列单元格，单击"数据"→"数据验证"，弹出"数据验证"对话框。在"设置"选项卡中"验证条件"下的"允许"下拉列表中选择"序列"，在"来源"文本框中输入"=固定资产基本初始信息表!$A$20:$A$23"，然后点击"确定"按钮完成数据有效性的设置。

选中 I3 单元格,在单元格的右侧就会出现一个下拉按钮,点击弹出列表,现在只需要在下拉列表中选择即可输入 I 列单元格的内容了。其他数据验证可以按此操作进行设置。"使用方式"的数据验证来源输入文本:正常使用,非正常使用。

(4) 计算数据。

①已提折旧月份,按企业已计提折旧月份输入。

②应提折旧月份。在 N3 单元格输入公式 "=(YEAR($T$1)-YEAR(C3))*12+(MONTH($T$1)-MONTH(C3))",即用表头的日期与该固定资产的入账日期进行计算,表头日期的年剪切入账日期的年的结果再乘以 12,换成月,再加上表头的日期月份减去入账日期的月份的差再减 1 个月,因为固定资产一般设置为购买当月不折旧,销售或毁损当月要计提折旧。

固定资产表 3

③累计折旧。S3 在初始输入数据时,按照固定资产账簿每个固定资产的累计折旧金额输入,计提折旧则是累加当月的折旧额到累计折旧里。

④月折旧率。在 U3 单元格输入公式 "=(1-Q3)/L3",用 1 减去残值率的除以使用的总月数。

⑤本月折旧额。U3 的计算数据,在进行折旧操作时进行讲解。

⑥净值。在 V3 单元格输入公式 "=P3-S3",即净值等于原值减去累计折旧额。

固定资产表 4

(5) 其他设置。

①"卡片编号"下的 A3 单元格按顺序输入,根据本单位的要求进行编号。

②"固定资产编号"类别编号和卡片编号组合而成,B3 单元格公式为 "=E3&IF(LEN(A3)=1,0&A3,A3)",即类别编号加卡片编号,如果卡片编号为一位则需用 0 补位。

③"类别编号"下 E3 单元格公式为 "=VLOOKUP(F3,固定资产基本初始信息表!$B$10:$C$12,2,0)",即获取相应的类别编号。

④"折旧科目"下的 W3 单元格公式为 "=VLOOKUP(H3,固定资产基本初始信息表!$A$3:$B$7,2,FALSE)",即根据使用部门获取折旧科目。

3. 录入初始固定资产卡片数据。初始卡片数据的录入,根据企业的实际固定资产情况逐项录入。本系统按图 6-6 所示的具体数据进行录入,公式也已复制到对应单元格。其中,应提折旧月份、月折旧、本月折旧、净值等字段可以计算得到,不必录入。值得注意的是,累计折旧是历史数据,必须按账簿数据录入。如果发现以前计提折旧有错误,最好在录入前编制凭证调整准确。

4. 对账。在第一次录入固定资产数据后,需要与总账的固定资产和累计折旧进行对账,这里用比较简单的方法。先对固定资产表里的固定资产和累计折旧数据进行汇总,如图 6-8 所示,然后分别拷贝第四章的期初的"固定资产"和"累计折旧"数据到本表中,进行相减操作,如果都为零,说明与总账系统期初对账正确,如果不正确,需要调整数据,只有正确以后才能做后续操作。

固定资产
期初对账

L	M	N	O	P	Q	R	S	T	U
								日期	2025/1/1
预计使用年限	折旧方法	已提折旧月份	应提折旧月份	原值	残值率	净残值	累计折旧	月折旧率	本月折旧额
60	平均年限法	22	23	3,150.00	4%	126.00	1,108.80	1.60%	50.40
72	平均年限法	13	14	215,470.00	4%	8,618.80	37,348.13	1.33%	2,872.93
60	平均年限法	11	12	28,900.00	4%	1,156.00	5,086.40	1.60%	462.40
60	平均年限法	12	13	3,510.00	4%	140.40	673.92	1.60%	56.16
60	平均年限法	11	12	6,490.00	4%	259.60	1,142.24	1.60%	103.84
60	平均年限法	11	12	6,490.00	4%	259.60	1,142.24	1.60%	103.84
		合计		264,010.00			46,501.73		
		总账期初数据		264,010.00			46,501.73		
		固定资产-总账数据		0.00			0.00		

图 6-8　与总账进行期初对账

固定资产卡片

5. 固定资产卡片制作。按图 6-5 所示，绘制固定资产卡片表。然后根据固定资产表获取特定数据，即在卡片编号的 C2 数据里输入卡片编号，既可以动态地获取固定资产卡片信息，通过固定资产卡片格式，可以很一目了然地获取固定资产信息。具体获取信息如表 6-2 所示。

表 6-2　　　　　　　　　　固定资产卡片获取公式

序号	卡片标识	对应单元格	卡片公式
1	卡片编号	C2	手工输入卡片编号
2	日期	G2	=固定资产表!T1
3	固定资产编号	C3	=VLOOKUP(C2,固定资产表!$A$3:$X$12,2,0)
4	固定资产名称	E3	=VLOOKUP(C2,固定资产表!$A$3:$X$12,4,0)
5	类别编号	C4	=VLOOKUP(C2,固定资产表!$A$3:$X$12,5,0)
6	类别名称	E4	=VLOOKUP(C2,固定资产表!$A$3:$X$12,6,0)
7	规格型号	C5	=VLOOKUP(C2,固定资产表!$A$3:$X$12,7,0)
8	使用部门	E5	=VLOOKUP(C2,固定资产表!$A$3:$X$12,8,0)
9	增加方式	C6	=VLOOKUP(C2,固定资产表!$A$3:$X$12,9,0)
10	存放地点	E6	=VLOOKUP(C2,固定资产表!$A$3:$X$12,11,0)
11	使用情况	C7	=VLOOKUP(C2,固定资产表!$A$3:$X$12,10,0)
12	预计使用年限（月）	E7	=VLOOKUP(C2,固定资产表!$A$3:$X$12,12,0)
13	折旧方法	G7	=VLOOKUP(C2,固定资产表!$A$3:$X$12,13,0)
14	开始使用日期	C8	=VLOOKUP(C2,固定资产表!$A$3:$X$12,3,0)
15	已计提月份	E8	=VLOOKUP(C2,固定资产表!$A$3:$X$12,14,0)
16	原值	C9	=VLOOKUP(C2,固定资产表!$A$3:$X$12,16,0)
17	净残值率	E9	=VLOOKUP(C2,固定资产表!$A$3:$X$12,17,0)
18	净残值	G9	=VLOOKUP(C2,固定资产表!$A$3:$X$12,18,0)
19	累计折旧	C10	=VLOOKUP(C2,固定资产表!$A$3:$X$12,19,0)
20	月折旧率	E10	=VLOOKUP(C2,固定资产表!$A$3:$X$12,20,0)

续表

序号	卡片标识	对应单元格	卡片公式
21	本月折旧额	G10	=VLOOKUP(C2,固定资产表!$A$3:$X$12,21,0)
22	净值	C11	=VLOOKUP(C2,固定资产表!$A$3:$X$12,22,0)
23	折旧科目	E11	=VLOOKUP(C2,固定资产表!$A$3:$X$12,23,0)
24	录入日期	G13	=VLOOKUP(C2,固定资产表!$A$3:$W$13,3,0)

第三节　固定资产的增加与减少

企业对于增加的各项固定资产，都要按类、分项、依顺序进行编号，使每项固定资产都有自己的固定号码，以便查找核对，避免乱账、错账。同时，要为每项固定资产开设"固定资产卡片"，以登记固定资产的编号、名称、型号规格、技术特征、使用单位、所在地点、原值、预计使用年限、折旧率、转移调拨情况、报废清理情况等。"固定资产卡片"通常应一式三份：一份由财务部门保管；一份由财产管理部门保管；一份由使用部门保管。财务部门保管的固定资产卡片除按固定资产类别分类外，应按使用部门分组存放，如有变动，应随时登记有关卡片，并相应转移它的存放位置，以便于了解固定资产的实际情况。下面详细介绍固定资产增加和减少的操作。

一、固定资产的增加

新增固定资产，也就是说通过投资活动所形成的新的固定资产价值。新增固定资产包括已经建成投入生产或交付使用的工程价值和达到固定资产标准的设备、工具、器具的价值及有关应摊入的费用。它是以价值形式表示的固定资产投资成果的综合性指标，可以综合反映不同时期、不同部门、不同地区的固定资产投资成果。这时要输入新的固定资产卡片的信息。

固定资产增加操作也称"新卡片录入"，它与"原始卡片录入"相对应。资产通过哪种方式录入，在于资产的开始使用日期，只有当开始使用日期的期间等于录入的期间时，才能通过"资产增加"录入。固定资产的增加可以使用前面介绍的"固定资产表"进行操作。

输入新的固定资产卡片的信息，要按照要求填写卡片编号、固定资产编号、入账日期、固定资产名称、类别名称、规格型号、使用部门、增加方式、使用情况、存放地点、预计使用年限（月）、折旧方法、原值、累计折旧等数据，其他数据可以计算获得。设置有数据有效性的列，只需要在下拉列表中选择即可输入单元格的内容。

其中，残值率、本月折旧、净值等字段可以计算得到，不必录入。值得注意的是，累计折旧是历史数据，必须按账簿数据录入。新增固定资产在当月不计提累计折旧。

1. 固定资产新增业务。办公室 2025 年 1 月 31 日，销售部购买了一台传真机，价格 3, 000 元，进项税为 390 元，残值率为 4%，采用平均年限法，用银行存款支付货款。

2. 增加固定卡片数据操作。

增加固定资产

（1）修改固定资产卡片日期，更改为 2025/1/31 日。

（2）输入固定资产信息，并导出固定资产卡片信息，如图 6 – 9 和图 6 – 10 所示。

固定资产表　　日期 2025/1/31

卡片编号	固定资产编号	入账日期	固定资产名称	类别编号	类别名称	规格型号	使用部门	增加方式	使用情况	存放地点	预计使用年限
1	0301	2023/2/15	保险箱	03	办公及其他	650*440*4	办公室	直接购入	正常使用		60
2	0102	2023/11/1	轿车	01	交通运输设备		销售部	直接购入	正常使用		72
3	0203	2024/1/1	小型机	02	电子设备及其他通信设备		办公室	直接购买	正常使用		60
4	0204	2023/12/1	传真机	02	电子设备及其他通信设备		办公室	直接购入	正常使用		60
5	0205	2024/1/1	电脑	02	电子设备及其他通信设备		销售部	直接购入	正常使用		60
6	0206	2024/1/1	电脑	02	电子设备及其他通信设备		研发部	直接购入	正常使用		60
7	0207	2025/1/31	传真机	02	电子设备及其他通信设备		销售部	直接购入	正常使用		60

卡片编号	折旧方法	已提折旧月份	应提折旧月份	原值	残值率	净残值	累计折旧	月折旧率	本月折旧额	净值	折旧科目
1	平均年限法	22	23	3, 150.00	4%	126.00	1, 108.80	1.60%	50.40	2, 041.20	6602管理费用
2	平均年限法	13	14	215, 470.00	4%	8, 618.80	37, 348.13	1.33%	2, 872.93	178, 121.87	6601销售费用
3	平均年限法	11	12	28, 900.00	4%	1, 156.00	5, 086.40	1.60%	462.40	23, 813.60	6602管理费用
4	平均年限法	12	13	3, 510.00	4%	140.40	673.92	1.60%	56.16	2, 836.08	6602管理费用
5	平均年限法	11	12	6, 490.00	4%	259.60	1, 142.24	1.60%	103.84	5, 347.76	6601销售费用
6	平均年限法	11	12	6, 490.00	4%	259.60	1, 142.24	1.60%	103.84	5, 347.76	5001生产成本
7	平均年限法	0	0	3, 000.00	4%	120.00	0.00	1.60%	48.00	3, 000.00	6601销售费用

图 6 – 9　录入新购买固定资产

固定资产卡片

卡片编号	7			日期	2025/1/31
固定资产编号	0207	固定资产名称			传真机
类别编号	02	类别名称			电子设备及其他通信设备
规格型号		使用部门			销售部
增加方式	直接购入	存放地点			
使用状况	正常使用	使用年限（月）	60	折旧方法	平均年限法
开始使用日期	2025/1/31	已计提月份			
原值	3, 000.00	净残值率	4.00%	净残值	120.00
累计折旧	-	月折旧率	1.60%	本月计提折旧额	48.00
净值	3, 000.00	对应折旧科目			6601销售费用
录入人	谢道蕴			录入日期	2025/1/31

图 6 – 10　新购固定资产卡片

（3）填制凭证。

①复制第四章的会计凭证表到本章的基本工资表之后，保留全部公式，重置科目名称，数据来源寻找本文件的会计科目表。然后按照“会计凭证”算法公式，往下复制公式，进行数据验证等操作。

②按照发生的经济业务制定凭证，序号按总账系统的凭证编号，总账系统已经制作凭证到 20 号，所以输入 21。其他数据按经营业务的实际情况进行录入，如图 6 – 11 所示。

北京润洁有限公司会计凭证表

序行号	制单日期	序号	凭证编号	摘要	行号	科目编码	一级科目	科目名称	借方金额	贷方金额	结束标志	审核记账	一级科目名称
2101	2025年1月31日	21	2025013121	购买固定资产	1	1601	1601	1601固定资产	3, 000.00				固定资产
2102	2025年1月31日	21	2025013121	购买固定资产	2	22210101	2221	22210101应交税费—应交增值税—进项税额	390.00				应交税费
2103	2025年1月31日	21	2025013121	购买固定资产	3	1002	1002	1002银行存款		3, 390.00	end		银行存款

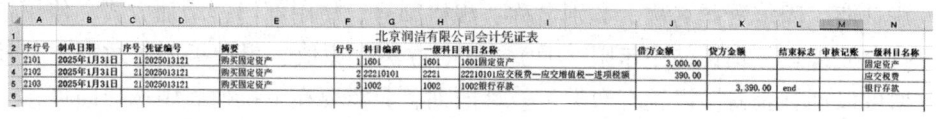

图 6 – 11　填制固定资产购买凭证

二、固定资产的减少

资产在使用过程中,总会由于各种原因(如毁损、出售、盘亏等)退出企业,该部分操作称为"资产减少"。减少固定资产只有开始计提折旧后方可进行。固定资产减少的会计处理主要涉及投资转出固定资产、捐赠转出固定资产、以非现金资产抵偿债务方式转出固定资产、以非货币交易换出固定资产、无偿调出固定资产、盘亏固定资产、出售、报废和毁损固定资产。

在用 Excel 对固定资产减少进行处理时,如果简单地在"固定资产"工作表上把减少的固定资产记录删除,就会造成无账可查,是不允许的。需要新建一个"固定资产减少表",专门用来存放减少的固定资产记录,如投资转出、出售、报废、对外捐赠、无偿调出等。如表 6 – 3 所示。

表 6 – 3　　　　　　　　　　固定资产减少表

列号	字段名(列头)	内容说明
X	减少日期	减少日期
Y	减少价格	有偿转出的价格,无偿为 0
Z	减少原因	注明固定资产减少的原因
AA	减少方式对应科目	注明固定资产减少对应科目

固定资产的减少操作较为简单,不需要录入,只要在固定资产表中直接操作即可。详细的操作步骤是:建立"固定资产减少表"后,在第一行输入以上字段。日常发生固定资产减少时,将"固定资产表"中需要减少的固定资产复制记录,粘贴到本表,再补充相应减少信息。

1. 固定资产减少业务。2025 年 1 月 31 日,研发部一台电脑损毁,原值价格 6,490 元,累计折旧 1,246.08 元。

2. 增加固定资产减少表数据。此操作应在固定资产计提当月折旧以后进行操作。注意粘贴时,必须使用"开始"→"选择性粘贴"→"数值",去除原来的公式,并输入减少日期、减少价格。减少原因:Z3 单元格原因可以通过数据验证方式,这里不再赘述。减少方式对应科目:AA3 单元格中输入公式" = VLOOKUP(Z3,固定资产基本初始信息表!$A$25:$B$30,2,0)",即通过 VLOOKUP 函数在固定资产基本信息表里获取减少方式对应的科目名称。固定资产减少操作及凭证填制都在固定资产计提当月折旧以后再进操作。凭证操作部分在计提折旧章节进行介绍。

减少固定资产

设置减少原因数据验证效果如图 6 – 12 所示。

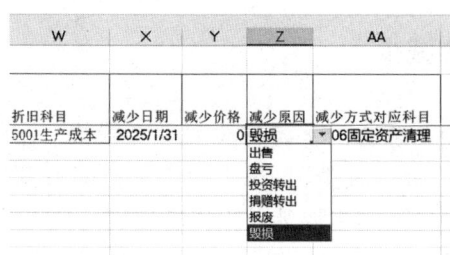

图 6－12　设置减少原因数据验证效果

三、固定资产部门间的调拨

固定资产调拨是计划经济的产物，就是把固定资产从一个单位转到另一个单位，一般是无偿的。一般多见于集团内部或是同一投资主体的内部之间，例如集团下属的子公司之间调拨汽车。如果这种情况是发生在一个同公司部门之间的，叫资产转移。

固定资产转移是指固定资产在公司内部、控股子公司范围内发生的因调拨、调剂、投资、买卖而发生的产权变更或产权与实物安装地点同时变更。固定资产包括动产和不动产，固定资产可能转移到企业外部，也可能是企业内部转移，内部转移可能是总分机构间转移或者是集团公司内母子公司之间的转移。本教材主要是公司内部使用部门的变动。

1. 固定资产调拨业务。经领导研究决定，1 月 31 日，把办公室的小型机调拨到研发部使用。

2. 部门调拨操作。在本月进行调拨处理，需要在计提折旧后进行调拨，否则会引起对应费用科目的变化。

选择"数据"→"筛选"命令，进入筛选状态。筛选出需要调拨的固定资产。将此固定资产的使用部门进行修改，即把固定资产小型机的使用部门从办公室改为研发部门，结果如图 6－13 所示。切记是在固定资产计提折旧以后进行操作。

固定资产调拨

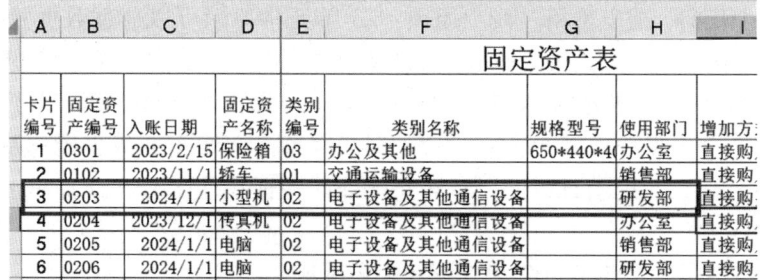

图 6－13　固定资产调拨

第四节 固定资产折旧操作

　　固定资产日常较少发生增减变化，核算的主要内容是计提固定资产折旧。手工会计通常在月末计提折旧，而电算化会计在对业务进行处理时，通常应先计提折旧，尤其是在发生固定资产减少业务时，由于减少的固定资产按会计制度的规定，当月仍需计提折旧，所以只有先计提折旧，才能进行固定资产减少的操作。

　　固定资产的折旧是指固定资产由于损耗而减少的价值。固定资产的损耗分为有形折旧和无形折旧两种。有形损耗指固定资产在使用过程中由于使用和自然力的影响而引起的使用价值和价值上的折旧；无形折旧指由于科学技术进步、劳动生产率的提高而使原有固定资产再使用已不经济或其生产出的产品已失去竞争力而引起的价值损失。

　　固定资产长期参与生产经营而保持原有形态不变，其价值不是一次性转入产品成本或费用，而是随着固定资产的使用逐渐转移，转移的价值就是通过计提折旧的形式形成折旧费用，计入各期成本费用，并从当期收入中得到补偿。因此，折旧是对固定资产由于损耗而转移到产品成本或企业费用部分价值的补偿。从本质上讲，折旧也是一种费用，只不过这一费用没有在计提期间付出实实在在的货币资金，属于非付现费用。不提折旧或不正确地计提折旧，都将对企业计算产品成本（或营业成本）、计算损益产生错误影响，所以，正确地计提折旧很有必要。

一、折旧方法

　　会计上计算折旧的方法很多，有平均年限法、工作量法、双倍余额递减法、年数总和法等。由于固定资产折旧方法的选用直接影响到企业成本、费用的计算，所以折旧的计提也会影响到当期的收入和纳税。企业应根据具体情况确定所使用的方法，且经选用不得任意变动。

　　1. 平均年限法。平均年限法又称直线法，是将固定资产的折旧均衡地分摊到各期的一种方法。采用这种方法计算的每期折旧额均是相等的。采用这种方法，固定资产在一定时期内应计提折旧额的大小，主要取决于两个基本因素，即固定资产的原值和预计使用年限。除此之外，固定资产报废清理时所取得的残值收入和支付的各项清理费用的多少对固定资产在一定时期内应计提折旧额的大小也有一定影响，因此采用这种方法计提折旧时，不仅要考虑固定资产原值和预计使用年限这两个基本因素，而且应该考虑固定资产的残值收入和清理费用这两个因素。固定资产残值收入是指固定资产清理时剩下的残料或零件、器材等残余价值。这部分残值，应在计算折旧时预先估计，从固定资产原价中减去。固定资产清理费用是指固定资产清理时所需的拆卸、搬运等费用。由于这些费用是使用固定资产的一种必要的追加耗费，因此应预先估计并连同原价一起由使用期间的产品成本平均负担。固定资产残值扣除固定资产清理费用后的净额为固定资产净残值。

（1）计算公式如下：
年折旧额=（固定资产原值-预计净残值）/固定资产预计使用年限
或
=［固定资产原值×（1-预计净残值率）］/ 固定资产预计使用年限
月折旧额=固定资产年折旧额/12

平均年限法易于理解和简便易行，得到广泛的应用。但也有不足，即它主要考虑固定资产的寿命周期，而不重视使用情况，一台机器，若每天使用1小时与每天使用8小时，均按同样的标准计提折旧，显然不太合理。

（2）设置平均年限法函数。

如图6-14所示，通过编制平均年限法函数，能够更清楚地认识平均年限法折旧的具体逻辑，比如年月的换算。

编制折旧函数

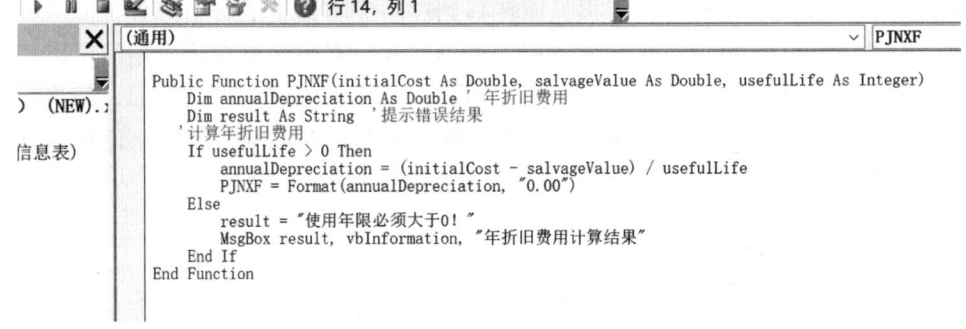

图6-14　VBA平均年限法

在VBA中新建一个函数，PJNXF公共函数，输入三个参数：资产原值，残值和使用寿命。使用寿命数据类型为整数，其他都为双精度。函数输入两个内部参数。annualDepreciation为中间参数，储存临时年折旧额。在进行函数判断时需要一个条件，使用寿命要大于零，则进行正常折旧，否则提示有误。因此，在使用寿命大于零时，才能进行正常运算，否则提示用户"使用年限必须大于0!"

本例都采用平均年限法，所以操作如下：在单元格U3输入公式"=VALUE(PJNXF(P3,R3,L3/12))/12"，L3/12为月换成年，年折旧额/12即可以获取当前资产本月应该计提的折旧额。然后把公式复制到后续单元格，结果图6-15所示。

	A	B	C	D	M	N	O	P	Q	R	S	T	U	V	W
1											日期	2025/1/31			
2	卡片编号	固定资产编号	入账日期	固定资产名称	折旧方法	已提折旧月份	应提折旧月份	原值	残值率	净残值	累计折旧	月折旧率	本月折旧额	净值	折旧科目
3	1	0301	2023/2/15	保险箱	平均年限法	22	23	3,150.00	4%	126.00	1,108.80	1.60%	50.40	2,041.20	6602管理费用
4	2	0102	2023/11/1	轿车	平均年限法	13	14	215,470.00	4%	8,618.80	37,348.13	1.33%	2,872.93	178,121.87	6601销售费用
5	3	0203	2024/1/1	小型机	平均年限法	11	12	28,900.00	4%	1,156.00	5,086.40	1.60%	462.40	23,813.60	5001生产成本
6	4	0204	2023/12/1	传真机	平均年限法	12	13	3,510.00	4%	140.40	673.92	1.60%	56.16	2,836.08	6602管理费用
7	5	0205	2024/1/1	电脑	平均年限法	11	12	6,490.00	4%	259.60	1,142.24	1.60%	103.84	5,347.76	6601销售费用
8	6	0206	2024/1/1	电脑	平均年限法	11	12	6,490.00	4%	259.60	1,142.24	1.60%	103.84	5,347.76	5001生产成本
9	7	0207	2025/1/31	传真机	平均年限法	0	0	3,000.00	4%	120.00	0.00	1.60%	48.00	3,000.00	6601销售费用
10					合计			264,010.00			46,501.73				

图 6-15 平均年限法 VBA 函数运用

2. 双倍余额递减法。双倍余额递减法是在不考虑固定资产残值的情况下，根据每期期初固定资产账面余额和双倍的直线法折旧率计算固定资产折旧的一种方法。

（1）计算公式如下：

双倍直线年折旧率 = 2/预计的折旧年限 × 100%

年折旧额 = 年初固定资产账面净值 × 双倍直线年折旧率

由于双倍余额递减法不考虑固定资产的净残值因素，因此，在应用这种方法时必须注意不能使固定资产的账面折余价值降低到它的预计净残值。

因此，在固定资产的使用后期，如果发现使用双倍余额递减法计算的折旧额小于采用直线法计算的折旧额，就应该改用直线法计提折旧。为了操作方便，实行双倍余额递减法计提折旧的固定资产，应当在其固定资产折旧年限到期以前两年内，将固定资产净值扣除预计净残值后的余额平均摊销（本函数采用此方法）。

（2）双倍余额递减法函数。

通过编制双倍余额法函数，能够更清楚地认识双倍余额法折旧的具体逻辑。在 VBA 中新建一个函数，SBYEF 公共函数，输入四个参数：资产原值、残值、使用寿命和当前年。当前年数据类型为整数，其他都为双精度。函数输入两个内部参数。账面价值 balance 和循环次数 i 为中间参数，balance 每年扣除当年的折旧额以后进行更新为当前剩余的账面净值，参数 i 做循环，当达到最后两年时，剩余账面价值扣除残值以后两年折旧完，只剩残值。在函数判断是需要一个条件，使用寿命要大于零，则进行正常折旧，否则提示有误。因此，在使用寿命大于零时，才能进行正常运算，否则提示用户"使用年限必须大于 0！"

如果要用双倍余额法，操作如下：在 U 列的对应单元格输入公式"= VALUE(SBYEF(initialCost，salvageValue，usefulLife ，year))/12"，initialCost 为原值，salvageValue 为残值，usefulLife 为固定资产的使用寿命，这里用年计，year 为当前年度为第几年，然后转换为数值类型，除以 12 个月，即为当月应计提的折旧额。读者可以按照图 6-16 所示的函数内容进行实验。然后把公式复制到采用双倍余额法的后续单元格。

```
Public Function SBYEF(initialCost As Double, salvageValue As Double, usefulLife As Double, year As Integer)
    Dim balance As Double           '账面价值
    Dim i As Integer
    '初始化账面价值
    balance = initialCost
            '循环计算每年的折旧
    For i = 1 To year
            '计算双倍余额递减折旧
        Dim doubleDecliningDepreciation As Double
        If i >= usefulLife - 1 Then
            Dim remainingBalance As Double
            remainingBalance = balance - salvageValue
            '平均摊销
            If i >= usefulLife Then
            doubleDecliningDepreciation = remainingBalance
            Else
             doubleDecliningDepreciation = remainingBalance / 2
            End If
            balance = balance - doubleDecliningDepreciation
            '确保账面价值不低于残值
            If balance < salvageValue Then
                balance = salvageValue
            End If
        Else
        doubleDecliningDepreciation = (balance * (2 / usefulLife))
        '更新账面价值
        balance = balance - doubleDecliningDepreciation
        '确保账面价值不低于残值
        End If
        '记录结果
        SBYEF = doubleDecliningDepreciation
    Next i
End Function
```

图 6–16　双倍余额递减法 VBA 函数运用

3. 年数总和法。年数总和法又称合计年限法，是以固定资产的原值减去净残值后的净额为基数，以一个逐年递减的分数为折旧率，计算各年固定资产折旧额的一种方法。这种方法的特点是，计提折旧的基数是固定不变的，折旧率依据固定资产的使用年限来确定，且各年折旧率呈递减趋势，所以计算出的年折旧额也呈递减趋势。

计算时，折旧率的分子代表固定资产尚可使用的年数，分母代表使用年数的逐年数字总和。

（1）计算公式如下：

年折旧率 =（预计的使用年限 – 已使用年限）/年数总和 × 100%

年数总和 = 预计的折旧年限 ×（预计的折旧年限 + 1）/2

月折旧率 = 年折旧率/12

年折旧额 =（固定资产原值 – 预计净残值）× 年折旧率

月折旧额 =（固定资产原值 – 预计净残值）× 月折旧率

（2）年数总和法函数。

通编制年数总和法函数，能够更清楚地认识年数总和法折旧的具体逻辑。在 VBA 中新建一个函数，NSZHF 公共函数，输入四个参数：资产原值、残值、使用寿命和当前年。使用寿命和当前年数据类型为整数，其他都为双精度。函数输入两个内部参数。年数总和 totalYears 和每年折旧额 yearDepreciation 为中间参数。

如果要年数总和法进行折旧，操作如下：在 U 列的对应单元格输入公式"= VALUE(NSZHF(initialCost，salvageValue，usefulLife ，year))/12"，initialCost 为原值，salvageValue 为残值，usefulLife 为固定资产的使用寿命，这里用年计，year 为当前年度为第几年，然后转换为数值类型，除以 12 个月，即为当月应计提的折旧额。读者可以按照图 6-17 所示的函数内容进行实验。然后把公式复制到年数总和法的后续单元格。

```
Public Function NSZHF(initialCost As Double, salvageValue As Double, usefulLife As Integer, year As Integer)
    Dim totalYears As Double        ' 年数总和
    Dim yearDepreciation As Double  ' 每年折旧额
    ' 计算年数总和
    totalYears = (usefulLife * (usefulLife + 1)) / 2
    ' 计算当年的折旧额
    yearDepreciation = (initialCost - salvageValue) * ((usefulLife - year + 1) / totalYears)
    NSZHF = Format(yearDepreciation, "0.00")
End Function
```

图 6-17　年数总和法 VBA 函数

二、部门对应折旧科目设置

对应折旧科目是指计提折旧时所对应的成本或费用科目。折旧应该是和资产的使用部门有关系的。设置部门对应折旧科目的目的，一是在录入固定资产时，自动生成部门对应折旧科目的内容，以减少手工录入的工作量；二是在生成部门折旧分配表时，自动按部门折旧科目汇总，从而制作记账凭证。

企业计提的固定资产折旧，应根据固定资产的使用地点和用途，计入有关成本费用。对于生产部固定资产计提的折旧，记入"制造费用"账户借方；办公室和客服部固定资产计提的折旧，记入"管理费用"账户借方；研发部记入"生成成本"账户借方科目，销售部记入"销售费用"账户借方科目。

部门对应折旧科目设置示例方案如表 6-4 所示。

表 6-4　　　　　　　　　部门对应折旧科目设置示例方案

部门名称	对应折旧科目
办公室	6602 管理费用
生产部	5101 制造费用
销售部	6601 销售费用
客服部	6602 管理费用
研发部	5001 生产成本

设置部门对应折旧科目的具体步骤如下。

在"固定资产基本初始信息表"工作表中录入部门和部门对应的折旧科目，如图 6-18 所示。

	A	B
1	部门对应科目折旧表	
2	部门名称	对应折旧科目
3	办公室	6602管理费用
4	生产部	5101制造费用
5	销售部	6601销售费用
6	客服部	6602管理费用
7	研发部	5001生产成本

图 6-18　部门对应科目折旧表

选定单元格 A2:B7 区域定义名称为部门对应科目折旧表。定义名称的方法是：点击"公式"→"定义名称"。如图 6-19 所示，名称定义之后，能在左上角选择定义区域。

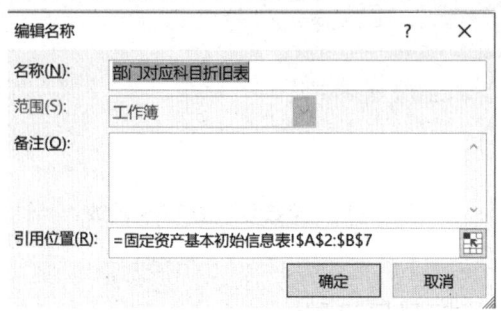

图 6-19 区域定义名称

定义好区域名称之后，输入使用部门名称，通过函数，就能直接在"固定资产表"中自动生成对应的折旧科目。

在 S 列的"折旧科目"列下的单元格 W3 中输入公式"= VLOOKUP(H3,部门对应科目折旧表,2,FALSE)"，本列其他单元格公式通过填充柄复制 W3 得到，结果如图 6-20 所示。

K	L	M	N	O	P	Q	R	S	T	U	V	W
								日期	2025/1/31			
存放地点	预计使用年限	折旧方法	已提折旧月份	应提折旧月份	原值	残值率	净残值	累计折旧	月折旧率	本月折旧额	净值	折旧科目
	60	平均年限法	22	23	3,150.00	4%	126.00	1,108.80	1.60%	#VALUE!	2,041.20	6602管理费用
	72	平均年限法	13	14	215,470.00	4%	8,618.80	37,348.13	1.33%	2,872.93	178,121.87	6601销售费用
	60	平均年限法	11	12	28,900.00	4%	1,156.00	5,086.40	1.60%	462.40	23,813.60	6602管理费用
	60	平均年限法	12	13	3,510.00	4%	140.40	673.92	1.60%	56.16	2,836.08	6602管理费用
	60	平均年限法	11	12	6,490.00	4%	259.60	1,142.24	1.60%	103.84	5,347.76	6601销售费用
	60	平均年限法	11	12	6,490.00	4%	259.60	1,142.24	1.60%	103.84	5,347.76	5001生产成本
	60	平均年限法	0	0	3,000.00	4%	120.00	0.00	1.60%	48.00	3,000.00	6601销售费用

图 6-20 自动生成折旧科目

三、计提固定资产折旧的步骤

固定资产的折旧计算包括每月折旧、本月折旧、累计折旧、净值等。在判断是否需要计提折旧时，还要用到已计提折旧的月数。

计提本月折旧

1. 每月折旧。Excel 提供了直线法、双倍递减余额法、年数总和法等各种折旧方法的函数。但我们用已编制的 VBA 函数进行计算。下面以最常用的直线法为例，不必使用专门的函数。

每月折旧 = 原值 × (1 - 残值率) ÷ 预计使用年限 ÷ 12

其中，每月折旧在 U 列，公式为"= VALUE(PJNXF(P3,R3,L3/12))/12"，

L3 为预计使用年限按月计算，所以除以 12，以年计算。求出按年计提折旧额，再除以 12，得出的每月折旧如图 6-21 所示。

fx	=VALUE(PJNXF(P3,R3,L3/12))/12										
L	M	N	O	P	Q	R	S	T	U	V	W
							日期	2025/1/31			
计用限	折旧方法	已提折旧月份	应提折旧月份	原值	残值率	净残值	累计折旧	月折旧率	本月折旧额	净值	折旧科目
60	平均年限法	22	23	3,150.00	4%	126.00	1,108.80	1.60%	50.40	2,041.20	6602管理费用
72	平均年限法	13	14	215,470.00	4%	8,618.80	37,348.13	1.33%	2,872.93	178,121.87	6601销售费用
60	平均年限法	11	12	28,900.00	4%	1,156.00	5,086.40	1.60%	462.40	23,813.60	6602管理费用
60	平均年限法	12	13	3,510.00	4%	140.40	673.92	1.60%	56.16	2,836.08	6602管理费用
60	平均年限法	11	12	6,490.00	4%	259.60	1,142.24	1.60%	103.84	5,347.76	6601销售费用
60	平均年限法	11	12	6,490.00	4%	259.60	1,142.24	1.60%	103.84	5,347.76	5001生产成本
60	平均年限法	0	0	3,000.00	4%	120.00	0.00	1.60%	48.00	3,000.00	6601销售费用
	合计			264,010.00			46,501.73				

图 6-21 每月折旧

2. 应提折旧月份。判断一项资产是否已经提足折旧，本月是否应当计提，可以根据累计折旧、净值或已提折旧月份。这里介绍根据已提折旧月份判断的方法，通过比较已提折旧月份是否小于预计使用寿命期来判断是否应当继续提取折旧。

从计算方法上看，应提折旧月份等于两个日期（最近折旧月份与入账日期）的间隔月份，对于固定资产，入账当月不提折旧，销账当月需提折旧。Excel 没有直接提供计算两个日期之间相隔多少月份的函数。可以用以下算法。已计提折旧是已经计提结束的折旧，是实际折旧月数，直接填列。

当日年数减去入账年数，再乘以 12 个月，加上当月的月数减去入账的月数，由于固定资产入账当月不提折旧。O3 公式如下：

= (YEAR($T$1) - YEAR(C3)) × 12 + MONTH($T$1) - MONTH(C3)

例如，设备入账日期 2025 年 1 月 31 日，计提折旧日期 2023 年 2 月 15 日，则：

已提折旧月份 = (YEAR(2025 年 1 月 31 日) - YEAR (2023 年 2 月 15 日)) × 12 + (MONTH(2016 年 1 月 31 日) - MONTH (2014 年 1 月 1 日) = (2025 - 2023) × 12 + (1 - 2) = 23

如果是当月购入的固定资产，则应提折旧月份计算结果为 0，如 O7 所示。可以据此来判断是否当月增加的资产，如图 6-22 所示。

3			fx	=(YEAR($T$1)-YEAR(C3))*12+MONTH($T$1)-MONTH(C3)									
A	B	C	D	L	M	N	O	P	Q	R	S	T	U	V	W
											日期	2025/1/23			
卡片编号	固定资产编号	入账日期	固定资产名称	预计使用年限	折旧方法	已提折旧月份	应提折旧月份	原值	残值率	净残值	累计折旧	月折旧率	本月折旧额	净值	折旧科目
1	0301	2023/2/15	保险箱	60	平均年限法	22	23	3,150.00	4%	126.00	1,108.80	1.60%	50.40	2,041.20	6602管理费用
2	0102	2023/1/1	轿车	72	平均年限法	13	14	215,470.00	4%	8,618.80	37,348.13	1.33%	2,872.93	178,121.87	6601销售费用
3	0203	2024/1/1	小型机	60	平均年限法	11	12	28,900.00	4%	1,156.00	5,086.40	1.60%	462.40	23,813.60	6602管理费用
4	0204	2023/12/1	传真机	60	平均年限法	12	13	3,510.00	4%	140.40	673.92	1.60%	56.16	2,836.08	6602管理费用
5	0205	2024/1/1	电脑	60	平均年限法	11	12	6,490.00	4%	259.60	1,142.24	1.60%	103.84	5,347.76	6601销售费用
6	0206	2024/1/1	电脑	60	平均年限法	11	12	6,490.00	4%	259.60	1,142.24	1.60%	103.84	5,347.76	5001生产成本
7	0207	2025/1/31	传真机	60	平均年限法	0	0	3,000.00	4%	120.00	0.00	1.60%	48.00	3,000.00	6601销售费用
					合计			54,010.00			46,501.73				

图 6-22 已提折旧月计算公式

其中，已提折旧月份在 N 列，已经给出，无须再计算。

3. **本月折旧**。按照"当月增加当月不提，当月减少当月照提"的规则，根据已提折旧月份判断是否应计提折旧。

条件 1：当月增加的固定资产不应提折旧。按上述计算已提折旧月份的公式，当月增加的固定资产已提折旧月份为 0，只有它大于和等于 1 之后才能计提折旧。

条件 2：应提折旧月份小于预计使用年限乘以 12，即未提足折旧，才能继续提取折旧。

公式为：

= IF(AND(应提折旧月份 > = 1,应提折旧月份 < 预计使用年限×12),每月折旧,0)

即：如果满足上述两个条件，则本月折旧为每月折旧，否则本月折旧 = 0。

其中，本月折旧在 U 列，公式为" = IF(AND(O3 > = 1,O3 < L3),VALUE (PJNXF(P3,R3,L3/12))/12,0)"，如图 6 - 23 所示。

	A	B	C	D	N	O	P	Q	R	S	T	U	V	W
1											日期	2025/1/23		
2	卡片编号	固定资产编号	入账日期	固定资产名称	已提折旧月份	应提折旧月份	原值	残值率	净残值	累计折旧	月折旧率	本月折旧额	净值	折旧科目
3	1	0301	2023/2/15	保险箱	22	23	3,150.00	4%	126.00	1,108.80	1.60%	=IF(AND(O3	2,041.20	6602管理费用
4	2	0102	2023/11/1	轿车	13	14	215,470.00	4%	8,618.80	37,348.13	1.33%	2,872.93	178,121.87	6601销售费用
5	3	0203	2024/1/1	小型机	11	12	28,900.00	4%	1,156.00	5,086.40	1.60%	462.40	23,813.60	6602管理费用
6	4	0204	2023/12/1	传真机	12	13	3,510.00	4%	140.40	673.92	1.60%	56.16	2,836.08	6602管理费用
7	5	0205	2024/1/1	电脑	11	12	6,490.00	4%	259.60	1,142.24	1.60%	103.84	5,347.76	6601销售费用
8	6	0206	2024/1/1	电脑	11	12	6,490.00	4%	259.60	1,142.24	1.60%	103.84	5,347.76	5001生产成本
9	7	0207	2025/1/31	传真机	0	0	3,000.00	4%	120.00	0.00	1.60%	0.00	3,000.00	6601销售费用

图 6 - 23 本月折旧

4. **累计折旧**。如果没有计算误差、错误等问题，则累计折旧公式应该为：

= (已提折旧月份 + 1)×月折旧

但是，由于以表代账之前是手工计提折旧，总有一些四舍五入的差异，实际累计折旧数据与以上计算结果会有差异。因此，应当在计提完本月折旧后，复制本月折旧列的数据 U3:U9，选择 S3:S9 单元格，右键"选择性粘贴"→"数值"→"加"命令，将本月折旧额累计到累计折旧上。同时，复制 O3:O9 单元格，进行选择性粘贴数据到 N3:N9 单元格已计提折旧月份，如图 6 - 24 所示。

	A	B	C	D	N	O	P	Q	R	S	T	U	V	W
1											日期	2025/1/23		
2	卡片编号	固定资产编号	入账日期	固定资产名称	已提折旧月份	应提折旧月份	原值	残值率	净残值	累计折旧	月折旧率	本月折旧额	净值	折旧科目
3	1	0301	2023/2/15	保险箱	23	23	3,150.00	4%	126.00	1,159.20	1.60%	50.40	1,990.80	6602管理费用
4	2	0102	2023/11/1	轿车	14	14	215,470.00	4%	8,618.80	40,221.06	1.33%	2,872.93	175,248.94	6601销售费用
5	3	0203	2024/1/1	小型机	12	12	28,900.00	4%	1,156.00	5,548.80	1.60%	462.40	23,351.20	6602管理费用
6	4	0204	2023/12/1	传真机	13	13	3,510.00	4%	140.40	730.08	1.60%	56.16	2,779.92	6602管理费用
7	5	0205	2024/1/1	电脑	12	12	6,490.00	4%	259.60	1,246.08	1.60%	103.84	5,243.92	6601销售费用
8	6	0206	2024/1/1	电脑	12	12	6,490.00	4%	259.60	1,246.08	1.60%	103.84	5,243.92	5001生产成本
9	7	0207	2025/1/31	传真机	0	0	3,000.00	4%	120.00	0.00	1.60%	0.00	3,000.00	6601销售费用
10						合计	264,010.00			50,151.30				

图 6 - 24 累计折旧

5. 净值。净值的计算公式为：净值 = 固定资产原值 – 累计折旧。

其中，净值在 V 列，公式为：= P3 – S3。

每列只要在第一条记录输入公式，利用下拉复制，就可以编制好所有公式，最终结果如图 6 – 25 所示。

卡片编号	固定资产编号	入账日期	固定资产名称	原值	残值率	净残值	累计折旧	月折旧率	本月折旧额	净值	折旧科目
							日期		2025/1/31		
1	0301	2023/2/15	保险箱	3,150.00	4%	126.00	1,108.80	1.60%	50.40	=P3-S3	6602管理费用
2	0102	2023/11/1	轿车	215,470.00	4%	8,618.80	37,348.13	1.33%	2,872.93	178,121.87	6601销售费用
3	0203	2024/1/1	小型机	28,900.00	4%	1,156.00	5,086.40	1.60%	462.40	23,813.60	6602管理费用
4	0204	2023/12/1	传真机	3,510.00	4%	140.40	673.92	1.60%	56.16	2,836.08	6602管理费用
5	0205	2024/1/1	电脑	6,490.00	4%	259.60	1,142.24	1.60%	103.84	5,347.76	6601销售费用
6	0206	2024/1/1	电脑	6,490.00	4%	259.60	1,142.24	1.60%	103.84	5,347.76	5001生产成本
7	0207	2025/1/31	传真机	3,000.00	4%	120.00	0.00	1.60%	48.00	3,000.00	6601销售费用
				264,010.00			46,501.73				

图 6 – 25　净值操作

6. 固定资产折旧汇总。日常财务管理中，往往需要一份综合报表，提供当月固定资产原值、折旧的总额，并作明细分类。按技术（编码中的大类）：房屋建筑物，机器设备，通信及电子设备，家具及电器设备，交通运输设备等分类。按折旧费支出科目：制造费用，管理费用，其他业务支出等分类。这里从"固定资产表"中复制粘贴到折旧汇总表中。汇总处理的方法主要有两种：一是利用 SUMIF 函数汇总；二是利用数据透视表汇总。两种方法都比较简单，但利用 SUMIF 函数自动程度高一些，可以节省很多操作。

（1）建立"折旧汇总"工作表。复制"固定资产表"所有数据到"折旧汇总表"，折旧日期可以提取计提折旧的月份（即折旧费所属月份）。表头更改为折旧汇总表，把"折旧汇总表"工作表的 T1 单元格命名为"折旧日期"。其他表如"固定资产"表可以直接调用折旧日期。如 2025 – 1 – 31。然后利用"格式—单元格—日期"来更改显示格式为"2025 年 1 月"。

（2）报表处理。每月把上月的文件复制一个，更改名称。采用内容加年月的方式比较容易识别，如"固定资产管理202501"。固定资产核算文件应设置打开权限密码，以免其他人未经同意修改内容。在此表中，要包括当月增加的固定资产设备，只是不进行折旧处理。同样，也包括已减少的固定资产设备，由于当月减少的固定资产必须照提折旧。

操作完成务必保存，并打印报表，如图 6 – 26 所示。

图 6 – 26　折旧汇总表

累计折旧
凭证1

7. 账务处理。

(1) 过滤凭证科目。选择"会计凭证"表的 I6 单元格,如图 6-27 所示。然后单击"数据"→"高级"命令,出现"高级筛选"窗口,在"方式"栏选择"将筛选结果复制到其他位置"选项,在"列表区域"处选择输入(也可用鼠标点击引用)"折旧汇总表!$W$2:$W$9"(此处为设置源数据区域,注意要将字段名包括在选取范围中)。在"条件区域"栏输入"折旧汇总表!$W$2"。在"复制到"栏输入要将数据显示的位置:"会计凭证!$I$6"。选择"选择不重复记录",如图 6-28 所示,单击"确定"按钮,得到符合条件的科目名称。

图 6-27 选择"会计凭证"单元格 I6

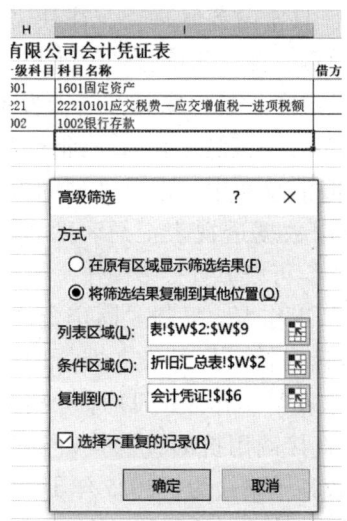

图 6-28 数据筛选

过滤结果如图 6-29 所示。

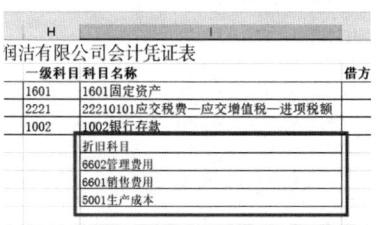

图 6-29 过滤折旧科目

然后选择图6-29的画框区域，然后单击"数据"→"筛选"命令，折旧科目进行升序排序，再删掉"折旧科目"这一行，最后贷方科目选择为"1602累计折旧"。

（2）折旧凭证。用SUMIF函数获取各个科目的折旧金额。以生产成本折旧金额为例，在J6单元格里输入"=SUMIF(折旧汇总表!\$W\$3:\$W\$9,会计凭证!I6,折旧汇总表!\$U\$3:\$U\$9)"。

"折旧汇总表!\$W\$3:\$W\$9"为折旧科目，"折旧汇总表!\$U\$3:\$U\$9"为相应的本月折旧金额。"会计凭证!I6"的内容为"5001生产成本"。其他单元格，通过拷贝，粘贴公式获取相应数据。累计折旧为，全部折旧的合计。然后按图6-30完善相应信息。

累计折旧凭证2

图6-30 折旧会计凭证

（3）完善固定资产减少。按照固定资产减少的经济业务，录入相关经济业务，并删除"固定资产表"工作表已减少的固定资产。然后将固定资产生成的凭证（见图6-31）的数据拷入第四章的凭证表里，并审核记账，并备注为"固定资产管理系统"。

图6-31 固定资产生成的凭证

（4）固定资产期末对账。由于总账系统增加了薪资管理系统和固定资产管理系统的凭证，需要对第四章的"科目汇总表"和"科目余额表"进行数据更新。然后拷贝总账系统的期末固定资产和累计折旧余额到固定资产管理系统进行对账。对账效果如图6-32所示。

图6-32 期末固定资产对账

第五节　固定资产的查询

如果"固定资产表"中记录非常多时，用户如果只需要查询其中一部分固定数据时，可以使用 Excel 的数据筛选功能，即将暂时不需要记录的数据隐藏起来，只显示需要查询的数据。Excel 中提供了两种数据的筛选操作，即"自动筛选"和"高级筛选"。可以利用这两种功能来进行查询。

一、按照部门查询

如果按照部门来查询，一般用到的是自动筛选功能。"自动筛选"一般用于简单的条件筛选，筛选时将不满足条件的数据暂时隐藏起来，只显示符合条件的数据。鼠标单击数据清单中任意单元格，选择"数据"菜单的"筛选"命令，则在每个列标题旁边将增加一个向下的筛选箭头。以"部门"字段为例，单击其右侧向下的列表按钮，可根据要求筛选各个部门固定资产的记录，如图 6-33 所示。

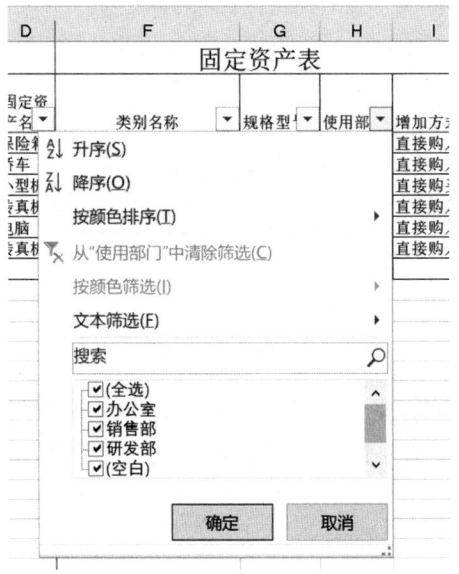

图 6-33　筛选固定资产的记录

二、按照固定资产原值方式查询

按照固定资产原值来查询，也能使用自动筛选功能。以"原值"字段为例，单击其右侧向下的列表按钮，可根据要求筛选出原值为某一指定数额或筛选出原值最高（低）的前 10 个（该数值可调整）记录，各种操作方式可按图 6-34 所示进行操作。

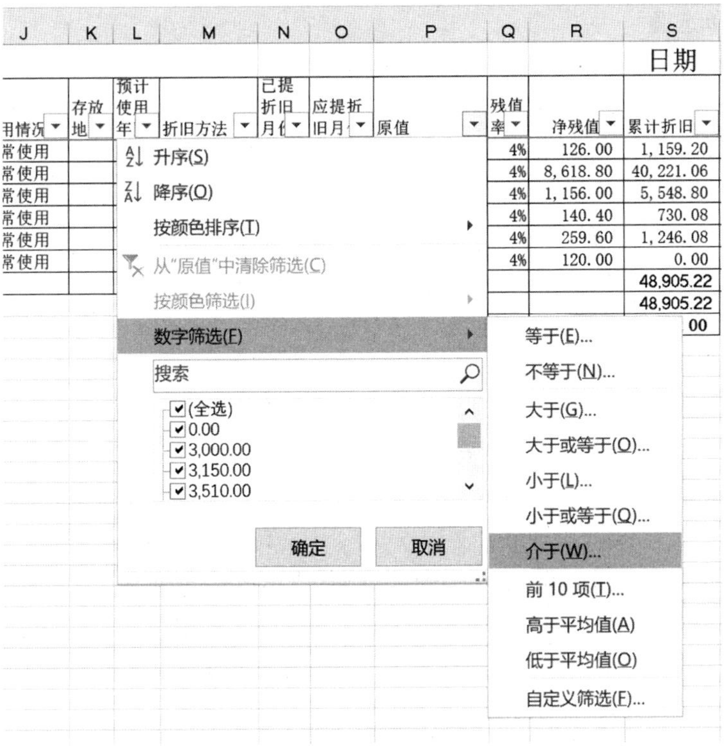

图 6-34　筛选菜单选项

我们这里演示根据条件筛选出原值在某一范围内符合条件的记录，条件"与"表示两个条件同时要成立，条件"或"表示两个条件只要满足其中之一就可以了。在级联菜单中选择"数字筛选"→"介于"，如图 6-35 所示，可根据给定的条件筛选出原值大于等于 1,000 且小于等于 5,000 的记录。另外，使用"自动筛选"还可同时对多个字段进行筛选操作，此时各字段间限制的条件只能是"与"的关系，如筛选出"原值"和"净值"都超过 5,000 的记录。

图 6-35　筛选原值大于等于 1,000 且小于等于 5,000 的记录

本章习题

一、单选题

1. 固定资产管理系统的主要目的是（   ）。
   A. 管理库存　　　B. 管理固定资产　　C. 管理应收账款　　D. 管理现金流
2. 在固定资产管理中，（   ）是折旧的目的。
   A. 增加税负　　　　　　　　　　　B. 反映资产的使用价值
   C. 减少资产总值　　　　　　　　　D. 提高现金流
3. （   ）模块通常不在固定资产管理系统中。
   A. 资产采购　　　B. 资产折旧　　　C. 资产库存　　　D. 资产报废
4. 固定资产的使用寿命一般由（   ）确定？
   A. 财务部　　　　B. 采购部　　　　C. 生产部　　　　D. 人力资源部
5. 固定资产管理系统中，资产增值通常是指（   ）。
   A. 资产的市场价值上升　　　　　　B. 资产的折旧减少
   C. 资产的维护费用增加　　　　　　D. 资产的使用频率下降
6. 在固定资产管理系统中，资产的购置成本包括（   ）。
   A. 运输费用　　　B. 保险费用　　　C. 维修费用　　　D. 以上所有费用
7. 固定资产的报废处理一般由（   ）模块负责。
   A. 资产采购　　　B. 资产维护　　　C. 资产报废　　　D. 资产评估
8. 资产折旧主要是为了（   ）。
   A. 反映资产的实际价值　　　　　　B. 增加企业利润
   C. 减少税负　　　　　　　　　　　D. 以上所有选项
9. 固定资产管理系统的资产分类不包括（   ）。
   A. 固定资产　　　B. 流动资产　　　C. 无形资产　　　D. 投资资产
10. 在固定资产管理系统中，折旧方法不包括（   ）。
    A. 直线法　　　　　　　　　　　　B. 双倍余额递减法
    C. 年数总和法　　　　　　　　　　D. 生命周期法

二、多选题

1. 固定资产管理系统应具备的功能有（   ）。
   A. 资产采购　　　B. 资产折旧　　　C. 资产报废　　　D. 资产评估
2. 在固定资产管理中，资产的使用寿命受（   ）的影响。
   A. 资产类型　　　B. 维修保养情况　C. 技术进步　　　D. 市场需求
3. 固定资产管理系统的主要优势包括（   ）。
   A. 减少人工成本　　　　　　　　　B. 提高数据准确性
   C. 增强决策支持　　　　　　　　　D. 增加库存管理效率
4. 在固定资产管理系统中，资产的维护记录应包括（   ）。
   A. 维修日期　　　B. 维修内容　　　C. 维修费用　　　D. 维修人员

5. 固定资产的减值测试可由（　　）引起。
   A. 市场需求下降　　　　　　B. 技术进步
   C. 法律法规变更　　　　　　D. 资产损坏
6. 在固定资产管理中，资产分类的标准包括（　　）。
   A. 按使用性质　B. 按使用寿命　C. 按物理形态　D. 按所属部门
7. 固定资产的折旧计算可能受到（　　）的影响？
   A. 购置成本　B. 残值　　　C. 使用年限　　D. 资产记录错误
8. 固定资产管理系统可以帮助企业提高（　　）的效率？
   A. 资产采购　B. 资产维护　C. 数据录入　　D. 报告生成
9. 固定资产管理系统中，资产信息的更新应包括（　　）。
   A. 资产位置　B. 资产状态　C. 资产负责人　D. 资产价值
10. 固定资产的报废可以由（　　）引起。
    A. 过时技术　B. 完全损坏　C. 低使用率　　D. 法律要求

第七章 期末处理及报表管理

期末处理不仅关乎企业的财务健康和合规性，还影响到管理决策和外部信任。期末处理是编制财务报表的基础，确保所有费用、收入、资产与负债都得到正确记录和分类，为财务报表提供真实可靠的数据支持。正确的期末处理能确保财务报表符合相关会计准则及法规要求，减少因报表不合规而引发的法律风险。因此，企业应高度重视总账系统的期末处理过程，确保其规范、准确和高效。

财务会计报表是会计核算的最终产品，是企业向有关各方及国家有关部门提供关于企业财务状况、经营成果、资金变动情况等会计信息的报告文件。制作财务会计报表是财务人员一项非常重要的工作，它不仅需要考虑制作的质量，而且需要考虑制作的时间。在现实会计工作中，从会计凭证到账簿再到会计报表的数据调用，是通过会计人员的反复传抄、计算和汇总得来的。其间涉及会计凭证的编制、会计凭证的分类、从会计凭证中抄取数据分别登记明细账和日记账、按会计科目分类汇总数据登记科目汇总表、根据科目汇总表登记总账、对账、结账、从总账中抄取和计算数据编制资产负债表和损益表。

会计工作当中需要大量的会计报表，有静态报表和动态报表，有月报、季报和年报，此外还有大量内部会计报表，这些报表的格式和编制方法各不相同。因此，尽管市面上有许多财务软件，但不一定能够满足全部需要。特别是一些涉及政策性较强的部门，其报表的个别科目名称会随不同的时期发生一定的变化。而且，目前市场上财务类软件价格还比较昂贵，一般中小企业难以承受。用 Excel 制作会计报表则能满足企业报表特别是一些内部报表和临时性报表的需要。

财务报告包括会计报表和其他应当在财务报告中披露的相关信息和资料。会计报表是对企业财务状况、经营成果和现金流量的结构性表述。会计报表至少应当包括下列组成部分：（1）资产负债表；（2）利润表；（3）现金流量表；（4）所有者权益（或股东权益，下同）变动表；（5）附注。

编制会计报表的目的是向会计报表的使用者提供其在经济决策中的有用信息，包括企业的财务状况、经营业绩及现金流量的资料。在本章中，仅限于介绍 Excel 在狭义会计报表（资产负债表、利润表和现金流量表）编制中的应用。

第一节 期末处理

期末处理不仅关乎企业的财务健康和合规性,还影响到管理决策和外部信任。因此,企业应高度重视总账系统的期末处理过程,确保其规范、准确和高效。

一、损益结转前期末业务

1. 计提并支付本月利息。计提本月利息是会计处理中非常重要的一部分,通常涉及借款、投资或其他金融工具的利息计算。本节主要处理短期借款利息支出费用。在进行会计处理时,应该把握好计提时机和科目借贷关系,可以有效管理企业短期借款利息费用,帮助企业保持良好的财务状况。下面是关于如何在会计系统中计提本月利息的详细操作内容。

(1) 本经济业务涉及财务费用和银行存款科目。借款金额为需要支付利息的本金金额,可在科目余额表中获取。短期借款的年利率为3.35%,计息周期的时间段为一个月。

(2) 具体分录如图7-1所示,I65选择录入"6603财务费用",I66选择输入"1002银行存款",J65录入公式"=ROUND(科目余额表!H32*3.35%/12,2)",科目余额表!H32是获取短期借款的期末余额,3.35%/12为月利率,然后用ROUND函数取两位小数,最后完善其他列数据。

支付财务费用

图7-1 支付本月短期借款利息

支付本月利息的操作涉及多方面的内容,从计算公式、分录制作到录入和后续处理,每一步都需要准确无误,以确保财务数据的真实性和可靠性。这一过程不仅影响当期损益,还对企业财务报表的整体质量有直接影响。

2. 结转本月制造费用。制造费用是企业在生产产品和提供劳务过程中发生的各项间接费用,包括生产车间发生的水电费、车间管理人员的薪酬、车间管理用的取暖费、办公费、照明费等,反映生产单位各项制造费用的发生情况。下面是关于如何在会计系统中计提本月利息的详细操作内容。

(1) 本经济业务涉及制造费用和生产成本科目(本章简单地归集到生产成本里,企业可以按具体的测算数据计算到生产成本中)。一般操作位汇总期末的各项制造费用,如水电费、租金、工资、折旧、维修费用等,确保所有费用都已记录并准确无误,且与生产作业相对应。将收集到的所有制造费用进行汇总,形成制造费用总额,为后续结转做准备。

结转制造费用

(2) 具体分录如图 7-2 所示,I67 选择录入"5001 生产成本",I68 选择输入"5101 制造费用"。

图 7-2　结转当月制造费用

在 K68 录入公式: =SUMIF(I3:I67,I68,J3:J66)。如图 7-3 所示,Range 选择本月之前发生的所有经济业务,即 I3:I67；Criteria 的判断条件是 I68,即"5101 制造费用",Sum_range 汇总范围为 J3:J66,即本月制造费用的借方所有发生额进行汇总。利用"有借必有贷,借贷必相等"的原则,J67 取 K68 数据。

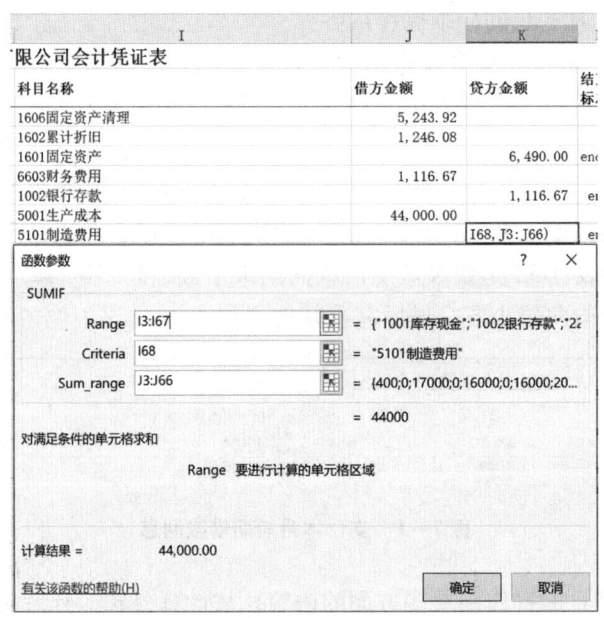

图 7-3　本月制造费用借方发生额汇总

制造费用结转到生产成本的过程对制造企业至关重要,确保企业能够准确核算产品成本,支持决策制定和成本控制。同时,该过程也符合会计准则的要求,提高了财务报告的透明度和可靠性。因此,企业在进行制造费用结转时应严格遵循相关程序,确保数据的准确性和合规性。

3. 转接本月完工产品。结转完工产品是将生产过程中发生的直接材料、直接人工和制造费用等成本结转到完工成品,此操作可以确保企业能够准确核算每个完工产品的实际成本,为后续的定价和利润分析提供可靠依据,通过清晰的成本结转，企业能够识别和分析不同产品的成本构成，为成本控制和效率提升提供数据支持。生产成本科目用于核算企业进行工业性生产发生的各项生产成本，包括生产各种产品（产成品、自制半成品等）的成本。下面是关于如何在会计系统中计提本月利息的详细操作内容。

（1）本经济业务涉及生产成本科目和产品科目（此处简单地归集到库存商品科目里，企业可以按具体的测算数据锁定库存商品的成本）。一般操作位汇总期末的各项生产成本数据，包括直接材料成本（用于生产的原材料费用）、直接人工成本（直接参与生产的工人工资及相关费用）和制造费用（间接费用，如工厂租金、设备折旧、生产工具耗材等）。

（2）具体分录如图 7-4 所示，I69 选择录入"140501 库存商品——A"，I70 选择输入"140502 库存商品——B"，I71 选择输入"5001 生产成本"。140501 库存商品——A 的借方发生额为 60,000，140502 库存商品——B 的借方发生额为 38,000，利用"有借必有贷，借贷必相等"的原则，K71 的数据等于 J69 与 J70 的和。企业可按具体数据进行核算。

结转完工产品

图 7-4 结转本月完工产品

生产成本结转到完工成品的过程对于制造企业至关重要，可确保完工产品成本的准确核算，提高了财务报告的透明度与可靠性，并对企业的经营决策和成本控制具有重要意义。

4. 提取坏账准备。提取坏账准备是会计处理中的一项重要工作，主要是为了应对可能无法收回的应收账款。以下是提取坏账准备的作用及其具体操作内容。通过提取坏账准备，企业能够在财务报表中真实地反映应收账款的可收回性，避免资产虚高，提供更准确的财务信息。提取坏账准备还可以识别和计量客户信用风险，及时反映潜在的坏账风险，从而为企业制定信贷政策提供依据，减少财务损失，还能确保企业的财务报告准确、可靠，满足外部利益相关者的信息需求。下面是关于如何在会计系统中计提本月利息的详细操作内容。

（1）本经济业务涉及资产减值损失和坏账准备科目。据企业的会计政策和相关法规，制定坏账准备的提取标准。常见的坏账准备提取方法包括有比例法和分类法。此处用比例法，即根据历史坏账率计算坏账准备，此处坏账率取 0.5%。

（2）具体分录如图 7-5 所示，I72 选择录入"6701 资产减值损失"，I73 选择输入"1231 坏账准备"，J72 录入公式"=ROUND(科目余额表!G10*0.5%，2)"，科目余额表!G10 是获取应收账款的期末余额，0.5% 为坏账率，然后用 ROUND 函数取两位小数，最后完善其他列数据。

计提坏账准备

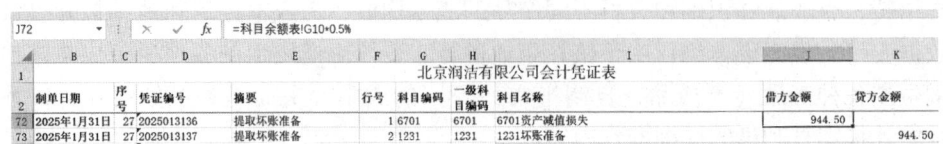

图 7-5 提取坏账准备

提取坏账准备是企业会计处理中的重要组成部分，有助于准确反映企业的财务状况、管理信用风险。

5. 结转本月销售成本。结转本月销售成本是企业财务管理中的重要环节，涉及将当月销售的商品或服务所产生的成本从库存中转移到损益表中。通过将本月销售成本结转到损益表，企业能够准确计算出本期的毛利和净利润，确保财务报表能真实反映企业的经营成果。及时结转销售成本可以帮助管理层评估产品的盈利能力，支持定价策略和销售决策的制定。结转销售成本后，企业能够更清晰地了解各类产品的成本构成，便于识别和控制生产和销售过程中的不必要支出。下面是关于如何在会计系统中计提本月利息的详细操作内容。

（1）本经济业务涉及库存商品、原材料、主营业务成本和其他业务成本科目。确定本月销售的商品或服务的成本，包括直接材料成本、直接人工成本和制造费用等。企业可以按照核算的成本进行填列。

结转销售成本

（2）具体分录如图 7-6 所示，科目的选择可以按照图 7-6 所示选择录入相关科目。具体的成本核算数据：140501 库存商品——A，录入数据 76,800.00；140502 库存商品——B，录入数据 60,000.00；140301 原材料——甲，录入数据 16,000.00。这里录入两笔经济业务，利用"有借必有贷，借贷必相等"的原则获取相关金额，最后完善其他列数据。

图 7-6 结转成本

结转本月销售成本是企业财务管理中的关键环节，确保了利润的准确计算和成本的有效控制，对企业的经营决策和财务透明度具有重要作用。

6. 转出本月未交增值税。转出本月未交增值税是会计处理中的重要环节，主要涉及将应交的增值税从相关账户转移到应交税费账户中。通过转出未交增值税，企业能够准确显示其应付的增值税负担，确保财务报表反映真实的财务状况。确保企业在会计处理中遵循相关税法和会计准则，维护公司合规性，减少税务风险。

（1）本经济业务涉及应交增值税的销项税额、进项税额、转出未交增值税和应交税费——未交增值税科目。确定本月的增值税应交额，通常根据销售收入和进项税额的差额计算：应交增值税＝销项税额－进项税额。其中，销项税额根据销售额和适用的增值税率计算；进项税额根据采购成本和适用的增值税率计算。

（2）具体分录如图7-7所示，科目的选择可以按照图7-7所示选择录入相关科目。J79 录入公式"=SUMIF（I3：I67，会计科目表!E46，K3：K66）-SUMIF（I3：I67，会计科目表!E45，J3：J66）"，会计科目表!E45 为进项税额，会计科目表!E46 为销项税额，即获取本月的所有销项税额的和减去所有进项税额的和，即为未交增值税的税额。计算的数据如图7-7所示。至此，应交增值税余额为零，全部结转到应交税费——未交增值税科目的贷方，最后完善其他列数据。

结转增值税

图7-7 转出本月未交增值税

转出本月未交增值税的过程对于企业财务管理至关重要，确保了税务负担的准确反映并符合相关会计准则，帮助企业进行有效的现金流管理和决策支持。

二、期末损益结转业务

期末损益结转是会计周期结束时的一项重要工作，涉及将本期的损益（收入与费用）结转到损益表的相关账户中，并归零本期的收入和费用账户，为下一会计周期的开始做好准备。通过结转损益，企业能够准确反映本期的经营成果，确保损益表的准确性，帮助外部利益相关者了解企业的经营状况。结转损益后，将本期的收入和费用账户归零，为下一会计周期的收入和费用记录提供清晰的起点，避免混淆。期末损益结转后，计算出的本期利润为企业的利润分配提供了基础，影响企业的财务决策。

（1）本经济业务涉及本期发生的所有损益类科目和本年利润科目。收集本期的所有收入和费用数据，计算出本期的总收入、总费用和净利润（或净亏损）。结转损益的分录包括以下三部分。

①借记"本年利润"账户，反映本期的净利润（若是净亏损则贷记）。
②贷记"收入"账户，表示结转本期的收入。
③贷记"费用"账户，表示结转本期的费用。

（2）操作步骤。

①过滤损益类科目。选择"会计凭证"表的 I81 和 I82 单元格，如图7-8所示录入过滤条件信息。

结转损益1

然后单击"数据"→"高级"命令，出现"高级筛选"窗口，在"方式"栏选择"将筛选结果复制到其他位置"选项；在"列表区域"处选择输入（也可用鼠标点击引用）"$I$2:$I$80"（此处为设置源数据区域，注意要将字段名包括在选取范围中）。在"条件区域"栏选择输入"$I$81：$I$82"。在"复制到"栏输入要将数据显示的位置："$I$83"。选择"选择不重复的记录"，如图7-9所示，单击"确定"按钮，得到符合条件的科目名称。结果如图7-10所示。

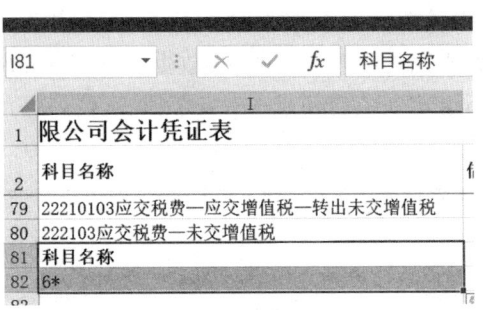

图7-8 过滤条件信息

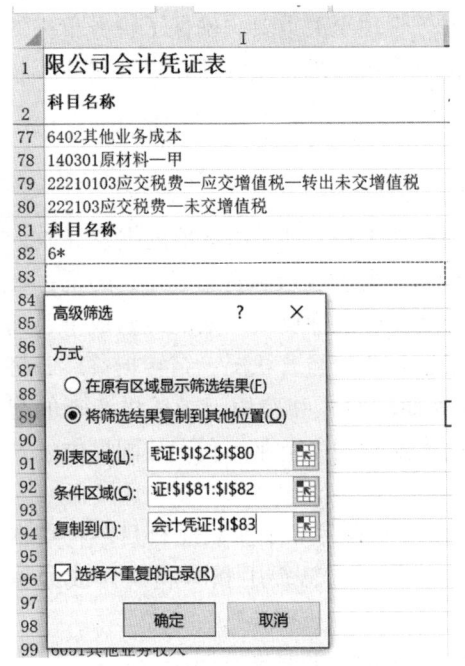

图7-9 过滤损益类科目

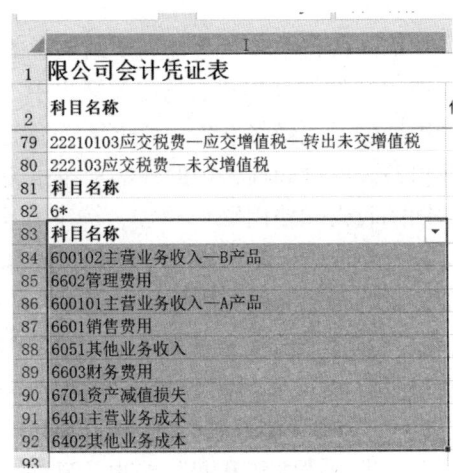

图7-10 过滤结果

②损益类科目排序。选择I83:I92区域→数据→筛选，出现下拉方框，然后进行升序排序，删除81:83行数据，如图7-11所示，至此筛选并排序出当月发生的所有损益类科目。

第七章 期末处理及报表管理

J81		× ✓ fx	=SUMIF($I$3:$I$80,I81,$K$3:$K$80)						
	D	E	F	G	H	I		J	K	L

北京润洁有限公司会计凭证表

	凭证编号	摘要	行号	科目编码	一级科目编码	科目名称	借方金额	贷方金额	结束标志
81	2025013145	结转本月损益	1	600101	6001	600101主营业务收入—A产品	130,000.00	—	
82	2025013146	结转本月损益	2	600102	6001	600102主营业务收入—B产品	120,000.00	—	
83	2025013147	结转本月损益	3	6051	6051	6051其他业务收入	19,000.00	—	
84	2025013148	结转本月损益	4	6401	6401	6401主营业务成本	—	136,800.00	
85	2025013149	结转本月损益	5	6402	6402	6402其他业务成本	—	16,000.00	
86	2025013150	结转本月损益	6	6601	6601	6601销售费用	—	26,476.77	
87	2025013151	结转本月损益	7	6602	6602	6602管理费用	—	61,026.46	
88	2025013152	结转本月损益	8	6603	6603	6603财务费用	—	1,116.67	
89	2025013153	结转本月损益	9	6701	6701	6701资产减值损失	—	944.50	
90	2025013154	结转本月损益	10	4103	4103	4103本年利润	—	26,635.60	end

图 7 – 11 损益类科目结转

③结转损益类科目。在 J81 录入公式 " = SUMIF($I$3:$I$80,I81,$K$3:$K$80)",如图 7 – 11 所示,本月之前发生的所有经济业务,即 $I$3:$I$80;判断条件是 I81,即 "600101 主营业务收入——A 产品";汇总范围为 $K$3:$K$80,即 600101 主营业务收入——A 产品的贷方所有发生额进行汇总。在 K81 录入公式 " = SUMIF($I$3:$I$80,I81,$J$3:$J$80)",即本月之前发生的所有经济业务,即 $I$3:$I$80;判断条件是 I81,即 "600101 主营业务收入——A 产品";汇总范围为 $J$3:$J$80,即 600101 主营业务收入——A 产品的借方所有发生额进行汇总。复制 J81:K81 的公式到 J82:K89 单元格。最后在 K90 录入公式 " = SUM(J81:J89) – SUM(K81:K89)",即本凭证损益类贷方发生额合计减去本凭证损益类借方发生额合计最后归集到 "4103 本年利润"。最后如图 7 – 11 所示,完善其他相关信息。

结转损益2

期末损益结转是企业会计处理中的关键环节,它确保了损益的准确计算,并为下一会计周期的开始做好准备。企业在进行期末损益结转时,应遵循相关流程和政策,确保数据的准确性和合规性,以支持财务决策和内部管理。

三、结转所得税费用及利润分配

所得税和利润分配是企业财务管理中的重要组成部分。所得税的正确计算与处理有助于企业了解税务负担并管理现金流,而合理的利润分配能够保障股东权益、支持企业发展并优化资本结构。企业在进行这两项业务时,应遵循相关的会计政策和程序,确保数据的准确性与合规性,以支持其财务决策和经营目标。

1. 计算所得税并结转。企业所得税是对中国境内的企业的生产、经营所得和其他所得征收的一种税。通俗地说,就是对内资企业的收益额(包括来源于中国境内、境外的所得)征收的所得税。

(1) 所得税的作用:所得税的计算结果直接影响企业的净利润,从而影响企业的利润分配决策,包括留存收益和股利分配。所得税的支付会直接影响企业的现金流,合理安排税务支出可以帮助企业更好地管理现金流。另外,通过征收企业所得税，政府可以调节企业之间的收入分配，促进社会公平。企业所得税是政府财政收入的重要来源，用于支持国家建设和公共服务。通过税收优惠和政策引导，可鼓励企业投资和创新，推动经济发展。本例假定 1 月执行。

（2）本经济业务涉及本年利润、所得税费用和应交税费——应交所得税科目。先确定收入和费用，计算出应纳税所得额，这里可直接提取结转损益的本年利润贷方的余额，根据适用的税率计算出应交所得税。如果本年利润小于等于零，本经济业务不用做。

所得税结转

（3）具体分录如图 7-12 所示。科目的选择可以按照图 7-12 所示选择录入相关科目。在 J91 录入公式"＝K90＊封面！G21"，K90 为本期结转本年利润贷方发生额，本期现在只有贷方发生额。封面！G21 为所得税税率。即获取本期产生的所得税费用。就此计算出所得税费用，然后进行所得税结转，K92 取 J91 数据。在 K94 录入公式"＝SUMIF(I3:I93,I94,J3:J93)"，Range 选择本月之前发生的所有经济业务，即 I3:I93；Criteria 的判断条件是 I94，即"6801 所得税费用"；Sum_range 汇总范围为 J3:J93，即本月所得税费用的借方所有发生额进行汇总。利用"有借必有贷，借贷必相等"的原则，J93 取 K94 数据，最后完善这两笔经济业务的其他列数据。

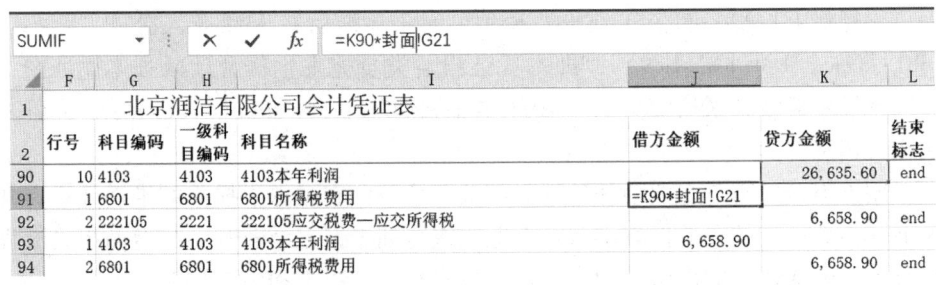

图 7-12　计算所得税和结转所得税费用

2. 结转本年利润。利润分配是企业在一定时期（通常为年度）内对所实现的利润总额以及从联营单位分得的利润，按规定在国家与企业、企业与企业之间的利润分配是企业财务管理中的一个重要环节，涉及对企业净利润的分配决策，影响着企业的财务状况和股东的利益。这里假定 1 月执行。

（1）本经济业务涉及本年利润和利润分配的未分配利润科目。这里只把本期的本年利润结转利润分配的未分配利润科目，具体后期的利润分配根据相关法律法规和公司章程或董事会决策进行的公积金提取。

结转本年利润
到未分配利润

（2）具体分录如图 7-13 所示。科目的选择可以按照图 7-13 所示选择录入相关科目。在 J95 录入公式"＝SUMIF(I61:I94,I95,K61:K94)－SUMIF(I61:I94,I95,J61:J94)"，在第一个 SUMIF 提取本年利润的贷方发生额，在第二个 SUMIF 提取本年利润的借方发生额。利用"有借必有贷，借贷必相等"的原则，K94 取 J95 数据，最后完善这笔经济业务的其他列数据。

第七章 期末处理及报表管理 **209**

图 7-13 结转本年利润

四、更新相关报表数据

通过上述期末处理以后，增加了新的凭证，因此需要更新相应的数据。期末处理后更新相关账表数据是一个非常重要的环节。

1. 审核并汇总会计凭证。如图 7-14 所示，第一步审核期末处理的所有凭证，然后汇总借贷方的发生额进行审核是否达到借贷平衡要求。

图 7-14 审核并汇总会计凭证

2. 更新凭证打印区域。选择菜单"公式→名称管理器"，找到"凭证表"名称，点击"编辑"按钮，弹出图 7-15 所示对话框。把引用位置调整到所有凭证区域"=会计凭证!$A$3:$M$96"，点击确定，即可以进行其他新增凭证的打印。

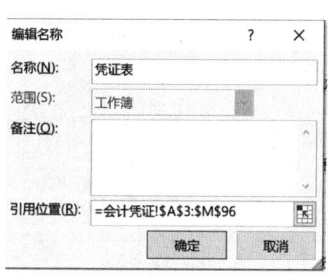

图 7-15 编辑凭证表区域

更新凭证表名称范围

3. 更新科目汇总表。选择科目汇总表工作表，如图 7-16 所示，点选透视表→数据透视表工具→更新数据源→出现如图 7-17 的对话框，在"表/区域"选择输入"会计凭证!$A$2:$N$96"，然后点击确定。

更新科目汇总表数据源

图7-16 科目汇总表

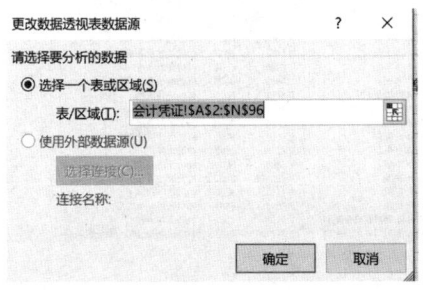

图7-17 更新数据源区域

再对借贷发生额进行判断，在E30输入公式=IF(C30=D30,"借贷发生额平衡","借贷发生额不平衡")，进行判断是否借贷发生额平衡。

4. 更新科目余额表并进行期末试算平衡表。由于本科目余额表选择的是全部区域，因此会自动更新数据。最后进行期末试算平衡计算，结果如图7-18所示。

期末试算平衡表

	B	C	D	E	F	G
1			科目余额表			
2	北京润洁有限公司			2025年1月31日	217,508.27	
3		科目名称	期初余额		本期发生额		期末
4			借方	贷方	借方	贷方	
96	试算结果平衡						
97						
98			期末试算平衡表			
99						单位：元
100	资产	借		4,063,137.83	负债	贷	631,756.40
101	共同	平		-	权益	贷	3,457,484.97
102	成本	借		26,103.84	损益	平	-
103	合计			4,089,241.37	合计		4,089,241.37
104	试算结果平衡						

图7-18 期末试算平衡

具体试算计算步骤为：

资产数据公式：= SUMIF(A5:A83,"1???",G5:G83) - SUMIF(A5:A83,"1???",H5:H83)。

共同数据公式：= SUMIF(A5:A83,"3???",G5:G83) - SUMIF(A5:A83,"3???",H5:H83)。

成本数据公式：= SUMIF(A5:A83,"4???",G5:G83) - SUMIF(A5:A83,"5???",H5:H83)。

负债数据公式：= SUMIF(A5:A83,"2???",H5:H83) - SUMIF(A5:A83,"2???",G5:G83)。

权益数据公式：= SUMIF(A5:A83,"4???",H5:H83) - SUMIF(A5:A83,"4???",G5:G83)。

损益数据公式：= SUMIF(A5:A81,"6???",H5:H83) - SUMIF(A5:A81,"6???",G5:G83)。

上述计算数据 H 列是借方，G 列是贷方，合计条件是以科目开头数据决定，1 为资产，2 为负债，3 为共同，4 为所有者权益，5 为成本，6 为损益。通过条件合计公式，获取特定的数据进行汇总。对数据的方向，对资产、共同、成本类科目，如果合计大于零，方向为借，否则为平。资产公式为：= IF(D100 = 0,"平","借")，后面进行复制公式即可；对于负债、权益、损益类科目，如果合计大于零，方向为贷，否则为平。负债公式为 = IF(G100 = 0,"平","贷")，后面进行复制公式即可。

最后进行检验：左边的合计等于右边的合计，则试算平衡，否则试算不平衡。公式为 = IF(D103 = G103,"试算结果平衡","试算结果不平衡")。

通过试算平衡表来检查账簿记录是否正确，一般情况下是可行的，但这并不意味着绝对正确！从某种意义上讲，如果借贷不平衡，就可以肯定账户的记录或者是计算有错误，但是如果借贷平衡，也不能肯定账户记录没有错误，因为有些错误根本不影响借贷双方的平衡关系。试算不平衡就可以发现借贷不平衡，但是平衡了，不一定没有问题。例如，试算平衡时，漏记、重记、记账方向颠倒和用错会计科目的情况，均不能通过试算平衡被发现。

至此，期末业务全部结束，可通过"开始"→"单元格"→"格式"→"保护工作表"，进行选择保护工作表内容，并设定密码，作为本月结账处理。

第二节 资产负债表

一、资产负债表的概念

资产负债表是反映企业在某一特定日期财务状况的会计报表。资产负债表利用会计平衡原则，将合乎会计原则的资产、负债、股东权益交易科目分为"资产"和"负债及所有者权益（或股东权益）"两大区块，在经过分录、转账、分类账、试算、调整等会计程序后，以特定日期的静态企业情况为基准，浓缩成一张报表。其报表功用除了企业内部除错、经营方向、防止弊端外，也可让所有阅读者于最短时间了解企业经营状况。它反映企业在一段特定日期所拥有或控制的经济资源、所承担的现时义务和所有者对净资产的要求权，即资产、负债和权益的分布状况，资产负债表是主要会计报表，通常在会计期末报出。

资产负债表一般有表首、正表两部分。其中，表首概括地说明报表名称、编制单位、编制日期、报表编号、货币名称、计量单位等。正表是资产负债表的主体，列示了用以说明企业财务状况的各个项目。资产和负债一般分别以流动资产和非流动资产、流动负债和非流动负债列示。资产负债表正表的格式一般有两种：报告式资产负债表和账户式资产负债表。报告式资产负债表是上下结构，上半部列示资产，下半部列示负债和所有者权益。具体排列形式又有两种：一是按"资产 = 负债 + 所有者权益"的原理排列；二是按"资产 – 负债 = 所有者权益"的原理排列。账户式资产负债表是左右结构，左边列示资产，右边列示负债和所有者权益。不管采取什么格式，资产各项目的合计等于负债和所有者权益各项目的合计这一等式不变。

在中国，资产负债表采用账户式。每个项目又分为"期末余额"和"年初余额"两栏分别填列。采用企业会计准则的非金融企业的资产负债表格式如表7–1所示。

表 7 –1 资产负债表

编制单位： 年 月 单位：元

资产	行次	期末余额	年初余额	负债及所有者权益（或股东权益）	行次	期末余额	年初余额
流动资产：	1			流动负债：	34		
货币资金	2			短期借款	35		
交易性金融资产	3			交易性金融负债	36		
应收票据	4			应付票据	37		
应收账款	5			应付账款	38		
预付款项	6			预收款项	39		
应收利息	7			应付职工薪酬	40		
应收股利	8			应交税费	41		
其他应收款	9			应付利息	42		
存货	10			应付股利	43		
一年内到期的非流动资产	11			其他应付款	44		
其他流动资金	12			一年内到期的长期负债	45		
流动资产合计	13			其他流动负债	46		

续表

资产	行次	期末余额	年初余额	负债及所有者权益（或股东权益）	行次	期末余额	年初余额
非流动资产：	14			流动负债合计	47		
可供出售金融资产	15			非流动负债：	48		
持有至到期投资	16			长期借款	49		
长期应收款	17			应付债券	50		
长期股权投资	18			长期应付款	51		
投资性房地产	19			专项应付款	52		
固定资产	20			预计负债	53		
在建工程	21			递延所得税负债	54		
工程物资	22			其他非流动负债	55		
固定资产清理	23			非流动负债合计	56		
生产性生物资产	24			负债合计	57		
油气资产	25			所有者权益（或股东权益）：	58		
无形资产	26			实收资本（或股本）	59		
开发支出	27			资本公积	60		
商誉	28			减：库存股	61		
长期待摊费用	29			专项储备	62		
递延所得税资产	30			盈余公积	63		
其他非流动资产	31			未分配利润	64		
非流动资产合计	32			所有者权益（或股东权益）合计	65		
资产总计	33			负债及所有者权益（或股东权益）总计	66		

单位负责人： 　　　　财会负责人： 　　　　复核： 　　　　制表：

二、资产负债表的制作

资产负债表分为表头和表体两个基本部分。

表头部分包括报表的标题、报表的编号、编制单位、编制日期及计量单位等，编表时间应为某年某月某日。

表体部分一般为账户式，资产负债表的左部为资产项目，右部为负债及所有者权益项目。编制资产负债表时，项目的排列顺序主要按项目流动性排列。

1. 制作资产负债表。填列资产负债表中财务数据是有规律的（极少数科目在某些时候需要根据情况分析填列），据此，用户可以利用 Excel 公式，按照规定进行自动取值,从而生成需要的资产负债表,免去在决算时录入数据的麻烦。以下通过实例介绍,着重说明公式输入方法,可以说,公式编制输入是本表编制的基础,也是会计核算数据正确与否的关键,公式录入只要有一个错了,最后得出的财务数据就一定是错误的。因此,要求用户对于 Excel 函数公式尤其是引用函数要有一定了解,基本懂得函数参数的作用及用法,否则在编制表格时容易出错。

资产负债表制作的具体步骤如下。

打开本章的 Excel 工作簿,插入工作表,将这张工作表命名为"资产负债表"。在工作表的 A1 中输入"资产负债表",根据需要进行调整字体、合并单元格等操作。接着在下面的单元格中依照表 7-1 依次输入编制单位、日期、金额单位等关键信息。

表体部分也进行同样的操作,输入科目编码、资产、行次、期末余额、年初余额、科目编码、负债及所有者权益(或股东权益)、行次、期末余额、年初余额。结果如图 7-19 所示,其中科目编码为负债获取数据用,打印报表时可以隐藏。

图 7-19 制作资产负债表并填制表头

2. 填制资产负债表表头和表身。在 B2 单元格中输入:="编制单位:"& 封面!E6。封面!E6 为封面工作表的统一的单位名称。在时间单元格中输入"2025年1月31日";在金额单位单元格中输入"单位:元",如图 7-19 所示,完成表头的填制。

按照样式表的科目进行录入,录入科目名称之后录入行次。在 Excel 中制作资产负债表时经常需要输入行次。

设置好自定义的行次后,就可以使用上面的方法先输入头两个行次,然后再选中输入行次的单元格,拖拽到行次的最后一个单元格就可以自动填充了。

在 Excel 中有个自动输入行次的功能,可以使用函数来实现。点击 C5 单元格输入公式 = IF(B5 = "","",COUNTA($B$5:B5)),然后把鼠标移到 C5 单元格的右下方,鼠标就会变成十字形状,按住拖拽填充到 C 列下面的单元格中,这样在 B 列输入内容时,C 列中就会自动输入行次了,如图 7-20 所示。

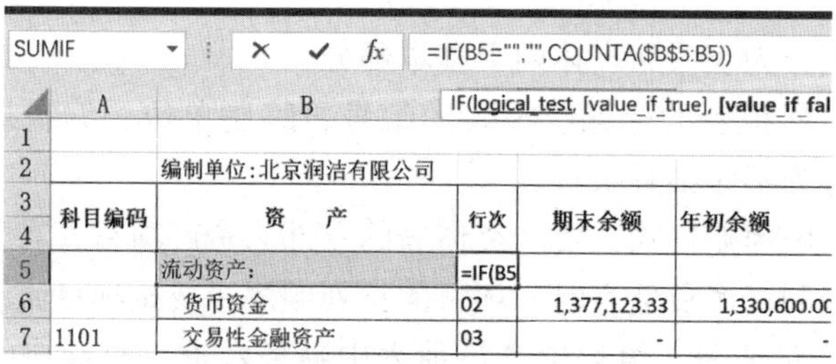

图 7-20 自动填充行次

有时候需要输入一些比较长的行次，如 01、02、03…，前面的数字都是一样的，只是后面的按照行次进行变化。对于这样的行次也可以进行快速输入。选中要输入这些复杂行次的单元格，接着点击"开始"菜单，选择"单元格"→"格式"→"设置单元格格式"，在弹出的对话框中点击"数字"标签，在分类下选择"自定义"，然后输入""0"0"完成后点击"确定"按钮。以后只要在选中的单元格中输入 1、2、3…行次时，就会自动变成设置的复杂行次了，如图 7 – 21 所示。

图 7 – 21　单元格设置

录入结果如图 7 – 22 所示。

	A	B	C	D	E	F	G	H	I	J
1						资 产 负 债 表				
2		编制单位：北京润洁有限公司				2025年1月31日				单位：元
3	科目编码	资　　产	行次	期末余额	年初余额	科目编码	负债及所有者权益（或股东权益）	行次	期末余额	年初余额
4										
5		流动资产：	01				流动负债：	34		
6		货币资金	02				短期借款	35		
7		交易性金融资产	03				交易性金融负债	36		
8		应收票据	04				应付票据	37		
9		应收账款	05				应付账款	38		
10		预付款项	06				预收款项	39		
11		应收利息	07				应付职工薪酬	40		
12		应收股利	08				应交税费	41		
13		其他应收款	09				应付利息	42		
14		存货	10				应付股利	43		
15		一年内到期的非流动资产	11				其他应付款	44		
16		其他流动资金	12				一年内到期的长期负债	45		
17		流动资产合计	13				其他流动负债	46		
18		非流动资产：	14				流动负债合计	47		
19		可供出售金融资产	15				非流动负债：	48		
20		持有至到期投资	16				长期借款	49		
21		长期应收款	17				应付债券	50		
22		长期股权投资	18				长期应付款	51		
23		投资性房地产	19				专项应付款	52		
24		固定资产	20				预计负债	53		

图 7 – 22　录入结果

完成表格文字输入和格式设置后，下一步的工作就是填充表格中的其他数据。其中，"年初数"可以按上年资产负债表中的数据进行填充，"期末数"可以以数据链接的方式引用科目余额表中的相关数据。资产负债表主要是根据资产账户和负债、所有者权益账户的期末余额和其他有关资料编制而成的，具体编制方法如下。

直接根据总账科目的余额填列，如“交易性金融资产”“短期借款”“应付票据”“应付职工薪酬”等项目。

根据几个总账科目的余额计算填列，如“货币资金”项目，需根据“库存现金”“银行存款”“其他货币资金”三个总账科目余额合计填列。

根据有关明细科目的余额计算填列，如“应付账款”项目，需要分别根据“应付账款”和“预付账款”两科目所属明细科目的期末贷方余额计算填列。

根据总账科目和明细科目的余额分析计算填列，如“长期借款”项目，应根据“长期借款”总账科目余额扣除“长期借款”科目所属的明细科目中将在制作资产负债表日起一年内到期且企业不能自主地将清偿义务展期的长期借款，之后再填列金额。

根据总账科目与其备抵科目抵销后的净额填列，如资产负债表中的“应收账款”“长期股权投资”等项目，应根据“应收账款”“长期股权投资”等科目的期末余额减去“坏账准备”“长期股权投资减值准备”等科目余额后的净额填列；“固定资产”项目，应根据“固定资产”科目期末余额减去“累计折旧”“固定资产减值准备”科目余额后的净额填列；“无形资产”项目，应根据“无形资产”科目期末余额减去“累计摊销”“无形资产减值准备”科目余额后的净额填列。

此例中“货币资金”项目需根据“库存现金”“银行存款”这些总账科目的期末余额的合计数填列，而这几项的数据分别存放在“科目余额表”中的单元格 I5、I6 处。因此，可在“资产负债表”中存放“货币资金”期末数的单元格中输入相应的数据填制公式。具体的操作步骤如下。

先选中科目余额表的 $A$5:$H$83 的数据，在左上角的框中输入“科目余额表”。如图 7－23 所示。

科目余额表　=IF(VLOOKUP(A83,会计科目表!$A$4:$H$83,8,FALSE)="贷",D83+F83-E83,)

科目余额表

公司名称：北京润洁有限公司　2025年1月31日　单位：元

科目编码	科目名称	期初余额		本期发生额		期末余额	
		借方	贷方	借方	贷方	借方	贷方
1001	1001库存现金	21,960.00		47,300.00	47,860.00	21,400.00	
1002	1002银行存款	1,308,640.00		149,070.00	101,986.67	1,355,723.33	
1101	1101交易性金融资产						
1121	1121应收票据	15,000.00				15,000.00	
112101	112101应收票据—A厂	15,000.00				15,000.00	
1122	1122应收账款	42,000.00		146,900.00		188,900.00	
112201	112201应收账款—B厂	30,000.00				30,000.00	
112202	112202应收账款—C公司	12,000.00		146,900.00		158,900.00	
1123	1123预付账款	6,000.00				6,000.00	
1221	1221其他应收款	5,000.00				5,000.00	
1231	1231坏账准备				944.50		944.50
1401	1401材料采购						
1403	1403原材料	976,000.00		22,000.00	64,000.00	934,000.00	
140301	140301原材料—甲	608,000.00		16,000.00	32,000.00	592,000.00	
140302	140302原材料—乙	300,000.00		6,000.00	32,000.00	274,000.00	
140303	140303原材料—丙	68,000.00				68,000.00	
1405	1405库存商品	260,000.00		98,000.00	136,800.00	221,200.00	
140501	140501库存商品—A	128,000.00		60,000.00	76,800.00	111,200.00	
140502	140502库存商品—B	132,000.00		38,000.00	60,000.00	110,000.00	
1511	1511长期股权投资	600,000.00				600,000.00	
1601	1601固定资产	264,010.00		3,000.00	6,490.00	260,520.00	
1602	1602累计折旧		46,501.73	1,246.08	3,649.57		48,905.22
1604	1604在建工程						
1606	1606固定资产清理			5,243.92		5,243.92	
1701	1701无形资产	500,000.00				500,000.00	
1702	1702累计摊销						

图 7－23　命名科目余额表

在资产负债表里录入科目表里有的相应的科目编码，如图 7-24 所示。

	A	B	C	D	E	F	G	H	I	J
1						资 产 负 债 表				
2		编制单位：北京润洁有限公司				2025年1月31日				单位：元
3	科目编码	资　产	行次	期末余额	年初余额	科目编码	负债及所有者权益（或股东权益）	行次	期末余额	年初余额
4										
5		流动资产：	01				流动负债：	34		
6		货币资金	02			2001	短期借款	35		
7	1101	交易性金融资产	03				交易性金融负债	36		
8	1121	应收票据	04			2201	应付票据	37		
9	1122	应收账款	05			2202	应付账款	38		
10	1123	预付款项	06			2203	预收款项	39		
11		应收利息	07			2211	应付职工薪酬	40		
12		应收股利	08			2221	应交税费	41		
13	1221	其他应收款	09				应付利息	42		
14		存货	10			2232	应付股利	43		
15		一年内到期的非流动资产	11			2241	其他应付款	44		
16		其他流动资金	12				一年内到期的长期负债	45		
17		流动资产合计	13				其他流动负债	46		
18		非流动资产：	14				流动负债合计	47		
19		可供出售金融资产	15				非流动负债：	48		
20		持有至到期投资	16			2501	长期借款	49		
21		长期应收款	17			2502	应付债券	50		
22	1511	长期股权投资	18			2701	长期应付款	51		
23		投资性房地产	19				专项应付款	52		
24	1601	固定资产	20				预计负债	53		
25	1604	在建工程	21				递延所得税负债	54		
26		工程物资	22				其他非流动负债	55		
27	1606	固定资产清理	23				非流动负债合计	56		
28		生产性生物资产	24				负债合计	57		
29		油气资产	25				所有者权益（或股东权益）：	58		
30	1701	无形资产	26			4001	实收资本（或股本）	59		
31		开发支出	27			4002	资本公积	60		
32		商誉	28				减：库存股	61		
33		长期待摊费用	29				专项储备	62		
34		递延所得税资产	30			4101	盈余公积	63		
35		其他非流动资产	31			410401	未分配利润	64		
36		非流动资产合计	32				所有者权益（或股东权益）合计	65		
37		资产总计	33				负债及所有者权益（或股东权益）总计	66		
38		单位负责人：		财会负责人：			复核：		制表人：	

图 7-24　添加科目编码

由于资产负债表的科目名称和科目余额表里的名称不完全一致，所以先找到一致的，可以通过公式获取，名称不一致的可以填列计算需要的最前面一个科目编码，如果还有添加在公式里添加。先在 A7 单元格输入公式：= IF（ISNA（VLOOKUP（TRIM（B7），会计科目表!$B$4:$F$84,5,0）），VLOOKUP（TRIM（B7），会计科目表!$B$4:$F$84,5,0））。

添加科目编码

先判断对 B7 单元格进行 TRIM 操作，去掉前后的空格，再在会计科目表获取科目名称对应的科目代码数据，如果返回的是 NA，则没有找到对应科目名称，返回空；如果有对应的科目名称，则返回科目代码。

选中存放"货币资金"期末数的 D6 单元格后，直接输入"= VLOOKUP（"1001"，科目余额表,7,0）+ VLOOKUP（"1002"，科目余额表,7,0）"；1001 指库存现金，1002 指银行存款。"科目余额表"是前面定义好的名称。7，表示第 7 列（即期末的余额）。这就能得到相应的货币资金。由于有些科目本表里没有涉及，因此没有涉及的科目就没有加入。如果用户有新的科目，直接加入即可。结果如图 7-25 所示。如果是期初数据，只需把 7 换为 3 即可。

期末流动资产

对于预付账款，在 D10 单元格里录入"= VLOOKUP（A10，科目余额表,7，FALSE）- VLOOKUP（"1231"，科目余额表,8，FALSE）"，A10 是预付账款的编码，"1231"是坏账准备的编码。这样可获取期末预付款项的代码。

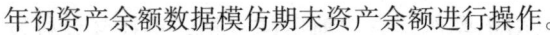

图 7-25 选择项目

期末非流动资产

存货对应于单元格的 D14 录入以下信息：= VLOOKUP("1401",科目余额表,7,0) + VLOOKUP("1403",科目余额表,7,0) + VLOOKUP("1405",科目余额表,7,0) + VLOOKUP("5001",科目余额表,7,0)。"1401""1403""1405""5001"分别为材料采购、原材料、库存商品、生产成本的编码。

固定资产对应于单元格 D24，录入内容为：= VLOOKUP(A24,科目余额表,7,FALSE) - VLOOKUP("1602",科目余额表,8,FALSE)。A24 单元格内容为固定资产编码，"1602"为累计折旧的科目编码。

3. 输入各类账户和各类账户的期初余额和期末余额的总和公式。由于这里采用的是账户式资产负债表结构，其分布是左右两部分，左边列示资产右边列示负债、净资产（所有者权益），资产类各项目的合计等于负债和所有者权益类各项目的合计。

资产负债表中还有一部分单元格中的数据，需要用本张工作表中的数据计算取得，也就是要求输入各类账户的期初余额和期末余额，在 Excel 可以使用总和公式。

年初资产余额数据模仿期末资产余额进行操作。

年初资产

负债类，所有者权益类数据相对简单，按照科目代码在"科目余额表"获取数据即可。

例如，流动资产合计主要对应于单元格 D17，录入内容为"= SUM(D6：D16)"，用于统计流动资产类账户的期末余额。非流动资产合计对应于单元格 D36，录入内容为"= SUM(D19：D35)"，用于统计非流动资产类账户的期末余额。资产总计对应于单元格 D37，录入内容为"= D17 + D36"，表示流动资产与非流动资产之和。

"流动资产合计 = 货币资金 + 交易性金融资产 + 应收票据 + 应收账款 + 预付款项 + 应收利息 + 应收股利 + 其他应收款 + 存货 + 一年内到期的非流动资产 + 其他流动资产"，可在如图 7-26 所示的工作表"资产负债表"单元格 D17 中输入计算公式"= SUM(D6：D16)"，表明单元格 D17 中的数据是对单元格区域 D6 和

D16 数据的求和结果。

又如,"非流动负债合计 = 长期借款 + 应付债券 + 长期应付款 + 专项应付款 + 预计负债 + 递延所得税负债 + 其他非流动负债",所以可在单元格 I27 中输入计算公式 " = SUM(I20:I26)"。

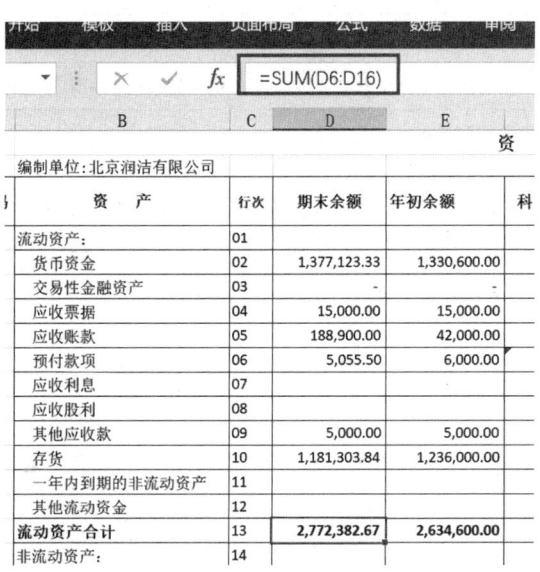

图 7 - 26 输入计算公式

资产负债表期末数计算有关运算公式如表 7 - 2 所示。在其他需要输入公式的地方,可以用同样的方法输入相应的公式。

表 7 - 2   资产负债表期末数计算有关运算公式

运算公式	意义
D17 = SUM(D6:D16)	流动资产合计 = 货币资金 + 交易性金融资产 + 应收票据 + 应收账款 + 预付款项 + 应收利息 + 应收股利 + 其他应收款 + 存货 + 一年内到期的非流动资产 + 其他流动资产
D36 = SUM(D19:D35)	非流动资产合计 = 可供出售金融资产 + 持有至到期投资 + 长期应收款 + 长期股权投资 + 投资性房地产 + 固定资产 + 在建工程 + 工程物资 + 固定资产清理 + 生产性生物资产 + 油气资产 + 无形资产 + 开发支出 + 商誉 + 长期待摊费用 + 递延所得税资产 + 其他非流动资产
D37 = D17 + D36	资产总计
I18 = SUM(I6:I17)	流动负债合计 = 短期借款 + 拆入资金 + 交易性金融负债 + 衍生金融负债 + 应付票据 + 应付账款 + 预收账款 + 卖出回购金融资产款 + 应付手续费及佣金 + 应付职工薪酬 + 应交税费 + 应付利息 + 应收股利 + 其他应交款 + 内部应付款 + 其他应付款 + 预提费用 + 预计流动负债 + 应付分保账款 + 保险合同准备金 + 一年内的递延收益 + 应付短期债券 + 一年内到期的非流动负债 + 其他流动负债

续表

运算公式	意义
I27 = SUM(I20:I26)	非流动负债合计 = 长期借款 + 应付债券 + 长期应付款 + 专项应付款 + 预计负债 + 递延所得税负债 + 其他非流动负债
I28 = I18 + I27	负债合计
I36 = SUM(I30:I35)	所有者权益 = 实收资本 + 资本公积 + 盈余公积 + 未分配利润
I37 = I28 + I36	负债和所有者权益合计

由以上操作可以看出，资产负债表中的数据不需要从键盘输入，只要前期有关的资料表格齐全，均可通过计算得到，只要公式建立好了，数据会同时显示在表格中。资产负债表的编制结果如图 7 – 27 所示。

科目编码	资产	行次	期末余额	年初余额	科目编码	负债及所有者权益（或股东权益）	行次	期末余额	年初余额
	流动资产：	01				流动负债：	34		
	货币资金	02	1,377,123.33	1,330,600.00	2001	短期借款	35	400,000.00	400,000.00
1101	交易性金融资产	03	-	-		交易性金融负债	36		
1121	应收票据	04	15,000.00	15,000.00	2201	应付票据	37	65,000.00	65,000.00
1122	应收账款	05	188,900.00	42,000.00	2202	应付账款	38	6,780.00	17,000.00
1123	预付款项	06	5,055.50	6,000.00	2203	预收款项	39		8,000.00
	应收利息	07			2211	应付职工薪酬	40	119,597.50	12,800.00
	应收股利	08			2221	应交税费	41	38,378.90	9,800.00
1221	其他应收款	09	5,000.00	5,000.00		应付利息	42	-	-
	存货	10	1,181,303.84	1,236,600.00	2232	应付股利	43	-	-
	一年内到期的非流动资产	11			2241	其他应付款	44	2,000.00	2,000.00
	其他流动资金	12				一年内到期的长期负债	45		
	流动资产合计	13	2,772,382.67	2,634,600.00		其他流动负债	46		
	非流动资产：	14				流动负债合计	47	631,756.40	514,600.00
	可供出售金融资产	15				非流动负债：	48		
	持有至到期投资	16			2501	长期借款	49	-	-
	长期应收款	17			2502	应付债券	50	-	-
1511	长期股权投资	18	600,000.00	600,000.00	2701	长期应付款	51	-	-
	投资性房地产	19				专项应付款	52	-	-
1601	固定资产	20	211,614.78	217,508.27		预计负债	53	-	-
1604	在建工程	21				递延所得税负债	54	-	-
	工程物资	22				其他非流动负债	55	-	-
1606	固定资产清理	23	5,243.92			非流动负债合计	56	-	-
	生产性生物资产	24				负债合计	57	631,756.40	514,600.00
	油气资产	25				所有者权益（或股东权益）：	58		
1701	无形资产	26	500,000.00	500,000.00	4001	实收资本（或股本）	59	1,737,508.27	1,737,508.27
	开发支出	27			4002	资本公积	60	200,000.00	200,000.00
	商誉	28				减：库存股	61		
	长期待摊费用	29				专项储备	62		
	递延所得税资产	30			4101	盈余公积	63	1,460,000.00	1,460,000.00
	其他非流动资产	31			410401	未分配利润	64	59,976.70	40,000.00
	非流动资产合计	32		1,317,508.27		所有者权益（或股东权益）合计	65	3,457,484.97	3,437,508.27
	资产总计	33	#VALUE!	3,952,108.27		负债及所有者权益（或股东权益）总计	66	4,089,241.37	3,952,108.27
	单位负责人：			财会负责人：		复核：		制表人：	

图 7 – 27 资产负债表的编制结果

在实际核算过程中，当每个会计核算周期或者是各分期会计凭证录入结束后，资产负债表的资产类账户的期初余额总计与负债类账户的期初余额总计是平衡的（数值相等），资产负债表的资产类账户的期末余额总计与负债类账户的期末余额总计也是平衡的（数值相等）。

有些报表具有内在的平衡关系，如资产负债表，反映出了资产、负债和所有者权益之间的内在关系，左方和右方应该是绝对平衡的。为防止输入数据或填制表格时发生错误，可以设计一个检查单元格来检查表格填制的正确性。条件格式是一种最直观的方式。例如，可以将"负债和所有者权益总计"数据单元格的条件设定为"不等于""资产总计数据单元格"，格式设定为"图案"红色。这样，一旦"负债和所有者权益总计"不等于"资产总计"，"负债和所有者权益总计"单元格就会出现鲜艳的红色，以提示填表者资产负债表不平衡。对 D37 的条件格式设置如图 7-28 所示。

条件格式设置

图 7-28　设置条件格式

4. 表格的最后修饰。一张会计表编制完后，还应该加以编排，调整列宽、行高、数字格式等，使报表的外形更加美观，数据格式更加符合财务人员的习惯。

Excel 提供的编辑方法主要有"格式"菜单命令、工具栏中的工具和鼠标等。

Excel 提供使用鼠标对工作表进行编辑功能。使用鼠标时不需要选择命令，只是用鼠标指向要编辑的对象，然后拖动鼠标就可以完成调整行高、列宽等编辑工作。

打开一个新的工作表时，系统产生的标准列宽是 8 个字符，任何工作表的标准列宽都能改变。"开始"→"单元格"→"格式"→"列宽"命令可以用 0 到 255 个字符定义列的宽度。"自动调节列宽"命令，可以使数字或文字都能全部在自己列内显示而不侵占其他列。选择这条命令之前，至少需要在改动的各列上选择一个单元格。使用鼠标调整列宽时不需要选择命令，只要用鼠标指向该列列头右方的列界，然后拖到所需的宽度，即可改变列宽。处于列界时，鼠标指针变为有左右双向箭头的黑色十字。

打开一个新的工作表时，系统产生的标准行高是根据工作表上正常字体设置的。改变单元格内字体的大小时，系统自动调整行高，也可以通过选择命令和拖动鼠标来完成。"开始"→"单元格"→"格式"→"行高"命令可以改变行高。行高是以"磅"而不是以字符度量的，一英寸等于 72 磅。"自动调节行高"命令，可以根据该行中最大字体设置正确的行高。选择这条命令之前，至少需要在改动的各行上选择一个单元格。使用鼠标是不需要选择命令来改变行高,只要用鼠标指向该行的下边界,然后拖到所需的行高。处于行下边界时,鼠标指针变为有上下箭头的黑色十字。

第三节 利润表

一、利润表的概念

利润表是反映企业在一定会计期间经营成果的会计报表。例如,反映1月1日至12月31日经营成果的利润表,由于它反映的是某一期间的情况,所以又称为动态报表。有时,利润表也称为损益表、收益表。

通过利润表,可以反映企业一定会计期间的收入实现情况,即实现的主营业务收入有多少、实现的其他业务收入有多少、实现的投资收益有多少、实现的营业外收入有多少等;可以反映一定会计期间的费用耗费情况,即耗费的主营业务成本有多少,主营业务税金有多少,销售费用、管理费用、财务费用各有多少,营业外支出有多少等;可以反映企业生产经营活动的成果,即净利润的实现情况,据以判断资本保值、增值情况。将利润表中的信息与资产负债表中的信息相结合,还可以提供进行财务分析的基本资料,如将赊销收入净额与应收账款平均余额进行比较,计算出应收账款周转率;将销货成本与存货平均余额进行比较,计算出存货周转率;将净利润与资产总额进行比较,计算出资产收益率等,可以表现企业资金周转情况以及企业的盈利能力和水平,便于会计报表使用者判断企业未来的发展趋势,作出经济决策。

利润表分项列示了企业在一定会计期间因销售商品、提供劳务、对外投资等所取得的各种收入以及与各种收入相对应的费用、损失,并将收入与费用、损失加以对比结出当期的净利润。这一将收入与相关的费用、损失进行对比,结出净利润的过程,会计上称为配比。其目的是衡量企业在特定时期或特定业务中所取得的成果,以及为取得这些成果所付出的代价,为考核经营效益和效果提供数据。例如,分别列示主营业务收入和主营业务成本、主营业务税金及附加并加以对比,得出主营业务利润,从而掌握一个企业主营业务活动的成果。配比是一项重要的会计原则,在利润表中得到了充分体现。

通常,利润表主要反映以下几方面的内容:构成主营业务利润的各项要素、构成营业利润的各项要素(营业利润在主营业务利润的基础上,加其他业务利润,减销售费用、管理费用、财务费用后得出)、构成利润总额(或亏损总额)的各项要素、构成净利润(或净亏损)的各项要素,如表7-3所示。

表 7-3　　　　　　　　　　　　　　　　利润表

编制单位：北京润洁有限公司　　　2025 年 1 月　　　　　　　　　　　单位：元

项目	行数	本年金额	上年金额
一、营业收入			
减：营业成本			
税金及附加			
销售费用			
管理费用			
财务费用（收益以"-"号填列）			
资产减值损失			
加：公允价值变动净收益（净损失以"-"号填列）			
投资收益（净损失以"-"号填列）			
二、营业利润（亏损以"-"号填列）			
加：营业外收入			
减：营业外支出			
其中：非流动资产处置净损失（净收益以"-"号填列）			
三、利润总额（亏损总额以"-"号填列）			
减：所得税费用			
四、净利润（净亏损以"-"号填列）			
五、每股收益：			
（一）基本每股收益			
（二）稀释每股收益			

二、利润表的制作

利润表一般有表首、正表两部分。其中，表首说明报表名称编制单位、编制日期、计量单位等；正表是利润表的主体，反映形成经营成果的各个项目和计算过程。所以，曾经将这张表称为损益计算书。

会计报表列报准则规定，企业应当采用多步式列报利润表，将不同性质的收入和费用类别进行对比，从而可以得出一些中间性的利润数据，便于使用者理解企业经营成果的不同来源。企业可以分三个步骤编制利润表。

第一步，以营业收入为基础，减去营业成本、税金及附加、销售费用、管理费用、财务费用、资产减值损失，加上公允价值变动收益（减去公允价值变动损失）和投资收益（减去投资损失），计算出营业利润。

第二步，以营业利润为基础，加上营业外收入，减去营业外支出，计算出利润总额。

第三步，以利润总额为基础，减去所得税费用，计算出净利润（或净亏损）。

普通股或潜在普通股已公开交易的企业，以及正处于公开发行普通股或潜在普通股过程中的企业，还应当在利润表中列示每股收益信息。

1. 制作利润表。利润表结构主要有单步式和多步式两种。在中国，企业利润表采用的是多步式结构，即通过对当期的收入、费用、支出项目按性质加以归类，按利润形成的主要环节列示一些中间性利润指标，分步计算当期净损益。

利润表的建立与资产负债表的建立相类似，具体操作步骤如下。

打开前面介绍的工作簿，新建一张工作表，将工作表命名为"利润表"。在该张工作表中，按照利润表的格式，填写报表项目。

可以将 Excel 工作表的第一行作为报表的表名，把第一行合并及居中后，输入标题"利润表"。将第二行留作填写编制单位、时间、金额单位。第三行在一至五列分别输入，"科目编码"（此处用于提取数据）以及"项目""行次""本年金额""上年金额"。从第四行起开始制作表体，依次输入"营业收入""营业成本""税金及附加"等"项目"以及"行次"。整个表格制作完成后，如图 7-29 所示。

	A	B	C	D	E
1			利润表		
2		编制单位:北京润洁有限公司	2025年1月		单位:元
3	科目编码	项目	行数	本年金额	上年金额
4		一、营业收入			
5		减：营业成本			
6		税金及附加			
7		销售费用			
8		管理费用			
9		财务费用（收益以"-"号填列）			
10		资产减值损失			
11		加：公允价值变动净收益（净损失以"-"号填列）			
12		投资收益（净损失以"-"号填列）			
13		二、营业利润（亏损以"-"号填列）			
14		加：营业外收入			
15		减：营业外支出			
16		其中：非流动资产处置净损失（净收益以"-"号填列）			
17		三、利润总额（亏损总额以"-"号填列）			
18		减：所得税费用			
19		四、净利润（净亏损以"-"号填列）			
20		五、每股收益:			
21		（一）基本每股收益			
22		（二）稀释每股收益			

图 7-29 制作利润表

2. 填制利润表。

（1）利润表的填制原理及方法。在 Excel 中编制利润表的会计原理与手工会计相同，主要根据各损益类科目的发生额分析填列。此处主要介绍 Excel 利润表中单元公式的设置，对于会计原理不再赘述。

由于利润表中涉及的项目数据来源均为损益类账户，期末无余额，因此，利润表的编制主要数据依据为"科目余额表"中的"本期发生额"栏数据。利润表数据有"本年金额""上年金额"两栏，"上年金额"栏数据直接引用上年"利润表"的"本年金额"栏即可，此处主要讲述"本年金额"的填列，"上年金额"从略。

与"资产负债表"的编制方法类似，利润报表项目的数据，需要引用

"科目余额表"中的数据。先用代码进行获取科目编码列，在 A6 单元格输入公式"= IF(ISNA(VLOOKUP(TRIM(B6),会计科目表!$B$4:$F$84,5,0)),VLOOKUP(TRIM(B6),会计科目表!$B$4:$F$84,5,0))"。公式先判断对 B6 单元格进行 TRIM 操作，去掉前后的空格，再在会计科目表获取科目名称对应的科目代码数据，如果返回的是 NA，则没有找到对应科目名称，返回空；如果有对应的科目名称，则返回科目代码。在利润表中此处只填入我们涉及的科目编码，然后复制公式到后面的单元格。对于"财务费用（收益以"-"号填列）""加：营业外收入""减：营业外支出""减：所得税费用"的项目，文字不是纯粹的科目名称可以直接填列科目代码，行数按资产负债表的行次进行设置，最终结果如图 7 - 30 所示。

填制科目编码

	A	B	C
1		利润表	
2		编制单位:北京润洁有限公司	2025年1月
3	科目编码	项　　目	行数
4		一、营业收入	01
5		减：营业成本	02
6	6403	税金及附加	03
7	6601	销售费用	04
8	6602	管理费用	05
9	6603	财务费用（收益以"-"号填列）	06
10	6701	资产减值损失	07
11		加：公允价值变动净收益（净损失以"-"号填列）	08
12		投资收益（净损失以"-"号填列）	09
13		二、营业利润（亏损以"-"号填列）	10
14	6301	加：营业外收入	11
15	6711	减：营业外支出	12
16		其中：非流动资产处置净损失（净收益以"-"号填列）	13
17		三、利润总额（亏损总额以"-"号填列）	14
18	6801	减：所得税费用	15
19		四、净利润（净亏损以"-"号填列）	16
20		五、每股收益：	17
21		（一）基本每股收益	18
22		（二）稀释每股收益	19

图 7 - 30　填入相关科目编码

（2）填制利润表的具体步骤。

在营业收入对应单元格 D4 中录入公式：= VLOOKUP("6001",科目余额表,6,FALSE) + VLOOKUP("6051",科目余额表,6,FALSE)。"6001"为主营业务收入，"6051"为其他业务收入，公式功能为获取"科目余额表"中的主营业务收入和其他业务收入后再相加，得到营业收入。

收入成本数据

在营业成本对应单元格 D5 中录入公式：= VLOOKUP("6401",科目余额表,5,FALSE) + VLOOKUP("6402",科目余额表,5,FALSE)。"6401"为主营业务成本，"6402"为其他业务成本，公式功能为获取"科目余额表"中的主营业务成本和其他业务成本后再相加，得到营业成本。

在税金及附加对应 D6 单元格输入公式：= VLOOKUP(A6,科目余额表,5,FALSE)。A6 为税金及附加的科目编码，在科目余额表里提取对应数据。复制公式到后面对应单元格。根据上述方法，将各单元格数据填制完毕，如图 7 - 31 所示。

	A	B	C	D	E
1			利润表		
2		编制单位:北京润洁有限公司	2025年1月		单位:元
3	科目编码	项目	行数	本年金额	上年金额
4		一、营业收入	01	269,000.00	
5		减：营业成本	02	152,800.00	
6	6403	税金及附加	03	—	
7	6601	销售费用	04	26,476.77	
8	6602	管理费用	05	61,026.46	
9	6603	财务费用（收益以"-"号列）	06	1,116.67	
10	6701	资产减值损失	07	944.50	
11		加：公允价值变动净收益（净损失以"-"号填列）	08		
12		投资收益（净损失以"-"号填列）	09		
13		二、营业利润（亏损以"-"号填列）	10		
14	6301	加：营业外收入	11	—	
15	6711	减：营业外支出	12	—	
16		其中：非流动资产处置净损失（净收益以"-"号填列）	13		
17		三、利润总额（亏损总额以"-"号填列）	14	—	
18	6801	减：所得税费用	15	6,658.90	
19		四、净利润（净亏损以"-"号填列）	16		
20		五、每股收益:	17		
21		（一）基本每股收益	18		
22		（二）稀释每股收益			

图 7–31 填制利润表

营业利润

3. 计算利润。对于需引用表内单元格数据计算的项目，通过编制表内计算公式完成。例如"营业利润"计算，单击 D13 单元格输入公式"= D4 − SUM（D5：D10）+ SUM（D11：D12）"，即可自动计算出本期营业利润。利润总额对应单元格 D17 录入公式"= D13 + D14 − D15"，净利润对应单元格 D19 录入公式"= D17 − D18"，最终完成的利润表如图 7–32 所示，需要打印时可隐藏科目编码列。

净利润

	A	B	C	D	E
1			利润表		
2		编制单位:北京润洁有限公司	2025年1月		单位:元
3	科目编码	项目	行数	本年金额	上年金额
4		一、营业收入	01	269,000.00	
5		减：营业成本	02	152,800.00	
6	6403	税金及附加	03	—	
7	6601	销售费用	04	26,476.77	
8	6602	管理费用	05	61,026.46	
9	6603	财务费用（收益以"-"号列）	06	1,116.67	
10	6701	资产减值损失	07	944.50	
11		加：公允价值变动净收益（净损失以"-"号填列）	08		
12		投资收益（净损失以"-"号填列）	09		
13		二、营业利润（亏损以"-"号填列）	10	26,635.60	
14	6301	加：营业外收入	11	—	
15	6711	减：营业外支出	12	—	
16		其中：非流动资产处置净损失（净收益以"-"号填列）	13		
17		三、利润总额（亏损总额以"-"号填列）	14	26,635.60	
18	6801	减：所得税费用	15	6,658.90	
19		四、净利润（净亏损以"-"号填列）	16	19,976.70	
20		五、每股收益:	17		
21		（一）基本每股收益	18		
22		（二）稀释每股收益			

图 7–32 最终完成的利润表

4. 单元格保护。输入各单元格对应关系公式后，将有公式的单元格设置为锁定保护状态，以避免误操作删除公式。另外，将"项目""行数"等不能更改的单元格也设置为锁定保护状态，只剩下需要填写的单元格。然后，设置表名、表头、表体和表尾的字体和字号以及缩进，其中，表名可以选择 18 号字，字体采用"宋体"并加粗，其余均采用宋体 12 号字。最后，调整各列的宽度（行高自动调整），再设定边框和底纹，一张完整的表格就制作完成。

第四节 现金流量表

一、现金流量表的概念

现金流量表是反映企业在一定会计期间现金和现金等价物流入和流出的会计报表。现金是指企业库存现金以及可以随时用于支付的存款。不能随时用于支付的存款不属于现金。现金等价物是指企业持有的期限短、流动性强、易于转换为已知金额现金、价值变动风险很小的投资。期限短,一般是指从购买日起三个月内到期。现金等价物通常包括三个月内到期的债券投资等。权益性投资变现的金额通常不确定,因而不属于现金等价物。现金流量表是财务报表的三个基本报告之一,也叫账务状况变动表,所表达的是在一段固定期间(通常是每月或每季)内,一家机构的现金(包含现金等价物)的增减变动情形。

现金流量表的出现,主要是要反映出资产负债表中各个项目对现金流量的影响,并根据其用途划分为经营、投资及融资三个活动分类。现金流量表可用于分析一家机构在短期内有没有足够现金去应付开销。

现金流量表提供了一家公司经营是否健康的证据。如果一家公司经营活动产生的现金流无法支付股利与保持股本的生产能力,从而它得用借款的方式满足这些需要,那么这就给我们一个警告,这家公司从长期来看无法维持正常情况下的支出。现金流量表通过显示经营中产生的现金流量的不足和不得不用借款来支付无法永久支撑的股利水平,从而揭示了公司内在的发展问题。

二、现金流量表的编制

现金流量表是企业的主要报表之一,在编制现金流量表时可以直接根据有关会计科目的记录分析填列。用这种方法编制现金流量表,关键是如何进行分析计算。会计期间内发生的会计业务比较复杂,而现金流入和流出又分布于多个科目,分析计算的正确与否直接关系到现金流量表的信息质量。

根据会计理论和现金流量表的原理,反复进行理论推导,使现金流量表的各项转换成为易懂且便于操作的现金流量表公式;转换后的每项现金流量表公式由资产负债表项目、利润表项目及少量特殊业务项目组成;然后利用 Excel 表格将现金流量表公式链接起来,涉及资产负债表项目和利润表的项目,已在现金流量表公式中由 Excel 自动生成,涉及少量特殊业务的项目,则需要建立一个附件,最后只需完成少量特殊业务项目的填列,就能直接完成现金流量表的编制了。表 7-4 是现金流量表的示例。

表 7-4　　　　　　　　　　　　　　　现金流量表

编制单位：北京润洁有限公司　　　　2025 年 1 月　　　　　　　　　　　　　　　　单位：元

项目	本期金额	上期金额
一、经营活动产生的现金流量：		
销售商品、提供劳务收到的现金		
收到的税费返还		
收到其他与经营活动有关的现金		
经营活动现金流入小计		
购买商品、接受劳务支付的现金		
支付给职工以及为职工支付的现金		
支付的各项税费		
支付其他与经营活动有关的现金		
经营活动现金流出小计		
经营活动产生的现金流量净额		
二、投资活动产生的现金流量：		
收回投资收到的现金		
取得投资收益收到的现金		
处置固定资产、无形资产和其他长期资产收回的现金净额		
处置子公司及其他营业单位收到的现金净额		
收到其他与投资活动有关的现金		
投资活动现金流入小计		
购建固定资产、无形资产和其他长期资产支付的现金		
投资支付的现金		
取得子公司及其他营业单位支付的现金净额		
支付其他与投资活动有关的现金		
投资活动现金流出小计		
投资活动产生的现金流量净额		
三、筹资活动产生的现金流量：		
吸收投资收到的现金		
取得借款收到的现金		
收到其他与筹资活动有关的现金		
筹资活动现金流入小计		
偿还债务支付的现金		
分配股利、利润或偿付利息支付的现金		
支付其他与筹资活动有关的现金		
筹资活动现金流出小计		
筹资活动产生的现金流量净额		
四、汇率变动对现金及现金等价物的影响		
五、现金及现金等价物净增加额		
加：期初现金及现金等价物余额		
六、期末现金及现金等价物余额		

1. 制作现金流量表。现金流量表的内容及格式。从内容上看，现金流量表划分为经营活动、投资活动和筹资活动三部分，每类活动又分为各具体项目。Excel 现金流量表编制的具体步骤如下。

打开总账工作簿，新建一张工作表，将工作表命名为"现金流量表"。选取 A1:C1 单元格，单击"合并及居中"按钮，在合并单元格中输入"现金流量表"。在 A2 单元格输入公式 = "编制单位:"& 封面!E6 即获取封面的单位名称，在 B2 单元格输入时间，C2 单元格输入货币单位。按照表 7-4 现金流量表格式，在报表栏内输入固定项目。选取 B 列、C 列，右击鼠标，弹出快捷菜单，选择"单元格格式"对话框，在"数字"选项卡中，将 B 列、C 列设为"会计专用"，"小数位数"设为"2"，"货币符号"设为"无"。选取 A4:C41，选择"开始"→"边框"，设置表格边框线。根据需要调整好行高、列宽、字体、字号后，得到如图 7-33 所示的"现金流量表"。

	A	B	C
1	现金流量表		
2	编制单位:北京润洁有限公司	2025年1月	单位:元
3	项目	本期金额	上期金额
4	一、经营活动产生的现金流量:		
5	销售商品、提供劳务收到的现金		
6	收到的税费返还		
7	收到其他与经营活动有关的现金		
8	经营活动现金流入小计		
9	购买商品、接受劳务支付的现金		
10	支付给职工以及为职工支付的现金		
11	支付的各项税费		
12	支付其他与经营活动有关的现金		
13	经营活动现金流出小计		
14	经营活动产生的现金流量净额		
15	二、投资活动产生的现金流量:		
16	收回投资收到的现金	—	
17	取得投资收益收到的现金	—	

图 7-33　现金流量表

（1）"销售商品、提供劳务收到的现金"项目。本项目反映的是企业销售商品、提供劳务实际收到的现金。"销售商品、提供劳务收到的现金 = 主营业务收入 + 其他业务收入 + 增值税销项税额 + 应收账款期初数 - 应收账款期末数 + 应收票据期初数 - 应收票据期末数 - 预收账款期初数 + 预收账款期末数 + 未收到现金的应收账款（应收票据）的减少 + 当期收到前期核销的坏账损失"。

（2）"收到的税费返还"项目。本期企业因为收到增值税、消费税、关税等的税费返还而增加的现金，都应该加到现金流量表中。

（3）"收到其他与经营活动有关的现金"项目。本项目反映企业除以上项目外，收到的其他与经营活动有关的现金流入。

（4）"经营活动现金流入小计"项目。本项目反映上述各项经营活动现金流入的合计数。

(5)"购买商品、接受劳务支付的现金"项目。本项目反映企业购买商品、接受劳务实际支付的现金,包括本期购入商品、接受劳务支付的现金(含增值税进项税额),以及本期支付的前期购入商品、接受劳务的未付款项和本期预付账款。

(6)"支付给职工以及为职工支付的现金"项目。本项目反映企业实际支付给职工以及为职工支付的现金,包括本期实际支付给职工的工资、奖金、各种津贴等。本项目不包括支付给在建工程人员的薪酬与离退休人员的薪酬。

(7)"支付的各种税费"项目。本项目反映企业当期实际缴纳和预缴给税务机关的各种税费。本项目不包括支付的计入固定资产的耕地占用税与各种税费的返还,这些税费返还是单独反映的。

(8)"支付其他与经营活动有关的现金"项目。本项目反映企业除上述项目外,支付的其他与经营活动有关的现金,如罚款支出、差旅费、业务招待费、广告费等的支出。

(9)"经营活动现金流出小计"项目。本项目反映企业上述各经营活动现金流出的合计数。

(10)"经营活动产生的现金流量净额"项目。本项目反映企业各项经营活动现金流入项目的小计数减去现金流出项目小计数后的差额。

(11)投资活动是指企业长期资产的购建和不包括在现金等价物范围内的投资及其处置活动。本例中未有投资活动产生的现金流量业务,此项目公式从略。

(12)"吸收投资收到的现金"项目。本项目包括发行债券、发行股票等。如果企业发行过程中没有单独支付相关的手续费、佣金等,就直接按照净额填列。如果是单独支付相关的手续费、佣金等,则这些费用单独在"支付其他与筹资活动有关的现金"项目中反映。

(13)"取得借款收到的现金"项目。本项目反映企业举借各种短期、长期借款实际收到的现金。

(14)"筹资活动现金流入小计"项目。本项目反映上述各筹资活动现金流入的合计数。

(15)"偿还债务支付的现金"项目。本项目只包含债务的本金,不包含相关的利息。

(16)"分配股利、利润或偿付利息支付的现金"项目。本项目反映企业实际支付的现金股利、支付给其他投资单位的利润或用现金支付的借款利息、债券利息等。

(17)"支付其他与筹资活动有关的现金"项目。本项目反映企业除上述各项目外,支付的与筹资活动有关的现金流出。

(18)"筹资活动现金流出小计"项目,反映上述各项筹资活动现金流出项目的合计数。

(19)"筹资活动产生的现金净流量"项目,反映企业筹资活动现金流入项目合计数减去筹资活动现金流出项目合计数后的差额。

（20）"汇率变动对现金及现金等价物的影响"项目。本项目反映企业外币现金流量以及境外子公司的现金流量折算为人民币时，按照现金流量发生日的即期汇率或按照系统合理的方法确定的、与现金流量发生日即期汇率近似的汇率所折算的人民币金额，与"现金及现金等价物净增加额"中的外币现金净增加额按期末汇率所折算的人民币金额之间的差额。

（21）"现金及现金等价物净增加额"项目。本项目反映的是经营活动现金流量净额、投资活动现金流量净额、筹资活动现金流量净额、汇率变动对现金及现金等价物影响的合计数。

（22）"期初现金及现金等价物余额"项目，反映资产负债表中现金类资产期初余额。

（23）"期末现金及现金等价物余额"项目。期末现金及现金等价物余额 = 本期现金及现金等价物净增加额 + 期初现金及现金等价物余额。本项目显示的数据应与资产负债表中现金类资产期末余额数相等。

2. 设置凭证表现金选项。选择"现金流量表"的 A4:A41，命名为"现金流量选项"，在"会计凭证"表最后加入一列"现金分类"，在其下面设置数据有效性验证，如图 7-34 所示。

设置数据验证

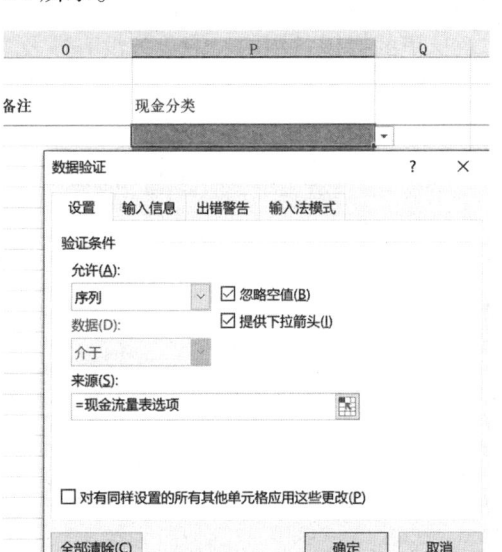

图 7-34 设置数据有效性

3. 设置现金流量分录条件格式。选择 P3 单元格，开始→新建规则，然后按图 7-35 所示进行选择"使用公式确定要设置格式单元格"，输入判断公式 = OR（$N3 = "库存现金", $N3 = "银行存款"），即如果 N3 单元格的科目名称为"库存现金"或"银行存款"，则 P3 单元格显示特定颜色，我们在这里的格式选择灰色。

条件格式

图 7-35 设置条件格式

确定现金
流量项目

然后复制单元格 P3，选择后面的单元格→右击鼠标→"选择性粘贴"→"格式"→"确定"，则设定了所有的条件格式。按照实际发生的经济业务，选择相应的现金分类选项，如图 7-36 所示。图中灰色背景的部分是库存现金与银行存款之间的业务。特别注意这里的提现备用的经济业务没有涉及资金流出企业，所以不做操作。

图 7-36 选择现金分类选项

确定现金流量
表数据获取

回到现金流量表工作表中，根据该项目所反映的内容，编制如下公式，在会计凭证表中提取数据进行计算，单击 B5 单元格输入公式：=SUMIF(会计凭证!$P$3:$P$96,A5,会计凭证!$J$3:$J$96)。公式的意义如下："会计凭证!$P$3:$P$96"表示现金分类数据；"会计凭证!$J$3:$J$96"表示相对应的借方金额；"A5"表示"销售商品、提供劳务收到的现金"，即分类汇总"销售商品、提供劳务收到的现金"的所有现金流量。以上公式也可用函数向导及工作表链接引用的方法输入（以下各项目公式输入方法相同，不再赘述）。所有现金流入项目对应数据都可以复制 B5 单元格公式。

单击 B9 单元格输入公式：=SUMIF(会计凭证!$P$3:$P$96,A9,会计凭证!$K$3:$K$96)。公式的意义如下："会计凭证!$P$3:$P$96"表示现金分类数据；"会计凭证!$K$3:$K$96"表示相对应的贷方金额；"A9"表示"购买商品、接受劳务支付的现金"，即分类汇总"购买商品、接受劳务支付的现金"的所有现金流量。以上公式也可用函数向导及工作表链接引用的方法输入（以下各项目公式输入方法亦同，不再赘述）。所有现金流出项目对应数据都可以复制 B9 单元格公式。

对于"一、经营活动产生的现金流量:"的所有项目，对流入和流出进行小计公式设置，最后计算出净流量；同步对"二、投资活动产生的现金流量:"和"三、筹资活动产生的现金流量:"进行相应设置。最后算出"六、期末现金及现金等价物余额"数据。按照上述操作，编制完成现金流量表的"本期金额"数据填列；"上期金额"栏数据可根据上期现金流量表数据引用填列，此处从略。此时填制完成的现金流量表如图 7－37 所示。

B5　=SUMIF(会计凭证!$P$3:$P$96,A5,会计凭证!$J$3:$J$96)

	A	B	C
1	**现金流量表**		
2	编制单位:北京润洁有限公司	2025年1月	单位：元
3	项目	本期金额	上期金额
4	**一、经营活动产生的现金流量:**		
5	销售商品、提供劳务收到的现金	149,070.00	
6	收到的税费返还	-	
7	收到其他与经营活动有关的现金	-	
8	**经营活动现金流入小计**	149,070.00	
9	购买商品、接受劳务支付的现金	37,080.00	
10	支付给职工以及为职工支付的现金	46,900.00	
11	支付的各项税费	9,800.00	
12	支付其他与经营活动有关的现金	4,260.00	
13	**经营活动现金流出小计**	98,040.00	
14	经营活动产生的现金流量净额	51,030.00	
15	**二、投资活动产生的现金流量:**		
16	收回投资收到的现金	-	
17	取得投资收益收到的现金	-	
18	处置固定资产、无形资产和其他长期资产收回的现金净额	-	
19	处置子公司及其他营业单位收到的现金净额	-	
20	收到其他与投资活动有关的现金	-	
21	**投资活动现金流入小计**	-	
22	购建固定资产、无形资产和其他长期资产支付的现金	-	
23	投资支付的现金	-	
24	取得子公司及其他营业单位支付的现金净额	-	
25	支付其他与投资活动有关的现金	-	
26	**投资活动现金流出小计**	-	
27	投资活动产生的现金流量净额	-	
28	**三、筹资活动产生的现金流量:**		
29	吸收投资收到的现金	-	
30	取得借款收到的现金	-	
31	收到其他与筹资活动有关的现金	-	
32	**筹资活动现金流入小计**	-	
33	偿还债务支付的现金	-	
34	分配股利、利润或偿付利息支付的现金	-	
35	支付其他与筹资活动有关的现金	-	
36	**筹资活动现金流出小计**	-	
37	筹资活动产生的现金流量净额	-	
38	**四、汇率变动对现金及现金等价物的影响**	-	
39	**五、现金及现金等价物净增加额**	-	
40	加：期初现金及现金等价物余额		
41	**六、期末现金及现金等价物余额**	51,030.00	

图 7－37　填制完成的现金流量表

至此，所有报表全部编辑完成，如果需要编制二月份的数据，可以另存为二月份的 Excel 表，进行对应业务编辑，可以完整地获取二月份的报表和其他数据。

本章习题

一、单选题

1. 会计期末处理的主要目的是（　　）。
   A. 计算企业利润　　　　　　　　B. 编制财务报表
   C. 进行税务申报　　　　　　　　D. 提升企业形象
2. 在会计期末，未实现收益应（　　）。
   A. 计入当期收入　　　　　　　　B. 计入递延收入
   C. 计入损益　　　　　　　　　　D. 不需要处理
3. 企业在编制财务报表时，通常采用（　　）。
   A. 权责发生制　　　　　　　　　B. 现金基础
   C. 预算基础　　　　　　　　　　D. 计划基础
4. 期末调整分录的主要目的是（　　）。
   A. 记录现金收支　　　　　　　　B. 确保财务报表准确
   C. 进行预算审计　　　　　　　　D. 减少税负
5. 企业应在（　　）个月内完成期末财务报表的编制。
   A. 1　　　　　B. 2　　　　　C. 3　　　　　D. 4
6. 编制现金流量表的主要目的是（　　）。
   A. 评估企业盈利能力　　　　　　B. 评估企业资产结构
   C. 评估企业现金流动性　　　　　D. 评估企业财务杠杆
7. 在会计期末，收益确认的原则是（　　）。
   A. 收到现金时确认　　　　　　　B. 产品交付时确认
   C. 期末时确认　　　　　　　　　D. 发生交易时确认
8. 关于财务报表的使用者，正确的是（　　）。
   A. 只限于内部管理使用
   B. 只限于外部投资者使用
   C. 决策者、投资者和债权人都可以使用
   D. 仅供会计师使用
9. 资产负债表的静态性质是指（　　）。
   A. 反映企业的流动性　　　　　　B. 反映某一时点的财务状况
   C. 反映企业的经营成果　　　　　D. 反映现金流入流出
10. 在编制财务报表时，企业必须遵循的会计原则是（　　）。
    A. 实质重于形式　　　　　　　　B. 时效性
    C. 重要性　　　　　　　　　　　D. 一致性

二、多选题

1. 会计期末处理的主要内容包括（　　）。

A. 结账　　　　　B. 调整分录　　　C. 编制报表　　　D. 进行审计
2. 财务报表的基本组成部分有（　　）。
A. 资产负债表　　B. 利润表　　　　C. 现金流量表　　D. 预算表
3. 在会计期末，企业需要调整的项目通常包括（　　）。
A. 应收账款　　　B. 预付款项　　　C. 固定资产折旧　D. 应付账款
4. 对于资产负债表的编制，企业应遵循（　　）。
A. 历史成本原则　　　　　　　　B. 实质重于形式原则
C. 一致性原则　　　　　　　　　D. 及时性原则
5. 期末结账的目的包括（　　）。
A. 确保数据准确　　　　　　　　B. 准备财务报表
C. 进行税务审计　　　　　　　　D. 提高工作效率
6. 关于利润表的编制，是需要考虑的因素有（　　）。
A. 销售收入　　　B. 成本费用　　　C. 税费　　　　　D. 资产负债
7. 企业在报表管理中，通常会使用的工具有（　　）。
A. 会计软件　　　　　　　　　　B. Excel 表格
C. 数据库管理系统　　　　　　　D. 手工账簿
8. 关于现金流量表的内容，以下正确的有（　　）。
A. 经营活动产生的现金流　　　　B. 投资活动产生的现金流
C. 筹资活动产生的现金流　　　　D. 预算活动产生的现金流
9. 企业在编制期末财务报表时，需要注意的事项包括（　　）。
A. 报表的一致性　　　　　　　　B. 数据的及时性
C. 报表的完整性　　　　　　　　D. 报表的美观性
10. 期末处理的常见调整项有（　　）。
A. 应收账款坏账准备　　　　　　B. 预付费用摊销
C. 固定资产折旧　　　　　　　　D. 库存商品的计价

第八章 财务分析基础

财务分析是以会计核算和报告资料及其他相关资料为依据,采用一系列专门的分析技术和方法,对企业等经济组织过去和现在的有关筹资活动、投资活动、经营活动的盈利能力、营运能力、偿债能力和增长能力状况等进行分析与评价,为企业的投资者、债权者、经营者以及其他利益相关者了解企业过去、评价企业现状、预测企业未来、作出正确决策与估价提供准确的信息或依据的经济应用活动。

财务分析实质上是分析的真正目的所在,它是在会计分析的基础上,应用专门的分析技术与方法,对企业的财务状况与成果进行分析,通常包括对企业投资收益、盈利能力、短期支付能力、长期偿债能力、企业价值等进行分析与评价,从而得出对企业财务状况及成果全面准确的评价。

财务报表会计分析可分四个步骤:第一,阅读会计报告;第二,比较会计报表;第三,解释会计报表;第四,修正会计报表信息。由于本教材前面章节只涉及一个月的数据,没有年度数据,因此本案例引用 SXY 公司三年的资产负债表、利润表和现金流量表数据进行学习。

第一节 财务指标

财务指标是指企业总结和评价财务状况和经营成果的相对指标。企业的三种财务指标为:偿债能力指标,包括资产负债率、流动比率、速动比率;营运能力指标,包括应收账款周转率、存货周转率;盈利能力指标,包括资本金利润率、销售利税率(营业收入利税率)、成本费用利润率等。如图 8-1 所示,本节主要用到三年的资产负债表数据。

一、偿债能力指标

偿债能力指标主要包括长期偿债能力指标和短期偿债能力指标。短期偿债能力指标主要用于评估企业在短期内偿还债务的能力,关注企业的流动性和短期负债偿还能力,主要包括流动比率、速动比率、现金流量比例和现金比率等。长期偿债能力指标主要用于评估企业在较长时间内偿还债务的能力。它关注企业的长期债务和长期资金结构，主要包括资产负债率、产权比率、股东权益比率、利率保障倍数和债务偿还期等。

	A	B	C	D	E	F	G	H
1				SXY公司近3年的资产负债表				
2	项目	2024年	2023年	2022年	项目	2024年	2023年	2022年
3	货币资金	1,187,405,568.00	805,381,440.00	995,745,152.00	短期借款	460,000,000.00	1,353,000,000.00	566,000,000.00
4	短期投资净额	0.00	0.00	602,499.00	应付账款	857,115,786.00	489,986,272.00	775,411,328.00
5	应收账款净额	302,297,114.00	355,887,201.00	339,123,919.00	预收账款	544,317,632.00	179,250,976.00	477,297,280.00
6	其他应收款	139,889,751.00	121,613,174.00	123,936,225.00	应付福利费	18,080,510.00	16,763,305.00	28,781,656.00
7	预付账款	128,417,736.00	70,017,432.00	17,764,136.00	应付股利	126,194,942.00	124,194,388.00	113,574,949.00
8	存货净额	5,976,170,097.00	4,708,616,789.00	3,458,877,740.00	应交税金	80,553,056.00	97,536,688.00	81,920,024.00
9	待摊费用	4,918,461.00	2,415,273.50	2,944,683.75	其他应交款	2,167,314.25	2,101,963.25	1,324,178.38
10	流动资产合计	7,739,098,727.00	6,063,931,309.50	4,938,994,354.75	其他应付款	258,103,553.00	221,808,416.00	249,217,744.00
11	长期股权投资	64,530,668.00	82,295,701.00	95,767,102.00	预提费用	779,223,819.00	560,838,720.00	239,179,136.00
12	长期投资合计	64,530,668.00	82,295,701.00	95,767,102.00	流动负债合计	3,125,756,612.25	3,047,480,728.25	2,532,706,295.38
13	固定资产原值	501,133,310.00	421,857,024.00	526,652,778.00	长期借款	160,000,000.00	261,000,000.00	80,000,000.00
14	减：累计折旧	147,267,844.00	121,390,992.00	148,013,462.00	应付债券	1,512,341,760.00	0.00	0.00
15	固定资产减值准备	27,000,000.00	12,154,639.00	21,305,339.00	其他长期负债	36,954,932.00	50,340,948.00	43,895,991.00
16	固定资产净值	348,658,466.00	288,311,393.00	357,333,977.00	长期负债合计	1,709,296,692.00	311,340,948.00	123,895,991.00
17	在建工程		21,622,101.00		负债合计	4,835,053,304.25	3,358,821,676.25	2,656,602,286.38
18	固定资产合计	348,658,466.00	309,933,494.00	357,333,977.00	股本	630,974,720.00	630,971,968.00	630,971,968.00
19	长期待摊费用	63,534,452.00	26,751,152.00	137,949,947.00	资本公积	1,435,442,176.00	1,435,412,608.00	1,435,412,608.00
20	无形资产及其他资产合计	63,534,452.00	26,751,152.00	137,949,947.00	盈余公积	1,302,470,400.00	1,053,896,576.00	829,121,174.00
21					未分配利润	12,269,641.00	4,617,138.00	(21,236,818.00)
22					外币报表折算差额	(387,928.50)	(808,309.06)	(825,637.00)
23					**股东权益合计**	3,380,769,008.50	3,124,089,980.94	2,873,443,095.00
24	资产总计	8,215,822,313.00	6,482,911,656.50	5,530,045,380.75	负债及股东权益总计	8,215,822,312.75	6,482,911,657.19	5,530,045,381.38

图 8-1 SXY 公司近 3 年的资产负债表

这些指标的作用是帮助管理层、投资者和债权人评估企业的偿债能力，从而了解企业在不同时间范围内的债务偿还能力和财务风险水平。通过综合分析长期和短期偿债能力指标，可以更全面地评估企业的财务状况和风险水平。

1. 流动比率。

流动比率 = 流动资产/流动负债 × 100%

一般情况下，流动比率越高，短期偿债能力越强。从债权人角度看，流动比率越高越好；从企业经营者角度看，过高的流动比率，意味着机会成本的增加和获利能力的下降。流动比率高表示企业具有较强的偿付短期债务的能力，能够及时偿还到期的债务，债务负担较轻，金融风险相对较低，而且可以提高企业的运营灵活性和抗风险能力，因为资金流动性足够，可以更灵活地应对突发情况和市场波动。而如果流动比率低，则意味着企业可能无法迅速偿还到期的债务，面临偿债风险，同时面临资金短缺和流动性风险，需要依赖更多的短期借款。

流动比率的合理水平因行业、企业规模和经营模式的不同而有所差异，太低的流动比率，会使企业面临很大的风险，而过高的流动比率，会使企业存在较多的闲置资产而使盈利性降低。一般认为2∶1的流动比率比较合适，这是因为流动资产中变现能力较差的存货金额约占流动资产总额的一半，剩下的流动性较大的流动资产要等于流动负债，企业的短期偿债能力才会有保证。

在"第八章.xlsx"上插入一个名为"财务比率分析模型"的工作表，格式设计如图 8-2 所示。

图 8-2 财务比率分析模型

	A	B	C	D
1	SXY公司近3年的财务比率			
2	项目	2024年	2023年	2022年
3	一、偿债能力比率			
4	1　流动比率			
5	2　速动比率			
6	3　现金流量比率			
7	4　现金比率			
8	5　资产负债率			
9	6　产权比率			
10	7　股东权益比率			
11	8　利息保障倍数			
12	9　债务偿还期			
13	二、营运能力比率			
14	1　应收账款周转率			
15	2　存货周转率			
16	3　流动资产周转率			
17	4　固定资产周转率			
18	5　总资产周转率			
19	三、盈利能力比率			
20	1　总资产报酬率			
21	2　总资产净利率			
22	3　净资产收益率			
23	4　主营业务毛利率			
24	5　主营业务净利率			
25	6　成本费用利润率			
26	四、发展能力比率			
27	1　主营业务收入增长率			
28	2　净利润增长率			
29	3　留存盈利比率			
30	4　可持续增长率			
31	5　三年利润平均增长率			

图 8-2　财务比率分析模型

财务比率
分析模型

在 B4 中可以引用资产负债表中相应的流动资产和流动负债的数据，根据公式进行计算。此处的公式是"=资产负债表!B10/资产负债表!F12"。资产负债表!B10 为流动资产，资产负债表!F12 为流动负债，设定格式为百分数。将公式用填充柄复制到"C4:D4"，设置单元格格式后，结果如图 8-3 所示。

| B4 | | ▼ | : | × | ✓ | fx | =资产负债表!B10/资产负债表!F12 |

	A	B	C	D
1	SXY公司近3年的财务比率			
2	项目	2024年	2023年	2022年
3	一、偿债能力比率			
4	1　流动比率	248%	199%	195%

图 8-3　计算结果

2．速动比率。

速动比率 = 速动资产/流动负债 × 100%

其中：

速动资产 = 货币资金 + 交易性金融资产 + 应收账款 + 应收票据

一般情况下，速动比率越高，企业偿债能力越强，但会因企业现金及应收账款占用过多而大大增加企业的机会成本。

速动比率高表示企业具有较强的偿付短期债务的能力，因为该比率排除了存货这一相对不易流动的资产。速动比率高意味着企业可以更迅速地偿还到期的债务；高速动比率通常反映了企业较为谨慎的流动资金管理策略，减少了对存货的依赖，更注重将资金用于应付短期债务。这有助于降低企业的流动性风险。速动比率高意味着企业能够更有效地转化资产为现金，因为存货的减少可以提高企业的经营效率。这也可以减少企业对存货的持有成本和风险。相反，速动比率低可能意味着企业无法迅速偿还到期的债务，面临偿债风险。

在 B5 中输入公式"＝(资产负债表!B3＋资产负债表!B4＋资产负债表!B5＋资产负债表!B6)/资产负债表!F12"。资产负债表!B3 为货币资金，资产负债表!B4 为交易性金融资产，资产负债表!B5 为应收账款，资产负债表!B6 为应收票据，资产负债表!F12 为流动负债，设定格式为百分数。将其复制到"C5:D5"，设置单元格格式后，结果如图 8－4 所示。

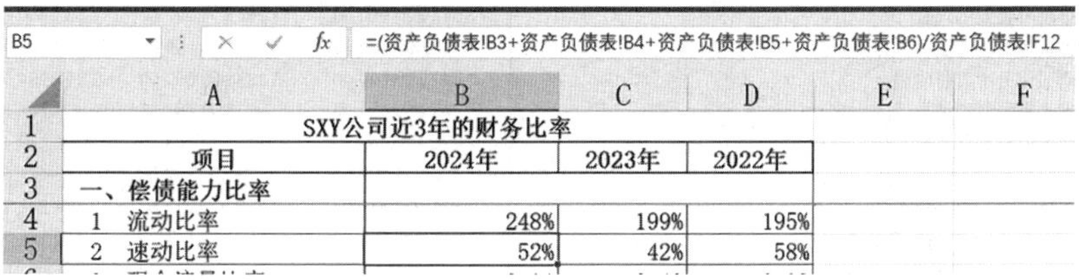

图 8－4　速动比率计算

3. 现金流量比率。现金流量比率（经营现金流量比例）是指现金流量与其他项目数据相比所得的值。

现金流量比率＝经营活动产生的现金净流量/期末流动负债

现金流量比率是经营活动现金净流量占总现金流出的比率。该比率用于衡量企业经营活动所产生的现金流量可以抵偿流动负债的程度。现金流量比率高表示企业具有较强的偿付短期债务的能力，因为该比率衡量了企业经营活动所产生的现金流量能够覆盖短期债务的能力。现金流量比率高意味着企业有足够的现金流入以偿还到期的债务，比率越高，说明企业的财务弹性越好。相反，现金流量比率低可能意味着企业无法迅速偿还到期的债务，面临偿债风险。

现金流量比率的合理水平因行业、企业规模和经营模式的不同而有所差异。在评估企业的现金流量比率时，应结合具体情况进行综合分析，同时考虑其他财务指标和经营环境的影响。不同行业由于其经营性质的不同（服务型、生产型），经营活动产生的现金净流量的差别较大，因此行业性质不同的企业该比率的变化较大。本计算涉及资产负债表数据和现金流量表，现金流量表数据如图 8－5 所示。

	A	B	C	D
1	SXY公司近3年的现金流量表		单位:元	
2	项目	2024年	2023年	2022年
3	销售商品,提供劳务收到的现金	4,972,067,952.00	4,347,341,673.00	4,094,100,991.00
4	收到的税费返还	54,918,226.00	44,185,998.00	248,115,486.00
5	经营活动现金流入小计	5,026,986,178.00	4,391,527,671.00	4,342,216,477.00
6	购买商品接收劳务支付的现金	3,869,684,736.00	4,703,343,172.00	3,316,541,440.00
7	支付给职工以及为职工支付的现金	248,990,448.00	249,028,992.00	202,494,288.00
8	支付的各项税款	453,018,080.00	351,203,688.00	436,866,155.00
9	支付的其他与经营活动有关的现金	326,449,492.00	292,501,068.00	300,266,155.00
10	经营活动现金流出小计	4,898,142,756.00	5,596,076,920.00	4,256,168,038.00
11	**经营活动产生的现金流量净额**	128,843,422.00	(1,204,549,249.00)	86,048,439.00
12	收回投资所收到的现金	0.00	442,641,504.00	38,228,664.00
13	分得股利或利润所收到的现金	1,135,227.25	10,140,725.00	1,683,486.75
14	取得债券利息收入所收到的现金	10,821,821.00	7,499,270.50	11,016,427.00
15	处置固定资产、无形资产和其他长期资产收回的现金净额	14,754,846.00	6,983,671.00	4,643,345.50
16	投资活动现金流入小计	26,711,894.25	467,265,170.50	55,571,923.25
17	构建固定资产,无形资产和其他长期资产所支付的现金	51,807,188.00	30,162,812.00	63,037,804.00
18	权益性投资所支付的现金	8,600,000.00	86,948,560.00	28,996,100.00
19	支付的其他与投资活动有关的现金		121,946,824.00	0.00
20	投资活动现金流出小计	60,407,188.00	239,058,196.00	92,033,904.00
21	**投资活动产生的现金流量净额**	(33,695,293.75)	228,206,974.50	(36,461,980.75)
22	吸收权益性投资所收到的现金	10,000,000.00	2,000,000.00	625,384,896.00
23	发行债券所收到的现金	1,500,000,000.00		
24	借款所收到的现金	2,663,000,000.00	3,162,000,000.00	1,853,000,000.00
25	筹资活动现金流入小计	4,173,000,000.00	3,164,000,000.00	2,478,384,896.00
26	偿还债务所支付的现金	3,657,300,000.00	2,194,000,000.00	2,157,234,000.00
27	发生筹资费用所支付的现金	31,680,354.00	293,097.63	1,108,485.25
28	分配股利或利润所支付的现金	126,194,388.00	113,342,904.00	99,217,104.00
29	偿付利息所支付的现金	70,901,638.00	70,390,352.00	48,681,567.00
30	筹资活动现金流出小计	3,886,076,380.00	2,378,026,353.63	2,306,241,156.25
31	**筹资活动产生的现金流量净额**	286,923,620.00	785,973,646.37	172,143,739.75
32	汇率变动对现金的影响	(47,441.60)	4,883.09	(111,094.00)
33	现金及现金等价物净增加值	382,071,748.25	(190,368,628.13)	221,730,198.00

图 8-5　SXY 公司近 3 年的现金流量表

在 B6 单元格输入公式"=现金流量表!B11/资产负债表!F12"。现金流量表!B11 为经营活动产生的现金流量净额,资产负债表!F12 为流动负债。将其复制到"C6:D6",设置单元格格式后,结果如图 8-6 所示。

	A	B	C	D
1	SXY公司近3年的财务比率			
2	项目	2024年	2023年	2022年
3	一、偿债能力比率			
4	1　流动比率	248%	199%	195%
5	2　速动比率	52%	42%	58%
6	3　现金流量比率	4%	-40%	3%

图 8-6　现金流量比例

4. 现金比率。现金比率是企业现金类资产与流动负债之比,它可以反映企业直接的支付能力。

现金比率 =(现金 + 短期证券)/流动负债
　　　　 =(现金 + 现金等价物)/流动负债

高现金比率表示企业具有较强的偿付短期债务的能力，因为企业拥有足够的现金和现金等价物来偿还到期的债务。现金比率高意味着企业可以迅速偿还债务，降低偿债风险；高现金比率意味着企业具有较好的流动性，即能够满足短期支付需求。相反，低现金比率可能意味着企业无法迅速偿还到期的债务，面临偿债风险。

由于现金是流动性最强的资产，这一比率最能直接反映企业的短期偿债能力。现金同时也是盈利能力最低的资产，所以过高的现金比率会降低企业的获利能力。现金比率的合理水平因行业、企业规模和经营模式的不同而有所差异。在评估企业的现金比率时，应结合具体情况进行综合分析，同时考虑其他财务指标和经营环境的影响。

在 B7 单元格输入公式"=资产负债表!B3/资产负债表!F12"。资产负债表!B3 为货币资金，资产负债表!F12 为流动负债。将其复制到"C7:D7"，设置单元格格式后，结果如图 8-7 所示。

	A	B	C	D
1		SXY公司近3年的财务比率		
2	项目	2024年	2023年	2022年
3	一、偿债能力比率			
4	1 流动比率	248%	199%	195%
5	2 速动比率	52%	42%	58%
6	3 现金流量比率	4%	-40%	3%
7	4 现金比率	38%	26%	39%

图 8-7　现金比率

5. 资产负债率。资产负债率是用于衡量企业资产融资比例的财务指标，计算公式为企业负债总额与资产总额之比。它用于反映企业负债水平的高低情况，表明企业的资产总额中有多少是通过负债筹集的，即债权人提供给企业的资源占全部资产的比重。它也可以衡量企业在清算时保护债权人利益的程度。资产负债率能够反映企业的全部偿债能力，资产负债率高意味着企业的资产主要来源于负债，负债占比较高，从而增加了企业的财务风险。高资产负债率可能意味着企业承担的债务较多，债务偿还压力较大，加大了经营和财务风险。该指标越低，总资产对债权人利益的保障程度越大，企业的偿债能力越强。

资产负债率的合理范围因行业、企业规模和经营模式的不同而有所变化。在评估企业的资产负债率时，应结合具体情况进行综合分析，同时考虑其他财务指标和经营环境的影响。

资产负债率 = 负债总额/资产总额 × 100%

在 B8 单元格输入公式"=资产负债表!F17/资产负债表!B24"。资产负债表!F17 为负债合计，资产负债表!B24 为资产总计。将其复制到"C8:D8"，设置单元格格式后，结果如图 8-8 所示。

```
B8    fx  =资产负债表!F17/资产负债表!B24
```

	A	B	C	D
1	SXY公司近3年的财务比率			
2	项目	2024年	2023年	2022年
3	一、偿债能力比率			
5	2 速动比率	52%	42%	58%
6	3 现金流量比率	4%	-40%	3%
7	4 现金比率	38%	26%	39%
8	5 资产负债率	58.85%	51.81%	48.04%

图8-8 资产负债率

6. 产权比率。产权比率是负债总额与股东权益总额之比，它反映了债权人所提供资金与股东所提供资金的对比关系的财务指标。高产权比率意味着企业使用较多的债务融资，可能增加财务风险，是高风险、高报酬的财务结构。在经济不景气或收入下降的情况下，偿还债务的压力会加大，导致财务状况恶化。低产权比率表明企业主要依赖股东权益融资，财务风险相对较低，能够更好地抵御市场波动，是低风险、低报酬的财务结构。在评价产权比率指标是否适度时，应从提高获利能力与增强偿债能力两个方面综合进行，即在保障债务偿还安全性的前提下，应尽可能提高产权比率。

产权比率的高低直接影响企业的财务风险、融资能力、投资者信心和管理决策，因此在分析企业财务健康状况时非常重要。合理的产权比率应结合行业特点、市场环境以及企业的具体情况进行综合判断。

产权比率 = 负债总额/股东权益总额 × 100%

在B9单元格输入公式"=资产负债表!F17/资产负债表!F23"。资产负债表!F17为负债合计，资产负债表!F23为股东权益合计。将其复制到"C9:D9"，设置单元格格式后，结果如图8-9所示。

```
B9    fx  =资产负债表!F17/资产负债表!F23
```

	A	B	C	D
1	SXY公司近3年的财务比率			
2	项目	2024年	2023年	2022年
3	一、偿债能力比率			
8	5 资产负债率	58.85%	51.81%	48.04%
9	6 产权比率	143%	108%	92%

图8-9 产权比率

7. 股东权益比率。股东权益比率是用来反映企业资产中股东权益所占比例的财务指标，即股东权益总额与资产总额之比，它反映企业的资产总额中有多少属于所有者。高股东权益比率意味着企业的资产主要由股东权益构成，财务稳定性较强。企业在经济波动或经营困难时，相对能够承受较大的风险；也意味着企业的资本结构较为健康，容易获得融资，尤其是股权融资。投资者和债权人可能对企业的信心更强。低股东权益比率表明企业依赖于债务融资，财务稳定性较弱，面临更高的财务风险，尤其是在收入下降时偿债压力会增大；可能限制企业的融资能力，因为债权人可能会对其偿债能力产生疑虑，从而提高融资成本或拒绝贷款。

股东权益比率与资产负债率具有互为消长的关系，二者之和为100%。股东权益比率越小，资产负债率就越大，股东权益为债务风险提供的缓冲就越小。股东权益比率是评估企业财务健康和稳定性的重要指标，合理的股东权益比率能够帮助企业在融资、投资和运营决策中保持灵活性和安全性。具体合理的范围还需结合行业特点和企业实际情况进行综合分析。

股东权益比率 = 股东权益总额/资产总额 × 100%

在B10单元格输入公式"=资产负债表!F23/资产负债表!B24"。资产负债表!F23为股东权益合计，资产负债表!B24为负债及股东权益总计。将其复制到"C10：D10"，设置单元格格式后，结果如图8-10所示。

图8-10 股东权益比率

8. 利息保障倍数。利息保障倍数用于衡量企业偿还利息能力的重要财务指标，利息保障倍数是税前利润加利息费用与利息费用之比。它反映企业经营所得支付债务利息的能力。高利息保障倍数表示企业的息税前利润能够轻松覆盖其利息支出，说明企业财务状况良好，偿债能力强。这意味着即使在经济波动或收入下降的情况下，企业仍能够履行利息支付义务；还可以提高企业的融资能力，投资者和债权人对企业的信心增强，可能以更低的利率提供贷款。低利息保障倍数可能表明企业面临偿债压力，利润与利息支出之间的差距较小。在经济不景气时，企业可能难以支付利息，由此增加违约风险；可能使企业在需要贷款时面临更高的融资成本，甚至可能被拒绝借款。

一般情况下，利息保障倍数越大，表明企业付息能力越强，若它小于1，则从长期的角度来看，将会损害股东的利益。因此，利息保障倍数也能从股东的角度评价企业的借债政策是否有利。另外，如果当财务费用小于零时，说明企业的利息收入较多，这可能是由于企业有较多的存款或投资收益，或者企业的负债较少，导致利息支出相对较少。这种情况通常表明企业的财务状况较为健康，能够通过投资或其他收入来源获得更多的利息收入，从而减少对外部融资的依赖。因此，我们这里不计算利息保障倍数。利润及利润分配表如图8-11所示。

	A	B	C	D
1	SXY公司近3年的利润及利润分配表　　单位：元			
2	项目	2024年	2023年	2022年
3	主营业务收入	4,574,359,629.00	4,455,064,777.00	3,783,668,674.00
4	减：主营业务成本	3,472,885,808.00	3,434,439,752.00	2,839,927,976.00
5	主营业务税金及附加	215,534,736.00	179,511,205.00	128,583,824.00
6	主营业务利润	885,939,085.00	841,113,820.00	815,156,874.00
7	加：其他业务利润	16,725,998.00	(1,064,531.00)	9,642,851.00
8	营业费用	126,595,070.00	273,634,656.00	293,581,491.00
9	管理费用	253,026,176.00	273,123,904.00	177,459,860.00
10	财务费用	(5,524,494.50)	(3,278,580.25)	1,403,648.00
11	营业利润	528,568,331.50	296,569,309.25	352,354,726.00
12	加：投资收益	(5,802,877.00)	198,305,488.00	12,133,460.00
13	营业外收入	7,735,366.00	18,476,084.00	23,850,214.00
14	减：营业外支出	10,489,685.00	11,498,662.00	8,011,916.00
15	利润总额	520,011,135.50	501,852,219.25	380,326,484.00
16	减：所得税	121,962,824.00	119,882,931.00	74,964,550.00
17	少数股东损益	15,627,033.00	8,222,066.00	8,714,205.00
18	净利润	382,421,278.50	373,747,222.25	296,647,729.00
19	加：年初未分配利润	4,617,144.25	11,518,860.00	34,724,359.00
20	年初未分配利润调整		(29,679,140.00)	(28,171,909.00)
21	可供分配的利润	387,038,422.75	355,586,942.25	303,200,179.00
22	减：提取法定法定盈余公积金	38,242,127.00	37,374,721.00	30,123,149.00
23	提取法定公益金	19,121,063.00	18,687,360.00	15,061,574.00
24	可供股东分配的利润	329,675,232.75	299,524,861.25	258,015,456.00
25	减：提取任意盈余公积	191,210,637.00	168,713,329.00	165,677,324.00
26	应付普通股股利	126,194,942.00	126,194,388.00	113,574,949.00
27	未分配利润	12,269,653.75	4,617,144.25	(21,236,817.00)

图 8-11　利润及利润分配表

利息保障倍数 =（利润总额 – 利润表中的利息费用）/利息费用

在 B11 单元格输入公式"= IF(利润及利润分配表!B10 < =0,"无意义",(利润及利润分配表!B15 – 利润及利润分配表!B10)/利润及利润分配表!B10)"（这里假定财务费用全部为利息费用，实践中可从企业的财务报表附注中查出财务费用中的利息费用数额；当利息费用为负时，该指标无意义）。将其复制到"C11：D11"，设置单元格格式后，结果如图 8-12 所示。

	A	B	C	D	E
1	SXY公司近3年的财务比率				
2	项目	2024年	2023年	2022年	
3	一、偿债能力比率				
8	5　资产负债率	58.85%	51.81%	48.04%	
9	6　产权比率	143%	108%	92%	
10	7　股东权益比率	41%	48%	52%	
11	8　利息保障倍数	无意义	无意义	269.96	

图 8-12　利息保障倍数

9. 债务偿还期。债务偿还期是指企业用其当前的现金流量或盈利能力来偿还债务所需的时间，通常以年为单位表示。债务偿还期是指负债总额与经营活动现金流量之比，又称偿债保障比率。该指标用于衡量按当期经营活动所获现金偿还全部债务所需的时间，可从动态的角度反映企业的偿债能力。

债务偿还期是评估企业债务管理能力和财务稳定性的重要指标。合理的债务偿还期应结合企业的盈利能力、现金流状况及行业特点进行综合分析，以确保企业在面对未来挑战时保持财务灵活性和可持续发展。

债务偿还期 = 负债总额/经营活动产生的现金流量净额

在 B12 单元格输入公式："=资产负债表!F17/现金流量表!B11"。资产负债表!F17 为负债合计，现金流量表!B11 为经营活动产生的现金流量净额。将其复制到"C12:D12"，设置单元格格式后，结果如图 8-13 所示。

项目	2024年	2023年	2022年
一、偿债能力比率			
5 资产负债率	58.85%	51.81%	48.04%
6 产权比率	143%	108%	92%
7 股东权益比率	41%	48%	52%
8 利息保障倍数	无意义	无意义	269.96
9 债务偿还期	37.53	-2.79	30.87

图 8-13 债务偿还期

二、运营能力指标

企业营运能力反映了企业的资金周转状况，对此进行分析可以了解企业的营运状况及经营管理水平。运营能力主要用资产的周转速度来衡量，一般来说，周转速度越快，资产的使用效率越高，则运营能力越强。资产周转速度通常用周转率和周转期（周转天数）来表示。

周转率(周转次数) = 周转额/资产平均余额

周转期(周转天数) = 计算期天数/周转次数
　　　　　　　　 = 资产平均余额 × 计算期天数/周转额

资金周转状况好，说明企业的经营管理水平高，资金利用率高，其主要比率如下。

1. 应收账款周转率。应收账款周转率是衡量企业在一定时期内收回应收账款的效率和流动性的重要财务指标。高周转率表明企业能够迅速收回应收账款，现金流状况良好，从而增强了企业的流动性。这使企业能够及时进行再投资或支付短期负债。低周转率可能表明企业在收款方面存在问题，导致现金流紧张，影响日常运营和其他财务安排。

应收账款周转率是企业一定时期内的赊销收入净额与应收账款平均余额之比，反映企业应收账款的周转速度。应收账款周转率反映了企业在一定时期内应收账款的周转次数,也反映了应收账款的利用效率。应收账款周转率是评估企业管理应收账款效率和财务健康的重要指标。合理的周转率水平应结合行业特点及企业的具体情况进行全面分析,以确保企业在保证销售的同时,能够有效管理流动资金,增强财务稳定性和运营效率。

应收账款周转率 = 赊销收入净额/平均应收账款

平均应收账款 = (期初应收账款 + 期末应收账款)/2

在 B14 单元格输入公式"= 利润及利润分配表!B3/((资产负债表!C5 + 资产负债表!B5)/2)"。利润及利润分配表!B3 为主营业务收入,资产负债表!C5 为 2023 年应收账款净额,资产负债表!B5 为 2024 年应收账款净额。将其复制到"C14",设置单元格格式后,结果如图 8 - 14 所示。

	A	B	C	D
1	SXY公司近3年的财务比率			
2	项目	2024年	2023年	2022年
3	一、偿债能力比率			
13	二、营运能力比率			
14	1 应收账款周转率	13.90	12.82	

图 8 - 14 应收账款周转率

2. 存货周转率。存货周转率是衡量企业在一定时期内销售存货的效率和流动性的财务指标。高存货周转率表示企业能够迅速销售存货,变现为现金,提高了流动性,增强了企业的短期偿债能力。低存货周转率可能导致存货积压,减少可用现金,影响企业的流动性,增加财务压力。

存货周转率是企业一定时期内销售成本与平均存货之比。该比率越高,说明存货周转得越快,企业的销售能力越强。货周转率是评估企业存货管理效率和财务健康的重要指标。合理的存货周转率水平应结合行业特性、市场环境以及企业运营模式进行综合分析,以确保企业能够在维持销售的同时有效管理存货,提升整体运营效率和财务状况。

存货周转率 = 主营业务成本/平均存货

平均存货 = (期初存货 + 期末存货)/2

在 B15 单元格输入公式:= 利润及利润分配表!B4/((资产负债表!B8 + 资产负债表!C8)/2)"。利润及利润分配表!B4 为主营业务成本,资产负债表!B8 为 2024 年的存货净额,资产负债表!C8 为 2023 年的存货净额。将其复制到"C15",设置单元格格式后,结果如图 8 - 15 所示。

	A	B	C	D
1	SXY公司近3年的财务比率			
2	项目	2024年	2023年	2022年
3	一、偿债能力比率			
13	二、营运能力比率			
14	1 应收账款周转率	13.90	12.82	
15	2 存货周转率	0.65	0.04	

图 8 - 15 存货周转率

3. 流动资产周转率。流动资产周转率是衡量企业使用流动资产进行销售的效率的重要财务指标。高流动资产周转率表明企业能够高效地利用流动资产（如现金、应收账款和存货）生成销售，增强了企业的流动性。这使得企业能够更好地应对短期负债和突发的资金需求。低流动资产周转率可能表明企业在流动资产的使用上效率较低，可能导致流动性不足，从而影响短期偿债能力。

流动资产周转率是企业销售收入与流动资产平均余额之比，它反映企业全部流动资产的利用效率。流动资产周转率是评估企业流动资产使用效率和财务健康的重要指标。合理的流动资产周转率水平应结合行业特性、市场环境以及企业经营模式进行综合分析，以确保企业在维持销售的同时，能够有效管理流动资产，提升整体运营效率和财务状况。

流动资产周转率 = 主营业务收入/平均流动资产

平均流动资产 = (期初流动资产 + 期末流动资产)/2

在 B16 单元格输入公式：= 利润及利润分配表!B3/((资产负债表!B10 + 资产负债表!C10)/2)。利润及利润分配表!B3 为主营业务收入，资产负债表!B10 为 2024 年的流动资产，资产负债表!C10 为 2024 年的流动资产。将其复制到"C16"，设置单元格格式后，结果如图 8 – 16 所示。

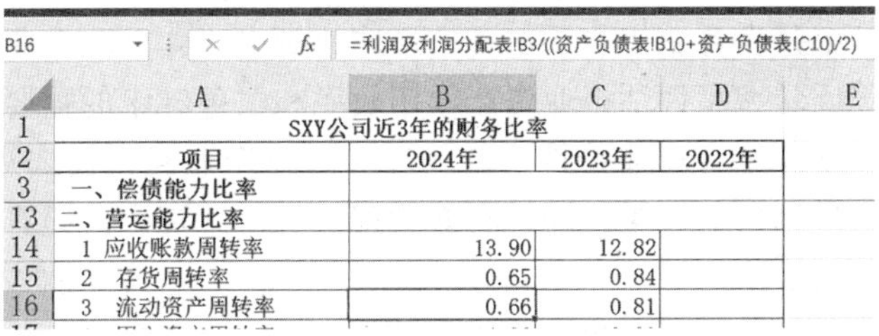

图 8 – 16　流动资产周转率

4. 固定资产周转率。固定资产周转率是衡量企业利用其固定资产（如厂房、设备、土地等）生成销售收入的效率的重要财务指标。高固定资产周转率表明企业在利用固定资产进行生产和销售方面效率较高，能够有效地将固定资产转化为销售收入。这通常意味着企业的生产能力和资源配置较为合理。低固定资产周转率可能表明企业在固定资产的使用上效率低下，可能因为资产闲置、生产能力过剩或管理不善等原因，导致资源的浪费。

固定资产周转率是企业销售收入与固定资产平均净值之比，反映企业固定资产的利用效率。固定资产周转率是评估企业固定资产使用效率和财务健康的重要指标。合理的固定资产周转率水平应结合行业特性、市场环境及企业经营模式进行综合分析，以确保企业在维持销售的同时，能够有效管理和利用固定资产，提升整体运营效率和财务状况。

固定资产周转率 = 主营业务收入/平均固定资产净值

平均固定资产净值 = (期初固定资产净值 + 期末固定资产净值)/2

在 B17 单元格输入公式：= 利润及利润分配表!B3/((资产负债表!B16 + 资

产负债表!C16)/2)。利润及利润分配表!B3 为主营业务收入，资产负债表!B16 为 2024 年固定资产净值，资产负债表!C16 为 2023 年固定资产净值。将其复制到“C17”，设置单元格格式后，结果如图 8－17 所示。

B17　=利润及利润分配表!B3/((资产负债表!B16+资产负债表!C16)/2)

	A	B	C	D	E
1	SXY公司近3年的财务比率				
2	项目	2024年	2023年	2022年	
3	一、偿债能力比率				
13	二、营运能力比率				
14	1 应收账款周转率	13.90	12.82		
15	2 存货周转率	0.65	0.84		
16	3 流动资产周转率	0.66	0.81		
17	4 固定资产周转率	14.36	13.80		

图 8－17　固定资产周转率

5. 总资产周转率。总资产周转率是衡量企业利用其总资产生成销售收入的效率的重要财务指标。高总资产周转率表明企业能够高效利用其总资产进行生产和销售，显示出良好的资产管理和运营能力。这意味着每单位资产可以产生较高的销售收入。低总资产周转率可能表明企业在资产的使用上效率低下，可能由于资产闲置、过度投资或管理不善等原因，导致资源浪费。

总资产周转率是企业销售收入与资产平均总额之比，反映企业全部资产的利用效率。总资产周转率是评估企业资产使用效率和财务健康的重要指标。合理的总资产周转率水平应结合行业特性、市场环境以及企业经营模式进行综合分析，以确保企业在维持销售的同时，能够有效管理和利用总资产，提升整体运营效率和财务状况。

总资产周转率＝主营业务收入/平均总资产

平均总资产＝(期初总资产＋期末总资产)/2

在 B18 单元格输入公式：＝利润及利润分配表!B3/((资产负债表!B24＋资产负债表!C24)/2)。利润及利润分配表!B3 为主营业务收入，资产负债表!B24 为 2024 年的总资产合计，资产负债表!C24 为 2023 年的总资产合计。将其复制到“C18”，设置单元格格式后，结果如图 8－18 所示。

B18　=利润及利润分配表!B3/((资产负债表!B24+资产负债表!C24)/2)

	A	B	C	D	E
1	SXY公司近3年的财务比率				
2	项目	2024年	2023年	2022年	
3	一、偿债能力比率				
13	二、营运能力比率				
14	1 应收账款周转率	13.90	12.82		
15	2 存货周转率	0.65	0.84		
16	3 流动资产周转率	0.66	0.81		
17	4 固定资产周转率	14.36	13.80		
18	5 总资产周转率	0.62	0.74		

图 8－18　总资产周转率

三、盈利能力指标

获利能力是企业赚取利润的能力。企业的债权人、所有者以及管理当局都十分关心获利能力。反映获利能力的指标有很多，主要包括总资产报酬率、总资产净利率、净资产收益率、主营业务毛利率、主营业务净利率和成本费用净利率等。

1. 总资产报酬率。总资产报酬率是衡量企业利用其总资产创造净收益的能力的重要财务指标。高总资产报酬率表明企业能够有效利用其资产创造较高的净收益，反映出企业的盈利能力较强，能够为股东带来良好的回报。低总资产报酬率可能表示企业在资产利用上存在不足，盈利能力较弱，可能导致股东对公司前景的担忧。

总资产报酬率是息税前利润与平均总资产的百分比，息税前利润是指没有扣除利息也没有扣除所得税之前的利润，可以根据利润表上的利润总额加上财务费用项目中的利息费用计算得到，由于前两期财务费用中没有利息支出，不算利息费用。总资产报酬率是评估企业资产利用效率和盈利能力的重要指标。合理的总资产报酬率水平应结合行业特性、市场环境以及企业经营模式进行综合分析，以确保企业在维持良好盈利能力的同时，能够有效管理资产，提升整体运营效率。

总资产报酬率 = 息税前利润/平均总资产 × 100%

在 B20 单元格输入公式：= 利润及利润分配表!B15/((资产负债表!B24 + 资产负债表!C24)/2)。利润及利润分配表!B15 为利润总额，这里没有扣利息，如果有单独列出利息，可以进行扣除。资产负债表!B24 为 2024 年的总资产，资产负债表!C24 为 2023 年的总资产。将其复制到"C20"，设置单元格格式后，结果如图 8-19 所示。

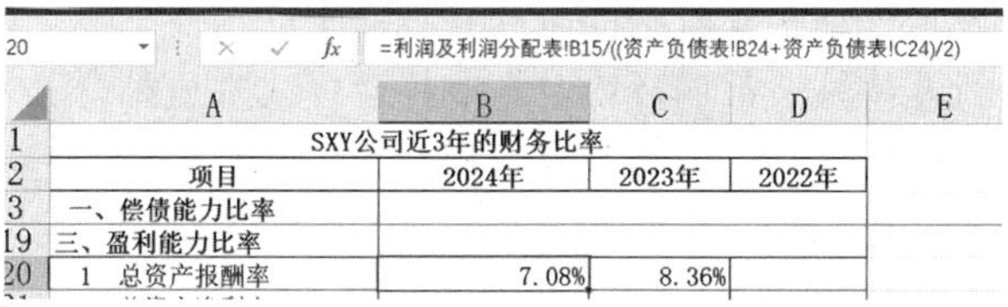

图 8-19 总资产报酬率

2. 总资产净利率。总资产净利率是衡量企业利用其总资产生成净利润的能力的重要财务指标。高总资产净利率表明企业能够有效利用其总资产产生较高的净利润，反映出企业的盈利能力强，能够为股东创造可观的回报。低总资产净利率可能表示企业在资产利用上存在不足，盈利能力较弱，可能导致股东对企业的未来产生担忧。

总资产净利率是净利润与平均总资产的百分比。该指标反映了每百元资产所能创造的净利润，表明企业资产利用的综合效果。企业的资产是由投资人投入和举债形成的，净利润的多少与企业资产的多少、资产的结构、经营管理水平都有着密切的关系。总资产净利率是评估企业资产使用效率和盈利能力的重要指标。合理的总资产净利率水平应结合行业特性、市场环境及企业经营模式进行综合分析，以确保企业在维持良好盈利能力的同时，能够有效管理资产。

总资产净利率＝净利润/平均总资产×100%

在 B21 单元格输入公式：＝利润及利润分配表!B18/((资产负债表!B24＋资产负债表!C24)/2)。利润及利润分配表!B18 为净利润，资产负债表!B24 为 2024 年的总资产，资产负债表!C24 为 2023 年的总资产。将其复制到"C21"，设置单元格格式后，结果如图 8－20 所示。

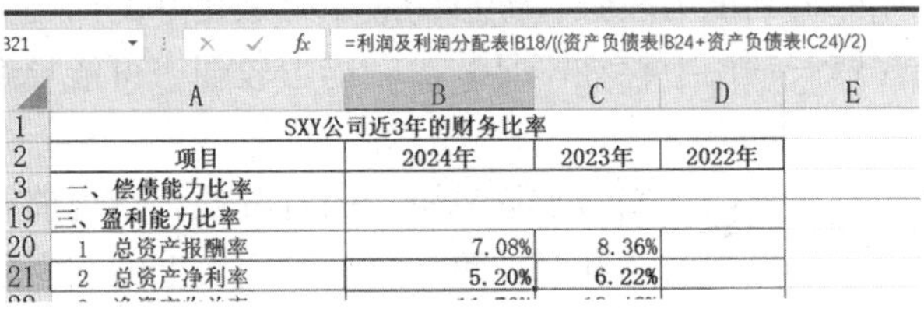

图 8－20　总资产净利率

3. 净资产收益率。净资产收益率是衡量企业利用自有资本（净资产）创造净利润的能力的重要财务指标。高净资产收益率表明企业能够有效利用股东的投资产生较高的利润，显示出强劲的盈利能力，能够为股东提供可观的回报。低净资产收益率可能意味着企业盈利能力不足，无法有效利用股东资本，可能导致股东对企业前景的担忧。

净资产收益率是净利润与平均股东权益的百分比，也称股东权益报酬率或权益报酬率。该指标反映了企业股东权益的投资报酬率，是投资者最为关心的财务指标之一。

净资产收益率是评估企业盈利能力和管理效率的重要指标。合理的净资产收益率水平应结合行业特性、市场环境及企业经营模式进行综合分析，以确保企业在维持良好盈利能力的同时，能够有效管理股东资本。

净资产收益率＝净利润/平均股东权益×100%

在 B22 单元格输入公式：＝利润及利润分配表!B18/((资产负债表!F23＋资产负债表!G23)/2)。利润及利润分配表!B18 为净利润，资产负债表!F23 为 2024 年股东权益，资产负债表!G23 为 2024 年股东权益。将其复制到"C22"，设置单元格格式后，结果如图 8－21 所示。

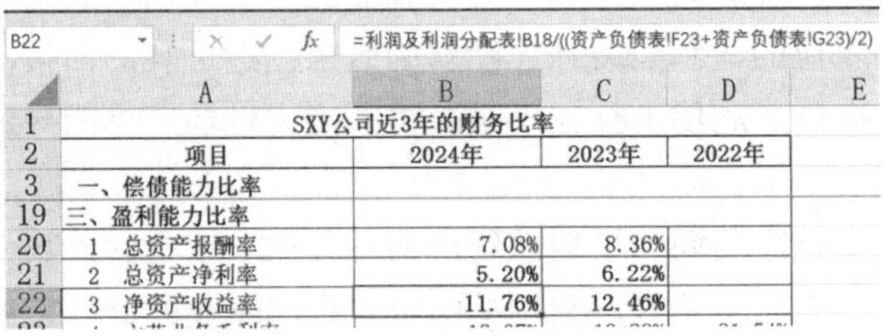

图 8－21　净资产收益率

4. 主营业务毛利率。主营业务毛利率是衡量企业主营业务盈利能力的重要财务指标。高主营业务毛利率表明企业在主营业务中能够获得较高的毛利，反映出企业的盈利能力强，能够为股东带来良好的回报。低主营业务毛利率可能表示企业在定价、成本控制等方面存在问题，导致利润空间受到压缩，盈利能力较弱。

主营业务毛利率是指主营业务利润与主营业务收入的百分比。该指标反映了每百元主营业务收入所能创造的毛利额。主营业务毛利率是评估企业主营业务盈利能力和管理效率的重要指标。合理的主营业务毛利率水平应结合行业特性、市场环境及企业经营模式进行综合分析，以确保企业在维持良好的盈利能力的同时，能够有效管理成本。

主营业务毛利率 = 主营业务利润/主营业务收入 × 100%

在 B22 单元格输入公式：= 利润及利润分配表!B6/利润及利润分配表!B3 * 100%。利润及利润分配表!B6 为主营业务利润，利润及利润分配表!B3 为主营业务收入。将其复制到 "C23:D23"，设置单元格格式后，结果如图 8 - 22 所示。

	A	B	C	D
1		SXY公司近3年的财务比率		
2	项目	2024年	2023年	2022年
3	一、偿债能力比率			
19	三、盈利能力比率			
20	1　总资产报酬率	7.08%	8.36%	
21	2　总资产净利率	5.20%	6.22%	
22	3　净资产收益率	11.76%	12.46%	
23	4　主营业务毛利率	19.37%	18.88%	21.54%

图 8 - 22　主营业务毛利率

5. 主营业务净利率。主营业务净利率是衡量企业主营业务盈利能力的重要财务指标。高主营业务净利率表明企业能够在主营业务中实现较高的利润，显示出良好的盈利能力，能够为股东提供可观的回报。低主营业务净利率可能反映出企业的盈利能力不足，成本和运营效率需要改善。

主营业务净利率是指企业净利润与主营业务收入的百分比。该指标反映每百元主营业务收入所能带来的净利润。主营业务净利率是评估企业主营业务盈利能力和管理效率的重要指标。合理的主营业务净利率水平应结合行业特性、市场环境及企业经营模式进行综合分析，以确保企业在维持良好的盈利能力的同时，能够有效管理成本。

主营业务净利率 = 净利润/主营业务收入 × 100%

在 B24 单元格输入公式：= 利润及利润分配表!B18/利润及利润分配表!B3。利润及利润分配表!B18 为净利润，利润及利润分配表!B3 为主营业务收入。将其复制到 "C24:D24"，设置单元格格式后，结果如图 8 - 23 所示。

6. 成本费用净利率。成本费用净利率是衡量企业在控制成本和费用方面的有效性以及其盈利能力的重要财务指标。高成本费用净利率表明企业能够在较低的成本和费用下实现较高的净利润，彰显了企业的盈利能力；通常意味着企业在控制运营成本和费用方面表现优异，能够有效管理资源，提高盈利能力。低成本费用净利率可能表示企业的盈利能力较弱，成本和费用高于行业水平，影响整体利润水平；可能反映出企业在成本控制上存在问题，需要进行优化和调整，以降低不必要的费用支出。

	A	B	C	D
1	SXY公司近3年的财务比率			
2	项目	2024年	2023年	2022年
3	一、偿债能力比率			
19	三、盈利能力比率			
20	1 总资产报酬率	7.08%	8.36%	
21	2 总资产净利率	5.20%	6.22%	
22	3 净资产收益率	11.76%	12.46%	
23	4 主营业务毛利率	19.37%	18.88%	21.54%
24	5 主营业务净利率	8.36%	8.39%	7.84%

图8-23 主营业务净利率

成本费用净利率是指净利润与主营业务成本和期间费用的百分比，反映每百元成本和费用支出能获得的净利润，期间费用包括销售费用、管理费用和财务费用。企业发生的成本费用是对生产经营投入的一种耗费。成本费用净利率是企业评估成本控制和盈利能力的重要指标。合理的成本费用净利率水平应结合行业特性、市场环境及企业经营模式进行综合分析，以确保企业在保持良好的盈利能力的同时，能够有效管理成本和费用。

成本费用净利率=净利润/(主营业务成本+期间费用)×100%

在B25单元格输入公式：=利润及利润分配表!B18/(利润及利润分配表!B4+利润及利润分配表!B8+利润及利润分配表!B9+利润及利润分配表!B10)。利润及利润分配表!B18为净利润，利润及利润分配表!B4为主营业务成本，利润及利润分配表!B8为销售费用，利润及利润分配表!B9为管理费用，利润及利润分配表!B10为财务费用。将其复制到"C25:D25"，设置单元格格式后，结果如图8-24所示。

	A	B	C	D
1	SXY公司近3年的财务比率			
2	项目	2024年	2023年	2022年
3	一、偿债能力比率			
19	三、盈利能力比率			
20	1 总资产报酬率	7.08%	8.36%	
21	2 总资产净利率	5.20%	6.22%	
22	3 净资产收益率	11.76%	12.46%	
23	4 主营业务毛利率	19.37%	18.88%	21.54%
24	5 主营业务净利率	8.36%	8.39%	7.84%
25	6 成本费用利润率	9.94%	9.40%	8.96%

图8-24 成本费用净利率

四、发展能力指标

发展能力是企业在生存的基础上，扩大规模、壮大实力的潜在能力，其分析指标主要有主营业务收入增长率、净利润增长率、留存盈利比率、可持续增长率、三年利润平均增长率等。

1. 主营业务收入增长率。主营业务收入增长率是衡量企业主营业务销售增长速度的重要财务指标。高主营业务收入增长率表明企业的主营业务正在扩展，能够吸引更多的客户和市场需求，反映出良好的市场表现和产品竞争力。低主营业务收入增长率可能显示出企业的产品或服务需求疲软，市场份额下降，需警惕潜在的经营风险。

主营业务收入增长率是指企业本年主营业务收入增长额同上年主营业务收入的百分比。该指标是衡量企业经营状况和市场占有能力、预测企业经营业务拓展趋势的重要标志，也是企业扩张增量和存量资本的必要前提。主营业务收入增长率是评估企业市场表现和未来发展潜力的重要指标。一个持续的高增长率通常预示着企业在竞争中的优势和良好的管理能力，而低增长率则可能提示企业面临的挑战和需要改进的领域。因此，企业应综合考虑市场环境、行业趋势及内部运营，以制定合理的增长策略。

主营业务收入增长率＝本年主营业务收入增长额/上年主营业务收入×100%

在 B27 单元格输入公式：=(利润及利润分配表!B3－利润及利润分配表!C3)/利润及利润分配表!C3。利润及利润分配表!B3 为 2024 年的主营业务收入，利润及利润分配表!C3 为 2024 年的主营业务收入。将其复制到"C27:D27"，设置单元格格式后，结果如图 8-25 所示。

图 8-25 主营业务收入增长率

2. 净利润增长率。净利润增长率是反映企业盈利能力提升的重要财务指标。高净利润增长率表明企业的盈利能力在增强，能够有效提高利润水平，反映出企业的经营效率和市场竞争力。低净利润增长率可能显示企业盈利能力不足，需关注其收入结构、成本控制及运营效率。

净利润增长率是指企业本年净利润增长额同上年净利润的百分比。净利润是企业的最终经营结果。净利润增长率是评估企业整体财务健康和未来发展潜力的重要指标。高净利润增长率通常预示着企业在市场中的良好表现和管理能力，而低增长率则可能暗示需要关注的潜在问题和风险。因此，企业应密切关注这一指标,制定科学合理的经营策略,以实现可持续增长。

净利润增长率 = 本年净利润增长额/上年净利润×100%

在 B28 单元格输入公式: =(利润及利润分配表!B18 - 利润及利润分配表!C18)/利润及利润分配表!C18。利润及利润分配表!B18 为 2024 年的净利润,利润及利润分配表!C18 为 2023 年的净利润。将其复制到"C28:D28",设置单元格格式后,结果如图 8 - 26 所示。

	A	B	C	D
1		SXY公司近3年的财务比率		
2	项目	2024年	2023年	2022年
3	一、偿债能力比率			
26	四、发展能力比率			
27	1 主营业务收入增长率	2.68%	17.74%	
28	2 净利润增长率	2.32%	25.99%	

图 8 - 26 净利润增长率

3. 留存盈利比率。留存盈利是指企业在支付股息后保留用于再投资的利润。高留存盈利比率表明企业能够将更多的利润用于再投资,支持业务扩展、研发和新产品开发,提升长期增长潜力。低留存盈利比率可能限制企业的再投资能力,使其在市场竞争中处于弱势,难以实现持续增长。

留存盈利比率是指企业本年净利润减去全部股利后的余额与净利润的百分比。该指标的高低,反映企业的理财方针。留存盈利比率是评估企业长期发展潜力和财务健康的重要指标。高留存盈利比率通常意味着企业有能力进行再投资,增强抗风险能力;而低留存盈利比率可能反映出企业在追求短期回报的同时,面临长期增长的挑战。因此,企业应结合其发展阶段和行业特性,合理制定留存盈利政策。

留存盈利比率 = (净利润 - 全部股利)/净利润×100%

在 B29 单元格输入公式: =(利润及利润分配表!B18 - 利润及利润分配表!B26)/利润及利润分配表!B18。利润及利润分配表!B18 为净利润,利润及利润分配表!B26 为应付普通股股利。将其复制到"C29:D29",设置单元格格式后,结果如图 8 - 27 所示。

	A	B	C	D
1		SXY公司近3年的财务比率		
2	项目	2024年	2023年	2022年
3	一、偿债能力比率			
26	四、发展能力比率			
27	1 主营业务收入增长率	2.68%	17.74%	
28	2 净利润增长率	2.32%	25.99%	
29	3 留存盈利比率	67.00%	66.24%	61.71%

图 8 - 27 留存盈利比率

4. 可持续增长率。可持续增长率是指企业在不借助外部融资的情况下,依靠内部留存盈利和现有资产获得的最大增长率。高可持续增长率表明企业能够在不依赖外部资金的情况下，实现较快的增长，增强企业的财务稳健性和抗风险能力；通常预示着企业具有较强的市场竞争力和盈利能力，能够持续吸引客户和市场需求，促进业务扩展。低可持续增长率可能意味着企业面临资金短缺的问题，无法支持所需的增长，增加了对外部融资的依赖，带来财务风险，可能反映出企业的市场份额和盈利能力不足，限制了其增长潜力和发展空间。

可持续增长率是指在不增加外部融资的情况下，企业可望达到的销售额或主营业务收入的最高增长率。持续增长率是企业衡量自身长期发展潜力和健康状况的重要指标。高可持续增长率通常意味着企业能够在自我融资的基础上实现稳定增长，反映出其良好的经营管理能力和市场竞争力；而低可持续增长率则可能提示企业面临的挑战和风险，因此企业应根据自身情况合理规划增长策略。

可持续增长率＝净资产收益率×留存盈利比率

净资产收益率＝净利润/平均股东权益

留存盈利比率＝(净利润－全部股利)/净利润×100%

可持续增长率＝(净利润－全部股利)/平均股东权益×100%

在 B30 单元格输入公式：＝B22*B29。B22 为净资产收益率，B29 为留存盈利比率。将其复制到"C30"，设置单元格格式后，结果如图 8－28 所示。

	A	B	C	D
1	SXY公司近3年的财务比率			
2	项目	2024年	2023年	2022年
3	一、偿债能力比率			
26	四、发展能力比率			
27	1 主营业务收入增长率	2.68%	17.74%	
28	2 净利润增长率	2.32%	25.99%	
29	3 留存盈利比率	67.00%	66.24%	61.71%
30	4 可持续增长率	7.88%	8.26%	

图 8－28　可持续增长率

说明：由于 2022 年的净资产收益率无法计算，所以该年的可持续增长率也无法计算。

5. 三年利润平均增长率。三年利润平均增长率表明企业利润总额的连续三年增长情况，体现企业的发展潜力。利润是企业积累和发展的基础，该指标越高，表明企业积累越多，可持续发展能力越强。

$$三年利润平均增长率 = \left(\sqrt[3]{\frac{本年利润总额}{三年前利润总额}} - 1\right) \times 100\%$$

说明：因为财务数据只提供两年前的数据，由于数据不全，不进行演示计算。

五、现代企业财务分析常规指标一览

现在将现代企业财务分析常规指标以一览表的形式（见表 8－1）附在此处供读者查阅。

表 8-1　现代企业财务分析常规指标一览表

类型	指标名称及计算公式	作用	评价标准	使用注意事项
短期偿债能力	流动比率＝流动资产÷流动负债	衡量企业短期偿债能力的常用比率	一般评价： 过高，资金滞溜。 过低，资金不足，有偿债风险	应结合分析流动资产结构，评价标准因行业而异。一般标准为数据的波动亦然。应注意期末前后数据的波动量，如周转性强、现金比率、速动比率、现金比率、营运资金等，四项指标综合分析。应结合未用贷款等指标，拟变现长期资产、企业信誉等增加偿债能力因素及营运资金为负值，营运资金周转率指标不担保负债等减少偿债能力因素。营运资金为负值，营运资金周转率指标不能计算
	速动比率＝速动资产÷流动负债（速动资产＝流动资产－存货）	衡量企业近期偿债能力的比率，又称酸性比率	一般评价： 过高，资金滞溜于应收款。 过低，支付能力不足	
	现金比率＝（现金＋短期证券）÷流动负债	衡量企业即时偿付能力的比率	一般评价： 适度。 过高，货币资金过大，效率降低。 过低，货币支付能力不足	
	营运资金＝流动资产－流动负债	衡量企业短期偿付新增债务能力	一般评价： 适度。 过高，具有较大的举债潜力。 过低，存在较大的还债风险	
	营运资金周转率＝销售收入÷平均营运资金	营运资金相对值指标，可在企业之间比较	一般评价： 过高，营运资金不足，存在债务风险。 过低，营运资金效率低，有扩销潜力	
	现金流入量对负债比率＝营业所得资金÷流动负债	现金比率的动态表现，反映流动负债的收入保障程度	同现金比率	

续表

类型	指标名称及计算公式	作用	评价标准	使用注意事项
长期偿债能力	资产负债率＝负债÷资产	衡量企业在清算时保护债权人利益的程度	资产负债率的适宜水平是40%～60%	结合现金流量及收益的稳定性进行分析，如经营状况良好，此比例允许提高。注意资产结构及资产实有价值，防止高估或低估。注意未入账的隐蔽性资产、负债，如整股子公司，或有负债等
	主权比率（股东权益比率）＝所有者权益÷资产	衡量投资者对企业的控制权，是资产负债率的补充指标	一般要求大于50%，可根据资产负债率要求推算	资产负债率＋主权比率＝1
	已获利息倍数＝（利润＋利息）÷利息 （利息＝计入费用利息＋计入固定资产利息）	衡量企业偿债款利息的承担能力和保证程度	一般评价：通常按利润较低年度的水平评价	应结合分析本金偿付准备
	产权比率＝负债÷所有者权益	反映企业财务结构稳定性及债权安全程度	一般评价：小于1。 经营者：适度；过高，高风险高报酬；过低，低风险低报酬。 债权人：降低以保障偿债	经营者分析以资本利润率大于利息率为依据
	有形净值债务率＝负债÷（所有者权益－无形资产净值）	谨慎地反映债权安全程度	同上	
	长期资产与长期负债比率＝长期资产÷长期负债（长期资产＝资产总额－流动资产）	反映长期资产来源于长期负债的程度，以及资本结构的稳定性	一般评价：大于1，如过少则表明结构不稳	长期资产均按净值计算
	固定资产与长期负债比率＝固定资产净值÷长期负债	反映固定资产来源于长期负债的程度，以及企业潜在的抵押借债能力	一般评价：大于1	出售固定资产偿债是债权人利益保障的最后防线
	自有资本固定率＝固定资产净值÷所有者权益	反映所有者权益用于固定资产的程度	一般评价：小于1，如过大，表示企业财务结构不稳，债务风险大	

续表

类型	指标名称及计算公式	作用	评价标准	使用注意事项
长期偿债能力	长期负债与营运资金比率＝长期负债÷（流动资产－流动负债）	衡量长期负债转化流动负债时的偿债能力	同上	
	固定长期适合率＝固定资产净值÷（长期负债＋所有者权益）	反映固定资产与长期资金的平衡性	一般评价小于1，如过大，表示企业财务结构不稳，债务风险大	应与自有资本固定率结合分析，如前者大于1而后者小于1也正常
	财务杠杆系数＝（利润＋利息支出）÷利润	反映企业运用负债经营对增加企业收益的作用	一般评价：适度。过高借入资金过多，利息负担沉重。过低负债经营不足，企业收益降低	
盈利能力	资产利润率＝利润÷平均资产总额	评价企业盈利能力的综合指标	一般评价：提高。因素分解：资产利润率＝销售利润率×资产周转率	税前利润率和税后利润率可分别计算，分别计算流动资产利润率和固定资产利润率
	总资产报酬率＝（利润＋利息支出）÷平均资产总额	评价资产获利能力的社会性指标	一般评价：提高	国有资产保值增值参考指标
	资本收益率＝净利润÷实收资本额	衡量投入资本盈利水平及企业管理水平的综合指标	一般评价：提高	实收资本额可采用加权平均计算和期末数计算
	净值报酬率＝净利润÷平均所有者权益	反映净资产的收益水平	一般评价：提高	国有资产保值增值参考指标
	社会贡献率＝社会贡献总额÷平均资产总额	反映全部资产为国家或社会创造或支付价值的能力	一般评价：提高	社会贡献总额包括工资（含奖金、津贴等工资性收入），劳保退休统筹及其他福利支出，利息支出净额，应交各类税收及净利
	社会积累率＝上交财政总额÷社会贡献总额	衡量社会贡献总额中上交财政的比率	一般评价：适度	上交财政总额指各项税收

续表

类型	指标名称及计算公式	作用	评价标准	使用注意事项
盈利能力	销售利润率 = 利润 ÷ 销售收入 营业利润率 = 营业利润 ÷ 销售收入 主营业务利润率 = 主营业务利润 ÷ 销售收入 销售毛利率 = 毛利 ÷ 销售收入	反映销售收入的收益水平	一般评价：提高；大于行业水平或历史水平。 分解式：销售利润率 = 毛利率 - 销售税金率 - 销售成本率 - 费用率	一般使用销售利润率，当投资收益、营业外收支过大时使用营业利润率；当其他业务利润过大时使用主营业务利润率
	成本费用利润率 = 利润 ÷ 成本费用总额	反映成本费用支出的经济效益	一般评价：提高	同上，可分别计算成本费用营业利润率、成本费用主营业务利润率。国有资产保值增值参考指标
	人均产利 = 利润 ÷ 平均职工人数	反映劳动力创利水平	一般评价：提高	劳动密集型行业的重点评价指标
营运效率	流动资产周转率（次）= 销售收入 ÷ 平均流动资产 流动资产周转期 = 平均流动资产 ÷ 每日销售收入	反映流动资产周转速度及利用效率	一般评价：次数增加，天数减少	平均流动资产一般为（期初 + 期末）内部使用应按月、旬、日序时平均
	存货周转率 = 销货成本 ÷ 平均存货 存货周转期 = 平均存货 ÷ 每日销货成本	衡量存货管理水平的综合性指标及反映企业销货能力	一般评价：次数增加，天数减少	应注意存货的内涵结构，是否贬值或积滞，注意行业区别及各类存货的不同周转特性
	原材料周转率 = 耗用原材料成本 ÷ 平均原材料存货 在产品周转率 = 制造成本 ÷ 平均在产品存货	分析存货周转率构成因素	一般评价：次数增加，天数减少	
	应收账款周转率 = 赊销销售净收入 ÷ 平均应收账款 应收账款回笼期 = 平均应收账款 ÷ 每日赊销收入	反映企业应收账款周转速度及管理效率	一般评价：适度。过快，可增资而减销；过慢，可增销而减资	应收账款为扣除坏账准备后的净值，一般报表分析可按总销售收入计算
	营业周期 = 存货周转天数 + 应收账款周转天数	反映企业存货转为现金的综合周转速度	一般评价：天数减少	

续表

类型	指标名称及计算公式	作用	评价标准	使用注意事项
营运效率	总资产周转率＝销售收入÷平均资产总额	衡量资产与销售的配比状况		
	应收账款损失率＝坏账损失÷应收账款余额	反映应收账款损失程度	一般评价：适度	固定资产应按净值和原值分别计算
	利润增长率＝本年利润÷上年利润	反映经营能力扩展速度	一般评价：降低	
扩展能力	销售增长率＝本年销售收入÷上年销售收入	反映经营规模扩展速度		
	主营收入增长率＝本年主营收入÷上年主营收入	反映主营业务扩展速度		
	总资产增长率＝年末资产总额÷年初资产总额	反映资产规模扩展速度	一般评价：加速扩展；配套扩展，增资＜增销＜增利	资产增长应注意章内在资金结构
	净资产增长率＝年末所有者权益÷年初所有者权益	反映资本金增值速度		
	固定资产增长率＝年末固定资产原值÷年初固定资产原值	反映设施规模扩展速度		
	税后利润增长率＝本年税后利润÷上年税后利润	反映投资者利益扩展速度		
	营运资金增长率＝年末营运资金÷年初营运资金	反映货币支付能力扩展速度		
	资本保值增值率＝年末所有者权益÷年初所有者权益	反映投入资本的完整性和保值性	大于增值，小于减值，等于保值	国有资产保值增值参考指标（按国家所有者权益计算），亏损企业以减亏作为保值增值考核指标

第八章 财务分析基础 261

续表

类型	指标名称及计算公式	作用	评价标准	使用注意事项
资产结构	总资产分布结构＝流动资产、固定资产、对外投资÷资产总额	分析资产分布的合理性、协调性	一般评价：适度，互成比例。按行业特征及历史实绩确定合理比例范围	
	流动资产分布结构＝货币资金、存货、应收账项÷流动资产	分析流动资产分布的合理性、协调性		
	存货分布结构＝产成品、原材料、在产品÷存货	分析存货分布的合理性、协调性		
	应收账款结构＝按欠款期分档÷应收账款	分析应收账款逾期情况及风险		
	总资产效能结构＝高效资产、低效资产、无效资产、负债资产÷资产总额	分析资产占用的有效性、必要性	一般评价：高效资产比重扩大；低效、无效、负债资产比重缩小	有效性按时限长短、动销动用、保本保利、需用在用等方面分档确定
股票上市公司投资分析	每股收益率＝（税后利润－优先股股利）÷普通股总股数	衡量企业经营是否成功的主要指标	一般评价：高收益	应考虑股本结构扩大对此指标的影响
	市盈率＝每股市价÷每股税后利润	判断股票的潜在价值或现行市价的吸引力	高则表示企业发展前景看好，投机性强。低则表示股票市场属性不高	

续表

类型	指标名称及计算公式	作用	评价标准	使用注意事项
股票上市公司投资分析	每股净资产＝股东权益÷总股数	衡量每股实有的资产价值	一般评价：应较高	
	净资产收益率＝税后利润÷股东权益	判断企业自有资金的创利能力	一般评价：应较高，应大于债券利率	
	净资产倍数＝市价÷每股净资产	表明市价购入股票为实际资产价值的倍数	一般评价：应较低	
	股利分配率＝每股分利÷每股收益	分析企业股利政策的分、留比例	较高对投资者当期利益有利，较低对企业加快发展有利	不同行业、不同发展阶段、不同投资者应有不同要求
	股利与市价率＝每股现金股利÷每股市价	分析投资者可分得股利的实际报酬率	一般评价：应较高	

第二节　财务比率分析方法

比率分析法是通过计算、比较各项经济指标的比率来确定相对数差异的一种方法。它可以把不同条件下的不可比较指标转变为可以比较的指标，从而使分析效果更为客观实际。比率分析法可以分为相关比率分析、结构比率分析和趋势分析等，用于评估企业的偿债能力、运营效率和盈利能力等方面。

一、相关比率分析

相关比率分析法是通过计算两个性质不完全相同但又相关的指标的比率进行分析的一种方法。这种方法主要用于分析企业的财务状况和经营成果，帮助评估企业的发展前景和经营效率。相关比率分析法的核心在于通过对比不同的财务指标，揭示企业经济活动的各种相互关系。

1. 操作步骤。

（1）确定分析目标和关键因素。需要明确分析的目标，并选择关键因素。这些因素应该是与目标密切相关的，能够反映目标的主要特征。

（2）收集历史数据。收集相关的历史数据，包括关键因素的数据和需要分析的数据。这些数据应该是完整且准确的，以便进行后续的计算和分析。

（3）计算比率值。根据收集到的数据，计算关键因素与所需分析项目之间的比率值。例如，可以通过计算流动资产与流动负债的比率来评估企业的短期偿债能力。

（4）分析比率关系。通过计算得到的比率值，分析不同项目之间的内在结构关系，可以帮助揭示项目之间的依存关系和相互影响。

（5）解释结果。根据计算结果，解释比率关系的含义。例如，高流动比率可能表明企业有较好的短期偿债能力，而低流动比率则可能表明企业面临短期偿债风险。

通过以上步骤，可以有效地进行相关比率分析，从而更好地理解项目的内在关系和潜在风险。

2. 应用场景。

（1）盈利能力分析：通过计算销售收入利润率和总资产利润率等指标，评估企业的盈利能力。这些指标帮助企业了解收入和资产的使用效率，从而优化资源配置，提高盈利能力。

（2）运营效率分析：通过计算存货周转率、应收账款周转率等指标，评估企业的运营效率。这些指标反映了企业的资产管理能力，帮助企业发现运营中的瓶颈，提高运营效率。

（3）偿债能力分析：通过计算流动比率和速动比率等指标，评估企业的偿债能力。这些指标帮助企业评估其短期和长期偿债能力,确保企业的财务稳定。

(4) 财务风险分析:通过计算资产负债率和权益乘数等指标,评估企业的财务风险。这些指标帮助企业了解其财务杠杆的使用情况,避免过度杠杆化带来的风险。

通过这些比率分析,企业可以更好地理解自身的财务状况,作出更明智的决策,提高竞争力和市场地位。

3. 应用实例:盈利能力分析——净利率和毛利率。

企业背景:假设有一家制造业公司 A,主要生产和销售电子产品。销售收入为 1,000 万元;销售成本为 600 万元;运营费用为 200 万元;净利润为 200 万元。

计算比率:

毛利率 = (销售收入 − 销售成本) ÷ 销售收入 × 100%
　　　 = (1,000 − 600) ÷ 1,000 × 100% = 40%

净利率 = 净利润 ÷ 销售收入 × 100% = 200 ÷ 1,000 × 100% = 20%

分析:毛利率(40%)表示公司在销售产品时的基本盈利能力较强,能够覆盖其销售成本并获得相应的毛利。净利率(20%)反映出公司在扣除运营费用后的盈利能力。相对较高的净利率表明公司在控制运营费用方面表现良好。

结论:通过毛利率和净利率的分析,投资者可以看出公司 A 在盈利能力和成本控制上的优势,为进一步的投资决策提供依据。

二、结构比率分析

结构比率分析法又称纵向分析,指通过编制百分比报表,将财务报表中的某一重要项目(如资产负债表中的资产总额或权益总额)的数据作为 100%,然后将报表中其余项目都以这一项目的百分比形式作纵向排列,从而揭示出各项目的数据在公司财务中的意义。这种方法可以帮助我们快速识别企业资产、负债和所有者权益的构成情况,了解企业的财务状况和经营效率。

1. 操作步骤。

(1) 选择基准项目:确定财务报表中的某一重要项目作为基准,通常选择资产总额或权益总额。

(2) 编制百分比报表:将报表中的其他项目数据除以基准项目的数值,得到各项目的百分比。

(3) 分析百分比数据:通过各项目的百分比数据,分析其在企业财务中的重要性、合理性和变动趋势。

(4) 比较分析:可以进行纵向比较(企业不同时期的比较)和横向比较(不同企业之间的比较),以揭示变化趋势和差异。

2. 应用场景。结构比率分析法适用于各种类型的财务报表分析,包括但不限于资产负债表、利润表和现金流量表。通过这种方法,可以揭示企业财务结构的合理性、资产结构的优化程度以及经营效率的变化趋势。例如,通过分析资产负债表中的各项资产和负债的百分比,可以评估企业的资本结构和偿债能力;通过分析利润表中的各项费用和收入的比例,可以了解企业的盈利能力和成本控制情况。

3. 应用实例:流动性结构分析——流动比率和速动比率。

企业背景:假设有一家快速消费品公司 D,主要销售食品和饮料。流动资产为 500 万元;流动负债为 300 万元;存货为 200 万元。

流动比率 = 流动资产 ÷ 流动负债 = 500 ÷ 300 = 1.67

速动比率 =(流动资产 - 存货)÷ 流动负债 =(500 - 200)÷ 300 = 1.0

分析:流动比率(1.67)显示公司 D 的流动资产大于流动负债,说明其在短期内能够根据流动资产偿还短期债务,流动性良好。速动比率(1.0)表示在不考虑存货的情况下,公司 D 仍能以流动资产偿还流动负债,显示出较好的短期偿债能力。

结论:通过流动比率和速动比率的分析,投资者和管理者可以理解公司 D 的流动性状况,确保在短期内能够满足财务义务。

三、趋势分析

趋势分析是指通过对企业连续几个会计期间的会计报表或指标进行比较,了解有关项目或指标的变化趋势,并以此来预测企业未来财务状况、经营成果,判断企业发展前景。其分析方法主要有比较分析法、比较百分比和图解法等。这种方法是对某项经济指标不同时期数值进行对比,求出比率,分析其增减速度和发展趋势。由于计算时采用的基期数值不同,趋势比率又分为定基比率和环比比率两种形式。

1. 操作步骤。

(1)选择分析指标:确定需要分析的财务指标,如营收、净利润、毛利率、流动比率、资产负债率等。

(2)收集数据:收集近几年的财务报表数据,确保数据的准确性和完整性。通常需要至少 3~5 年的历史数据,以便于观察趋势。

(3)整理数据:将数据整理成易于分析的格式,如表格,确保各年度数据能够清晰比较。

(4)计算增长率和比率:计算各财务指标的年度增长率,使用公式增长率 =(本期数 - 上期数)/ 上期数 × 100%。

(5)计算其他相关比率以补充分析,绘制趋势图:使用图表(如折线图、柱状图等)可视化各指标的变化趋势,便于直观观察。

(6)分析趋势:根据图表和数据,分析各指标的增长态势、波动情况和周期性变化,识别可能的原因和影响因素。

(7)撰写报告:将分析结果整理成报告,总结趋势和发现,提出建议或决策依据。

2. 应用环境。

（1）企业内部分析：企业管理层可以利用趋势分析法对自身的财务数据进行分析，以制定未来的经营战略和管理决策。

（2）投资决策：投资者可以使用趋势分析法评估公司过去的表现和未来潜力，以帮助投资决策。

（3）信贷评估：银行和金融机构可以通过趋势分析了解企业的财务健康状况，以评估信贷风险。

（4）行业比较：企业可以将自身财务指标的趋势与行业平均水平进行比较，以评估竞争力。

3. 应用实例。

（1）营收趋势。

过去 5 年营收数据：2020 年为 1,000 万元；2021 年为 1,200 万元；2022 年为 1,300 万元；2023 年为 1,500 万元；2024 年为 1,800 万元。

计算每年的增长率，绘制营收趋势图。

分析：营收呈现稳定增长，2024 年实现了显著增长，可能是由于新产品的推出或市场扩张。

（2）净利润趋势。

过去 5 年净利润数据：2020 年为 80 万元；2021 年为 100 万元；2022 年为 120 万元；2023 年为 150 万元；2024 年为 180 万元。

分析：净利润也在增长，但增长速度略低于营收，可能需要关注成本控制和利润率问题。

（3）资产负债率趋势。

过去 5 年资产负债率：2020 年为 50%；2021 年为 55%；2022 年为 60%；2023 年为 65%；2024 年为 62%。

分析：资产负债率逐年上升，2024 年略有下降，说明公司可能采取了措施降低杠杆，提升财务安全性。

通过上述步骤及应用环境，财务指标趋势分析法帮助企业管理层、投资者及其他利益相关者全面了解公司的财务状况和发展潜力。结合具体数据的趋势分析，可以为企业的战略决策和风险管理提供重要依据。

四、综合分析

综合分析是指通过对各种指标进行综合、系统的分析，从而对企业的财务状况作出全面、合理的评价，揭示企业财务状况的全貌。综合分析一般采用综合评分的方法，其操作步骤如下。

（1）选择评价企业财务状况的财务比率。

（2）根据各项财务比率的重要程度，确定其标准评分值，即重要性系数。

（3）规定各种财务比率评分值的最高评分值和最低评分值。

（4）确定各项财务比率的标准值，即企业现实条件下比率的最优值。
（5）计算企业一定时期各项财务比率的实际值。
（6）计算企业一定时期各项财务比率的实际值与标准值之比，即关系比率。
（7）计算各项财务比率的实际得分，即关系比率和标准评分值的乘积。
（8）计算结果的评价。

第三节　三大财务主表比率分析及评价方法

三大财务主表是指"资产负债表""损益表""现金流表"。它们是一个企业必须具备的三个主要财务报表。资产负债表反映的是"企业钱从哪里来"和"资金投入在哪种资产上面"；损益表也常称作利润表，反映的是"各类成本的结构"和"利润的品质"；现金流量表反映的是"营运、理财、投资三种活动导致的现金流入和流出状况"。

一、偿债能力分析

通过资产构成分析企业的偿债能力步骤如下。
（1）计算资产负债表中"主要项目的资产÷总资产"的比率。
（2）分析以上资产所占比例是否合理，合理性需要结合企业历史水平及同行业水平来确定。
（3）计算以上资产的构成科目分别占此项资产的比率：每个科目的资产数额÷此项资产数额。
（4）分析各科目资产的构成状况，并分析其占用合理性。
（5）分析各科目资产的质量状况。例如，存货质量分析和应收账款账龄分析要充分考虑这些资产的变现能力；固定资产构成分析则需要充分考虑各项固定资产的内在价值及所占比例，从而反映固定资产质量。

分析方法如下：用 Excel 设计如表 8-2 所示的表格，输入各项目期末金额，分别输入公式项目期末金额/资产总计期末金额，计算构成比率。数据引用了 SXY 公司 2023 年的数据。

资产负债
构成情况表

表 8-2　资产构成状况（具体项目内容需根据不同企业实际资产构成设计）

项目	金额（元）	占总资产比例（％）
一、资产总额	6,482,911,657	
（一）流动资产	6,063,931,310	93.54
其中：货币资金	805,381,440	12.42
应收账款	355,887,201	5.49
其他应收款	121,613,174	1.88

续表

项目	金额（元）	占总资产比例（%）
存货	4,708,616,789	72.63
（二）非流动资产	418,980,347	6.46
其中：固定资产	309,933,494	4.78
长期股权投资	82,295,701	1.27
二、负债总额	3,358,821,676	51.81
（一）流动负债	3,047,480,728	47.01
其中：短期借款	1,353,000,000	20.87
应付账款	489,986,272	7.56
其他应付款	221,808,416	3.42
应付职工薪酬	0	0.00
（二）非流动负债	311,340,948	4.80
其中：长期借款	261,000,000	4.03

一般而言，企业流动资产所占比例越高，说明资产的流动性越好，流转速度越快。但是还必须重视应收账款和存货在流动资产中占有的比例，以及应收账款账龄及存货的质量状况，从而进一步确认这部分流动资产的变现能力。

同时，如果固定资产所占比例过小，则需要认真分析是否有可能使企业丧失了一部分产能。分析方法如下：用 Excel 设计如表 8-3 所示的表格，输入各项目金额，分别计算百分比，测算净值，确认流动资产的变现能力。用户可以在表 8-3 中输入企业相应数据进行分析。

表 8-3　　　　　　　　　　　存货质量分析表

项目	期末金额（元）	其中三年以上部分		计提跌价准备		净值（元）
		金额（元）	百分比	金额（元）	百分比	
原材料						

二、盈利能力分析

通过盈利能力分析，发现企业各项业务对企业利润或企业价值的贡献大小，便于管理者采取措施改进业务结构或业务模式。

通过利润结构分析企业盈利能力步骤如下。

(1) 计算利润表中每个项目的金额÷主营业务收入的比率。

(2) 分析各个项目所占主营业务收入的比例是否合理，找出提高企业盈利能力的突破点。

(3) 计算以上利润的构成科目分别占此项利润的比率：每个科目的利润数额÷此项利润数额。

(4) 分析主要科目利润的构成状况,并分析其与企业相对应的投入资产的报酬率是否合理。

分析方法如下:用 Excel 设计如表 8-4 所示的表格,输入各项目金额,分别根据利润比率公式,计算构成比率。表 8-4 引用了 SXY 公司 2024 年的数据。

表 8-4　　　　　　　　　　利润表构成分析

项目	金额(元)	构成比率(%)
一、主营业务收入	4,574,359,629	100.00
减:主营业务成本	3,472,885,808	75.92
二、主营业务利润	885,939,085	19.37
加:其他业务利润	16,725,998	0.37
减:销售费用	126,595,070	2.77
管理费用	253,026,176	5.53
财务费用	-5,524,495	-0.12
三、营业利润	528,568,332	11.56
加:投资收益	-5,802,877	-0.13
补贴收入		0.00
营业外收入	7,735,366	0.17
减:营业外支出	10,489,685	0.23
四、利润总额	520,011,136	11.37
减:所得税	121,962,824	2.67
五、净利润	382,421,279	8.36

利润表构成分析表

用 Excel 设计如表 8-5 所示的表格,可以通过利润表中各项目变化趋势分析企业盈利能力,纵向比较分析企业盈利能力,表 8-5 引用了 SXY 公司 2024 年、2023 年和 2022 年的数据。

表 8-5　　　　　　　　　利润表比较分析　　　　　　　　　单位:元

项目	本年金额	上年金额	前年金额
一、主营业务收入	4,574,359,629	4,455,064,777	3,783,668,674
减:主营业务成本	3,472,885,808	3,434,439,752	2,839,927,976
二、主营业务利润	885,939,085	841,113,820	815,156,874
加:其他业务利润	16,725,998	-1,064,531	9,642,851
减:销售费用	126,595,070	273,634,656	293,581,491
管理费用	253,026,176	273,123,904	177,459,860
财务费用	-5,524,495	-3,278,580	1,403,648
三、营业利润	528,568,332	296,569,309	352,354,726
加:投资收益	-5,802,877	198,305,488	12,133,460
补贴收入			
营业外收入	7,735,366	18,476,084	23,850,214

续表

项目	本年金额	上年金额	前年金额
减：营业外支出	10,489,685	11,498,662	8,011,916
四、利润总额	520,011,136	501,852,219	380,326,484
减：所得税	121,962,824	119,882,931	74,964,550
五、净利润	382,421,279	373,747,222	296,647,729

三、资产运用效率分析

通过分析企业各项资产的周转情况、规模变化、结构变化，发现并改进企业经营过程中对各项资产的利用效率，从而为提高企业盈利能力和核心竞争力打下良好的基础。

通过资产结构分析企业资产营运能力，可计算出所有周转指标，完成所有数据，进行分析。用 Excel 设计如表 8-6 所示的表格，纵向比较分析企业资产营运能力。本表只计算了"现金周转天数"的数据。

表 8-6　　　　　　　　　资产周转率指标比较

指标	本年数	上年数
现金周转天数	78	73
应收账款周转天数		
存货周转天数		
流动资产周转天数		
固定资产周转天数		
总资产周转天数		

如果客观条件允许，可以将以上各项指标与同行业水平相比较，以便寻找差距，提高资产营运效率。

四、现金流转能力分析

现金是一项极为特殊的企业资产，一方面它的流动性最强，代表着企业直接的支付能力和应变能力；另一方面它的盈利性又是最弱的，闲置不用的现金不仅不能带来收益，由于机会成本的存在，还会造成损失。现金的这种流动性——收益性的逆向矛盾规律是进行现金管理的重要理论依据。

企业为了避免发生现金流转危机，需要使用衡量投资收益率和减少现金流转周期的考核指标，促使各部门经理努力实现现金流动性、盈利性、增长性三者之间的相对平衡。

由于会计体系中使用权责发生制的原则，给企业核算利润创造了灵活的条件，使得会计利润易于被调节，具有可操纵性，经常存在着虚幻的一面。其中，会计确认、计量中的摊销、预提、递延、分配是利润操纵的基本工具。而现金流量表是以现金收付制为基础编制的，因此弥补了资产负债表和利润表按照权责发生制的原则编制而出现的不足。通过对现金流量表的分析，可以对企业偿债能力、盈利质量、财务灵活性、持续经营能力等方面的信息进行验证或修正。

企业的现金来源主要有三个渠道：经营活动现金流入、投资活动现金流入、筹资活动现金流入。一个健康的企业不可能长期依靠投资活动和筹资活动产生的现金流入维持和发展，良好的经营活动现金流入才能使企业保持良好的财务状况。所以，经营活动产生的现金流入量应占据现金流入总额绝大部分比例；投资活动现金流入量的比例要求适中；另外，通过计算筹资活动现金流入量比例可以揭示财务杠杆在现金流量中发挥的作用。

在企业正常的经营活动中，各个时期现金流出的变化幅度通常不会太大，如果出现较大变动，则需要进一步寻找原因。现金流量的分析可以参照本章第四节的现金流量分析。

第四节 财务分析报表案例

本节对 G 公司、F 公司和 M 公司进行财务分析，从盈利水平和财务风险的角度进行比较是一种比较直观的财务分析方法。另一种比较科学、有效的财务分析方法是，在由盈利质量、资产质量和现金流量所构成的逻辑框架中，对多家公司的财务报表进行全面和系统的分析。

盈利质量可以从收入质量、利润质量和毛利率这三个角度进行分析。

一、盈利质量分析

1. 收入质量的分析。收入质量分析侧重于观察企业收入的成长性和波动性。成长性越高，收入质量越好，说明企业通过主营业务创造现金流量的能力越强。波动性越大，收入质量越差，说明企业现金流量创造能力和核心竞争力越不稳定。

分析收入成长性和波动性的最有效办法是编制趋势报表。表 8-7 列示了 M 公司、G 公司和 F 公司 2017~2024 年的趋势报表。其编制方法是，以三家公司 2017 年的销售收入为基数，分别将 2017~2024 年的销售收入除以 2017 年的销售收入。

表 8-7　　　　　　　　销售收入趋势报表

	项目	2017 年	2018 年	2019 年	2020 年	2021 年	2022 年	2023 年	2024 年
M 公司	金额（万元）	460	506	568	644	736	796	886	1,022
	趋势比（%）	100	110	123	140	160	173	193	222

续表

项目		2017年	2018年	2019年	2020年	2021年	2022年	2023年	2024年
G公司	金额（万元）	1,690	1,739	1,691	1,773	1,855	1,935	1,926	2,073
	趋势比（%）	100	103	99	105	110	115	114	123
F公司	金额（万元）	1,601	1,698	1,609	1,623	1,642	1,709	1,771	1,601
	趋势比（%）	100	106	100	101	103	107	111	100

表8-7显示，在8年里，M公司的销售收入每年均以两位数增长，高速成长的特征昭然若揭。相比之下，G公司、F公司的销售收入基本上围绕着2017年的水平徘徊不前，充分体现了成熟市场的基本特征。M公司销售收入的成长性不仅让G公司、F公司望尘莫及，在波动性方面更是令G公司、F公司兴叹。M公司的收入曲线呈现的是稳步上升的趋势，而G公司、F公司的收入曲线却起伏不定，表明其创造现金流量和市场竞争力的稳定性明显逊色于M公司。

2. 利润质量的分析。利润是企业为其股东创造价值的最主要来源，是衡量企业经营绩效的最重要指标之一。与收入质量的分析方法一样，利润质量的分析也是侧重于成长性和波动性。成长性越高，波动性越小，利润质量也越好，反之亦然。

表8-8以趋势报表的方式，揭示了2017~2024年M公司、G公司和F公司净利润的成长性和波动性。

表8-8　　　　　　　　　　　　净利润趋势报表

项目		2017年	2018年	2019年	2020年	2021年	2022年	2023年	2024年
M公司	金额（万元）	94	73	78	95	90	122	126	141
	趋势比（%）	100	78	83	101	96	130	134	150
G公司	金额（万元）	60	45	6	17	38	28	-106	-21
	趋势比（%）	100	75	10	28	63	47	-176	-35
F公司	金额（万元）	72	35	-55	-10	5	35	20	-124
	趋势比（%）	100	49	-76	14	7	49	28	-172

就净利润的成长性而言，G公司、F公司与M公司相比，显得黯然失色。G公司、F公司在2023年分别发生了106万元和124万元的亏损。与此形成鲜明对照的是，M公司2024年的净利润比2017年增长了50%。

G公司、F公司净利润的波动性明显大于M公司，表明M公司经营风险较低。相反地，G公司、F公司的净利润却呈现了大起大落的变动趋势，表明它们具有很高的经营风险。

3. 毛利率的分析。毛利率等于销售毛利除以销售收入，其中销售毛利等于销售收入减去销售成本。毛利率的高低不仅直接影响了销售收入的利润含量，而且决定了企业在研究开发和广告促销方面的投入空间。在激烈的竞争环境下，企业的可持续发展在很大程度上取决于企业的产品质量和产品品牌。毛利率越高，不仅表明企业所提供的产品越高端，也表明企业可用于研究开发以提高产品质量、可用于广告促销以提升企业知名度和产品品牌的空间越大。而研究开发和广告促销的投入越多，企业就可以培育更多的利润增长点，从而确保企业发展的可持续性。表 8-9 列示了 G 公司、F 公司与 M 公司的毛利率。

表 8-9　　　　　　　　　　　　毛利率的比较表　　　　　　　　　　单位：%

会计年度	G 公司	F 公司	M 公司
2019	9.20	1.80	86.30
2020	7.80	6.80	81.60
2021	8.00	6.20	81.20
2022	6.90	7.70	81.80
2023	2.70	5.80	84.40
2024	4.80	-3.90	79.1

可见，M 公司高达 80% 以上的毛利率让 G 公司和 F 公司望尘莫及。

二、资产质量分析

资产质量可以从资产结构和现金含量这两个角度进行分析。

1. 资产结构的分析。资产结构是指各类资产占资产总额的比例。分析资产结构有助于评估企业的退出壁垒、经营风险和技术风险。

一般而言，固定资产和无形资产占资产总额的比例越高，企业的退出壁垒就越高，企业自由选择权就越小。当企业所处行业竞争加剧，获利空间萎缩，发展前景不明时，企业通常面临着两种选择：退出竞争或继续竞争。对于固定资产和无形资产占资产总额比例不高的企业，选择退出竞争的策略需要付出的机会成本较小。反之，对于固定资产和无形资产占资产总额比例很高的企业，选择退出竞争的策略需要付出高昂的机会成本，因为在这些资产（尤其是固定资产）上的投资很可能要成为废铜烂铁。出于无奈，这类企业只好选择继续参与竞争的策略，其结果往往是承担了巨大的市场、经营和财务风险，却只能获得微不足道的回报，甚至发生巨额亏损。

从表 8-10 可以看出，G 公司、F 公司的固定资产占资产总额的比例很高，属于典型的资本密集型行业，而 M 公司的固定资产所占比重微不足道，属于典型的以知识为基础的行业。这说明 G 公司、F 公司的退出门槛显著高于 M 公司，自由选择权小于 M 公司。

固定资产和无形资产所占比例还可以用于评估企业的经营风险。什么是风险？经济学上将风险定义为不确定性。风险可分为三种：经济风险（包括环境风险和市场风险）、经营风险（固定成本与变动成本的相对比例）和财务风险（资本结构与利率结构）。这三类风险都会导致企业利润的波动（财务学上将风险定义为利润的易变性）。固定资产的折旧和无形资产的摊销属于固定成本，这两类资产占资产总额的比例越高,固定成本占成本总额的比例一般也较高。其他条件保持相同,固定成本比率越高,企业的经营风险越大,因为这种成本结构容易导致风险传导效应的放大。G 公司、F 公司固定资产占资产总额的比例显著高于 M 公司,因而它们的经营风险比 M 公司高出了很多倍。

表 8-10　　　　　　　　　　固定资产及其占资产总额的比例

项目		2019 年	2020 年	2021 年	2022 年	2023 年	2024 年
M 公司	固定资产(万元)	23	22	23	23	30	44
	占资产总额比例(%)	3.40	2.80	2.40	3.20	4.40	6.90
G 公司	固定资产(万元)	695	652	688	714	767	599
	占资产总额比例(%)	21.60	17.70	15.30	14.90	16.10	32.20
F 公司	固定资产(万元)	784	761	738	656	633	683
	占资产总额比例(%)	28.40	25.80	23.80	21.90	22.90	24.50

2. 现金含量的分析。资产是指企业因过去的交易、事项和情况而拥有或控制的能够带来未来现金流量的资源。根据这一定义,评价企业资产质量的方法之一就是分析资产的现金含量。资产的现金含量越高,资产质量越好,反之亦然。

首先,资产的现金含量越高,企业的财务弹性就越大。对于拥有充裕现金储备的企业而言,一旦市场出现千载难逢的投资机会或其他有利可图的机遇,它们就可迅速加以利用,而对于出现的市场逆境,它们也可以坦然应对。反之,对于现金储备严重匮乏的企业,面对再好的投资机会和其他机遇,也只能望洋兴叹,对于始料不及的市场逆境,它们往往一蹶不振。

表 8-11 列示了 M 公司、G 公司和 F 公司的现金性资产(现金及现金等价物和随时可以变现的有价证券投资之和)及其占资产总额的比例。

表 8-11　　　　　　　　　　现金性资产及其占资产总额的比例

项目		2019 年	2020 年	2021 年	2022 年	2023 年	2024 年
M 公司	现金性资产(万元)	529	627	728	487	433	335
	占资产总额比例(%)	78.20	78.80	77.10	68.70	63.60	53.00
G 公司	现金性资产(万元)	350	276	476	494	354	241
	占资产总额比例(%)	10.90	7.50	10.60	10.20	7.40	12.90
F 公司	现金性资产(万元)	247	321	344	300	402	503
	占资产总额比例(%)	8.90	10.80	11.00	10.00	14.60	18.10

从表 8-11 可以看出,M 公司资产总额中的现金含量介于 53% ~ 78% 之间,表明其具有无与伦比的财务弹性。而 G 公司、F 公司资产总额中的现金含量很少超过 15%,财务弹性极低。

其次,资产的现金含量越高,企业发生潜在损失的风险就越低,反之,发生潜在损失的风险越高。如果企业的大部分资产由非现金资产(如应收款项、存货、长期股权投资、固定资产和无形资产）所组成，那么该企业发生坏账损失、跌价损失和减值损失的概率就越大。

三、现金流量分析

现金流量是企业生存和发展的"血液"。现金流量表分为三大部分：经营活动产生的现金流量、投资活动产生的现金流量、筹资活动产生的现金流量。经营活动产生的现金流量相当于企业的"造血功能"，投资活动产生的现金流量相当于企业的"放血功能"，而筹资活动产生的现金流量则相当于企业的"输血功能"。当"造血功能"大于"放血功能"时，企业不靠"输血"（股东注资或银行贷款）也可高枕无忧。反之，当"放血功能"大于"造血功能"时，企业只有依靠"输血"（股东注资或银行贷款）才能安然无恙。

现金流量可以从经营性现金流量和自由现金流量这两个角度进行分析。

1. 经营性现金流量的分析。如前所述，经营活动产生的现金流量相当于企业的"造血功能"，即不靠股东注资、不靠银行贷款、不靠变卖非流动资产，企业通过其具有核心竞争力的主营业务就能够独立自主地创造企业生存和发展的现金流量。如果经营性现金流入显著大于现金流出，表明其"造血功能"较强，对股东和银行的依赖性较低。反之，如果经营性现金流量入不敷出（现金流出大于现金流入）且金额巨大，表明企业的"造血功能"脆弱，对股东和银行的依赖性较高。表8-12列示了过去六年M公司与G公司、F公司经营性现金净流量。

表8-12　　　　　　　　经营性现金流量比较　　　　　　　　单位：万元

年份	M公司	G公司	F公司
2019	145	122	219
2020	158	84	178
2021	146	-23	208
2022	166	94	150
2023	144	-168	146
2024	178	-118	96

从表8-12可以看出，G公司的"造血功能"明显逊色于M公司和F公司，F公司的"造血功能"不稳定，但总体不错。M公司的"造血功能"比较稳健。

2. 自由现金流量。在现金流量的分析中，经营性现金流量固然重要，但更重要的自由现金流量。经营性现金流量虽然能够揭示企业"造血功能"的强弱，但即使是正值的经营性现金流量也未必代表企业可将其全部用于还本付息或支付股利。衡量企业还本付息和支付股利能力最重要的指标是自由现金流量。从定性的角度看，自由现金流量是指企业在维持现有经营规模的前提下，能够自由处置（包括还本付息和支付股利）的经营性现金净流量。从定量的角度看，自由现金流量等于经营活动产生的现金流量减去维持现有经营规模所必需的资本性支出（更新改造固定资产的现金流出）。这是因为，固定资产经过使用，必然会陈旧老化，经营活动产生的现金流量必须先满足更新改造固定资产的现金需求，剩余部分才可用于还本付息和支付股利。将自由现金流量与企业还本付息、支付股利所需的现金流出进行比较，就可评价企业创造现金流量的真正能力。表 8 – 13 列示了自由现金流量及其与还本付息的对比情况。

表 8 – 13　　　　　　　　自由现金流量与还本付息的比较　　　　　　　单位：万元

项目	G 公司	F 公司	M 公司
2019 年			
自由现金流量	43.48	154.79	137.39
利息费用	83.17	108.16	—
负债总额	3,027.05	2,687.57	154.66
2020 年			
自由现金流量	16.11	110.01	149.06
利息费用	75.03	88.01	—
负债总额	3,622.39	2,896.32	168.2
2021 年			
自由现金流量	-94.21	119.39	135.17
利息费用	94.64	76.43	—
负债总额	4,239.16	2,990.72	195.43
2022 年			
自由现金流量	16.03	165.71	157.93
利息费用	119.8	70.71	—
负债总额	4,525.61	2,861.06	227
2023 年			
自由现金流量	-250.35	84.3	128.26
利息费用	157.68	76.43	—
负债总额	4,614.83	2,630.62	294.93
2024 年			
自由现金流量	-196.92	27.61	155.32
利息费用	169.45	87.83	—
负债总额	1,916.33	2,820.19	320.74

可以看出，G 公司、F 公司的自由现金流量相对于其利息支出和负债总额的资金需求，可谓杯水车薪。相比之下，M 公司自由现金流量充裕。

本章习题

一、单选题

1. 以下指标用于衡量企业的短期偿债能力的是（　　）。
   A. 资产负债率　　B. 流动比率　　C. 净资产收益率　　D. 毛利率

2. 净利率是指（　　）。
   A. 净利润与销售收入的比率　　B. 毛利润与销售收入的比率
   C. 净利润与总资产的比率　　D. 毛利与销售成本的比率

3. 在财务报表中，资产负债率是指（　　）。
   A. 总资产与总负债的比率　　B. 总负债与总资产的比率
   C. 总负债与股东权益的比率　　D. 总资产与股东权益的比率

4. 在财务分析中，趋势分析主要是用于（　　）。
   A. 比较不同公司的财务状况　　B. 预测未来财务表现
   C. 了解某一公司的短期流动性　　D. 评估财务报表的合规性

5. 流动比率低于1时，通常意味着（　　）。
   A. 企业的流动资产不足以覆盖流动负债
   B. 企业的流动资产充足
   C. 企业的盈利能力强
   D. 企业的资产负债率高

6. 在以下财务指标中，属于盈利能力指标的是（　　）。
   A. 流动比率　　B. 资产负债率　　C. 毛利率　　D. 速动比率

7. 利润表中，销售费用不包括（　　）。
   A. 广告费用　　B. 销售人员工资
   C. 原材料成本　　D. 运输费用

8. 净资产收益率（ROE）是指（　　）。
   A. 净利润与总资产的比率　　B. 净利润与股东权益的比率
   C. 净利润与销售收入的比率　　D. 毛利润与总资产的比率

9. （　　）被认为是衡量公司的经营效率的指标。
   A. 存货周转率　　B. 资产负债率　　C. 流动比率　　D. 净利率

10. 现金流量表的（　　）反映了经营活动产生的现金流入和流出。
    A. 投资活动　　B. 筹资活动　　C. 经营活动　　D. 财务活动

二、多选题

1. 财务报表的基本组成部分有（　　）。
   A. 资产负债表　　B. 利润表
   C. 现金流量表　　D. 管理层讨论与分析

2. 影响净利润的因素有（　　）。
   A. 销售收入　　B. 销售成本　　C. 销售费用　　D. 税费

3. 流动比率和速动比率的主要区别有（　　）。
A. 流动比率包含存货
B. 速动比率包含存货
C. 流动比率更能反映短期偿债能力
D. 速动比率更为保守

4. 以下用来衡量企业流动性的指标有（　　）。
A. 流动比率　　　B. 速动比率　　　C. 资产负债率　　　D. 现金比率

5. 企业的财务杠杆效应可能带来的结果包括（　　）。
A. 增加收益　　　B. 增加风险　　　C. 降低流动性　　　D. 提高盈利能力

6. 影响毛利率的因素包括（　　）。
A. 销售价格　　　B. 销售成本　　　C. 销售费用　　　D. 销售量

7. （　　）是财务比率分析的应用。
A. 评估经营绩效　　　　　　B. 判断财务风险
C. 进行投资决策　　　　　　D. 计算所得税

8. 财务分析中，趋势分析主要用于（　　）。
A. 识别问题领域　　　　　　B. 评估过去的业绩
C. 预测未来的表现　　　　　D. 评估行业平均水平

9. 在会计周期内，（　　）通常会计入销售费用。
A. 销售费用　　　B. 行政费用　　　C. 财务费用　　　D. 研发费用

10. 在分析企业的盈利能力时，可以关注的指标有（　　）。
A. 毛利率　　　B. 净利率　　　C. 资产收益率　　　D. 流动比率

第九章 成本分析

成本分析是按照一定的原则，采用一定的方法，利用成本计划、成本核算和其他有关资料，控制实际成本的支出，揭示成本计划完成情况，查明成本升降的原因，寻求降低成本的途径和方法，以达到用最少的消耗取得最大的经济效益的目的。

对全部产品成本计划的完成情况进行总的评价，可分为以下三个方面。

第一，在核算资料的基础上，通过深入分析，正确评价企业成本计划的执行结果，提高企业和职工讲求经济效益的积极性。

第二，揭示成本升降的原因，正确地查明影响成本高低的各种因素及其原因，进一步提高企业管理水平。

第三，寻求进一步降低成本的途径和方法。成本分析还可以结合企业生产经营条件的变化，正确选定适应新情况的最合适的成本水平。

第一节 成本分析的方法

成本分析的方法可以分为两大类：一类是发现指标差距的方法；另一类是分析构成原因的方法。应根据分析的目的、分析对象的特点、掌握的资料等情况确定应采用哪种方法进行成本分析。在实际工作中，常用的成本分析方法有以下几种。

一、比较分析法

比较分析法是将两个或两个以上相关的可比经济指标进行数量对比，并揭示指标之间差距及程度的一种分析方法。通过对比分析，可一般地了解企业成本的升降情况及其发展趋势，查明原因，找出差距，提出进一步改进的措施。这是成本分析中最常用的一种基本分析方法。

比较法应用时，应确定比较的标准，即用哪些内容相对比。一般常用的比较形式有以下几种。

（1）实际指标与计划指标或定额数相比较。通过比较后可以确定企业成本计划指标和定额数的完成情况，为进一步分析指明方向。

（2）本期指标与前期指标比较。通过比较后可以揭示成本指标的发展趋势和发展速度，借以观察企业生产经营管理水平的提高程度。

（3）本企业指标与同类型企业指标比较。这种比较可以体现企业在同类型企业中的先进程度及其差距，借以判断本企业的成本管理水平，为学习先进、挖掘潜力指明方向，促进企业和广大员工向更高的目标努力。

（4）北京润洁公司 2024 年末进行成本分析时，编制的成本对比分析如表 9–1 所示。

成本对比分析表

表 9–1　　　　　　　　　　　成本对比分析　　　　　　　　　　单位：元

项目	计划成本	本年实际	差异额	差异率
A 产品	500,000	505,000	+5,000	+1.00%
B 产品	750,000	734,000	−16,000	−2.13%
C 产品	430,000	420,000	−10,000	−2.33%
合计	1,680,000	1,659,000	−21,000	−1.25%

从表 9–1 可以看出，各种产品成本的升降情况是不一样的。A 产品超支 1.00%，B、C 两种产品成本降低幅度不小。对于 A 产品应找出成本超支的原因，提出进一步降低成本的措施方案，再看看能否借鉴 B、C 管理方法，降低 A 产品成本。

二、比率分析法

比率分析法是将企业具有内在联系的指标进行计算比率的一种分析方法。根据分析的不同内容和不同要求，比率分析法主要有以下几种。

1. 相关比率分析法。相关比率是将两种相关的指标进行对比、计算出比率的一种分析方法。例如，利润总额与成本费用总额的比率，反映企业一定时期内所得与所费之间的比例关系，即企业每百元成本、费用的投入，能获得多少利润。这一比率是反映成本效益的重要指标，称为成本费用利润率。

2. 构成比率分析法。构成比率也叫作结构比率，是局部数量与总体总数量之比，也就是局部在总体中的比重，或称部分与全部的比率。例如，在单位产品成本或产品总成本中，各个成本项目所占的比重；在费用总额中，各个费用项目所占的比重等，都是构成比率。构成比率分析法就是通过计算构成比率来进行分析，也称为结构分析法。

3. 动态比率分析法。动态比率分析将连续若干时期同类成本指标的数值进行对比，揭示该项成本指标发展方向和增减速度，以观察成本费用的变化趋势的一种分析方法，也称为趋势分析法。动态比率法又分为定基比率和环比比率两种。

4. 成本比率分析实例。以图 9–1 为例进行分析。

行号	项目	金额及成本比率结果	计算公式
1	销售收入	500,000.00	
2	直接材料成本	150,000.00	
3	直接人工成本	100,000.00	
4	变动制造费用	50,000.00	
5	固定制造费用	80,000.00	
6	其他间接费用	20,000.00	
7	总成本	400,000.00	=SUM(C3:C7)
8	毛利润	100,000.00	=C2-C8
9	毛利率	20.00%	=C9/C2
10	成本占销售比	80.00%	=C8/C2
11	固定成本比率	16.00%	=C6/C2

图 9-1　成本比率分析

成本比率分析

（1）计算步骤。

①计算总成本。

总成本＝直接材料成本＋直接人工成本＋变动制造费用＋固定制造费用＋其他间接费用

总成本＝150,000＋100,000＋50,000＋80,000＋20,000＝400,000（元）

②计算毛利润。

毛利润＝销售收入－总成本

毛利润＝500,000－400,000＝100,000（元）

③计算毛利率。

毛利率＝毛利润/销售收入

毛利率＝100,000/500,000＝20%

④计算成本占销售比。

成本占销售比＝总成本/销售收入

成本占销售比＝400,000/500,000＝80%

⑤计算固定成本比率。

固定成本比率＝固定制造费用/销售收入

固定成本比率＝$80,000/$500,000＝0.16 或 16%

（2）分析结果。

毛利率20%表示企业每销售100元的产品，能够获得20元的毛利润，说明企业在销售中能够有效控制成本。

成本占销售比80%表示每销售100元的产品中，有80元是成本，剩余的20元是毛利润，这在一定程度上反映了企业的盈利能力和成本控制效率。

固定成本比率16%相对较低，意味着企业在销售收入中，固定成本的负担相对较小，显示出一定的财务灵活性。

总结：通过比率分析法，可以快速识别成本结构、评估利润能力，并为决策提供数据支持。此例展示了如何通过具体数据计算和分析相关比率，帮助企业理解其成本状况和影响。企业应定期进行比率分析，以便及时发现问题并作出相应调整。

三、因素分析法

因素分析法是将某一综合性经济指标分解为若干个相互联系的因素，并分别计算、分析每个因素的变动对这个综合性指标变动的影响（包括影响方向和影响程度）的一种方法。因素分析法是在比较分析法的基础上发展的，成为比较法的补充。

连环替代法是一种常用的因素分析法。连环替代法是将综合性指标分解为多个因素后，组成该指标的实际数，按一定顺序替换比较的基数，来计算各个因素变动对该综合性指标变动的影响的一种方法。应用连环替代法的前提条件是：综合性指标与它的构成因素之间有着因果关系，能够构成一种代数式；这个代数式不一定是乘积关系，加减乘除都可以。

连环替代法的一般做法是：

（1）根据综合性指标的特征和分析目的，确定该项综合性指标变动受哪些因素变动的影响。

（2）根据各影响因素的依存关系，按一定顺序排列各因素，也就是要确定在以后的连环替换中替换的先后顺序，这是很重要的一步。替换的顺序不一样则计算结果就不一样。替换顺序的确定原则是：先替换数量因素，再替换质量因素；先替换主要的因素，后替换次要的因素。

（3）确定比较的基数后，依次以各因素的实际数据替换各因素的基数，并计算出每次替代后的结果。有几个因素就要替换几次，并且每次替换都是在前一次替换的基础上进行，直至最后替换出最后一个因素的实际数。

（4）将每次替换后的计算结果减去前一次结果，其差额就是该因素变动对综合性指标变动的影响，包括影响方向与影响程度。

（5）综合各个因素的影响，其代数和（正负数抵消以后）应等于该综合性指标的实际数据与比较基数的差异，也就是分析对象。

某公司2024年生产A产品，12月产量及其他有关材料费用的资料如图9-2所示。

	A	B	C
1	项目	计划数	实际数
2	产品产量（件）	250	200
3	单位产品材料消耗量（公斤）	48	50
4	材料单价（元）	9	10
5	材料费用	108,000	100,000
6			计算公式
7	计划材料费用	108,000	=B2*B3*B4
8	第一次替代	86,400	=C2*B3*B4
9	第二次替代	90,000	=C2*C3*B4
10	第三次替代	100,000	=C2*C3*C4
11	产量变动对材料费用变动的影响	-21,600	=B8-B7
12	材料单耗变动对材料费用变动的影响	3,600	=B9-B8
13	材料单价变动对材料费用变动的影响	10,000	=B10-B9
14	三个因素变动对材料费用变动的影响	-8,000	=SUM(B11:B13)

图9-2 因素分析法

分析对象 = 100,000 − 108,000 = −8,000（元）

根据连环替代法的替代原则，影响材料费用这个综合性指标变动的三个因素的替代顺序为产量、单耗和单价。各因素变动对 A 产品材料费用实际比计划降低 8,000 元的影响结果计算如下：

计划材料费用 = 250 × 48 × 9 = 108,000（元） (1)

第一次替代 = 200 × 48 × 9 = 86,400（元） (2)

第二次替代 = 200 × 50 × 9 = 90,000（元） (3)

第三次替代即实际材料费用 = 200 × 50 × 10 = 100,000（元） (4)

各因素变动对材料费用降低 8,000 元的影响如下：

产量变动对材料费用变动的影响 = (2) − (1) = 86,400 − 108,000
 = −21,600（元）

材料单耗变动对材料费变动的影响 = (3) − (2) = 90,000 − 86,400
 = 3,600（元）

材料单价变动对材料费用变动的影响 = (4) − (3) = 100,000 − 90,000
 = 10,000（元）

三个因素变动对材料费用变动的影响 = −21,600 + 3,600 + 10,000
 = −8,000（元）

因素分析法

四、差额分析法

差额分析法是连环替代法的一种简化形式。它是利用各个因素的实际数与基数之间的差额，直接计算各个因素变动对综合性指标变动的影响的一种技术方法。它所应用的原理和连环替代法相同。它的特点是根据已确定的影响某项综合经济指标的各个因素及其替换顺序，逐个用各因素的实际数与基数之差直接替换基数，所得计算结果就是该因素变动对综合经济指标的影响程度。采用差额计算法时的计算公式如下：

A 因素变动对指标的影响 = $(A_1 − A_0) \times B_0 \times C_0$

B 因素变动对指标的影响 = $A_1 \times (B_1 − B_0) \times C_0$

C 因素变动对指标的影响 = $A_1 \times B_1 \times (C_1 − C_0)$

第二节 建立成本分析工作表

一、实际成本分析

生产成本结转完毕之后，就可以根据结转的数据结果对产品成本进行分析了。对产品类别不是单一类型的情况，还需要对每种产品进行分析。

企业在做成本分析时至少是对一个季度或一年的数据进行分析，成本分析表没有固定的格式，需要根据企业情况自行设计。

假设北京润洁公司 1 月制造 A 产品的期初数是 300 万元，直接材料是 50 万元，直接人工 100 万元，制造费用 40 万元，其他费用 20 万元。本期转出 300 万元，生产 10,000 个 A 产品，也就是转出数量为 10,000 个。分析 A 产品的实际成本（本期转出——本期完工产品所对应的成本，需要转入库存商品的金额，从生产成本中转出的成本金额。转出数量——本期完工产品数量，需要转入库存商品的成品数量）。

实际成本分析的具体操作步骤是：

打开已有的工作簿，命名工作表为“A 产品成本分析”，并设置相应格式，如图 9 - 3 所示。

A产品成本分析

金额单位：万元

产品名称	成本项目	1月	2月	3月	4月	5月	6月	7月	8月	9月	10月	11月	12月	合计
A产品	期初数													
	直接材料													
	直接人工													
	制造费用													
	其他													
	合计													
	本期转出													
	转出数量													
	单位成本													
	期末数													
	直接材料比率													
	直接人工比率													
	制造费用比率													
	其他比率													
	合计													

图 9 - 3　A 产品成本分析

选中 C9 单元格，输入 1 月 A 产品生产成本的计算公式“ = SUM(C5:C8)”，拖动序列填充柄复制公式直到 O9 单元格，计算所有月份 A 产品的生产成本。

选中 C12 单元格，输入 1 月 A 产品单位成本的计算公式“ = IF(C11 = 0,"",C10/C11)”，拖动序列填充柄复制公式直到 O12 单元格，计算所有月份 A 产品的单位成本。

选中 C13 单元格，输入 1 月 A 产品期末数的计算公式“ = C4 + C9 - C10”，横向拖动序列填充柄复制公式直到 O13 单元格，计算所有月份 A 产品的期末数。其公式含义：期末数 = 期初数 + 本期数 - 转出数。

选中 C14 单元格，输入 1 月 A 产品直接材料比率的计算公式“ = IF(C$9 = 0,0,C5/C$9)”，横向拖动序列填充柄向下复制公式，计算 A 产品所有项目的比率。将 C14:N18 单元格属性设置为“百分比”格式。

选中 D4 单元格，输入 2 月 A 产品期初数的计算公式“ = C13”，拖动序列填充柄复制公式直到 N4 单元格，计算所有月份 A 产品的期初数。

选中 O4 单元格，输入 A 产品本年中合计期初数的计算公式“ = SUM(C4:N4)”，拖动序列填充柄向下复制公式直到 O11 单元格，计算 A 产品其他选项的合计值。

根据实际情况输入相应的数据，A 产品的成本分析表制作完成。最终完成的 A 产品成本分析如图 9-4 所示。

产品名称	成本项目	1月	2月	3月	4月	5月	6月	7月	8月	9月	10月	11月	12月	合计
						A产品成本分析								
						金额单位：万元								
A产品	期初数	300	280	239	186	188	259.5	185.6	132.8	88.8	108.8	133.8	135.8	2238.1
	直接材料	50	47	45	51	55	49	45.5	45	45	47	48	50	577.5
	直接人工	100	80	83	70	105.5	100.1	99	75	79	90	85	87	1053.6
	制造费用	40	40	32	32	48	44	42.7	44	44	45	45	46	502.7
	其他	20	12	17	19	23	27	30	12	23	24	24		253
	合计	210	179	177	172	231.5	220.1	217.2	176	190	205	202	207	2386.8
	本期转出	230	220	230	170	160	294	270	220	170	180	200	210	2554
	转出数量	10000	9650	9900	9188	10400	11050	9399	10000	10000	10000	10000	10000	119587
	单位成本	0.023	0.022798	0.023232	0.018502	0.015385	0.026606	0.028726	0.022	0.017	0.018	0.02	0.021	
	期末数	280	239	186	188	259.5	185.6	132.8	88.8	108.8	133.8	135.8	132.8	
	直接材料比率	23.81%	26.26%	25.42%	29.65%	23.76%	22.26%	20.95%	25.57%	23.68%	22.93%	23.76%	24.15%	
	直接人工比率	47.62%	44.69%	46.89%	40.70%	45.57%	45.48%	45.58%	42.61%	41.58%	43.90%	42.08%	42.03%	
	制造费用比率	19.05%	22.35%	18.08%	18.60%	20.73%	19.99%	19.66%	25.00%	23.16%	21.95%	22.28%	22.22%	
	其他比率	9.52%	6.70%	9.60%	11.05%	9.94%	12.27%	13.81%	6.82%	11.58%	11.22%	11.88%	11.59%	
	合计	100.00%	100.00%	100.00%	100.00%	100.00%	100.00%	100.00%	100.00%	100.00%	100.00%	100.00%	100.00%	

图 9-4 最终完成的 A 产品成本分析

运用同样的方法，可对其他产品进行成本分析。

二、成本分析图

成本分析表创建完成后，即可通过此表格查看各个产品成本的分配情况，但不是很清晰明了。如果想更直观方便，还需要创建一个成本分析图。

1. 创建成本费用结构比较图。在数据表的"A 产品成本分析"工作表中选择 B14:N17 单元格，单击"插入"→"折线图"→"二维折线图"，如图 9-5 所示。

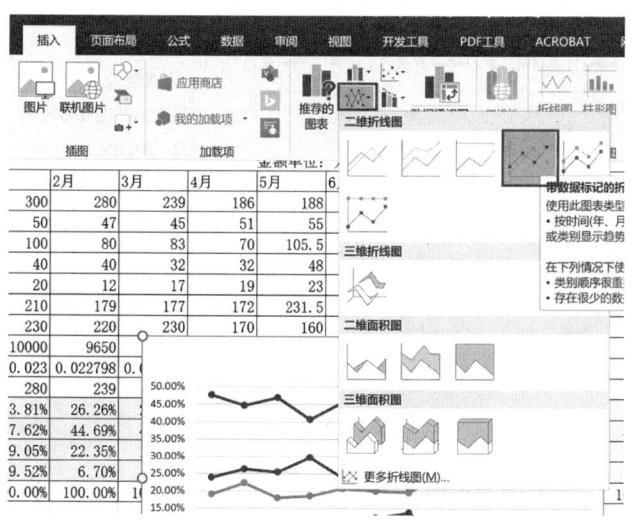

成本费用结构比较

图 9-5 插入折线图

生成相应图表，如图 9-6 所示。

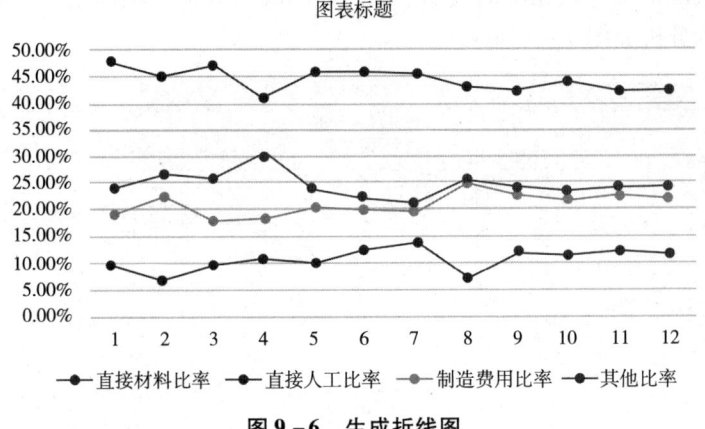

图 9-6　生成折线图

如图 9-7 所示，鼠标右击横轴坐标，弹出菜单，点击"选择数据"，进入数据选择。

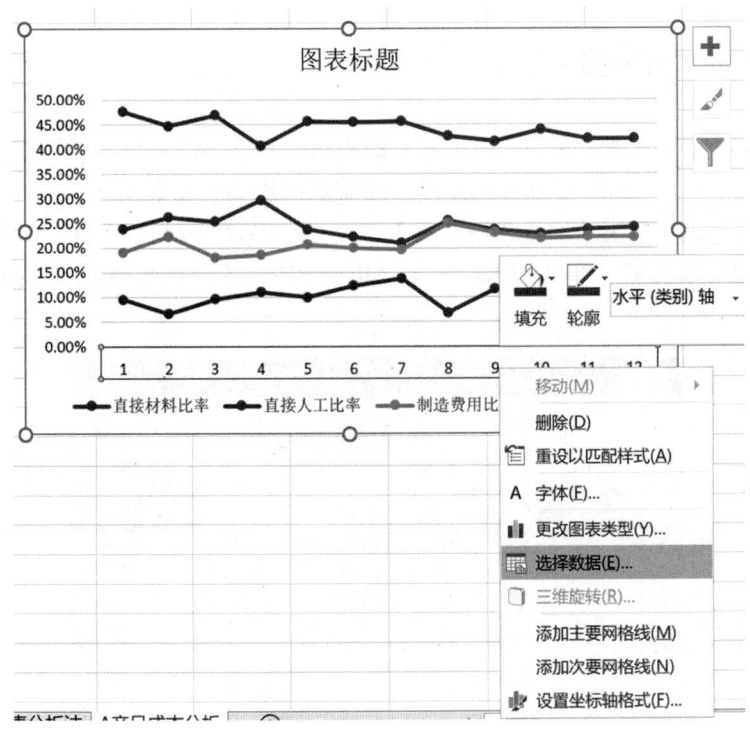

图 9-7　进入数据选择

跳出操作图，如图 9-8 所示。点击"水平（分类）轴标签"下的"编辑"进入图 9-9 所示的界面，选择的轴标签，选择"A 产品成本分析!$C$3:$N$3"区域，即月份，点击"确定"按钮。

第九章 成本分析 287

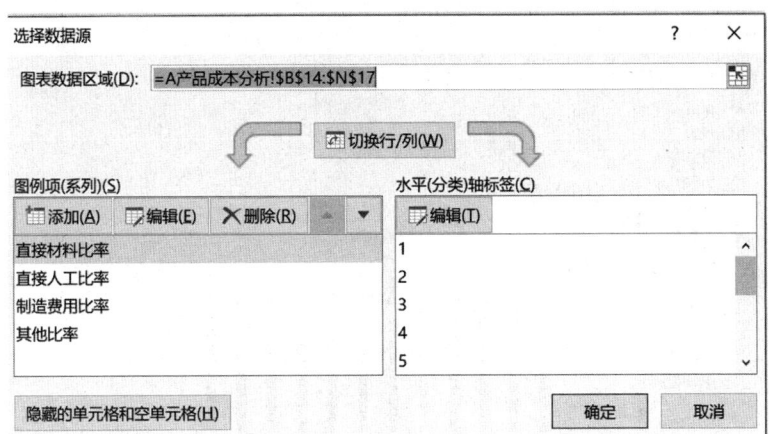

图 9-8 选择数据源

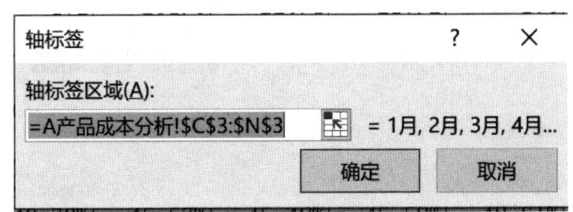

图 9-9 选择横轴标区域

选择"图表标题",修改标题为"成本费用结构比较",效果如图 9-10 所示。

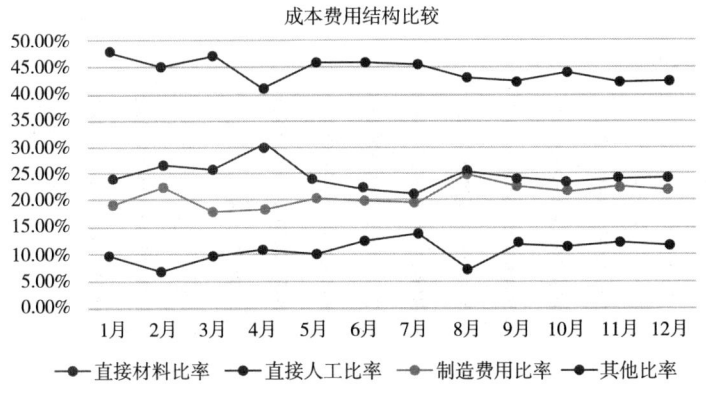

图 9-10 成本费用结构比较

2. 创建完工数量与单位成本变动图。在数据表的"A 产品成本分析"工作表中选择 B11:N12 单元格,单击"插入"→"插入图表"→"所有图表"→"组合",制作界面如图 9-11 所示。转出数量选择"簇状柱形图",单位成本选择"带数据标记的折线图",次坐标轴选择单位成本,然后点击确定。

完工数量和
单位成本变动

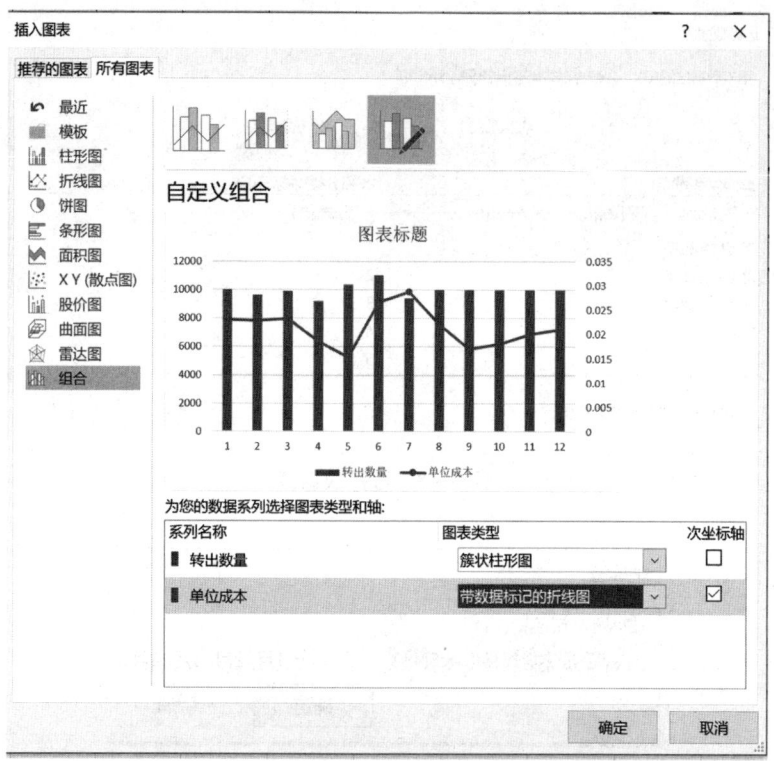

图 9-11 制作完工数量与单位成本变动图

修改"轴标签"为"1~12月",成本费用结构比较修改图表名为"完工数量和单位变动成本",效果如图 9-12 所示。

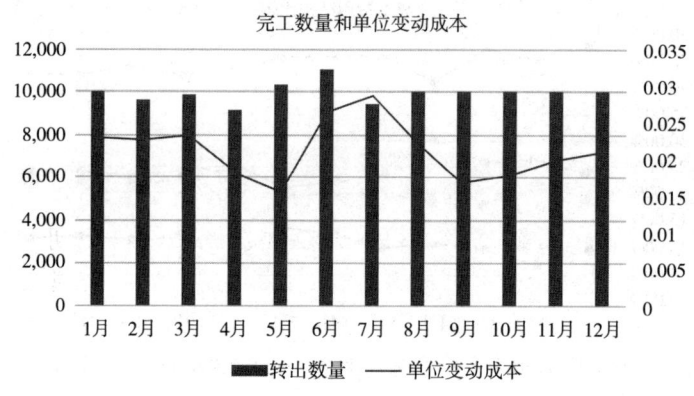

图 9-12 完工数量和单位成本变动图

各月成本
总量比较图

3. 生成各月成本总量比较图。选定 C3:N3,C9:N9 单元格区域,创建"各月成本总量比较"图表,单击"插入"→"推荐图表",即可打开"图表向导"对话框,在"推荐图表"中选择"簇状柱形图",点击"确定",即可生产相应图表。修改图名为"各月成本总量比较",效果如图 9-13 所示。右击该图表的绘图区,并从快捷菜单中选择"图表区格式"命令项,对图表的格式作喜欢的修改。

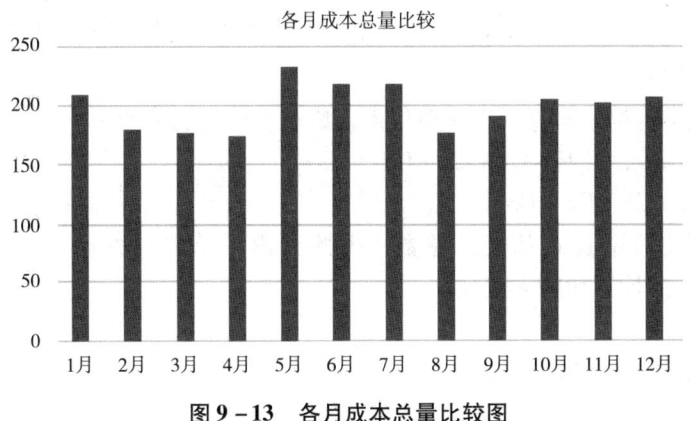

图 9-13 各月成本总量比较图

第三节 可比产品成本分析

对产品成本降低情况进行分析时,一般使用因素分析法,即要分别计算出直接材料、直接人工和制造费用的变动对可比产品成本总额的影响金额及影响程度。可见,在产品品种单一和种类较少时,计算并不复杂。但在实务中,更常见的是产品种类几十种、上百种甚至更多,手工方法计算的工作量可想而知。为了及时准确地对成本降低情况进行分析,为生产部门提供有价值的管理信息,为经济指标考核提供对比数据,可利用 Excel 对可比产品成本进行分析,具体方法如下。

一、基本公式

1. 可比产品成本降低额 = 可比产品本期成本总额 − 可比产品同期成本总额 = A

由于市场需求的变化,可比产品的定义是相对的,不可能常年局限于三五种,因此,对广义的可比产品进行成本分析,具有更实际的意义。

2. 生产量变动对成本的影响 = $\sum$(本期产量 − 同期产量)× 同期单位成本 = B

3. 单位成本变动对成本的影响 = $\sum$(本期单位成本 − 同期单位成本)× 本期产量 = C

其中:

(1) 单位材料成本变动的影响 = $\sum$(本期单位材料成本 − 同期单位材料成本)× 本期产量 = C1

（2）单位人工成本变动的影响 = $\sum$（本期单位人工成本 – 同期单位人工成本）× 本期产量 = C2

（3）单位制造费用变动的影响 = $\sum$（本期单位制造费用 – 同期单位制造费用）× 本期产量 = C3

单位成本 = 单位材料成本 + 单位人工成本 + 单位制造费用

∵ A = B + C，且 C = C1 + C2 + C3

∴ A = B + C1 + C2 + C3

由于上述每个公式都是汇总数，因此无论汇总多少种产品，都可以利用 Excel 中强大的计算功能来实现。

二、设定公式并计算

在 Excel 的工作表中建立一个包含上述所有数据的基本数据清单。通过对其进行各种计算，得出各因素影响的汇总数据。

列标题设置的基本项目有：种类（A）、产品名称（B）、本期产量（C）、同期产量（D）、本期单位材料成本（E）、同期单位材料成本（F）、本期单位人工成本（G）、同期单位人工成本（H）、本期单位制造费用（I）、同期单位制造费用（J）、本期单位成本（K）、同期单位成本（L）、产量变动的影响（M）、直接材料变动的影响（N）、直接人工变动的影响（O）、制造费用变动的影响（P）。

列标题设置完毕后，就要设置或输入每行数据。

第 A 列的每一行输入产品种类编号。如有三类产品，则编号可设置为 01、02、03。

第 B 列的每一行输入产品名称。每一个产品都要在种类栏输入类别编号，以便于 Excel 按种类进行分类汇总，如图 9 – 14 所示。

	A	B	C	D	E	F	G
1	种类	产品名称	本期产量	同期产量	本期单位材料成本	同期单位材料成本	本期单位人工成本
2	01	A产品					
3	02	B产品					
4	03	C产品					
5							
6							

图 9 – 14　设定计算公式

第 C 列至第 J 列，按本企业成本核算资料对每一个产品输入。相对来说，这一步工作量比较大，如企业计算机应用程度高，各项基本数据都可以从计算机中导出，那么做这项工作时只需进行一系列的复制和粘贴的操作就可以实现数据的输入。

第 K 列至第 P 列，在第一行设置六个公式自动计算：

本期单位成本：K2 = E2 + G2 + I2；

同期单位成本：L2 = F2 + H2 + J2；

生产量变动对成本的影响：M2 =（C2 - D2）× L2；
单位材料成本变动的影响：N2 =（E2 - F2）× C2；
单位人工成本变动的影响：O2 =（G2 - H2）× C2；
单位制造费用变动的影响：P2 =（I2 - J2）× C2。

然后，将 K 列首行至 P 列首行选中，按住鼠标左键拖动到最后一个产品所在行，松开鼠标，则所有的公式复制并自动计算出全部数据（执行自动计算后，应将 K 列及 K 列的计算结果与企业核算资料中的产品单位成本进行核对以确保无误）。

数据计算完毕后，就要进行分类汇总，以便得出最终结论。分类汇总的具体操作是：

(1) 鼠标点击数据清单中的任意位置。

(2) 在"数据"→"分类汇总"。系统弹出分类汇总对话框，分类字段选择种类（即 A 列标题）；汇总方式选择求和；选定汇总项（第 C 列至第 P 列标题全部选定）。确定后，这时再看原数据清单，在每类产品下一行都会出现该类的汇总数据。数据清单最后一行会出现全部产品的总计数据，以此得出各类乃至全部可比产品因素分析的结果。

本章习题

一、单选题

1. 固定成本的主要特点是（　　）。
   A. 随产量变化而变化　　　　　　B. 与生产数量无关
   C. 仅在特定时期内存在　　　　　D. 总是可控的

2. 在成本—收益分析中，边际成本是指（　　）。
   A. 生产一单位产品的总成本　　　B. 生产额外一单位产品所增加的成本
   C. 固定成本与可变成本之和　　　D. 总销售收入

3. 变动成本主要包括的费用是（　　）。
   A. 租金和折旧　　　　　　　　　B. 原材料和直接人工
   C. 管理费用　　　　　　　　　　D. 财务费用

4. 成本—效益分析的关键指标是（　　）。
   A. 盈利能力　　　　　　　　　　B. 成本与收益的比率
   C. 总资产回报率　　　　　　　　D. 负债比率

5. 在成本分析中，销售毛利率是指（　　）。
   A. 毛利润与销售收入的比率　　　B. 净利润与销售收入的比率
   C. 总成本与销售收入的比率　　　D. 变动成本与固定成本的比率

6. （　　）是差异分析。
   A. 分析市场趋势
   B. 对比实际成本与预算成本之间的差异
   C. 分析财务报表

D. 计算总成本
7. 在成本控制中，最常用的工具是（　　）。
A. 预算　　　　B. 财务报表　　　C. 现金流量表　　　D. 财务比率
8. 下面不属于间接成本的是（　　）。
A. 工厂管理费用　　　　　　　　B. 生产设备折旧
C. 直接材料　　　　　　　　　　D. 办公室租金
9. 成本分析中的"盈亏平衡点"指的是（　　）。
A. 收入等于总成本的点　　　　　B. 总收入超过总成本的点
C. 固定成本等于变动成本的点　　D. 收入大于零的点
10. （　　）主要侧重于未来的决策。
A. 历史成本法　　B. 预测成本法　　C. 标准成本法　　D. 当前成本法

二、多选题

1. 成本分析的主要目的有（　　）。
A. 降低成本　　　　　　　　　　B. 提高售价
C. 制定预算　　　　　　　　　　D. 评估项目可行性
2. 成本的分类方法有（　　）。
A. 按照可变性分类　　　　　　　B. 按照性质分类
C. 按照功能分类　　　　　　　　D. 按照时间分类
3. 在进行差异分析时，应考虑的因素有（　　）。
A. 实际成本　　B. 预算成本　　C. 产品销售额　　D. 市场需求
4. 影响成本的因素有（　　）。
A. 生产效率　　B. 材料价格　　C. 劳动力成本　　D. 市场竞争
5. 在制定标准成本时，以下需要考虑的因素有（　　）。
A. 生产工艺　　　　　　　　　　B. 行业标准
C. 竞争对手成本　　　　　　　　D. 劳动力市场状况
6. 变动成本的特征包括（　　）。
A. 随产量增加而增加　　　　　　B. 与生产数量无关
C. 较容易预测　　　　　　　　　D. 随着业务扩张而减少
7. 在分析成本时，关键的要素有（　　）。
A. 直接材料　　B. 直接人工　　C. 制造费用　　D. 销售费用
8. 用来评估企业盈利能力的指标有（　　）。
A. 毛利率　　B. 净利率　　C. 资产回报率　　D. 销售周转率
9. 在进行成本—效益分析时，需要考量的因素有（　　）。
A. 成本　　　　B. 收益　　　　C. 风险　　　　D. 时间因素
10. 进行成本预测时，需要特别关注的因素有（　　）。
A. 历史销售数据　　　　　　　　B. 市场趋势
C. 竞争对手的动态　　　　　　　D. 生产能力

主要参考文献

[1] 崔婕，崔杰，姬昂，胡飞. Excel 在会计和财务中的应用（第九版）（微课版）[M]. 北京：清华大学出版社，2024.

[2] Excel Home. 别怕，Excel VBA 其实很简单（第 3 版）[M]. 北京：北京大学出版社，2020.

[3] 刘万详. Excel 图表之道 [M]. 北京：北京大学出版社，2017.

[4] 刘薇. 会计信息系统实训 [M]. 北京：经济科学出版社，2023.

[5] 刘永富. Excel VBA 编程开发（上下册）[M]. 北京：水利水电出版社，2022.

[6] 诺立教育. Excel 2016 函数与公式应用大全 [M]. 北京：水利水电出版社，2022.

敬 告 读 者

为了帮助广大师生和其他学习者更好地使用、理解和巩固教材的内容，本教材配课件和部分习题答案，读者可关注微信公众号"会计与财税"浏览相关信息。

如有任何疑问，请与我们联系。

QQ：16678727

邮箱：esp_bj@163.com

教师服务 QQ 群：606331294

读者交流 QQ 群：391238470

经济科学出版社

2025 年 1 月

会计与财税

教师服务 QQ 群

读者交流 QQ 群

经科在线学堂